HISTOIRE ILLUSTRÉE

DU

SECOND EMPIRE

COULOMMIERS. — TYPOGRAPHIE PAUL BRODARD.

HISTOIRE ILLUSTRÉE

DU

SECOND EMPIRE

PAR

TAXILE DELORD

Membre de l'Assemblée nationale

TOME QUATRIÈME

AVEC 59 GRAVURES DANS LE TEXTE

Têtes de chapitre et culs-de-lampe.

NOUVELLE ÉDITION

PARIS

LIBRAIRIE GERMER BAILLIÈRE ET Cⁱᵉ

108, BOULEVARD SAINT-GERMAIN, 108

Au coin de la rue Hautefeuille

Tous droits réservés

HISTOIRE DU SECOND EMPIRE

CHAPITRE PREMIER

LA SESSION DE 1864

Ouverture de la session de 1864. — Discours de l'Empereur. — Discussion et vote de l'adresse du Sénat.   Pétition sur la publicité des séances des conseils municipaux. — Pétition relative aux écrits irréligieux. — M. Renan devant le Sénat. — La vérification des pouvoirs au Corps législatif. — Élection de M. Casimir Périer. — Discours de M. Thuillier.   Élection de M. Lavertujon. — Jusrisprudence de la majorité.   Emprunt de trois cents millions. — Discours de M. Berryer. — Discussion de l'adresse. — Les amendements de la gauche et du centre gauche. — Discours de M. Thiers.   Réponse de M. Rouher. — Les libertés nécessaires. — Discours de M. Jules Favre. — Amendement contre les candidatures officielles. — Riposte de M. Thiers à M. Rouher. — Abrogation de la loi sur les coalitions. — M. Pelletan et le régime municipal de Paris et de Lyon. — Amendement des treize. — Discussion sur la politique étrangère.   Le Sleswig-Holstein. — Le Mexique. — Élection de M. Bravay. — Alliance de M. de Morny et de M. E. Ollivier. — M. E. Ollivier se sépare de l'opposition. — Amendement de M. Jules Simon. — M. Jules Favre et M. Émile Ollivier. — Discours de M. Thiers sur le budget. — Discours de M. Berryer. — Réponse de M. Rouher. — Discours de M. Ern. Picard. — Discours de M. Pelletan.

L'Empereur avait ouvert, le 5 novembre 1863, la session législative de 1864. Après avoir constaté dans son discours, l'heureux effet des traités de commerce, l'accroissement des exportations, les progrès de la marine marchande, le développement du réseau des voies ferrées, l'excellente situation des finances de l'Algérie, et les bons résultats de la liberté coloniale, il arrêta sa pensée sur les expéditions d'outre-mer et sur la Pologne. Les expéditions lointaines, tant critiquées, étaient à ses yeux le produit de la force des choses. L'occupation de la Cochinchine remédiait pour la France au danger de rester sans possessions dans les mers d'Asie en présence de vastes territoires occupés par les Anglais, les Espagnols et les Hollandais. Quant au Mexique, dont les populations nous accueillent en libérateurs, ce pays, dont les destinées allaient être remises à un jeune prince digne d'une aussi grande mission, devait bientôt nous récompenser de ce que nous avions fait pour le régénérer. « Ayons donc foi « dans nos entreprises d'outre-mer; commencées pour venger notre « honneur, elles se termineront par le triomphe de nos intérêts, et, si les « esprits prévenus ne devinent pas ce que contiennent de fécond les « germes déposés pour l'avenir, ne laissons pas dénigrer la gloire acquise « aux deux extrémités du monde, à Pé-king et à Mexico. »

Passant à la question polonaise, il déclara que la popularité de la cause de la Pologne avait seule pu le décider à compromettre une des alliances les plus belles du continent, en élevant la voix en faveur d'une nation rebelle aux yeux de la Russie, et héritière aux yeux de la France d'un droit inscrit dans l'histoire et dans les traités. La Russie avait pris malheureusement ses vœux, ceux de l'Angleterre et de l'Autriche pour des menaces; la lutte ne pouvait donc que s'envenimer. Les puissances en seraient-elles réduites à la guerre ou au silence? Non, un moyen restait, celui de soumettre la cause polonaise à un tribunal européen. « Le « moment n'est-il pas venu, demandait l'Empereur, de reconstruire sur « de nouvelles bases l'édifice miné par le temps et détruit pièce à pièce « par les révolutions?... Les traités de 1815 ont cessé d'exister; la force « des choses tend à les renverser; on les a renversés presque partout. Ils « ont été brisés en Grèce, en Belgique, en France; en Italie comme sur « le Danube, l'Allemagne s'agite pour les changer; l'Angleterre les a

« généreusement modifiés par la cession des îles Ioniennes, et la Russie
« les a foulés aux pieds à Varsovie. »

La discussion de l'adresse au Sénat dura du 14 au 18 décembre.
M. de Boissy soutint un amendement signé de dix membres, destiné à
répartir entre les divers corps de l'État la responsabilité réservée jusqu'ici
au souverain seul. On eut ensuite le singulier spectacle d'un ancien
directeur de la presse au ministère de l'intérieur, M. Arthur de La Guéronnière, démontrant que le décret du 17 février 1852 n'était plus en
harmonie avec le décret du 24 novembre, et déclarant que le régime
turc est le seul équivalent du régime français en matière de presse.
M. Arthur de La Guéronnière demanda donc que le gouvernement fît un
pas de plus dans la voie de la liberté. Mais M. Rouher avait lu dernièrement une brochure intitulée *le Termite*[1]. Cet insecte invisible, qui, en
s'introduisant dans le bois de construction des villes dont les maisons et
les édifices reposent sur des pilotis, peut la réduire en poussière, est, aux
yeux de M. Rouher, le symbole de la révolution; le Sénat devait donc
préserver l'Empire des mystérieuses atteintes du *Termite*. M. de La
Guéronnière n'insista pas. L'adresse du Sénat ne disait pas un mot du
Mexique, ni des finances; quelques phrases d'apitoyement sur la Pologne
amenaient cette conclusion que la France ne devait être sacrifiée à
aucune nationalité. M. Dupin se chargea ensuite de prouver qu'il y
aurait folie à vouloir la secourir. L'adresse fut adoptée à l'unanimité
moins une voix, celle du prince Napoléon.

Le Sénat n'eut à s'occuper d'aucune pétition importante pendant les
deux mois qui suivirent la discussion de l'adresse. Un habitant d'Arles
avait demandé la publicité des séances des conseils municipaux et la
nomination des maires par ces mêmes conseils. Le rapporteur proposa
l'ordre du jour sur la première partie, et, sur la seconde, la question
préalable, attendu qu'elle « porte atteinte à la base même de nos institutions ». M. de Boissy combattit la question préalable : « Voudrait-on, par
« hasard, regarder toute pensée d'amélioration comme une atteinte à la
« constitution? Lorsque la constitution a été déclarée perfectible par son
« auteur, vous ne voulez pas qu'on cherche à la perfectionner? »
M. Haussmann s'écrie : « Avec ce système, on bombardera la constitution à coups de pétitions. » M. Leverrier appuie la question préalable,
qui est adoptée à l'unanimité.

---

[1]. Par M. Eugène Pelletan.

Le Sénat, dans sa séance du 18 mars, entendit le rapport de M. de Royer sur une pétition signalant les progrès de la démoralisation et demandant des lois plus sévères contre la publication des doctrines antireligieuses. Le Sénat n'avait pas le texte de la pétition sous les yeux, car on n'avait pas jugé à propos de la faire imprimer, attendu, dit M. Dupin, que si elle est pleine de foi, elle manque complètement de charité. M. de La Guéronnière, non content de traiter comme ils le méritent les livres frivoles et déréglés, signala les dangers grands qui naissent « des livres « plus sérieux où la science, dépassant sa portée légitime, vise bien haut, « car elle cherche à atteindre Dieu lui-même ». La liberté de conscience, selon M. de La Guéronnière, n'est applicable qu'à la façon de croire en Dieu. Quant à l'athéisme, « c'est la liberté sans conscience, la conscience sans foi ». L'orateur, après avoir mis son orthodoxie à couvert, repoussa néanmoins la demande de nouvelles lois de répression et vota l'ordre du jour. Mgr de Bonnechose, archevêque de Rouen, profita de l'occasion pour demander une surveillance plus active sur les épiciers-libraires et sur les cabinets de lecture, et pour faire entendre de vives plaintes sur la liberté de circulation laissée au livre de M. Renan, qui, s'il faut l'en croire, dit au Christ : « Vous prétendez être le Fils de Dieu, vous en avez menti. » M. Delangle se hâta de repousser l'accusation ; la justice s'était émue, dit-il, à l'apparition du livre de M. Renan ; mais, après l'avoir examiné attentivement, elle a reconnu qu'en vertu d'aucune loi il ne pouvait être arrêté.

M. Mimerel de Roubaix : « Il faut changer la loi ! »

M. de Boissy avait prononcé, dans la séance du 29 avril, quelques paroles concernant l'Angleterre, le prince de Galles et Garibaldi, dont M. Troplong ne crut pas devoir autoriser l'insertion dans le compte rendu officiel. Le fougueux sénateur écrivit à l'*Indépendance belge* pour rétablir dans leur intégrité, les passages retranchés ; sa réclamation eut du moins l'utilité de démontrer le peu de fonds que pouvait faire l'histoire sur ce compte rendu, dont l'impartialité était si vantée. Le Sénat clôtura sa session le 1er juin, sans incident remarquable.

La première séance du Corps législatif eut lieu le 6 novembre. M. de Morny souhaita la bienvenue aux membres de la nouvelle Assemblée, dans un discours aussi courtois que conciliant ; il sembla vouloir, en revanche, déployer contre les journalistes une sévérité inaccoutumée ; car, dans la séance du 12, après avoir lu à ses collègues plusieurs passages d'un article assez anodin cependant publié dans le *Journal des*

Fig. 1. — Apparition de la *Vie de Jésus*, par M. Ernest Renan.

Débats du 15, il ajouta d'un ton menaçant : « Il est bon que l'on « sache que la loi qui donne à un corps délibérant le droit de s'ériger « en tribunal, d'appeler un écrivain à la barre et de lui appliquer une « peine proportionnée à l'outrage, n'est pas abrogée. Je ne propose pas « d'y recourir ; mais j'engage les écrivains à profiter de l'avertissement. » La presse n'était pas décidément en bonne odeur dans les hautes sphères du pouvoir. Le *Moniteur officiel*, en tête de sa partie officielle, ne tarda pas à publier cette déclaration : « Plusieurs journaux ont cru devoir « donner des détails plus ou moins exacts sur les séances des bureaux du « Corps législatif ; il y a, dans ce fait, une contravention formelle à la loi, « qui, dans aucun cas, n'autorise la publication de semblables comptes « rendus. »

Les protestations électorales signées, soit par des candidats libéraux, soit par d'anciens députés bonapartistes évincés de la liste officielle, s'élevaient au nombre de quarante. Les protestations de M. Casimir Périer et de M. Lavertujon, battus à une très faible minorité, l'un dans l'Isère, l'autre dans la Gironde, firent surtout une vive impression sur l'opinion publique. M. Larrabure, député de la majorité, prit en main la cause de M. Casimir Périer dans un discours qui rallia trente-six voix en faveur de l'annulation de l'élection. M. Thuillier, ancien républicain de 1848, devenu un des préfets les plus audacieux et ensuite conseiller d'Etat, se chargea de lui répondre ; il recourut à ce système qui consiste à renvoyer à son adversaire, en les exagérant, les accusations qu'il fait peser sur vous. Quoi ! l'opposition se plaint de l'administration ! c'est elle au contraire qui terrorise les fonctionnaires et les électeurs indépendants. La majorité poussa des cris de surprise et de joie en entendant cette audacieuse réplique. Jamais ovation pareille à celle que reçut M. Thuillier.

M. Lavertujon, rédacteur en chef de la *Gironde,* n'avait eu, à Bordeaux, que 40 voix de moins que son concurrent, M. Curé. La liste électorale contenait dix-huit électeurs, parmi lesquels le préfet lui-même, M. Piétri, inscrits après le délai légal, et vingt-trois frappés d'incapacité. M. Jules Simon, chargé de soutenir la protestation de M. Lavertujon, se sentant probablement mal à son aise devant un auditoire nouveau pour lui, exagéra sa modération habituelle au point que quelques esprits mal faits crurent pouvoir conclure de quelques phrases mal interprétées qu'il ne repoussait pas absolument le principe de la candidature officielle. Ce qui était ridiculement faux.

M. Chaix d'Est-Ange, dans la séance du 27 novembre, avait partagé les partisans de l'Empire en amis du premier et du second degré. A quel degré MM. Gareau, Keller, Ancel de Flavigny, de Grouchy, de Jouvenel appartenaient-ils? Ils pouvaient, semble-t-il, se croire des droits au premier degré; M. de Persigny avait déclaré cependant une guerre acharnée à leur candidature. Le siège de M. Gareau était ardemment convoité par M. de Jaucourt, chef du cabinet du ministre de l'intérieur. Ce dernier sortit vainqueur, mais peu glorieux de la lutte. Les autres avaient refusé dans deux ou trois circonstances de voter aveuglément pour le gouvernement. Six élections en tout furent cassées, celles de MM. Bourcier de Villiers, de Bulach, chambellans de l'Empereur, Isaac Pereire, Bravay et Boittelle. L'élection de M. E. Pelletan fut cassée pour vice de forme; le gouvernement triomphait, mais au mépris des règles les plus élémentaires de la justice et des prescriptions les plus formelles de la loi. La jurisprudence de la majorité se résumait en effet dans une question de nombre; les irrégularités les plus flagrantes ne vicient pas, selon elle, une élection, quand le candidat au profit de qui elles ont été commises l'emporte d'un nombre considérable de voix, sur son adversaire. Ce qui aurait dû décider l'annulation servait précisément à la consacrer.

Le gouvernement fit répandre le discours de M. Thuillier à des milliers d'exemplaires; il circula exempt de timbre dans la France entière. Un député de l'opposition n'aurait pas pu cependant publier son discours sans l'autorisation de la Chambre, et il est fort douteux qu'elle la lui eût accordée; quant à l'impôt du timbre, il est certain qu'il aurait été obligé de l'acquitter dans toute sa rigueur.

La gravité de la situation des finances n'échappait pas aux esprits attentifs et clairvoyants. La présentation de deux projets de loi vint la révéler au public. Le premier était relatif à un emprunt de 300 millions consacré à l'abaissement du chiffre énorme de la dette flottante, le second à la demande de 93 millions de crédits supplémentaires.

L'exigibilité du capital à courte échéance rendait en effet une dette flottante de 972 millions très menaçante; il fallait donc rouvrir le grand livre de la dette publique et renoncer aux espérances que l'entrée de M. Fould au ministère avait fait concevoir. Aussi son rapport à l'Empereur n'était-il pas exempt d'une certaine mélancolie, partagée du reste par M. Larrabure, rapporteur de la commission. « Si l'on a diminué, « disait-il, certains impôts, on en a créé d'autres; la balance a produit « une aggravation, et la dette publique s'est accrue. Nous empruntons

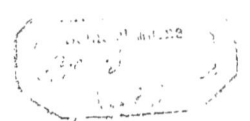

Fig. 2. — M. Berryer.

sans cesse et nous n'amortissons jamais... l'équilibre est depuis « longtemps rompu entre les recettes et les dépenses annuelles. » M. Larrabure, envisageant ensuite la question au point de vue de l'application du système financier inauguré par le sénatus-consulte du 31 décembre 1861, constatait, de l'aveu même des commissaires du gouvernement entendus dans la commission, que des crédits nouveaux avaient été ouverts sans l'approbation de la Chambre.

Quelle cause obligeait donc le gouvernement à recourir à l'emprunt en pleine paix? M. Larrabure répondit : les frais des expéditions lointaines. « Comment établir un meilleur ordre dans nos finances, si tout « d'un coup des expéditions viennent renverser les prévisions les mieux « combinées? Exprimez, messieurs, les vœux de la paix dans toutes les « occasions qui s'offriront à vous. L'expression d'un tel vœu est sans « danger pour un pays comme la France... Voulons-nous rendre notre « législature mémorable et légitimement populaire, plantons résolument « le drapeau des économies ; nous ôterons ainsi aux oppositions leur véri- « table force ; mais, si nous nous laissons aller à de molles complaisances, « la France et le souverain auront le droit de nous le reprocher. »

L'orateur dont la voix puissante avait fait rejeter sous le règne précédent l'indemnité aux États-Unis reparut à la tribune qu'il avait si longtemps illustrée et dont le coup d'État du 2 décembre l'avait chassé. M. Berryer, à l'impitoyable clarté de son arithmétique, montra les découverts s'accroissant de 320 millions depuis 1852, et les déficits égalant, dans ces douze dernières années, les déficits laissés par les gouvernements antérieurs pendant les cinquante premières années du siècle : 3 milliards 144 millions, auxquels il fallait ajouter 200 millions versés par les compagnies de chemins de fer, les annuités de la Chine, 60 millions prêtés par la Banque, 25 millions reçus de l'Espagne, étaient pourtant entrés au Trésor. Que restait-il de tout cela? Rien. Le gouvernement était réduit à emprunter pour diminuer la dette flottante et à recourir aux crédits supplémentaires pour couvrir les dépenses faites.

M. Vuitry, vice-président du Conseil d'État, répondit à M. Berryer avec une dextérité qui ne servit qu'à prouver combien l'art de grouper les chiffres s'éloigne parfois de l'arithmétique. Un argument plus fort que tous ceux de M. Vuitry, la nécessité, obligeait le Corps législatif à voter le projet de loi.

La question des candidatures officielles et de la liberté électorale, qui aurait dû trouver sa place dans la discussion soulevée par la vérification des pouvoirs, avait été ajournée à la discussion de l'adresse. Le premier paragraphe du projet de la commission donnait le résultat des élections comme une preuve du dévouement des populations à l'Empire. La gauche et la gauche modérée proposèrent deux amendements. La gauche faisait ressortir le contraste entre les villes votant presque toutes contre les candidats officiels, et les campagnes, qui, plus arriérées et plus exposées à la pression administrative, recevaient leurs députés de la main des préfets. « Sans la pression administrative, disaient les auteurs de « l'amendement, la France entière se serait associée au vote des villes. » La majorité, furieuse, proposa, dans un accès de colère, la question préalable sur cet amendement; mais elle finit par se calmer, et M. Jules Favre put s'écrier : « Paris nous a élus dans sa liberté, et il veut l'application immédiate de la liberté politique. »

L'amendement de l'opposition modérée, qui se bornait à demander l'amélioration de la loi électorale, amena pourtant une discussion non moins vive entre M. Thiers et M. Rouher. « C'est dans les pays libres, « dit M. Thiers, qu'il faut chercher les règles pour les élections... La « première convenance est de ne pas faire figurer dans la lutte le nom du « souverain... Que devient la liberté de l'électeur quand, après lui avoir « demandé un candidat au nom du souverain, on le force à choisir entre « les faveurs et les rigueurs de la centralisation administrative. » M. Thiers concédait cependant au pouvoir les candidatures officielles à deux conditions, le respect de la loi et le respect des convenances; mais il lui refusait le droit de diriger le suffrage universel. « Je ne sais pas ce que pourra « devenir le suffrage universel; je vois ce qu'il est aujourd'hui ; je suis con- « vaincu que, si l'on cherchait moins à l'éclairer, on aurait peut-être plus « de moyens de contrôle dans les grands corps de l'État, et qu'au lieu « de perdre le gouvernement auquel vous êtes attaché il le sauverait « peut-être. » La majorité montra une très vive irritation de ces paroles, qui répondaient cependant aux inquiétudes générales.

M. Rouher, répondant à la fois à M. Thiers et à M. Jules Favre, leur adressa les mêmes reproches, de relever le drapeau de la révolution et de représenter l'opposition systématique. Le gouvernement ne pouvait pas rester désarmé devant cette opposition. Intervenir dans les élections était pour lui un devoir. M. Rouher voulut bien reconnaître que les élections de 1863 avaient une signification politique : « Sans doute le résultat des élections signale des pensées libérales, et pourquoi pas? Ces pensées sont celles du gouvernement... » M. Rouher atténua singulièrement cette

déclaration en citant le passage du discours adressé par l'Empereur à l'archevêque de Rouen : « Éminence, vous devez être étonnée, comme
« moi, de voir à un si court intervalle des hommes à peine échappés au
« naufrage appeler encore à leur aide les vents et les tempêtes. Dieu
« protège trop visiblement la France pour permettre que le génie du mal
« vienne encore l'agiter. Le cercle de notre constitution a été largement
« tracé : tout homme honnête peut s'y mouvoir à l'aise, puisque chacun
« a la faculté d'exprimer sa pensée, de contrôler les actes du gouverne-
« ment et de prendre une juste part dans les affaires publiques. » Il ne
fallait donc s'attendre à aucune concession importante.

M. Thiers, dans cette même séance du 11 janvier, avait développé sa théorie de la liberté générale, comprenant les libertés nécessaires, c'est-à-dire la liberté de la presse, la liberté des élections, la liberté de la représentation nationale, la liberté de l'individu et la liberté de l'opinion publique. Le pays, sans l'obliger à renoncer à son titre de représentant des anciens partis, mais sans le forcer non plus à parler en leur nom, lui ayant confié la mission de discuter les affaires du pays et non d'introduire une nouvelle forme de gouvernement ou une nouvelle dynastie, il se croyait en droit de demander sans arrogance et avec respect les libertés « nécessaires » qu'il venait d'énumérer. « Qu'on ne l'oublie pas toutefois,
« ajouta-t-il, ce pays, chez qui l'exagération du désir est si près du réveil,
« s'il permet aujourd'hui qu'on demande d'une manière déférente et res-
« pectueuse, un jour peut-être il exigera. »

M. Rouher s'empressa d'accuser M. Thiers de sonner le tocsin des révolutions ; il peignit tout de suite, l'effrayant tableau des résultats du régime parlementaire et des dangers de la liberté, qui faisait le fond de son éloquence ; M. Jules Favre lui succéda à la tribune.

L'orateur de l'opposition essaya d'établir un rapprochement entre le discours de M. Thiers et celui de M. Rouher, qui, d'accord l'un et l'autre sur la nécessité des perfectionnements à donner à la constitution, ne différaient que sur l'opportunité. « Le gouvernement actuel, dit-il, est
« de son époque et de son pays. Sorti des entrailles de la nation, c'est là
« qu'il puise sa force ; mais il est entré dans la voie des réformes, et il
« faut qu'il y persévère ; le pays le veut, c'est un souverain aussi qui
« parle. » M. Jules Favre s'éleva en passant contre la loi de sûreté générale et termina en déclarant que les paroles qui terminaient le discours de M. Thiers n'étaient pas une menace. Ce discours, peu significatif et plein de concessions, semble n'avoir été prononcé que pour

constater la présence de l'ancienne opposition sur le champ de bataille.

Le résultat des élections laissait entrevoir dans un avenir plus ou moins lointain, la possibilité d'un conflit entre le pouvoir et le suffrage universel. M. Taillefer signala le péril dans la séance suivante, en posant cette question : Si le suffrage universel, consulté pendant une guerre ou une disette, répond par une majorité hostile, que fera le gouvernement? M. Taillefer demandait le renouvellement par tiers, tous les trois ans, du Corps législatif. M. de Morny empêcha l'orateur de se hasarder davantage sur un terrain anti-constitutionnel; puis, s'il est permis de se servir de ce terme peu parlementaire, il rembarra M. Glais-Bizoin, qui, non content d'attaquer le compte rendu officiel, se moquait des croix et des titres; il termina sa mercuriale par ces mots : « Maintenant, continuez, tâchez que je vous entende, et faites attention à ce que vous direz [1]. »

L'opposition faisait remarquer que deux millions de voix données aux candidats libéraux et la majorité obtenue par eux dans presque toutes les grandes villes étaient une revendication réfléchie de la liberté. « La « France a confiance en elle-même; elle se trouve digne d'exercer tous « les droits dont jouissent les autres nations. Les libertés administratives « qu'on lui promet n'auront de prix que si elles servent à assurer les libertés « politiques. Elles ne peuvent ni les suppléer ni les faire oublier. La « liberté électorale, méconnue et violée par les candidatures officielles, est « la première des libertés politiques. »

L'amendement de l'opposition de gauche n'avait guère de chance d'être adopté; les membres du parti intermédiaire en proposèrent un autre sur le même sujet. M. Thiers le défendit. M. Rouher, dans sa réponse, parla des intrigues des candidats, sous la République, intrigues peu prouvées et qui, en aucun cas d'ailleurs, ne pouvaient justifier les manœuvres du gouvernement. Le résultat des élections de Paris le touchait peu; Paris est la ville des « situations désagrégées et déclassées; il aura d'ailleurs sa réac- « tion en faveur de l'Empereur. Les élections de 1863, selon vous, signi- « fient liberté. Eh bien, qui a donné le signal de la liberté en 1860? « N'est-ce pas l'Empereur qui a le premier arboré ce drapeau, non « pour le laisser ensuite tomber dans la misère et dans la boue, mais « pour en fixer la hampe dans les lois. » Tel était le style de M. Rouher dans les grands jours.

---

1. Glais Bizoin répondit à cette invitation insolente qu'il avait appris le langage parlementaire à l'école de Benjamin Constant, de Manuel, de Lafayette, et qu'il ne parlerait jamais celui du courtisan.

Le ministre d'État, à propos de la réunion électorale tenue chez le duc de Broglie, avait rappelé l'existence « d'une famille exilée qui n'a pas donné sa démission ». C'était aux d'Orléans sans doute qu'il faisait allusion. « Il vaudrait mieux, s'écria M. Thiers, ne pas parler de ceux qu'on a dépouillés. » M. Rouher se tut.

La séance du lendemain, quoique moins orageuse, fut encore très vive. Il s'agissait des traités de commerce et de la protection. Une question non moins importante occupa la Chambre le 20 janvier. MM. Darimon, Lanjuinais, Magnin, Marie, Malézieux, d'Andelarre, Jules Favre, Eugène Pelletan, Ernest Picard, Havin, Jules Simon, Dorian, Glais-Bizoin, Emile Ollivier, proposaient l'amendement suivant :

« L'abolition de la loi sur les coalitions, que nous avons réclamée année dernière, sera un bienfait. Les ouvriers, convaincus que la liberté est à la fois la seule garantie de l'ordre et du travail, et la source la plus féconde du bien-être moral et matériel, ne demandent plus à l'État que le droit d'améliorer leur condition par leur propre énergie; l'instruction et une latitude plus grande accordée au droit d'association leur en donneront les moyens. »

MM. Darimon, Emile Ollivier, Jules Simon plaidèrent la cause des ouvriers au nom du droit et en invoquant le grand changement opéré dans leur esprit désabusé des doctrines autoritaires : sociétés coopératives pour se procurer les outils et les objets de consommation, banques de crédit populaire dans le genre de celles qui florissaient en Allemagne; les ouvriers bornaient là leurs vœux, qu'il serait injuste de ne pas chercher à réaliser. M. Nogent Saint-Laurens fit remarquer que le discours de la couronne promettait de modifier, sinon d'abroger la loi sur les coalitions, et que l'amendement était inutile. Les signataires le maintinrent néanmoins en remplaçant le mot abrogation par celui de modification ; l'amendement obtint 53 voix.

M. Eugène Pelletan, qui demandait le retour au droit commun pour le régime municipal de Paris et de Lyon, défendit avec beaucoup d'éloquence Paris contre les souvenirs de la Commune de 93, toujours évoqués pour lui refuser les droits municipaux. Le lendemain, M. Ernest Picard, en qui s'était identifiée la cause de Paris, l'appela le « cerveau de la France ». — « Cerveau malade, » riposta une voix partie des bancs de la majorité. M. de Morny dit à son tour : « Si Paris est la tête, la province « est le cœur; la France a donc bon cœur et mauvaise tête. »

MM. Plichon, Ancel, Kolb-Bernard, duc de Marmier, marquis d'Andelarre, de Grouchy, Martel, Pinart, Lambrecht, de Chambrun, Lanjuinais, de Grammont, Malézieux, qui formaient une sorte de groupe dans la Chambre, proposaient un amendement ainsi conçu : « Le suffrage « universel est la base de notre suffrage politique. Assurer la sincérité « et la régularité de son application, c'est accroître la force des pouvoirs « publics; l'expérience a démontré que la loi électorale laisse à désirer des « garanties plus complètes et des dispositions mieux définies. » M. Rouher, en combattant l'amendement, ayant cité d'un ton méprisant le chiffre des membres de l'extrême gauche : « Vous nous reprochez notre petit « nombre, répondit M. Jules Favre; nous ne sommes que six ici, mais la « France est derrière nous. » 43 voix se prononcèrent pour l'amendement; c'était un chiffre considérable pour la Chambre.

L'amendement de la gauche sur le régime de la presse, défendu par M. Jules Simon, fut retiré pour faire place à un amendement plus modéré de forme, mais le même au fond, signé d'Andelarre, Thiers, Plichon, de Lespérut, Brame, Piéron-Leroy, Ancel, de Chambrun, Martel, Kolb-Bernard, Malézieux, Lambrecht.

M. Jules Simon, dans son discours, s'était élevé contre un système « qui « permettait à l'administration de défendre à un homme de cœur, à un « homme d'un talent incomparable, comme M. Prévost-Paradol, qui jette « sur la presse presque de la gloire, le bulletin du *Journal des Débats*. » Cet éloge si éclatant d'un écrivain orléaniste et cet oubli de tant d'autres écrivains qui luttaient avec non moins de talent et depuis plus longtemps que M. Prévost-Paradol blessa, non sans raison, les journaux démocratiques. Ils reprochèrent à M. Jules Simon non seulement d'avoir oublié ses amis, mais encore de s'être trop appesanti sur les pertes d'argent que la suppression d'un journal peut causer aux propriétaires et aux ouvriers, au lieu de s'appuyer uniquement sur des raisons morales, telles que le respect dû aux principes de 89; ils trouvèrent les plaintes élevées par lui contre l'influence électorale et contre le monopole de quelques journaux mal placées dans sa bouche; ils auraient souhaité qu'il se fût moins souvent livré à des déclarations de loyauté et de sincérité dont personne ne doutait, et qu'il eût cru utile de s'entourer d'un luxe de précautions oratoires qui appartenaient plus au sermonaire qu'au député. Ces reproches n'atteignaient pas, il faut bien le dire, M. Jules Simon tout seul. Les députés, dans leurs rapports entre eux et avec les commissaires du gouvernement, dépassaient souvent les limites de cette politesse naturelle qui doit exister entre les membres d'une assemblée politique et les représentants du pouvoir. Un conseiller d'État fournit-il des explications nécessaires sur

Fig. 3. — M. Thiers.

un article de loi en discussion, aussitôt un orateur de l'opposition s'écrie qu'il s'est acquitté de ce soin « avec une clarté de langage qui a vivement frappé la Chambre ». M. de Morny essaye-t-il d'expliquer un vote, un député de la majorité profite de l'occasion pour admirer « notre honorable « président improvisant avec sa haute intelligence ce que je ne comprends « qu'à l'aide d'une longue pratique. » Les journaux de l'opposition eux-mêmes ne se seraient point hasardés à louer un orateur de la gauche sans couvrir également de louanges l'orateur officiel qui lui répondait, précaution nécessaire peut-être, mais qui peu à peu finissait par grandir singulièrement les hommes les plus médiocres de l'Empire.

La discussion sur la politique étrangère s'engagea le 25 et dura jusqu'au 29. M. Thiers parla sur l'expédition du Mexique, qui coûtait 14 millions par mois au budget et qui retenait au delà des mers, sans utilité pour la France, 40 000 hommes dont elle pouvait à chaque instant avoir besoin. Il posa nettement la question : « L'honneur militaire est sauf, l'archiduc « n'est pas parti, il ne faut pas s'engager davantage et traiter avec Juarez. » La majorité, convaincue qu'il avait raison, crut cependant devoir protester contre toute idée de négociation avec ce dernier. M. Berryer proposa de s'entendre avec Almonte. M. Jules Favre joignit ses efforts à ceux de ses deux collègues. M. Rouher leur répondit par un discours plein d'un emphatique et faux enthousiasme que la majorité fit semblant de partager : « La pen-« sée de poursuivre au Mexique la réparation de nos griefs et de laisser « au pays le soin d'y faire son œuvre, lorsque les passions seront éteintes, « lorsque le souvenir des questions d'argent aura disparu dans le résultat « général de la prospérité publique, cette pensée sera reconnue grande, « et, plus tard, si quelqu'un jette les yeux sur nos débats vieillis et sur nos « querelles surannées, s'il prend la plume de l'historien, il dira : Celui-« là fut un homme de génie qui, à travers les obstacles, les défaillances « et les résistances, eut le courage d'ouvrir des sources de prospérité nou-« velle à la nation dont il était le chef (*applaudissements*). Il eut le sen-« timent d'une grande situation politique en comprenant qu'il n'est pas « un intérêt qui ne doive être l'objet de la sollicitude de la France. Oui « cette page sera glorieuse, et l'écrivain qui la tracera dira : Les expédi-« tions lointaines commencées pour la réparation de notre honneur se « sont terminées par le triomphe de nos intérêts. »

M. Thiers veut monter à la tribune et invoque vainement le droit qu'on a toujours de répondre à un ministre. La Chambre, tout entière aux applaudissements et aux félicitations dont elle couvre M. Rouher, refuse de l'entendre. M. Emile Pereire s'écrie : « On a assez parlé ici en faveur de l'étranger. »

Les affaires de Pologne occupèrent les deux dernières séances consacrées à la discussion de l'adresse. M. Jérôme David demanda vainement la reconnaissance des Polonais en qualité de belligérants, et M. Eugène Pelletan le rappel de l'ambassadeur français de Pétersbourg. M. de Morny prit la parole comme président de la commission de l'adresse; il défendit le czar et la Russie, et, dans un discours patelin, il s'efforça de prouver que le désaccord sur les questions extérieures de même que sur les questions de liberté reposait sur un malentendu, qu'il ne s'agissait au fond, entre l'opposition et la majorité, que d'une affaire de temps, que tous étaient fils de 89, que constituer l'indépendance des peuples, l'Italie, la Hongrie, la Pologne, était une politique qui avait sa grandeur, mais que la paix avait bien son charme. La paix seule pouvait, selon lui, donner des adoucissements à la Pologne.

« Si l'on ne veut pas faire la guerre pour elle, il faut le dire carrément, » répondit M. Guéroult. Rappeler l'ambassadeur lui semblait illusoire. Si le pays ne veut pas la guerre, comme on le prétend, pourquoi le gouvernement a-t-il agi comme s'il la voulait; il a fait une émeute diplomatique; il est brouillé avec la Russie, l'Autriche, la Prusse, l'Angleterre; il n'est bien avec personne. M. Guéroult termina son discours par ces mots : « Si nous sommes impuissants, je ne connais rien de plus digne que le silence. »

La Prusse et l'Autriche occupaient le Holstein pendant que le Corps législatif discutait l'adresse. M. Jules Favre s'éleva contre cette violation des traités, qui plaçait le gouvernement impérial dans une position si fâcheuse en présence de la violation du principe des nationalités dont il se disait le représentant. M. Rouher rejeta la responsabilité des embarras du gouvernement sur l'Angleterre et sur son refus de consentir au congrès.

M. Guéroult avait proposé sur les affaires de Rome un amendement que la fin des débats ne lui permit pas de développer. M. de Morny salua l'adoption de l'adresse à l'unanimité moins douze voix, par une allocution dans laquelle il complimentait le Corps législatif de l'éloquence dont ses membres avaient fait preuve pendant les débats.

Lorsque la liberté de la parole est supprimée en France, un côté du génie national est, en effet, voilé. La discussion de l'adresse, en éclairant le pays sur ses affaires, lui rendait en quelque sorte un art national; mais cette revue encyclopédique de toutes les questions était loin de remplacer pour les députés l'initiative des lois. Une assemblée où l'on parle beaucoup sans que la parole soit suivie d'aucun effet s'affaiblit par l'éloquence même. Le contrôle exercé sur les actes du gouvernement au moyen de l'adresse aurait eu besoin d'ailleurs d'être secondé par la liberté de la presse : à quoi servait au Corps législatif d'exprimer librement sa pensée s'il n'avait pas de porte-voix pour la répandre dans le pays? L'adresse, par suite de l'absence des ministres, n'était en réalité qu'un vain colloque entre les députés et le souverain.

La discussion de l'adresse n'avait rendu à la France que des orateurs; c'était quelque chose, à défaut de liberté réelle. M. Thiers, M. Berryer, M. Jules Favre avaient reparu à la tribune aussi brillants que dans leurs meilleurs temps, l'un, tel que dans ses plus beaux jours, composant son discours comme un scenario, n'improvisant que ce qu'il sait, marchant vers le fait au pas gymnastique, se servant de la phrase comme d'un filtre d'où la pensée sort claire et transparente, infatigable sans fatiguer les autres, mesurant les étapes par des anecdotes, mettant le bon sens au service de la raison, masquant l'épigramme par la bonhomie, piquant sans blesser, capable de s'élever assez haut, incapable de descendre jamais trop bas, restant enfin dans un milieu où il est excellent; l'autre, ample, majestueux, moins fait peut-être pour le genre de lutte qu'exigeait le Corps législatif, mais vieil athlète, assez vigoureux pour qu'on ne doutât pas que, s'il se présentait quelque question de haut vol, il ne sût encore la saisir. Le troisième, plus jeune que les deux autres et tout aussi consommé dans son art, complétait un trio d'orateurs comme peu d'assemblées en ont entendu.

La session, qui devait être close le 5 février, fut prorogée au 4 avril. M. Bravay avait été réélu à Nîmes. Le rapport sur son élection devait être lu dans la séance du 17. M. Eugène Pelletan se proposait de l'attaquer. M. de Morny le pria confidentiellement de vouloir bien laisser de côté dans son discours ce qui pouvait avoir trait à la moralité personnelle de l'élu. L'orateur de l'opposition se contenta donc de tracer le tableau de cette élection mémorable, où l'on voit pour la première fois surgir, à côté du candidat officiel agréé par l'administration, un nouveau genre de candidat, le candidat agréable. A Nîmes, l'un s'appelle Chabanon, l'autre M. Bravay. Le préfet ne combat pas M. Chabanon, mais quatre jours avant l'élection il pose la première pierre d'un canal de dérivation des eaux du Rhône entrepris aux frais d'une société fondée par M. Bravay. L'évêque bénit les premiers travaux. Les habitants de Nîmes, qui manquent d'eau pendant six mois de l'année, sont dans la joie. Le préfet cependant eût été fort embarrassé pour montrer les statuts de la compagnie approuvés par le Conseil d'État, le tracé du canal, l'acte d'achat du terrain sur lequel la cérémonie venait d'avoir lieu. La compagnie n'existait pas, le tracé n'était pas sorti du cerveau des ingénieurs, et l'inauguration n'était qu'une parade électorale.

M. de Morny, pendant le discours de M. E. Pelletan, lui avait adressé quelques observations un peu vives, auxquelles l'orateur avait répondu avec une égale vivacité. M. Pelletan, en quittant la salle à la fin de la séance, sentit une main se poser sur son épaule. Il se retourna. Cette main était celle de M. de Morny :

« Monsieur Pelletan, lui dit-il d'une voix assez forte pour obliger les « députés à s'arrêter dans la salle des Pas-Perdus, vous ne me rendez « pas justice. »

M. Pelletan le regarde d'un air étonné.

« Vous me considérez comme un ennemi de la liberté, vous vous « trompez. J'ai voulu montrer au 2 décembre que j'avais de l'énergie « au cœur (il rendit cette idée par une expression obscène); mais je sais « que l'Empire ne peut vivre sans la liberté, et, s'il le comprend un jour, « c'est à moi que le pays le devra. »

M. de Morny se retira, laissant tous les assistants stupéfaits de cette sortie.

Le président du Corps législatif comptait depuis longtemps en effet sur M. Emile Ollivier pour opérer une fusion entre le parti libéral et l'Empire transformé. Le député de Paris se prêtait volontiers à ce rôle. Ses collègues de l'opposition n'en pouvaient plus douter. Les relations devenaient chaque jour plus gênées entre lui et les membres de la gauche. La douceur de caractère de M. Jules Favre, la crainte d'initier le public à ces discordes, empêchaient seules la rupture d'éclater. La loi sur les coalitions, dont M. Emile Ollivier avait été nommé rapporteur grâce à l'appui de M. de Morny, fit éclater la crise.

Les membres de la gauche, partisans du droit commun en matière d'association, n'avaient point approuvé que M. Émile Ollivier eût accepté les fonctions de rapporteur d'une loi qui méconnaissait ce principe. M. Ollivier se trouvait donc dans une situation délicate entre ses anciens amis de l'opposition et ses nouveaux amis de la majorité. Tenir la balance égale entre les premiers et les seconds n'était pas chose possible ; il rompit avec les premiers, par une allusion directe à « cette maladie qui, lorsqu'on se trouve en présence d'un gouvernement qu'on n'approuve pas, consiste, au lieu de prendre ce qui est bien et de blâmer ce qui est mal, à tout attaquer, à tout critiquer, surtout le bien, parce qu'il profite à ceux qui le font; » cette maladie, ajoute l'orateur, s'appelle « pessimisme », c'est un mot de Mallet du Pan.

M. Ollivier tenait essentiellement à ne pas être confondu avec les pessimistes; car, en écoutant tant de beaux discours et en voyant tant de ruines à côté de si peu d'institutions libérales, il ne pouvait s'empêcher de faire cette réflexion qu'on attaque les pouvoirs à outrance et que, plus tard, « tous, sans exception, nous en sommes à regretter de n'avoir
« pas, au lieu de nous abandonner à des querelles stériles, soutenu, à un
« certain moment, un ministre comme Rolland, à une autre époque, un
« ministre comme Martignac ou un autre encore, et d'avoir sacrifié le
« développement successif des institutions libérales à l'implacable satis-
« faction de nos rancunes personnelles. »

Ces paroles, qui retombaient de tout leur poids sur les membres de l'opposition, ne pouvaient être considérées que comme une déclaration de rupture. Les journaux démocratiques ne s'y trompèrent pas; mais ils crurent devoir garder le silence : le *Siècle,* pour n'avoir pas à porter sur la conduite de M. Émile Ollivier un arrêt dont le gouvernement pourrait lui faire chèrement payer les frais ; l'*Opinion nationale*, parce que la conduite de M. Ollivier était conforme à ses propres vues. Les journaux dévoués au gouvernement ne tarissaient point en éloges, et la *Presse* reconnaissait dans M. Ollivier le chef du tiers parti ou plutôt du « parti des hommes nouveaux ».

M. Émile Ollivier n'était point parvenu cependant à donner plus de consistance au projet de loi qu'il était chargé de défendre. M. Jules Simon en fit ressortir toutes les inconséquences, en développant un amendement pour demander, en remplacement de la loi, la suppression pure et simple des articles 414, 415 et 416 du Code pénal. Son discours, qui finit à une heure très avancée, produisit une très vive impression. M. Jules Favre sollicita la remise de la discussion au lendemain; mais la Chambre, qui lui commandait de parler, refusait cependant de l'entendre. « Écoutez! s'écria M. Glais-Bizoin de toute la force de sa voix impuissante. — M. Glais-Bizoin a raison, répondait M. de Morny; cela vous étonne!... » ajouta-t-il avec son impertinence ordinaire, et la Chambre de rire.

M. Jules Favre reprit le lendemain la discussion des articles de la loi. Il démontra clairement que le premier article proclame l'abolition de toutes les lois restrictives des coalitions, en punissant les actes qui précèdent et accompagnent nécessairement toute coalition, qu'il retire d'une main et qu'il donne de l'autre. Le droit commun lui semblait préférable à cette « loi équivoque et inconsistante », et, comme il a l'équivoque en horreur, il proposait de l'ajourner, « sans craindre le reproche
« de retarder des améliorations désirables ni celui de faire partie de ces
« gens exclusifs qui, en politique, veulent tout ou rien, comme dit ce
« Mallet du Pan que le rapporteur a cité, mais que, quant à lui, il
« n'admire pas. Il n'y a, quoi qu'en dise Mallet du Pan, que deux écoles
« en politique, celle des principes et celle des expédients. Je suis pour la
« première. »

M. Émile Ollivier ne pouvait se méprendre sur le sens de ces paroles; il essaya d'abord de répondre au reproche de duplicité adressé à la loi, et il commença par déclarer qu'il lui semblait inutile d'affirmer son honneur. « Personne, répond M. Jules Favre [1], ne l'attaque. » Le rapporteur reprit emphatiquement qu'il avait l'orgueil, lorsqu'il se sentait en paix avec lui-même, de n'être effleuré par aucune parole; mais que les ouvriers pouvaient croire, d'après son langage, que les auteurs du projet de loi étaient des coquins ou des idiots. Telle n'était pas sans doute la pensée de « celui qu'il veut persister à nommer son éloquent ami », mais il serait bien heureux d'en recevoir la preuve en le voyant « ne pas refuser le progrès à cause de la main qui le donne ».

L'article 415 : « Lorsque les faits punis par l'article précédent auront été commis par suite d'un plan concerté, les coupables pourront être mis par l'arrêt ou le jugement sous la surveillance de la haute police pendant deux ans au moins et cinq ans au plus, » fut de la part de M. Jules Favre l'objet d'une vive critique; l'orateur rappela que la surveillance était inconnue de l'ancienne société, que plusieurs nations ne la connaissaient pas, qu'appliquée aux forçats, entrée dans le droit commun par le code en 1810, aggravée en 1851, elle permet d'envoyer tout individu en rupture à Cayenne ou en Algérie par mesure de sûreté générale. « Il faut que chacun ait le courage de son opinion, dit-il en
« terminant; nous rejetons l'équivoque; on a fait appel à des amitiés qui
« restent aux personnes, mais qui ne sauraient rien changer aux opi-

---

1. M. J. Favre n'attaquait-il pas indirectement dans sa dernière phrase l'honneur de M. E. Ollivier?

Fig. 4. — M. Jules Favre refuse de donner la main à M. Emile Ollivier.

« mions qui ne cessent pas d'être les nôtres. Il faut qu'on nous dise
« comment on a abandonné d'anciennes opinions en proposant aujour-
« d'hui ce qui les contredit absolument. »

M. de Morny vint en aide à M. Ollivier et lui sauva l'embarras d'une réponse, en le priant de se renfermer dans la loi. Rien n'était plus contraire, selon le président du Corps législatif, à la liberté et au droit que de demander compte à un membre de cette Chambre de son opinion passée. M. Ollivier, couvert par M. de Morny, se contenta de répondre que, « quelque étonnement douloureux » que lui eût causé la parole qu'on venait d'entendre, il se bornerait à prouver qu'il avait raison.

Le caractère particulier de la discussion n'avait pas échappé aux membres de la Chambre. Ils comprenaient tous que ce n'était pas seulement une loi qui était en jeu, mais une politique, et que les deux adversaires représentaient non pas une opinion, mais un parti. Jamais débat n'avait causé une pareille émotion. On sentait qu'une grande séparation était imminente, sinon accomplie. M. Jules Favre le comprenait lui-même ainsi ; mais, se laissant aller à la pente d'une nature sans fiel, quoi qu'on en ait dit, il s'approcha de M. Émile Ollivier au moment de la sortie et, par un mouvement presque involontaire, il lui tendit la main. M. Ollivier fit quelques pas en avant sans la prendre, puis, se ravisant, il se retourna pour lui offrir la main à son tour ; mais M. Favre retira la sienne en disant : « Il est trop tard. »

M. Rouher demanda purement et simplement au Corps législatif de voter la loi. Elle réunit pourtant trente-six voix contre elle.

La discussion du budget de 1865 et des dispositions additionnelles commença le 6 mai par un discours de M. Thiers, dans lequel, après avoir présenté les détails de chaque budget de ministère, il traçait le tableau saisissant de l'augmentation des dépenses, montant de 1500 millions en 1852 à 2 milliards 3 millions en 1864. M. Thiers voulait la paix, et pourtant il repoussait la réduction de l'armée. Il lui fallait 400 000 hommes, pouvant être portés instantanément par les cadres à 700 000. Les autres membres de l'opposition demandaient le désarmement et M. Berryer essaya de prouver qu'il n'était ni impossible ni contraire à nos intérêts ; mais, en esquissant les principaux traits de la situation extérieure et intérieure, il n'hésita pas à se ranger à l'avis de M. Thiers que, « si la liberté a tous les torts que l'on veut bien dire, il
« faut avouer qu'il en coûte bien cher pour la remplacer ».

Le discours de M. Berryer, simple, net, méthodique, précis, d'un ton de modération mêlé d'ironie, rappelait les meilleurs temps de l'illustre orateur. Il montra que les finances depuis 1852 ont vécu d'expédients : traité avec la Banque de France, conversion de la rente, conversion des bons du Trésor, autant d'expédients pour obtenir l'équilibre entre les recettes et les dépenses, auxquels il faut ajouter les emprunts de guerre. M. Berryer, après avoir attaqué les virements, signalait plusieurs milliards de découvert et trouvait que la France payait cher sa gloire et qu'il était temps de lui rendre sa liberté. Adversaire des expéditions lointaines sous l'Empire, on lui reprocha de les avoir approuvées sous la Restauration, comme si l'affranchissement de la Grèce et la conquête d'Alger avaient quelque chose de commun avec l'expédition du Mexique.

M. Berryer, en demandant l'équilibre du budget, passa en revue les finances des divers gouvernements. Une voix rappela ce qu'avait coûté à la France la Restauration rentrant dans les fourgons de l'étranger. « C'est l'Empire, s'écria M. Eugène Pelletan, qui nous a coûté l'invasion et deux milliards. » M. Rouher lui répondit : « Soyons toujours libéraux, monsieur Pelletan, rappelons-nous l'invasion. » M. Rouher oubliait que le système qui avait attiré l'invasion sur la France n'était guère un régime libéral.

Les perturbations causées dans le commerce et l'industrie par le régime parlementaire ne pouvaient être oubliées dans cette discussion. Un membre de la majorité se chargea de les rappeler à M. Berryer. « Ces prétendues perturbations, lui répondit l'orateur, n'ont jamais « coûté à la France aussi cher que les désastres appelés sur elle par « l'omnipotence d'un seul. » Ici, M. de Morny se crut forcé de l'interrompre : « C'est une théorie vague, cela mérite explication. » M. Berryer, sans s'arrêter à cette interruption, répondit à M. Rouher, qui venait de prononcer le mot d'invasion, qu'il rougirait « de rappeler ce temps sous lequel il a vécu, et l'état de la France souillée par la présence de l'ennemi appelé deux fois sur la France. » M. Granier de Cassagnac crie : « Par vous, à la suite des coalitions nouées par vos amis ! » M. Berryer réplique avec dédain que ces accusations surannées ne sont plus de mise.

M. de Morny intervint de nouveau, mais cette fois pour empêcher, comme il a toujours fait, dit-il, ces discussions amenées par la présence à la Chambre des représentants des anciens gouvernements.

M. Berryer, reprenant alors la question de l'expédition du Mexique, constata que, outre les fonds de l'amortissement, on faisait figurer comme ressource au budget l'indemnité mexicaine de 270 millions Un emprunt, dit-il, a été contracté sur ces 270 millions par une création de rentes décrétée à Miramar. Deux sections de rentes ont été créées, l'une de 12 millions, l'autre de 6 600 000 francs, comme à-compte sur l'indemnité due à la France, et les négociateurs de l'emprunt ont annoncé l'émission de 18 millions de rentes. Les prospectus lancés par eux portent : « Emprunt anglais, emprunt français. » L'Angleterre et la France ont-elles donc emprunté? Sont-elles garantes de l'emprunt? Le gouvernement impérial n'a rien négligé en tout cas pour son succès : intérêt à 10 pour 100, émission à 63 francs, remboursement à 80, à raison de chaque 10 francs de rente. comité de finances anglais et français présidé par un sénateur, ancien gouverneur de la Banque, que de motifs pour allécher le souscripteur ! Qu'est devenu cet emprunt? est-il négocié? — « Eh bien non, répond M. Berryer, il ne l'est pas pour « 12 millions, à peine pour 8. Et nos rentes, que sont-elles devenues? La « Compagnie Glyn avait annoncé la négociation de 18 600 000 francs, et « l'on attendait les conditions que M. le ministre d'État avait promis de « faire connaître ; mais la maison Glyn, à qui l'on a offert à 60 la négo- « ciation des rentes qu'elle pouvait ensuite négocier à 63, n'a pas voulu « du marché malgré la commission de 3 francs. Nous garderons donc, « ajoutait l'orateur, les rentes mexicaines qu'on n'a pas le droit de « porter au budget au chiffre de 66 millions, car on ne les négociera pas « sans perte. »

M. Rouher répondit à M. Berryer par son procédé habituel, c'est-à-dire en montant au Capitole. La France, selon lui, tient la paix dans sa main; le général Bazaine se promène triomphalement sur 400 lieues de territoire; l'archiduc est au Mexique, quoiqu'on l'ait traité de fou; il a trouvé 9 millions de rentes quand les vieux gouvernements n'en trouvent pas; l'entrée prochaine de Maximilien à Mexico sous des arcs de triomphe améliorera encore le crédit de son gouvernement; et la France réalisera les rentes mexicaines qui lui ont été remises, sinon sans perte, au moins de manière à justifier les prévisions du budget de 1865.

La conclusion de ce dithyrambe semblait devoir être le rappel de l'armée. M. Rouher n'en parla pas, et pourtant quel danger pouvait donc courir Maximilien après les assurances qu'il venait de donner relativement à la solidité de son empire. Qu'on ne vienne pas maintenant menacer l'empire mexicain d'une guerre avec les États-Unis. L'Amérique du Nord, depuis l'avènement de Maximilien, est en proie, il est vrai, a un mouvement d'exaltation patriotique assez semblable à celui qui s'était manifesté lors de l'arrestation de MM. Masson et Slidell sur le *Trent*; mais ce mouvement l'avait-il empêchée de les rendre? L'exaltation du Nord se calmera encore cette fois. Il veut, dit-on, prendre le Mexique. S'il avait ce projet, pourquoi ne l'aurait-il pas exécuté en 1847? Les Américains parlent beaucoup de la doctrine de Monroë; mais, pour la mettre en pratique, il faudrait n'être pas en proie à la guerre civile. La doctrine de Monroë se résume ainsi : Chacun chez soi. Le Mexique est chez lui. De quel droit pourrait-on l'attaquer? De quoi se compose d'ailleurs l'armée du Nord? De malheureux ouvriers et agriculteurs arrachés par la conscription à leurs foyers; ils demandent à y rentrer et non à envahir le Mexique. Les dernières dépêches reçues de Washington démontrent que le président des États-Unis est décidé à laisser le Mexique libre de choisir son gouvernement. Le Sénat vient, il est vrai, de prouver par un vote récent qu'il n'est pas de cet avis; mais le vote du Sénat n'engage pas le président; les hommes d'État américains parlent quelquefois de guerre pour se populariser quand ils sont candidats à la présidence, mais ils y renoncent après, parce que la guerre est contraire aux institutions des États-Unis. M. Rouher n'avait pas, on le voit, besoin de se mettre en peine pour trouver des arguments sérieux. Le Corps législatif se contentait des premiers venus.

La discussion du budget des affaires étrangères remit le Mexique sur le tapis. M. Rouher opposa au tableau de la situation de ce pays présenté par M. Jules Favre une dépêche de M. de Montholon qui se termine ainsi : « Le Mexique ne peut manquer d'entrer promptement dans une « voie de prospérité matérielle dont l'Europe profitera. » Le ministre d'État crut devoir ajouter :

« Voilà la situation bien autre que celle esquissée par M. Jules Favre éprouvant sans doute le regret de se voir enlever la clientèle de Juarez qu'il a si bien défendu.

— Votre clientèle, répondit M. Jules Favre, c'est la fortune.

— Oui, reprit M. Rouher triomphant, notre clientèle, c'est la fortune; la Providence la protège, la raison la dirige. »

M. Adolphe Guéroult, dans la séance du lendemain, consacrée au budget de l'intérieur, s'éleva contre la concurrence déloyale que le gouvernement ne craignait pas de faire aux autres journaux par l'adjonction au *Moniteur officiel*, paraissant le matin, d'un *Moniteur du soir* exempt du droit de timbre et de poste, ce qui le plaçait, continua-t-il spirituellement, sur la pente de l'abonnement gratuit et obligatoire.

Le gouvernement répondit qu'il n'avait créé le *Moniteur du soir* que pour publier plus rapidement les nouvelles. « Pourquoi alors ne pas les envoyer à tous les journaux ? » demande M. Picard, en ajoutant que, puisqu'il en était sur ce chapitre, il allait citer un passage d'un journal financier, qui se plaignait que la lettre de l'Empereur sur la suppression du décime de guerre, portant la date du 15, n'eût paru que le 18 au *Moniteur*, après un intervalle de trois jours, pendant lequel un mouvement de hausse s'était produit et avait donné lieu à des inductions fâcheuses. « Le gouvernement, dit M. Picard, quand il a de ces
« nouvelles qui brûlent les mains, doit les livrer immédiatement. Celles
« qu'à l'avenir il recevra ne s'égareront plus, il faut l'espérer, pendant
« trois jours dans les mains de ceux qui sont chargés de les trans-
« mettre. »

M. Ernest Picard exprima également l'espoir que le *Moniteur des communes* cesserait de jouir du privilège d'apprécier librement les débats du Corps législatif et de violer la loi qui oblige tous les journaux à faire suivre chaque discours inséré de la réponse qui lui a été faite. Le *Moniteur des communes* n'a pas le droit de publier des discours isolés, ces discours sortissent-ils tous de la bouche du ministre d'État, ni de se lancer dans l'appréciation des discours des députés, cette appréciation fût-elle empruntée au *Morning-Post*, lequel affirme « que,
« pour ceux qui ont entendu le dernier discours de M. Thiers, il est
« évident qu'il dirige ses attaques moins contre la politique du gouver-
« nement impérial que contre l'Empire lui-même. »

M. Picard, après avoir rappelé ce qui s'était passé à la fin du premier Empire, prouve que le système général de la presse ne répond plus à la situation : « Il faut ou redoubler de rigueurs, ou les supprimer toutes ;
« la législation de 1852 est usée ; si vous ne voulez pas la voir finir en
« même temps que vous, changez-la. »

La majorité pousse des cris de rappel à l'ordre. M. de Morny somme M. Picard de s'expliquer. Celui-ci répond qu'il n'a rien dit d'inconstitutionnel : ses paroles s'adressaient au premier Empire.

La discussion du chapitre des dépenses dites de sûreté générale au ministère de l'intérieur mit en cause la loi de sûreté générale. M. Eugène Pelletan s'éleva contre cette loi, et surtout contre le délit indéfinissable d'intelligence à l'intérieur. L'article concernant la répression de ce délit ne devait être appliqué, au dire de ses défenseurs, qu'aux gens de la pire espèce, et les trois personnes frappées jusqu'ici par lui étaient : un magistrat, M. de Flers; un manufacturier, M. Scherer; un étudiant, M. Taule. M. Pelletan rappela d'une voix indignée qu'un ministre avait osé dire, dans la discussion générale de l'adresse, que la loi de sûreté générale n'avait rien d'incompatible avec les principes de 89 ni avec ceux de la jurisprudence, qu'on pouvait frapper un délit de deux peines, un homme de deux mains, celle de la justice et celle de l'administration; et que, sa première peine subie, rien ne s'opposait à ce qu'on vînt chercher le condamné dans sa famille, à ce qu'on l'arrachât à sa femme et à ses enfants pour le conduire sur une plage déserte, où il subirait la seconde peine qu'il avait plu à l'administration de lui infliger.

M. Rouher se contenta, pour toute réponse, de trouver mauvais qu'on portât les décisions de la justice à la barre de la Chambre, et M. de Morny, s'empressant de lui venir en aide, déclara que, s'il permettait de discuter les actes de l'administration, il n'autoriserait jamais la discussion d'une loi votée, comme la loi de sûreté générale. « C'est notre honneur d'en demander le rappel, » s'écria M. Picard. M. de Morny crut devoir entreprendre sa défense : les sociétés secrètes attendaient le moment de se ruer sur la société quand la loi a été faite; ceux qui l'ont rédigée, et il s'honore d'en avoir fait partie, ont montré de l'énergie, et ils en montreraient encore. M. Pelletan, au milieu des clameurs de la majorité, s'écria que l'Empire donnait le spectacle d'un gouvernement jamais inquiété, mais toujours inquiet.

» *M. de Morny* : Le gouvernement n'a peur de vous ni de personne.

» *M. E. Picard* : Est-ce une menace?

» *M. de Morny* : Ce n'est pas menacer que de dire que le gouvernement n'a pas peur de vous.

» *M. E. Picard :* Nous n'avons l'intention ni de faire peur au gouvernement ni d'avoir peur de lui.

» *M. de Morny* : Vous avez raison de n'avoir pas peur; le gouvernement protége et ne menace personne. S'il était de nature à faire peur, peut-être ne lui tiendrait-on pas le langage qu'on entend ici (*Bravo! bravo! Applaudissements prolongés*).

» *M. Jules Favre* : C'est de la violence.

» *M. Rouher* : C'est vous qui avez fait de la violence.

» *M. Thiers* : Quand il s'agit des intérêts du pays, personne ne nous fera peur, pas même le gouvernement.

» *M. Rouher* : Permettez, monsieur Thiers; vous arrivez à l'instant, vous ne savez pas ce qui s'est passé, et vous vous jetez dans une querelle que vous ne connaissez pas.

» *M. Thiers* : Je vous demande pardon, je suis très bien instruit. »

Le tumulte finit par s'apaiser, et, grâce à la détente qui suivit cette scène, M. Garnier-Pagès put se plaindre des perquisitions opérées chez

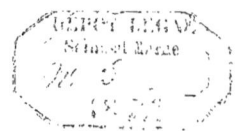

Fig. 5. — Le clergé mexicain exerçait une fatale influence sur le gouvernement en reserrant les capitaux du pays presque entièrement entre ses mains.

lui au moment des élections. La majorité consentit à écouter M. Garnier-Pagès, parce que ses membres, n'étant pas certains d'être toujours candidats officiels, pouvaient être exposés un jour à de semblables mésaventures; mais elle n'en décida pas moins que le gouvernement était dans son droit, et que les réunions chez M. Garnier-Pagès étaient des sociétés secrètes.

M. Eugène Pelletan, le lendemain de cette séance si agitée, demanda en ces termes une rectification au procès-verbal : « Messieurs, à la dernière séance, je n'ai pas plus entendu au milieu du tumulte les paroles « de M. le président qu'il n'a entendu les miennes. Il a dit : Si le gou« vernement était de nature à faire peur, peut-être ne lui tiendrait-on « pas le langage qu'on entend ici? Je demande pardon à M. le prési« dent : le lendemain du 2 décembre, lorsqu'il y avait de 15 à 20 000 pros« crits, je n'ai pas eu plus peur qu'aujourd'hui, de dire toute ma « pensée. »

La session, une des plus longues du régime impérial, finit le 28 mai 1864, après avoir commencé le 5 novembre 1863. Elle avait été prorogée cinq fois. M. de Morny la clôtura par un discours de remerciements à tous les députés, « sans distinction aucune », pour l'obligeance et la bienveillance amicale qu'il avait toujours rencontrées dans ses rapports avec eux. M. de Morny assura qu'il avait toujours compris son rôle « comme un rôle d'apaisement », et il revint sur cette idée que dans un pays labouré par les révolutions, personne n'avait le droit de reprocher à un de ses collègues d'avoir changé d'opinion. Les hommes varient de la meilleure foi du monde dans leurs jugements, et, suivant M. de Morny, qui dit parti dit partialité. « Quand le maréchal Soult n'était pas au « pouvoir, tout le monde reconnaissait qu'il avait gagné la bataille de « Toulouse; quand il devenait ministre, bien des gens assuraient qu'il « l'avait perdue. » Le *Constitutionnel* ajouta en répétant cette ancienne plaisanterie empruntée à un petit journal : « L'esprit de M. de Morny et le génie de la France ne sont qu'une seule et même chose. »

CHAPITRE II

L'EXPÉDITION DU MEXIQUE (1864-1865)

Bal donné par le général Bazaine en l'honneur de l'empereur et de l'impératrice. — Froideur des rapports entre Maximilien et les Français. — Maximilien est mal avec le clergé et n'est pas sûr de l'armée. — Maximilien cherche à se créer des ressources financières. — Les créances françaises. — Les bons Jecker. — Programme de Maximilien. — Formation du bureau de l'Esprit public. — Maximilien demande un personnel de police à Paris. — La situation militaire. — L'occupation française se borne à quelques points du territoire. — Exploits du colonel Dupin. — Maximilien entreprend un voyage à l'intérieur. — Hostilité du Saint-Siège. — Arrivée du nonce à Vera-Cruz. — Exigences de la cour de Rome. — Mission financière de deux banquiers mexicains à Paris. — M. de Germiny. — L'emprunt mexicain patronné par M. Rouher. — Lettre de Napoléon III au maréchal Bazaine. — Le maréchal Bazaine exerce une véritable dictature. — Maximilien adopte le petit-fils d'Iturbide. — Cruelle position de son gouvernement. — Mariage du maréchal Bazaine. — Juarez passe la frontière. — Lettre de Maximilien à Napoléon III. — Note de M. Seward sur l'empire mexicain et sur l'occupation française.

On se rappelle les fâcheuses impressions qu'avaient fait naître chez Maximilien ses premiers rapports avec les Français.

Tout servait à les renouveler, même les efforts qui auraient dû les effacer. Le général Bazaine, après les fêtes données, par la ville et les hauts fonctionnaires mexicains, à l'empereur et à l'impératrice, voulut à son tour leur offrir un bal où le goût français se déploierait dans tout son charme. Mais « malgré les fleurs, les drapeaux, les trophées, les « lumières étincelantes, les visages des invités portaient l'empreinte de » la mauvaise humeur. Les cartes d'invitation avaient été rédigées en

« termes peu courtois ; il y était dit qu'une certaine toilette était obliga-
« toire, que la présentation de la carte était de rigueur pour pouvoir
« entrer, et que, passé neuf heures, personne ne serait plus admis. Les
« commissaires avaient si singulièrement procédé dans leurs invitations,
« que les personnes les plus considérables avaient été omises, et qu'on
« était allé jusqu'à inviter des femmes sans leur mari, des sœurs sans
« leurs frères. Tout le monde était indigné de ces procédés, et l'indigna-
« tion générale ne se calmait guère en voyant le sans-façon du général
« Bazaine, sans-façon qu'un trop grand nombre de ses officiers s'empres-
« saient d'imiter. Aussi, la cour partie, tous les invités mexicains se
« hâtèrent-ils de se retirer. On apprit plus tard que les invités français
« qui étaient restés s'étaient livrés aux douceurs du cancan [1]. »

Les rapports entre l'empereur et les Français étaient déjà tendus, difficiles, dépourvus de sincérité à cette époque. Les fonctionnaires civils et militaires français manquaient du tact et de la délicatesse nécessaires pour alléger à Maximilien le poids de ces obligations envers la France, et le peu de fonds qu'il pouvait faire sur le dévouement de ses partisans mexicains l'empêchait de se passer des Français ; il se heurtait dans toutes ses entreprises à l'indolence, à la vanité et à l'incapacité indigènes. Le roi Léopold, son beau-père, lui avait donné pour chef de cabinet un homme actif et dévoué, M. Éloin, qui, par ses qualités mêmes, compliquait la situation. La paresse, l'insouciance des Mexicains, ne pouvaient s'accommoder de l'ardeur d'un homme qui les harcelait sans cesse et qui n'entendait pas se contenter de promesses ou de protestations que personne ne se souciait de tenir.

La sécularisation des biens de l'Église était l'un des plus puissants moyens sur lesquels Maximilien pût compter pour consolider son empire, et la cour de Rome suscitait à chaque instant des obstacles nouveaux aux négociations entamées à ce sujet. L'empereur, presque brouillé avec le clergé, pouvait-il compter sur l'ancienne complice du parti clérical, l'armée mexicaine ? Cette armée, réorganisée sous la direction exclusive du ministre de la guerre mexicain, dut bientôt être placée sous une autre main. Maximilien choisirait-il un Français ou un Autrichien pour la commander ? Après avoir accepté d'abord un général français désigné par le général Bazaine, il désigna définitivement le général autrichien de Thun, qui procéda, par ses ordres, à une nouvelle réorganisation de

---

1. Récit de la comtesse Kollonitz.

l'armée. Les troupes, par suite de ces changements, ne prenaient pas la solidité nécessaire ; le mélange des contingents belges et autrichiens au noyau mexicain avait non seulement l'inconvénient de nuire à l'homogénéité de l'armée, mais encore celui de rappeler l'origine étrangère du souverain ; un cabinet militaire impérial fonctionnant à côté du général en chef et du ministre de la guerre, plus une direction comprenant exclusivement les troupes austro-belges, compliquaient les relations administratives, diminuaient l'autorité du commandement et créaient sans cesse des conflits entre le cabinet de l'empereur, le ministère de la guerre et la direction austro-belge, sans compter ceux qui surgissaient à chaque instant entre ces divers bureaux et ceux du général Bazaine, seul commandant en chef en vertu de l'article 6 du traité de Miramar.

Le clergé exerçait sur un gouvernement aussi besogneux que l'empire mexicain une influence fatale à sa consolidation, en resserrant les capitaux du pays presque entièrement entre ses mains. Maximilien avait pourtant besoin de se procurer des ressources. La convention de Miramar, signée le 10 avril 1864 entre l'empereur des Français e l'empereur du Mexique, instituait à Paris une *Commission financière mexicaine*, composée de trois commissaires, un Mexicain, un Anglais, un Français, représentant les porteurs de titres de la dette mexicaine. Cette commission, présidée par M. de Germiny, ancien ministre des finances et gouverneur honoraire de la Banque de France, était chargée d'ouvrir un grand-livre pour y inscrire cette dette et les titres émanés du gouvernement impérial. Les bons anglais émis en 1851 au capital de 10 244 650 livres, produisant un intérêt annuel de 3 pour 100, devaient y être portés les premiers, ainsi qu'un emprunt de 201 600 000 francs, en titres au porteur portant rente à 6 pour 100 d'intérêt. Le grand-livre devait également s'ouvrir à l'inscription de 6 600 000 francs de titres de rente 6 pour 100 semblables aux titres créés à Londres pour l'emprunt de 201 600 000 francs. Ces inscriptions seraient remises au ministre des finances du gouvernement impérial français en échange d'un reçu de la somme de 66 millions stipulée dans la convention de Miramar et répartie de la façon suivante : 54 millions en compte des frais de l'expédition, et 12 millions destinés à payer une indemnité aux sujets français. Maximilien avait approuvé des plus une convention conclue, le 20 mars 1863, entre le comte François Zichy et la maison de banque Glyn, Mills et Cie, de Londres, chargée de l'émission de l'emprunt de 201 600 000 francs ; les 20 coupons semestriels d'intérêts échus du 1er janvier 1854 au 1er juillet 1863, dus aux porteurs des bons mexicains, devaient être consolidés en nouveaux titres de la dette extérieure au cours de 3 pour 100 pour chaque 60 francs de rente. La dette extérieure recevait donc une augmentation de 153 625 livres sterling. Un intérêt de 3 pour 100 était attaché à ces titres comme aux autres, à dater du 1ᵉʳ juillet 1864. Les intérêts échus le 1ᵉʳ janvier de cette année étaient pris sur les produits des douanes du Mexique et sur l'emprunt de 201 600 000 francs. Le dépôt de 25 millions à la Caisse des dépôts et consignations garantissait pendant deux ans le payement des intérêts consolidés.

Ces précautions n'étaient point faites pour inspirer une grande confiance dans le gouvernement impérial du Mexique. La remise au gouvernement impérial de France de la somme de 66 millions en titres de l'emprunt, au prix de l'émission, qui n'aurait pas dû être considérée comme une charge nouvelle, puisqu'elle était déduite de l'emprunt, n'en donna pas moins lieu à deux opérations distinctes : l'une ayant trait aux 201 600 000 francs de l'emprunt négocié à Londres, l'autre aux 66 millions remis au ministre des finances de France. Le gouvernement impérial du Mexique se trouvait donc grevé à son début : 1° d'un emprunt de 201 600 000 francs ; 2° du montant des sommes destinées à faire honneur aux nouvelles charges ; 3° du total de ces dernières, comme capital d'une dette étrangère consolidée.

Différents calculs portent à affirmer que, sur les 201 600 000 francs du premier emprunt, il ne restait guère à l'empire mexicain que 30 millions environ, par suite de la différence du prix d'émission au prix réel, des sommes laissées à la Caisse des dépôts et consignations pour le payement des deux années d'intérêt de l'emprunt contracté en Angleterre, de l'emprunt contracté en France, des bons émis en 1851, des coupons en retard capitalisés comme les bons, et du payement de deux années d'intérêts de la somme reconnue par la convention de Miramar pour frais jusqu'alors de l'expédition ; enfin par suite des frais de l'entretien des troupes. L'empire mexicain, grevé en outre de l'augmentation de la dette espagnole, conséquence du traité Mon-Almonte, et des indemnités payées à Jœcker et à d'autres, se trouvait donc dès ses début dans une situation financière des plus critiques.

Le gouvernement impérial de France s'était obligé par le traité de Miramar à maintenir au Mexique des forces militaires dans des conditions déterminées, et Maximilien à rembourser aux Français les dépenses de l'expédition. L'examen des créances françaises devait être terminé dans le délai de trois mois. M. de Montholon, ministre de Napoléon III, à Mexico, pressant vivement dès 1863 le président du conseil de régence Almonte de les régler, n'en reçut que cette réponse : « Je ne puis rien, il faut que je prenne les ordres de Sa Majesté, qui est à Miramar, et que je consulte M. Guttierez de Estrada, qui est à Rome. » Le gouvernement impérial ne paraissait pas attacher plus d'importance que celui de la régence à en finir avec un compte qu'il aurait dû avoir tant à cœur de liquider, et Maximilien, pendant qu'on lui signalait ces retards humiliants pour le Mexique et que ses troupes, faute de solde, se débandaient déjà en présence de l'ennemi, dépensait des sommes considérables pour embellir son château de Chapultepec et pour le relier par une route à Mexico. Une commission avait été cependant formée dans cette ville, pour discuter et apprécier les droits des réclamants français; mais cette commission, sans cesse entravée par des incidents calculés dont M. Hidalgo, ayant une grande influence sur l'impératrice Eugénie, tenait les fils à Paris, n'obtenait aucun résultat. Les réclamations relatives à l'indemnité des bons du Suisse Jœcker, naturalisé Français au début même de l'intervention, faisaient du tort par leur exagération aux autres demandes. Un intérêt semblait dû aux créances sujettes à révision; le ministre du gouvernement impérial de France à Mexico le sollicitait depuis cinq mois. M. Ramirez, ministre d'État et des affaires étrangères, lui répondit enfin le 9 décembre 1864, comme cédant à des instances importunes, que « son souverain, tout en étant convaincu que la justice se trouvait de son côté, donnait l'ordre à M. Hidalgo de payer cet intérêt pour éviter de troubler l'accord avec l'empereur des Français. »

Le trésor mexicain se trouvait si gêné à la fin de cette année, que le génie militaire français ne pouvait obtenir le payement des minces travaux exécutés pour son compte. Le Mexique, n'ayant ni routes, ni canaux, ni industrie, sauf celle des mines encore si arriérée, obligé de dépenser beaucoup à l'avance pour se créer des ressources, et par conséquent de compter sur le crédit; exposé à la redoutable hostilité du clergé, sans armée, sans finances, n'avait pas non plus, à proprement parler, d'administration. Les fonctionnaires habiles et honnêtes étaient rares, et ceux qui possédaient ces qualités ne montraient aucun empressement à se rallier au nouveau gouvernement, quoique Maximilien n'eût rien négligé pour les attirer à lui, ce qui lui avait valu le reproche d'avoir l'air de se méfier des Français. Son premier soin, en effet, en prenant possession du trône, fut de former son ministère d'hommes

Fig. 6. — Les cadavres pendaient aux bras des réverbères.

choisis dans les rangs du parti hostile à l'intervention. C'était pour lui moins une preuve d'ingratitude à l'égard de Napoléon III qu'une marque de patriotisme rendue nécessaire par les sentiments de la nation mexicaine. Vers la fin de novembre 1864, c'est-à-dire après six mois de règne, il se vit dans la nécessité de réclamer la formation d'un service financier dont le personnel lui serait envoyé de France pour être réparti par le général Bazaine dans les diverses directions, avec mission de surveiller les recettes et les dépenses de l'administration. L'équipe financière, si l'on peut s'exprimer ainsi, expédiée de Paris, ne tarda pas à arriver à Mexico. Son travail aurait pu être utile, si les fonctionnaires civils et militaires de l'intervention leur étaient venus en aide; mais, au lieu de seconder leurs compatriotes comme ils l'avaient promis, ils les abandonnèrent au mauvais vouloir des administrations locales, fort hostiles en général à toutes les réclamations françaises.

Maximilien ne manquait ni de zèle ni d'activité. Quelques jours après son entrée à Mexico, il s'était empressé d'envoyer à son ministre des finances, Velasquez de Léon, un programme administratif et financier complet : impôts, douanes, télégraphes, postes, unité des poids et mesures, contrôle des fonds publics, devaient être réorganisés par des commissions. Maximilien songeait à tout, même à fixer l'étendue et la valeur des terrains vagues de nature à être cédés à des colons et à créer un cabinet spécial de la presse, composé de trois divisions comprenant la presse du Mexique, des États-Unis et d'Europe. Ce cabinet, dépendant de la secrétairerie particulière de l'empereur, était dirigé par M. Éloin. Le chef du cabinet de la presse avait pour mission « de faire en sorte qu'un journal ou que plusieurs journaux de l'opposition reçoivent les articles qu'il leur enverra, ou qu'eux-mêmes écrivent de telle manière que leur opposition puisse servir aux vues du gouvernement [1]; » il devait en outre « faire écrire dans la presse mexicaine et étrangère des articles « concis, sobres et modérés [2]; » et sans tenter de modifier les opinions de certains journaux qui, par suite de leur immense circulation, sont indépendants, « faire tout ce qu'on pourra pour gagner l'un ou l'autre des correspondants de ces journaux au moyen de subventions ou de tout autre avantage, sans toutefois que la rédaction en sache rien [3]. » Le cabinet de la presse avait de plus dans ses attributions la distribution des por-

---
1. Règlement du cabinet de la presse.
2. Ibid.
3. Ibid.

traits de l'empereur et de l'impératrice. « Propagande d'une très grande importance pour ce pays, surtout auprès de la populace, » dit un homme qui s'était associé dès le début à l'œuvre de la régénération du Mexique et qui restait en relations intimes avec Maximilien [1].

Le programme du cabinet de la presse n'était pas facile à remplir, quoique tous les six mois une liste contenant les propositions pour « décorer, remercier ou subventionner » les journalistes bien pensants, dût être présentée à l'empereur. « Quant aux journaux qui, sous l'apparence
« d'une opposition sincère et d'un véritable libéralisme, essayeront de
« miner les bases sur lesquelles repose le gouvernement et de détruire la
« confiance du peuple en critiquant les mesures gouvernementales, sans
« indiquer un meilleur chemin, il faut les traiter sans indulgence, et, s'ils
« persistent dans leurs tendances, les supprimer. » Le chef du cabinet de la presse ne pouvait, du reste, infliger des avertissements ou des amendes aux journaux, ni envoyer aux préfets des instructions secrètes à leur sujet, sans s'être entendu avec le ministre de la justice, car « il serait contraire aux principes du gouvernement d'enchaîner la presse ; il entend la respecter comme un membre nécessaire de l'État ».

Le bureau spécial de la presse comprenait, outre un directeur à Mexico, quatre correspondants, à New-York, Vera-Cruz, Vienne, Paris. Les efforts du gouvernement mexicain pour gagner la presse des États-Unis ne pouvaient qu'échouer. Quel journal américain aurait donc osé s'élever contre cette formule « l'Amérique aux Américains », dans laquelle l'opinion publique résume la doctrine de Monroe? La presse autrichienne, qui craignait un dénouement de la tentative de Maximilien, fâcheux pour l'amour-propre national, accueillit avec beaucoup de froideur les avances de la direction de la presse de Mexico. Le zèle de la presse parisienne elle-même laissait beaucoup à désirer ; elle manquait de confiance, si l'on s'en rapporte aux renseignements contenus dans les lettres adressées à Maximilien lui-même [2]. Le directeur du *Mémorial diplomati-*

---

1. « J'envoie également à Votre Majesté, écrit-il à Maximilien, cinquante exemplaires du médaillon de S. M. l'impératrice et dix petites boîtes contenant 2000 portraits de Vos Majestés impériales fabriqués par un nouveau procédé, qui permet de répandre ces portraits parmi les Indiens sans qu'il en coûte plus de 6 francs le cent. Plusieurs centaines de milliers de ces petits cadres répandus dans les écoles indiennes satisferaient à la fois le cœur et la vue des populations.
« G. HUGELMANN. »

2. « Sire,
« Je n'ai point encore remercié Votre Majesté du brevet de chevalier qu'elle a bien voulu me faire remettre par S. S. M. Gutticrez de Estrada, et du prix des cinq actions qui m'a été envoyé par le préfet de Miramar. Je ne voulais pas distraire Votre Majesté

que[1] lui écrit que S. M. l'empereur des Français a daigné lui conférer les insignes d'officier de la Légion d'honneur, pour le concours qu'il a prêté à la solution heureuse de la question mexicaine, et que le ministre des affaires étrangères lui a exprimé, « au nom de son auguste maître, le « désir que son journal, désigné désormais par l'opinion publique comme « le *Moniteur* officieux du Mexique, exploitât la position élevée qu'il « occupait déjà dans la presse européenne pour combattre les erreurs et « les mensonges que l'esprit de parti se plaît à répandre sur le nouvel « établissement monarchique. » Le directeur du *Mémorial diplomatique* se déclarait prêt à se dévouer à cette mission, « moyennant une subvention annuelle de 40 000 francs, dont la durée lui serait garantie pour trois ans au moins. » Le propriétaire de l'*International* de Londres réclame de l'empereur la rémunération d'un article intitulé : *Un fondateur d'empire*, dans lequel il a comparé, dit-il, Maximilien Ier à Pierre le Grand et à Napoléon, et l'exécution des « promesses sonnantes qui lui ont été faites. »

des enthousiastes manifestations de ses nouveaux sujets; mais je n'ai perdu aucune occasion de tenir dans mes journaux, l'*International* et le *Monde nouveau*, ainsi que dans les autres journaux anglais, français et belges, la promesse que je lui avais faite de me constituer, en quelque sorte, le champion de l'empire mexicain.

» Je remets sous ce pli à Votre Majesté impériale deux articles qui ont été reproduits par tous les journaux importants. Ma réponse à l'*Opinion nationale* a même attiré la bienveillante attention de S. M. l'impératrice Eugénie.

. . . .

« Mais ceci est peut-être indigne de l'attention de Votre Majesté impériale; ce qui en est digne, c'est l'examen des réflexions que M. Hidalgo et moi faisions hier. Si l'emprunt mexicain n'a pas mieux réussi, si l'opinion européenne n'est pas mieux inclinée vers l'œuvre féconde de Votre Majesté impériale, c'est que la presse est mal travaillée dans ce sens. Il faudrait ici une sorte de bureau mexicain où l'on rédigerait des correspondances selon la couleur de chaque journal. Les plus hostiles ne demandent qu'une chose, des renseignements gratis. Je me charge d'accaparer le droit d'écrire pour tous la correspondance mexicaine, et j'ai sous la main cinq ou six jeunes gens pleins d'énergie et très propres à cette rédaction. Moyennant une subvention de 6000 francs par mois, je puis organiser ce bureau de Paris sous la surveillance de M. Hidalgo, et Votre Majesté en verra les effets.

« Dès le bureau organisé, je me rendrai à Mexico pour recueillir une bonne fois les inspirations de Votre Majesté impériale *directement par elle*. Je suis prêt à faire le voyage, car je suis sûr du moins d'être obligé d'agir et d'écrire contrairement à mes principes.

« Quelles que soient les résolutions de Votre Majesté impériale sur ces divers sujets, je sollicite la continuation de son auguste appui pour mes journaux et l'aide d'une subvention quelconque; mais, si Votre Majesté ne peut rien, elle ne continuera pas moins à recevoir en moi le plus dévoué, le plus convaincu des serviteurs et des amis.

« Daignez agréer, Sire, l'expression des sentiments de reconnaissance avec lesquels j'ai l'honneur d'être,

« De Votre Majesté impériale le plus humble des disciples.
« G. HUGELMANN.

« 30 août 1861. »

---

1. *Documents officiels recueillis dans la secrétairerie privée de Maximilien*, par H. Lefèvre.

Le premier chef du cabinet de la presse, sous la direction de M. Éloin, est un Français du nom de Budin. Un autre Français, l'abbé Domenech, missionnaire apostolique, lui succède. L'abbé Domenech, ayant envie de revoir la France, demande à être envoyé à Paris, en faisant valoir cette raison, fort bonne d'ailleurs, que ses fonctions n'ont aucune raison d'être au Mexique, et que c'est en Europe, sur l'opinion européenne, qu'il fallait agir [1].

L'abbé Domenech, ayant obtenu ce qu'il souhaitait, fait preuve, en arrivant à Paris, d'un zèle au-dessus de tout éloge. Il envoie au journal officiel de Mexico non seulement « des coupures politiques, scientifiques et autres, en assez grande quantité pour lui donner de l'intérêt pendant quinze jours », mais encore « les lettres de M. de La Guéronnière adressées à M. Émile de Girardin, sur les événements qui se passent en Europe, parce que ces lettres ont été pour ainsi dire dictées par l'empereur Napoléon. » L'abbé Domenech voudrait bien faire un voyage qu'il considère comme très important et de nature « à influencer l'émigration allemande », mais on lui fait attendre le payement de ses appointements ; il reçoit enfin la traite après laquelle il soupire et son congé en même temps. « Nos ressources financières, lui écrit-on, sont réduites au point qu'il n'est plus possible d'entretenir un bureau de la presse à l'étranger, et je suis chargé de vous annoncer que celui de Paris est supprimé à partir de ce jour. »

L'empire mexicain, en même temps qu'il se donnait une presse officieuse, se pourvoyait d'une police à la française. M. Éloin avait adressé dès le 30 novembre 1864 le télégramme suivant à M. Hidalgo, ministre du Mexique à Paris :

« L'empereur désire que vous demandiez directement à l'empereur Napoléon un chef de police parlant espagnol, qui choisirait douze agents parlant aussi espagnol, dont quatre secrets, et qui viendrait avec eux le plus tôt possible incognito. »

M. Hyrvoix, inspecteur général de la sûreté dans les résidences impériales, eut bientôt fourni à M. Hidalgo une brigade composée de sept

[1]. « De l'aveu de tous les directeurs de journaux, écrit-il à l'un de ses amis, l'envoi d'un directeur de la presse mexicaine à Paris pour réformer et diriger l'opinion publique en Europe est une des choses les plus politiques et les plus intelligentes que l'empereur ait faites. Ne pouvant subventionner les journaux, et la camaraderie ne pouvant seule obtenir les immenses résultats que j'ai obtenus en si peu de temps, il fallait absolument déclarer la nature de ma mission, de mes rapports avec le secrétariat de Sa Majesté et ma bonne entente avec la légation du Mexique à Paris. Pourtant, pour le succès de ma mission, j'ai prié les journalistes de faire signer par le secrétaire de la rédaction ou par un nom quelconque les articles, correspondances et tartines que j'envoie aux journaux. »

agents, plus un chef et un sous-chef. Le chef, nommé Galloni d'Istria, était, d'après la correspondance de M. Hidalgo, « un homme jeune encore, « de bonnes manières et qui connaîtra bientôt l'espagnol, car il est né en « Corse…. Le sous-chef Maury, homme intelligent, courageux, m'a été « recommandé par le général Fleury et par d'autres personnes. Il a servi « dans la cavalerie et parle espagnol. » Le chef de la police mexicaine était annoncé à Maximilien comme « possédant une âme de fer et un cœur de gentilhomme [1]. »

C'était beaucoup sans doute qu'un tel serviteur ; mais l'empire, heureusement pour lui, était encore soutenu par une armée de 26 000 hommes environ, ainsi composée : 18 000 hommes de troupes françaises, plus un contingent belge de 1500 hommes et un contingent autrichien de 6500 hommes. Ces deux derniers contingents n'étaient arrivés que vers la fin de l'année, et l'armée française avait jusque-là fait face toute seule aux difficultés de la situation. Trop peu nombreuse pour être divisée et disséminée dans tout l'empire, elle n'occupait que quelques centres importants dans les États voisins de Mexico ; mais, dans ces États mêmes, un nombre considérable de villes étaient restées au pouvoir des libéraux ; les Français, lors du débarquement de Maximilien, comptaient encore treize États ou territoires dans lesquels ils n'avaient pas pénétré. Dans l'État de Vera-Cruz, le plus important du Mexique après celui de Mexico, les troupes françaises ne tenaient que Vera-Cruz, Cordova et Orizaba ; toutes les autres localités étaient aux mains des libéraux. Dans l'État de Puebla, l'intervention n'avait que le chef-lieu ; dans l'État de Tamaulipas, le port de Tampico et ses environs. Il en était de même dans toute la région centrale où l'armée française avait pu s'établir. Une armée de 26 000 hommes, divisée en petits détachements, dispersés au milieu d'une population hostile, ne pouvait pas être d'une bien grande efficacité pour l'occupation d'un pays immense, ni pour tenter des opérations militaires.

Le gouvernement constitutionnel de la république continuait à fonctionner dans les États occupés, à côté des points où campaient les soldats français, réduits à ne faire, pour ainsi dire, que des battues autour d'eux ; l'armée républicaine au contraire, guérillas ou troupes régulières, restait libre dans ses évolutions et gardait la presque totalité du pays. Les adhésions à l'empire n'étaient donc pas très nombreuses, et encore, pour les obtenir, fallait-il tenir les populations dans une *terreur salutaire*. Le

---

[1]. Lettre de M. Hugelmann.

colonel Dupin, commandant la contre-guérilla dont on a déjà vu les exploits, se chargeait de ce soin. Entré dans les premiers jours de mars, à la tête d'un détachement peu nombreux, dans Tlaliscoyan, petite ville de l'État de Vera-Cruz, et craignant de se voir attaqué par la guérilla qu'il vient de déloger, il se retranche dans une vaste maison, y installe ses hommes et ses chevaux, puis il fait venir auprès de lui le propriétaire : « il le remercie de sa bonne réception » et le prie de faire réunir les personnes notables du village, « afin de prendre plus facilement congé de toutes ». Les notables arrivent, et le colonel Dupin leur intime l'ordre de fournir immédiatement un certain contingent de vivres et de chevaux, et, pour être sûr que cet ordre s'accomplira, il gardera la moitié d'entre eux en otages. Ce n'est pas tout que de se ravitailler, il faut encore assurer sa retraite. Un certain nombre d'habitants iront à la découverte ; si, à l'heure dite, ils ne sont pas revenus fournir les renseignements demandés, leurs maisons seront brûlées, et de demi-heure en demi-heure on fusillera deux otages. Le commandant de la contre-guérilla brûle, en attendant, quarante maisons où les guérilleros avaient reçu l'hospitalité. Au mois d'avril suivant, il occupe Tampico. Une de ses rondes surprend un détachement ennemi et lui fait cinq prisonniers. Il les condamne à être pendus aux réverbères de la grande place. Un des condamnés, un jeune homme, « railla avec un cynisme révoltant » la maladresse des exécuteurs, inhabiles dans l'art de manier le nœud coulant ; puis, de ses propres mains, il se passa la corde autour du cou, et, comme il était gêné par les rayons du soleil, il demanda comme dernière grâce qu'on lui tournât la tête du côté du levant pour ne pas souffrir de la réverbération dans ses derniers moments. Jusqu'au lendemain matin, les cinq cadavres se balancèrent aux bras des lanternes sous le souffle de la bise [1].

Quand la pendaison ne lui semblait pas un moyen suffisant de pacification, le commandant de la contre-guérilla avait recours à l'incendie :

« 5 avril 1864.

« Le commandant supérieur de Tampico a appris que, pendant qu'il détruisait à San-Antonio des bandes de guérillas, cinquante hommes de la garde nationale d'Ozuluama prenaient les armes, pour s'opposer à la retraite des troupes françaises, dans le cas où elles auraient éprouvé un revers. *Le ciel a béni nos armes et donné la victoire aux véritables défenseurs de la liberté nationale et de l'ordre.* Le colonel, lors de sa première entrée à Ozuluama, avait fait un premier appel à tous les hommes de cœur, quelles que fussent leurs opinions, leur offrant franchement et loyalement l'amnistie du passé.

1. *La contre-guérilla des Terres chaudes*, par M. de Kératry.

Fig. 7. — Le commandant de la contre-guérilla avait recours à l'incendie (page 48).

« Les habitants d'Ozuluama n'ont pas voulu écouter ces bienveillantes et généreuses paroles. Le temps de la clémence est passé. Le colonel viendra bientôt à Ozuluama, et, dès qu'il paraîtra sur la place, on devra lui livrer les cinquante fusils et les munitions destinés à l'assassinat de ses soldats. Pour chaque fusil qui manquera, le bourg payera 200 piastres d'amende, et 10 000 (56 000 fr.) s'il n'en livre aucun.

« En cas de désobéissance à l'ordre ci-dessus, le bourg entier et les fermes qui l'environnent seront réduits en cendres.

« Ainsi sera traité tout village qui continuerait à fomenter la révolution dans un pays qui ne demande qu'à vivre tranquille.

« *Le colonel, commandant supérieur de Tamaulipas,*
« Ch. Dupin. »

Le maréchal Bazaine avait fait insérer dans la *Gazette officielle* cet ordre laconique :

« Tout chef pris les armes à la main et dont l'identité pourra être constatée sur les lieux sera fusillé séance tenante. »

Le colonel Dupin, encouragé par cet exemple, se hâte de faire savoir par une proclamation aux habitants de l'État de Tamaulipas que :

« Tout individu de l'État de Tamaulipas qui, sous quelque prétexte que ce soit, prendra les armes sans l'autorisation du général en chef ou du gouverneur, sera considéré comme bandit et fusillé sur-le-champ.

« *Le gouverneur*,
« Ch. Dupin.

« Le 10 juillet 1864. »

Voilà en quelles mains étaient remises la vie et la fortune des habitants du Mexique.

Maximilien avait manifesté l'intention de faire venir de chaque province trois délégués pris parmi les gens les plus honnêtes, les plus instruits, les plus au courant des besoins de leur pays, pour en former une sorte de chambre de consultation chargée d'élaborer les grandes mesures d'utilité publique. Il réfléchit tout à coup que le meilleur moyen était de se mettre lui-même à leur recherche, et, laissant la régence à l'impératrice, il quitta Mexico deux jours avant la fête de Napoléon III, accompagné d'une faible escorte pour entreprendre un voyage dans les provinces de l'intérieur. « Ce voyage devait être de courte durée. Arrivé dans une petite ville située non loin de Queretaro, Maximilien fut pris d'une angine. On était dans la saison des pluies ; chaque jour, des averses rendaient les chemins plus infranchissables. La maladie de l'empereur et la perspective des difficultés que devaient opposer encore pendant plusieurs semaines à son voyage la chaleur et l'humidité de la saison le firent revenir à Mexico vers la fin d'octobre. Il crut avoir rencontré dans les provinces des hommes d'un caractère mieux trempé que ceux qui l'entouraient à Mexico, et le 8 novembre, quand une des dames d'honneur de l'impératrice, à la veille de retourner en Europe, vint à Chapultepec prendre congé de l'empereur et de l'impératrice, Maximilien la quitta avec ces paroles : « Dites à ma mère [1] que je ne me fais pas illusion sur les difficultés de ma tâche, mais que je n'ai pas encore regretté une minute la résolution que j'ai prise [2]. »

Ce langage indiquait chez Maximilien une foi bien robuste ou un parti pris bien arrêté. En tout cas, s'il avait pu entendre les propos auxquels avait donné lieu sa maladie, annoncée d'abord comme très grave, il se serait vite aperçu que personne ne partageait sa confiance dans l'avenir de l'empire. Les habitants de Mexico se promettaient ouvertement, à la première nouvelle de la mort de Maximilien, de proclamer la république même devant les baïonnettes françaises. Le bruit courait, avant le départ de l'empereur, que le roi des Belges ne prolongeait son séjour à Vichy que pour sonder Napoléon III sur le projet d'ériger en royaume l'ancienne vice-royauté de Guatemala, composée des États de Guatemala, Yucatan, Honduras, jusqu'à l'isthme de Tehuantepec, et de mettre le comte de Flandre à sa tête [3]. La mort probable de Maximilien n'ouvrait-elle pas à ce prince de nouvelles perspectives? Maximilien coupa court à tous ces bruits en rentrant en bonne santé à Mexico, où le maréchal Bazaine l'accueillit par la remise d'un rapport fort triste sur la situation de l'empire. L'administration laissait partout à désirer, surtout au point de vue des finances et de la police. Les choses marchaient mieux au point de vue militaire : le général Castagny se dirigeait sur le Chihuahua; des ordres étaient donnés pour activer les préparatifs de l'expédition sur Mazatlan : le général Douay ne tarderait pas à s'établir à Morelia ; enfin les préparatifs de l'expédition d'Oajaca touchaient à leur fin, et les opérations commenceraient au plus tard dans les premiers jours de décembre.

Ce n'est pas au Mexique seulement que les affaires de Maximilien allaient mal ; les diverses cours d'Europe mettaient une lenteur calculée à le reconnaître comme empereur du Mexique, et ses rapports avec Rome prenaient un caractère de plus en plus marqué d'hostilité. Le parti libéral, maître du pouvoir en 1856, 1859 et 1861, avait, comme on l'a vu, réglé par des

---

1. L'archiduchesse Sophie.
2. Récit de la comtesse Kollonitz.
3. *Documents inédits recueillis dans la secrétairerie privée de Maximilien*, par H. Lefèvre. Bruxelles et Londres, 1869.

lois la vente des biens ecclésiastiques. Maximilien, sollicité longtemps avant son acceptation définitive de la couronne d'abolir ces lois, ou du moins de s'entendre avec le Saint-Siège pour en régulariser l'application, avait, dans son voyage à Rome, demandé au pape le prochain envoi au Mexique d'un nonce chargé de mettre fin sur ce point aux difficultés sans cesse renaissantes entre le gouvernement et le clergé. L'envoyé de Rome se fit tellement attendre, que M. Ramirez, ministre des affaires étrangères, dut signifier au cardinal Antonelli que, si le nonce n'arrivait pas avec les pouvoirs ordinaires, l'empereur prendrait lui-même les mesures nécessaires. L'année 1864 allait finir, lorsque Mgr Meglia, archevêque *in partibus* de Damas, nonce apostolique, débarqua enfin à Vera-Cruz porteur d'une lettre autographe du pape à l'empereur Maximilien, dans laquelle Sa Sainteté, après lui avoir rappelé sa joie en voyant appelé à la couronne du Mexique un prince appartenant à une famille si catholique, continuait ainsi : « Sous ces heureux auspices, nous attendions de jour en jour les « premiers actes du nouvel empire, persuadé qu'on donnerait à l'Église « outragée par la révolution une prompte et juste réparation ; mais, si l'on « permet aux journaux d'insulter impunément les pasteurs, d'attaquer la « doctrine de l'Église catholique, le scandale pour les fidèles et le dom- « mage pour la religion resteront les mêmes et peut-être deviendront « plus grands encore. » Le pape, après avoir adjuré Maximilien, « au nom de la piété et de la foi qui sont l'ornement de sa famille, d'essuyer les larmes d'une partie de la famille catholique, » résumait ainsi les demandes que son nonce était chargé de lui faire :

« Il faut avant tout que la religion catholique, à l'exclusion de tout autre culte dissident, continue à être la gloire et le soutien de la nation mexicaine; que les évêques soient entièrement libres dans l'exercice de leur ministère pastoral; que les ordres religieux soient rétablis et reconstitués; que personne n'obtienne la faculté d'enseigner et de publier des maximes fausses et subversives; que l'enseignement, tant public que privé, soit dirigé et surveillé par l'autorité ecclésiastique, et qu'enfin soient brisées les chaines qui jusqu'à présent ont retenu l'Église sous la dépendance et l'arbitraire du gouvernement. »

Cette lettre rendait impossible une entente avec le Saint-Siège ; mais Maximilien comptait sur l'appui de Napoléon III auprès de la cour de Rome. Le comte de Sartiges, ambassadeur de Napoléon III près le Vatican, reçut en effet l'ordre d'exercer son influence dans un sens favorable au Mexique; mais le cardinal sous-secrétaire d'État fit connaître d'une façon toute confidentielle à M. Aguilar le mauvais effet de « cette ingérence », en ajoutant : « Je crois que, dans les circonstances actuelles, « il n'y a pas d'affaires plus mauvaises auprès du gouvernement pontifical « que celles qui sont recommandées par l'empereur des Français [1]. »

L'œuvre de Maximilien, dont le succès dépendait en grande partie de la sécularisation des biens du clergé, se trouvait donc compromise dès le début par la cour de Rome et par l'hostilité du clergé mexicain, qui en était la conséquence naturelle. Cependant le trésor mexicain était vide à la fin de 1864. Il fallait le remplir, mais non pas au Mexique, où l'on ne trouverait pas un sou. M. Eustaquio Barron, banquier à Mexico, et un autre agent furent envoyés à Paris pour y négocier la formation d'une banque mexicaine d'escompte et un emprunt particulier de vingt, trente ou quarante millions, selon qu'ils trouveraient les capitalistes plus ou moins faciles.

Les agents financiers de Maximilien débarquèrent en France vers la fin du mois de janvier 1865, dans un moment où les nouvelles militaires du Mexique laissaient beaucoup à désirer. A peine arrivés à Paris, ils s'empressèrent cependant de se rendre chez M. le comte de Germiny, président de la commission des finances du Mexique, où, en présence de tous les membres de la commission, ils exhibèrent leurs pouvoirs et lurent leur projet de banque et leurs instructions secrètes. MM. Hottinguer père et fils et M. Heine, banquiers, assistaient à la réunion [2]. Les envoyés mexicains purent se convaincre dès cette première séance qu'ils n'avaient aucune chance de réaliser un emprunt particulier; mais M. de Germiny, chez lequel M. Barron signale « une tendance décidée à se préoccuper des intérêts français et à faire valoir les prétendus services rendus par la France au Mexique » [3], lui parla d'un projet pour convertir la dette provenant de l'emprunt de Miramar et pour faciliter les moyens d'en émettre un nouveau.

La commission des finances mexicaines se réunit de nouveau le 6 janvier. MM. Hottinguer père et fils et M. Heine, banquiers, étaient encore présents, ainsi que le ministre d'État de l'empire mexicain, M. Velasquez de Léon. M. de Germiny exposa son projet, qui garantissait au gouvernement mexicain une somme liquide de 100 millions et comprenait à la fois la conversion de l'ancien emprunt si mal accueilli sur tous les marchés de l'Europe et l'emprunt nouveau représenté par des obligations

---

1. Dépêche de M. Aguilar du 25 mars 1865.
2. Lettre de M. Eustaquio Barron au ministre des finances.
3. *Ibid.*

émises à un prix plus ou moins élevé, remboursables à raison de 500 francs dans un certain nombre d'années, avec des primes considérables.

« Ce projet, écrit M. Barron au ministre des finances mexicaines, émane de banquiers qui jouissent de toute la confiance du gouvernement français et a en outre l'appui décidé de MM. Fould et Rouher, à qui il a été soumis. MM. de Germiny et Corta se prononcent très chaudement en sa faveur, et, quelque grands que soient les inconvénients que nous lui trouvions, nous sommes obligés cependant de reconnaître que, en présence des difficultés de la situation actuelle, c'est encore le moyen le plus sûr et peut-être l'unique de recueillir l'argent dont on a besoin [1]. »

L'agent financier de Maximilien ne se dissimule pas « la répugnance que doivent inspirer ces sortes d'opérations, surtout lorsqu'elles se font au nom d'un gouvernement. » Mais, ajoute-t-il, l'usage de ces emprunts s'est tellement généralisé sur les marchés européens et leurs résultats ont été si brillants qu'il y aurait peut être trop de rigorisme à ne pas suivre l'exemple général :

A cet égard, je laisse à M. de Germiny le soin de donner au gouvernement les explications nécessaires. Je me contenterai de dire qu'aujourd'hui même ce monsieur nous a déclaré que si l'on n'avait pas immédiatement recours à un emprunt, il se verrait obligé sous peu, chose qu'il faudrait éviter à tout prix, de suspendre les payements qui se font pour le compte du gouvernement mexicain.

« Si nous en croyons certaines confidences qui nous ont été faites, nous serions tentés de croire que la maison Rothschild désirerait se charger de cet emprunt. Il est de la plus haute importance de le placer en des mains aussi puissantes que la maison dont il s'agit. Nous sommes donc décidés à le lui proposer avec toutes les précautions nécessaires, et, dans le cas où elle refuserait, nous ferons immédiatement des démarches pour le placer auprès d'autres maisons. »

Traverser l'Océan pour solliciter un emprunt particulier de 30 à 40 millions, voir cette demande repoussée par un refus presque brutal, et recevoir tout à coup l'offre d'un prêt de 100 millions; passer de la suspension des payements à l'abondance des capitaux et de la banqueroute à la prospérité financière, il y avait là de quoi triompher des scrupules de M. Barron. Il ne restait plus qu'à vaincre les méfiances du public. M. Corta, membre du Corps législatif et de la commission des finances du Mexique, se chargea, comme on l'a vu, de ce soin; il monta, le 12 avril 1865, à la tribune du Corps législatif pour y faire le tableau le plus brillant de la situation du Mexique. M. Rouher vint à son aide et répondit aux orateurs de l'opposition, qui émettaient des doutes sur le résultat de l'opération financière si pompeusement annoncée :

1. Lettre de M. Eustaquio Barron au ministre des finances.

« Vous vous préoccupez de l'emprunt à faire, et certainement, si les prêteurs ont confiance en vos observations, ils ne se hâteront pas d'apporter leur argent. Eh bien, n'ayez aucune inquiétude, l'emprunt est fait. Au moment où je parle il est signé par les principales maisons de France et d'Angleterre. J'en ai reçu la nouvelle au moment où j'entrais dans cette enceinte. Ces défiances, ces critiques semées à plaisir par une parole sans responsabilité, qui excite sur les intérêts vivaces du pays l'inquiétude et les alarmes, seront insuffisantes et vaines, on ne les écoutera pas, et l'on aura parfaitement raison [1]. »

Une nouvelle charge de 250 millions [2] allait s'ajouter aux 515 millions de l'emprunt de Miramar et augmenter la dette étrangère du Mexique de 765 millions. Ces sommes énormes étaient prises uniquement dans les petites bourses de la France, car, « malgré que ces emprunts eussent été « chaudement recommandés au Mexique, pas une famille du pays, pas « une maison de commerce ne voulut y souscrire ; en un mot, pas une « seule obligation ne fut prise même parmi les impérialistes [3]. » Maximilien n'en avait pas moins un certain nombre de millions à sa disposition ; peu lui importait la source où il les avait puisés. L'empire pouvait marcher pendant quelque temps.

Comment l'empereur Maximilien et le maréchal Bazaine se tiraient-ils pendant ce temps là de l'œuvre qui consistait à transformer en un peuple honnête et laborieux une nation dépourvue en général de moralité, indolente, apathique, sans administration, sans justice, habituée à la guerre civile et au brigandage qui en est la suite? Il semble que la première chose à faire eût été d'en finir avec les brigands. Or les opérations militaires laissaient beaucoup à désirer, même au point de vue de la sécurité des campagnes et des routes. Le départ pour le nord du Mexique d'un corps de réserve avait été ajourné par suite de l'apparition dans l'État de Mechoacan de bandes assez fortes pour enlever quatre cents Belges commandés par un chef de bataillon, à Tacambaro, dans les environs de Morelia. Le chef de bataillon et six officiers, parmi lesquels le fils du ministre de la guerre de Belgique, succombèrent ; le reste de la troupe mit bas les armes. L'échec était rude et de nature à encourager

---

1. M. Rouher aurait été fort embarrassé de prouver son assertion, car l'acte constitutif de l'emprunt n'a été signé que deux jours après.
2. Les banquiers dont les noms figurent au bas de l'emprunt l'avaient-ils réellement souscrit, ou bien l'un d'eux, M. Pinard, prenait il à sa charge 500 000 obligations, moyennant une commission sur le prix d'émission de 10 pour 100? L'omission de porter cet emprunt à la Bourse comme tous les autres emprunts semblait confirmer cette opinion ; quant à la complicité du gouvernement français dans cette opération, elle ne tarda pas à éclater par la transformation des recettes générales et particulières, et même des perceptions, en bureaux de vente de ces obligations.
3. *L'empereur Maximilien, son élévation et sa chute*, par le comte Emile de Kératry.

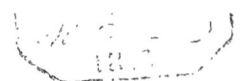

Fig. 8. — Le Danemark est ruiné.

la formation de nouvelles bandes. Des renforts furent envoyés au commandant des troupes françaises dans le Mechoacan.

Les républicains avaient réoccupé Saltillo et Monterey, et attaqué Matamoros, qu'ils tenaient bloqué de très près. Ils faisaient également face au nord-ouest aux troupes de l'intervention. Guaymas et Mazatlan subissaient un blocus rigoureux. La ligne de bataille était si étendue pour un effectif aussi faible et aussi éloigné de sa base d'opération que celui dont le maréchal Bazaine avait la disposition, que personne ne doutait qu'il ne fût bientôt obligé de demander des renforts en France, car le pays ne paraissait tranquille que là où l'armée d'intervention se trouvait en force, et pas une seule province n'était entièrement pacifiée [1].

L'inconvénient d'éparpiller les forces de l'intervention fut signalé à Napoléon III, qui écrivit au maréchal Bazaine, le 5 mars 1865 :

« Mon cher maréchal,

« Je ne vous ai point écrit depuis longtemps, parce que tout semblait aller sur des roulettes, et que d'ailleurs le ministre de la guerre vous transmettait mes ordres ; aujourd'hui, les choses me paraissent plus sombres, et je vous écris d'abord pour garder au Mexique toutes les troupes que vous y avez, et pour vous recommander de ne pas trop les éparpiller. Ce n'est pas sans appréhension que je vois des détachements se diriger vers la Sonora. Ne pourrait-on pas former des colonnes purement mexicaines qui rayonneraient à une certaine distance autour d'un centre occupé par vous ? Je ne crains pas une guerre avec les États-Unis, d'abord parce que heureusement ils ne sont pas prêts à faire la paix, et ensuite parce que, le cas échéant, ils n'oseraient pas déclarer à la fois la guerre à la France et à l'Angleterre. Néanmoins il est bon d'avoir les yeux ouverts de ce côté et de maintenir toujours sous la main un bon noyau de troupes.

« Je suis avec un grand intérêt vos opérations devant Oajaca. Dieu veuille que vous réussissiez sans éprouver trop de pertes.

« Nous avons reçu, le 1er janvier au matin, vos félicitations pour la nouvelle année, et c'est un heureux à-propos.

« Dites à l'armée combien je suis heureux de sa belle conduite, et recevez, mon cher maréchal, l'assurance de mon amitié.

« Napoléon. »

L'affaire de San-Pedro, dans laquelle un lieutenant de vaisseau de la marine française avait été fait prisonnier, expliquait les craintes de l'Empereur et la grave détermination de continuer à engager l'action de la France sans son consentement, en laissant au Mexique 10 000 hommes de troupes qui auraient dû le quitter au commencement de 1865, en vertu des dispositions des articles additionnels et secrets de la convention de Miramar. La paix entre le nord et le sud de la république des États-

---

1. Lettres du colonel Bressonnet au général Frossard (papiers des Tuileries).

Unis paraissait éloignée à Napoléon III, au moment même où il était visible cependant que la résistance du Sud faiblissait et que Grant ne tarderait pas à en avoir raison; mais, si l'Empereur pouvait encore se faire illusion à cet égard, quelle raison avait-il de supposer que les États-Unis déclareraient la guerre à l'Angleterre?

Maximilien, connaissant la lettre de Napoléon III au maréchal Bazaine, ne pouvait donc concevoir aucun doute sur la durée de l'appui de l'Empereur, et les dépêches de son représentant à Paris l'entretenaient dans cette croyance. « La question du Mexique, disait M. Hidalgo, « a été pour l'Empereur une source de dégoûts et de soucis plus grands « que tous ceux qu'il a éprouvés depuis qu'il est au pouvoir; mais sa « volonté de fer a dominé jusqu'à l'impopularité que l'on a jetée sur « notre entreprise glorieuse. Le succès a fini par nous donner raison; « mais, bien que ce peuple français, si impressionnable, passe subitement « de la confiance à la crainte, l'Empereur ne laissera pas son œuvre « inachevée par suite d'obstacles qui, quoique déplorables, sont moindres «cependant que ceux qu'il a dominés jusqu'à ce jour [1]. »

L'accord le plus complet entre le commandant en chef de l'armée d'occupation et le chef du gouvernement mexicain était la condition indispensable du rétablissement de l'ordre dans le pays, et malheureusement la mésintelligence la plus complète régnait entre l'état-major français et le cabinet de Mexico. Le maréchal Bazaine semblait se plaire à faire sentir son autorité d'une façon blessante. Le ministre de l'intérieur accorde l'autorisation de publier un journal bi-hebdomadaire, *la Mandore;* le lendemain même, le *Cronista*, organe de l'état major français, publie au-dessous même de l'autorisation donnée par le fonctionnaire mexicain l'injonction de l'autorité militaire française à *la Mandore* de suspendre sa publication. Sept journalistes, arrêtés vers la fin du mois d'avril 1865, sont traduits devant un conseil de guerre français. L'autorité militaire française réunit du reste en réalité tous les pouvoirs : elle administre, gouverne et juge. Les tribunaux ne se composent que de juges nommés par elle, et, si ces juges se permettent d'acquitter de loin en loin quelques accusés, ces derniers passent devant une cour martiale. Les commandants supérieurs de territoire vont même jusqu'à prévoir les acquittements et à prendre d'avance des mesures pour les rendre inutiles; l'un d'eux écrit au maréchal Bazaine : « Quant au nommé

---

1. Paris, 14 mars 1865.

« José Regis, j'ai fait appeler le juge de Léon, pour lui prescrire, dans
« l'hypothèse où il serait acquitté, de le remettre entre mes mains pour
« le faire passer devant la cour martiale. Vous pouvez compter cet
« homme comme rayé de la liste des chefs de bande [1]. »

Les autorités indigènes se montrent-elles peu zélées à seconder les vues de l'intervention, les généraux pourvoient simplement et par décret à leur remplacement, et les individus qui refusent les postes vacants sont condamnés à six mois de prison, pour « manque d'affection au gouvernement », délit prévu et puni par la loi promulguée dès 1862 par le général Almonte. Cela ne suffit pas toujours pour amener les Mexicains à l'acceptation des fonctions publiques. Le général Castagny, commandant la 2ᵉ division de l'infanterie franco-mexicaine, chargé de pourvoir à l'administration de la province de Mazatlan, écrit au maréchal Bazaine : « Lorsque j'ai voulu remplacer ces juges iniques — il désigne ainsi les fonctionnaires suspects de tiédeur pour l'empire — par des hommes plus honnêtes, ils se sont déclarés prêts à la prison ou à l'exil plutôt que d'accepter les fonctions à eux dévolues. La situation n'est plus tenable, à moins d'agir désormais *militairement.* »

Le maréchal Bazaine n'agissait plus autrement depuis longtemps. Une petite ville de l'État de Puebla étant tombée aux mains du 3ᵉ zouaves, ces derniers pillèrent les maisons, malgré les drapeaux étrangers qui les protégeaient. Un Espagnol se crut en droit de porter plainte au maréchal Bazaine, qui voulut bien se donner la peine de rectifier ses idées à cet égard.

« Mexico, 21 avril 1865. »

« Monsieur,

« Pour vous éclairer sur la marche que vous avez à suivre au sujet de la réclamation relative à votre propriété de Huahuchinango, j'ai l'honneur de vous informer que, dans aucun pays du monde, les armées agissant au nom d'un gouvernement ne sont responsables de leurs faits. C'est au gouvernement lui-même que vous devez présenter la réclamation qui vous intéresse et qui peut être fondée.

« Recevez, monsieur, etc.

« *Le maréchal de France,*
« Bazaine. »

Le gouvernement mexicain, réduit à paraître le complice de crimes qu'il ne pouvait empêcher, devenait tous les jours plus impopulaire : les murs de Mexico se couvraient de placards contre Maximilien. Il crut

---

[1]. Le commandant supérieur de Léon au maréchal Bazaine.

rendre quelque popularité à son nom en y associant le nom d'Iturbide, fusillé comme usurpateur du pouvoir suprême, après avoir été premier magistrat de la république. Maximilien adopta son petit-fils. La mère et les oncles de l'enfant reçurent 150 000 francs et une pension pour s'installer hors du Mexique. La mère et le fils s'aimaient tendrement; leur séparation fut déchirante, et cette adoption, loin de concilier la sympathie du peuple à l'empereur, lui attira sa colère et son indignation.

Des rivalités furieuses, des jalousies implacables, luttaient autour du trône chancelant de Maximilien entre les officiers belges, autrichiens, français et mexicains. La division du Mexique en grands commandements avait aggravé encore ces luttes, auxquelles l'empereur Maximilien et le maréchal Bazaine ne se mêlèrent que trop. Le commandant en chef de l'armée française en vint même à contester à Maximilien l'exercice des attributions les plus essentielles de la royauté. La municipalité de Vera-Cruz ayant sollicité de l'empereur une commutation à la peine de mort prononcée par la cour martiale contre quatre individus de cette ville, Maximilien donna l'ordre de suspendre l'exécution. La cour martiale française adressa immédiatement des représentations si énergiques au cabinet militaire de l'empereur, que son chef, en les transmettant à Maximilien, crut devoir les accompagner de cette note significative :

« Le commandant militaire de Véra-Cruz transmet une protestation de la cour martiale contre la *suspension* de l'arrêt qu'elle a rendu.

« Les observations sont très justes. Si l'on enlève aux cours martiales leur *prestige*, elles ne pourront plus produire aucun effet.

« Dans tous les cas, il faut se méfier de la sensiblerie des trembleurs, qui, par peur, implorent pour les malfaiteurs [1]. »

La confiance dans la durée de l'empire mexicain n'existait plus dès les premiers mois de l'année 1865 : plus de commerce, retour en Europe des plus anciennes maisons de banque anglaises et françaises, désespoir des immigrants maudissant les fallacieuses promesses qui les avaient attirés au Mexique, déficit de 80 millions, impossibilité d'aller, au moyen du nouvel emprunt, au delà du milieu de l'année, tel était le bilan de la situation au moment même où M. Corta étalait à la tribune du Corps législatif le brillant tableau de la prospérité du Mexique, sur le compte duquel il s'exprimait quelque temps auparavant d'une façon si différente à Mexico [2].

1. Cette pièce est annotée ainsi au crayon de la main de l'archiduc : « *Se tomara en consideracion en lo successivo.* » (On en tiendra compte à l'avenir.)
2. Lettre du colonel Bressonnet au général Frossard (papiers des Tuileries).

La force des choses opposait un obstacle invincible à l'œuvre de Maximilien. Ses meilleurs décrets restaient à l'état de lettre morte, faute d'hommes pour les exécuter. L'empereur avait beau changer de ministère, les ministres ne changeaient pas. L'administration départementale et municipale, composée de gens choisis par la régence dans les rangs du parti clérical, au lieu d'aider le gouvernement, cherchait au contraire à l'entraver par tous les moyens possibles. La création de grands commandements, en nécessitant un remaniement territorial, avait déplacé les centres d'action du parti clérical, contrarié les habitudes des grands propriétaires fonciers, et fourni de nouveaux motifs de mécontentement et d'hostilité à ces deux classes puissantes. Les nouvelles des États-Unis entretenaient l'inquiétude générale. L'empire, à peine debout, chancelait ; la main de Napoléon III pouvait le soutenir quelque temps encore, mais non l'empêcher de tomber. La responsabilité de l'empereur des Français devenait de jour en jour plus grande, et sa politique ambiguë, vacillante, incertaine au Mexique comme partout ailleurs, mettait tout le monde contre lui : libéraux et cléricaux détestaient également une intervention qui n'avait fait que raviver la guerre civile dans leur pays et qui ne pouvait avoir de résultat qu'en dépensant 200 millions par an et en entretenant une armée de 30 000 hommes au Mexique.

Les alarmes causées par l'attitude des États-Unis parurent assez sérieuses dans le mois de juin pour que le maréchal Bazaine songeât à se mettre en garde et à fortifier les places du nord. Des nouvelles plus pacifiques firent contremander les travaux, mais les opérations militaires recommencèrent dans le Tamaulipas, la Sonora, le Chihuahua et les provinces du centre, contre un ennemi toujours battu et toujours combattant. Les bandes qu'on croyait détruites reparaissaient de tous côtés ; les gardes rurales se joignaient à elles, et les populations, loin de venir en aide aux Français, s'enfuyaient à leur approche pour ne pas s'exposer à de cruelles représailles ; car, à peine les Français s'éloignaient-ils d'une ville, que les Mexicains y entraient et frappaient d'énormes contributions sur les habitants. Les Français revenus, les malheureux citadins subissaient de nouvelles contributions pour avoir reçu les Mexicains et maudissaient une intervention qui les plaçait sans cesse entre l'enclume et le marteau [1].

Le maréchal Bazaine, au milieu des soucis de son commandement,

---

1. Lettre du colonel Bressonnet au général Frossard (papiers des Tuileries).

trouvait néanmoins le temps de songer au mariage. L'empereur et l'impératrice du Mexique s'intéressèrent fort à ses diverses tentatives matrimoniales et prirent même une part très active à son union avec une jeune Mexicaine dont l'oncle avait été un moment président de la république et la tante dame d'honneur de l'impératrice Iturbide. Maximilien fit un présent royal à la mariée, et il l'annonça par une lettre flatteuse à son mari.

« Mexico, 26 octobre 1865.

« Mon cher maréchal,

« Voulant vous donner une preuve d'amitié personnelle, ainsi que de reconnaissance pour les services rendus à notre patrie, et profitant de l'occasion de votre mariage, donnons à la maréchale Bazaine le palais de Buena-Vista, y compris le jardin et le mobilier, sous la réserve que le jour où vous retournerez en Europe, ou si pour tout autre motif vous ne voulez pas rester en possession du susdit palais pour la maréchale Bazaine, la nation reprendra le domaine, le gouvernement s'obligeant en pareil cas à donner à la maréchale Bazaine, comme dot, la somme de cent mille piastres.

« Votre très affectionné,

« MAXIMILIEN. »

Ces témoignages extérieurs d'affection et de gratitude de la part de l'empereur, l'apparente reconnaissance avec laquelle ils étaient reçus par celui qui en était l'objet, ne faisaient prendre le change à personne sur les sentiments réels qui animaient l'empereur et le maréchal Bazaine à l'égard l'un de l'autre. Le commandant en chef de l'armée d'intervention mettait trop d'affectation à exprimer ses doutes sur la durée de l'empire dont il était le principal soutien, pour que Maximilien n'en fût pas profondément blessé. Cela eût suffi pour mettre entre l'empereur et le maréchal une inimitié sourde et profonde, lors même que le maréchal n'eût pas recherché toutes les occasions de se créer une popularité rivale de celle de l'empereur, et très souvent à ses dépens. Les fêtes de son mariage terminées, le maréchal Bazaine parut se remettre avec ardeur à sa tâche; les opérations reprirent dans le nord. Juarez, en octobre, se trouva dans la nécessité de franchir la frontière américaine. Maximilien crut l'empire sauvé, et il eut l'idée plus généreuse que politique d'associer Juarez à son gouvernement et de lui proposer la présidence de la haute cour. Que n'adopta-t-il la même ligne de conduite à l'égard de tous les dissidents! Le terrible décret du 3 octobre n'aurait pas fourni, un an et demi plus tard, un si terrible argument à ses juges. Ce décret était ainsi conçu :

Fig. 9. — Les ouvriers se rendent en foule à l'enterrement de Proudhon.

« Maximilien, empereur du Mexique,

« Notre conseil des ministres et notre conseil d'État entendus, décrétons :

« Tous les individus faisant partie de bandes ou rassemblements armés existant sans autorisation légale, qu'elles proclament ou non un prétexte politique, quels que soient, d'ailleurs, le nombre de ceux qui forment la bande, l'organisation de cette dernière, le caractère et la dénomination qu'elle prend, seront jugés militairement par les cours martiales. S'ils sont déclarés coupables, lors même que ce ne serait que du seul fait d'appartenir à une bande armée, ils seront condamnés à la peine capitale, et la sentence sera exécutée dans les vingt-quatre heures. »

Les articles 5 et 6 menaçaient du même sort les individus qui auraient donné des secours aux guerilleros ou entretenu des relations avec eux; l'article 10 déclarait que le bénéfice du recours en grâce serait refusé aux condamnés à mort !

Le maréchal Bazaine collabora-t-il à ce décret? On l'a nié; mais une circulaire portant le n° 7729, avec la mention *confidentielle*, adressée par lui le 11 octobre aux chefs militaires sous ses ordres [1], prouve qu'il en a du moins parfaitement accepté l'esprit et les conséquences.

« Tous ces bandits (les républicains), y compris leurs chefs, ont été mis hors la loi par le décret impérial du 3 octobre 1865.

« Je vous invite donc à faire savoir aux troupes sous vos ordres que je n'admets pas que l'on fasse des prisonniers. Tout individu, quel qu'il soit, sera mis à mort; aucun échange de prisonniers ne sera fait à l'avenir [2]. »

Le gouvernement des États-Unis, promptement instruit de nombreuses exécutions qui ensanglantaient le Mexique, en vertu du décret du 3 octobre, chargea, dès le 28 octobre 1865, son représentant à Paris d'appeler l'attention sérieuse du gouvernement impérial sur la « sensation pénible que la politique sanguinaire employée au Mexique causait aux États-Unis ». Maximilien se flattait pendant ce temps-là que l'attitude de jour en jour plus pacifique des États-Unis découragerait les juaristes, qui, selon lui, ne continuaient la guerre que dans l'espoir d'être prochainement secourus par eux.

Si la situation, d'après les bulletins officiels, s'améliorait dans le nord-est, elle empirait dans les États de Puebla, de Vera-Cruz et d'Oajaca. Les bandes gagnaient les Terres chaudes et la ligne de communication des Français, pillaient les convois et les diligences, occupaient les

---

1. *Documents officiels recueillis sur la secrétairerie privée de Maximilien*, par H. Lefèvre. Londres et Bruxelles, 1869.
2. C'est huit jours après l'apparition du décret que M. Bazaine lance cette circulaire qu'il espérait tenir secrète, puisque dans un *Nota bene* il ajoute : « Cette circulaire ne sera pas copiée sur les livres d'ordre, elle sera donnée en connaissance à MM. les officiers seulement. »

petites villes et s'enhardissaient jusqu'à enlever à quelques lieues seulement de Vera-Cruz les ouvriers de chemin de fer et jusqu'à s'emparer même d'un riche convoi à Paso del Macho, tête de la ligne.

Napoléon III, vers la fin du mois d'août, avait écrit une lettre à Maximilien, toute pleine de conseils, dont celui-ci le remerciera le 29 octobre : « Les bons conseils de sincère ami, que Votre Majesté me donne avec « cette lucidité si remarquable qui la caractérise, sont toujours pour moi « du plus grand prix; ils émanent du plus grand souverain de notre « siècle, qui est certes le meilleur juge dans des questions aussi difficiles « que celles qui nous préoccupent au Mexique. » Maximilien ne ménageait pas, comme on le voit, la flatterie au « sincère ami » qui s'apprêtait déjà à l'abandonner. Mais sa lettre est curieuse à divers autres titres : elle parle de la « loi draconienne [1] » qu'il a promulguée contre les guerilleros; elle constate l'insuffisance du nombre des troupes pour pacifier le pays; le refus de M. Langlais [2] d'accepter le ministère des finances. Le ton de cette lettre ne dénote aucune crainte sur l'avenir, et cependant le mois de novembre arrive, et l'on apprend tout à coup que les troupes françaises, au lieu de poursuivre leurs avantages dans le nord, reviennent sur Mexico. Est-ce un mouvement de retraite ou de concentration? Quel motif peut donc forcer le maréchal Bazaine à abandonner les villes du nord aux représailles des juaristes? On l'ignore; en attendant, les conjectures vont leur train, et on prétend que le mouvement est commandé par l'attitude hostile des Américains, et que le commandant en chef prend ses dispositions pour réunir promptement ses troupes en avant de la capitale, qu'il se prépare à disputer très énergiquement à l'ennemi.

Le public ignorant pouvait bien prendre le change sur les marches et les contre-marches de l'armée d'intervention; mais ses généraux les plus intelligents n'y voyaient qu'incohérence et confusion. L'un d'eux se plaint « du gâchis et du galimatias dans lequel nous pataugeons et nous pataugerons *indéfiniment* »; et, comme remède à la situation, il ne voit qu' « une belle et bonne guerre avec l'Amérique » [3], remède qui ne prouve guère en faveur de l'esprit politique de celui qui le propose.

L'armée ne manquait pas d'officiers qui accusaient le maréchal Bazaine de tromper la crédulité de l'Empereur et « d'exploiter le fantôme améri-

---

1. Le décret du 3 octobre.
2. M. Langlais, conseiller d'État, avait été envoyé au Mexique pour exercer une sorte de haute inspection sur les finances de l'empire. Il y était arrivé le 20 octobre.
3. Lettre du général F. C. D.... à son frère (papiers des Tuileries).

« cain pour excuser les énormes mensonges qu'il a eu l'impudence de
« faire pour élever sa fortune personnelle [1] ». La déconsidération du
commandant en chef de l'armée française égalait celle de l'empereur du
Mexique, dont l'abdication était déjà réclamée dans l'intérieur même de
son palais. C'est justement le moment que Maximilien choisit pour écrire
au maréchal Bazaine :

« Mexico, 2 décembre 1865.

« Mon cher maréchal,

« Le moment est donc venu de gouverner et d'agir. J'ai compté sur votre concours pour me donner des notes sur les préfets, les commissaires impériaux et les généraux mexicains.

« Maximilien. »

Maximilien parle de gouverner quand les jours de l'empire sont comptés; oubliait-il donc la résolution suivante, prise le 4 avril par la chambre des représentants à Washington : « Attendu que les représen-
« tants des États-Unis ne veulent pas, par leur silence, laisser les nations
« étrangères sous l'impression qu'ils assistent en spectateurs indifférents
« aux faits qui se passent en ce moment dans la république du Mexique,
« le Congrès déclare qu'il ne convient pas à la politique des États-Unis
« de reconnaître un gouvernement monarchique élevé en Amérique sur
« les ruines d'un gouvernement républicain et sous les auspices d'un
« pouvoir européen, quel qu'il soit [2]. »

Le langage des États-Unis, au moment des plus brillantes victoires de Lee, aurait dû faire songer Napoléon III à celui qu'ils tiendraient si la fortune des armes changeait en leur faveur. Ce changement était visible dès la fin de 1864, et M. Drouyn de Lhuys s'en aperçut bien vite à la lecture des dépêches de M. Seward. « Nous apportez-vous la paix ou la guerre ? » demanda-t-il fièrement un jour à M. Dayton, ministre des

---

1. Lettre du général F. C. D.... (papiers des Tuileries).
2. M. Seward avait transmis cette résolution à M. Dayton, ministre des États-Unis à Paris, avec la dépêche suivante :

« Washington, 7 avril 1864.

« Monsieur,

« Je vous envoie copie d'une résolution prise à l'unanimité par la chambre des représentants le 4 de ce mois. Elle affirme l'opposition de ce corps à la reconstitution d'une monarchie au Mexique.

« .... Il est à peine nécessaire, après tout ce que je vous ai dit avec une entière franchise pour les informations de la France, de dire que cette résolution trahit sincèrement le sentiment unanime du peuple des États-Unis relativement au Mexique.

« W. H. Seward. »

États-Unis, chargé de lui faire une communication de son gouvernement. M. Drouyn de Lhuys savait bien que, si les États-Unis n'étaient pas en position de déclarer la guerre à personne, ils se croyaient déjà assez forts pour faire respecter leurs intérêts. La république victorieuse ne tarda pas en effet à élever la voix non plus seulement contre l'empire mexicain, mais contre l'intervention française elle-même. M. Seward, dans une note remise le 6 décembre à M. de Montholon, exposa sur la monarchie de Maximilien et sur les destinées du continent américain des vues tout à fait incompatibles avec la prolongation du séjour de l'armée française au Mexique. Napoléon III ne manquait pas d'informations sur ce qui se passait dans ce pays : il savait à quoi s'en tenir sur sa chimère de voir l'Angleterre se joindre à lui pour déclarer la guerre à l'Amérique; il comprit que le moment de se dégager du Mexique était venu, mais il fallait commencer par obtenir l'abdication de son empereur. M. le baron Saillard, muni d'instructions confidentielles à ce sujet, reçut l'ordre de se tenir prêt à partir pour Mexico. Maximilien, au moment où il s'en doutait le moins, était sacrifié.

CHAPITRE III

L'ANNÉE 1865

Situation des esprits au début de l'année 1865. — Réceptions aux Tuileries. — Mort de Proudhon. — Interdiction des conférences de la salle Barthélemy. — Rapport de M. Duruy sur l'instruction primaire. — Il est désavoué. — Mort de M. de Morny. — Publication du premier volume de l'*Histoire de César*, par Napoléon III. — Mort de Cobden. — Mort de Lincoln. — Voyage de l'Empereur en Algérie. — Procès Montmorency. — L'affaire Sandon. — Discours du prince Napoléon à Ajaccio. — Emotion causée par ce discours dans le monde officiel. — Lettre de l'Empereur au prince Napoléon. — Le prince Napoléon donne sa démission de toutes ses fonctions. — La grève des cochers. — Elections municipales. — Le comité de Nancy. — Mort de Lamoricière. — Mort de Palmerston. — Le congrès de Berne. — Le congrès de Liège. — Mort de M. Dupin. — Mort de Léopold, roi des Belges.

L'année 1865 s'ouvrit sous d'assez tristes auspices. La ruine du Danemark, l'agitation de l'Allemagne, les difficultés croissantes de l'occupation du Mexique, pouvaient amener de graves conflits dans les deux mondes. Les esprits en France étaient encore émus de la grande lutte électorale de 1863 et des discussions de la session. L'encyclique ajoutait au feu des luttes politiques celui des querelles religieuses. Les réponses de Napoléon III, le jour de l'an, aux félicitations du corps diplomatique et des grands corps de l'État, ne laissèrent cependant rien percer de ses préoccupations. L'Empereur dit au nonce, qui portait la parole au nom du corps diplomatique : « Je fais des vœux pour que la « concorde continue à régner parmi nous. Votre présence autour de « moi en est un sûr garant. Soyez convaincus que je ferai tous mes efforts « pour que mes relations avec les puissances étrangères soient toujours « animées par le respect du droit, l'amour de la paix et de la justice. » Les réponses aux grands corps de l'État, sauf quelques mots adressés à l'archevêque de Paris, qui l'avait félicité sur « son zèle à favoriser le développement des intérêts moraux et religieux », ne donnèrent lieu à aucune remarque. La tempête soulevée dans le haut clergé par la défense, d'ailleurs partout méconnue, de publier l'encyclique, semblait seule en effet prêter une certaine importance à l'expression de satisfaction du chef de l'État « en voyant ses efforts en ce sens appréciés par le prélat qui gouverne le diocèse de Paris ».

L'insertion au *Moniteur* d'un décret du 24 décembre précédent, qui nommait le prince Napoléon membre et vice-président du conseil privé, attira bientôt l'attention par la solennité dont le gouvernement crut devoir l'entourer : « Pour apprécier à sa valeur le témoignage de confiance que « l'Empereur vient de donner à S. A. I. le prince Napoléon, il suffit de « rappeler les précédents relatifs à l'institution du conseil privé, dont le « premier consul, au moment où il replaçait la société sur ses bases « régulières, n'hésita pas à emprunter le principe aux traditions de « l'ancienne monarchie, et auquel il confia le soin de discuter certains « sénatus-consultes d'une importance spéciale, en ajoutant qu'il ne rati- « fierait les traités de paix et d'alliance qu'après avoir pris son avis. » Le *Moniteur* expliquait ensuite avec complaisance que le conseil privé pouvait devenir conseil de régence, qu'il se réunissait avec le conseil des ministres ou séparément, et que ses membres avaient rang de ministres. Le droit de convoquer le conseil privé, qui ne délibérait que sous la présidence de l'Empereur, appartenait uniquement à ce dernier ; mais certaines questions d'un intérêt national, telles que la constitution de l'Algérie, la décentralisation, l'instruction publique, exigeant quelquefois des études préparatoires, l'Empereur, pour faciliter ces travaux, avait décidé que le conseil privé pourrait se réunir sous la présidence du prince Napoléon.

L'élévation du prince Napoléon fut accueillie par quelques journaux comme une preuve de l'intention de l'Empereur d'entrer dans la voie du libéralisme et de la résistance au clergé. Le convoi d'un écrivain célèbre vint bientôt donner un semblant de confirmation à leur opinion. Le

Fig. 10. — Sandon reçoit dans sa prison la visite d'un envoyé de M. Billault, qui lui offre de le faire mettre en liberté, s'il renonce à donner suite à l'affaire dans laquelle M. Billault se trouvait compromis.

gouvernement, qui avait jusqu'ici confisqué en quelque sorte la dépouille mortelle de tous les hommes ayant joué un rôle importan dans la révolution de février, permit aux amis de Proudhon de lui faire de libres funérailles le 20 janvier. L'ex-rédacteur du *Peuple* vivait presque oublié dans la retraite, entouré de sa famille et de quelques disciples, après avoir fait un bruit qu'il ne regrettait pas, il faut le dire à sa louange, quoiqu'il l'eût peut-être un peu trop recherché. En France, il est vrai, toute célébrité exige un peu de charlatanisme, et chacun se prête sans peine au charlatanisme nécessaire à sa célébrité. Proudhon, sous ce rapport, fut de son pays, et les formules effrayantes tirées de quelques-uns de ses ouvrages : *La propriété, c'est le vol; Dieu, c'est le mal,* n'étaient que des moyens d'agir plus vivement sur l'attention publique. Condamné souvent pour ses écrits, il dut à chacune de ces condamnations un surcroît de popularité. Plusieurs de ses livres furent écrits en prison ou en Belgique, où il s'était réfugié. Frappé, à peine de retour en France, des premières atteintes de la maladie qui devait l'emporter, attristé des mécomptes du présent, mécontent de la politique du parti démocratique, publiant de temps en temps un volume qui, sous un titre plus ou moins ambitieux, n'était le plus souvent qu'une œuvre de circonstance, il mourut, léguant pour toute fortune à sa femme et à ses deux filles, la propriété de ses ouvrages, c'est-à-dire beaucoup de travaux remarquables mais pas un livre. Habile et impitoyable à critiquer la pensée d'autrui, il n'est pas facile de dire quelle a été la pensée de Proudhon ; mais s'il n'a point donné, comme ses disciples le croient, la formule définitive de la révolution, il lui a rendu un immense service en la dégageant des nuages du dogme, des mensonges de l'épopée et du drame, et en la soumettant à la discussion rationnelle.

Ses funérailles attirèrent un grand concours d'écrivains ; les ouvriers également s'y rendirent en foule. Proudhon était en effet un des leurs ; il avait prouvé par sa vie que, à force de volonté et de persévérance, un homme sorti des rangs du peuple, peut se soustraire à la fatalité de l'ignorance. Trois discours furent prononcés sur sa tombe : le premier, par M. Langlois, au nom des collaborateurs de Proudhon ; le second, par M. Massol, au nom de la franc-maçonnerie ; le dernier, par M. Gustave Chaudey [1], au nom des amis et des compatriotes de Proudhon.

Les illusions de ceux qui avaient vu dans l'entrée du prince Napoléon

---

1. Fusillé par ordre du procureur de la Commune en 1871.

au conseil privé et dans la libre célébration des funérailles de Proudhon le double indice d'une évolution libérale du gouvernement ne tardèrent pas à s'évanouir. Si le ministre des cultes surveillait avec rigueur les écarts de la parole religieuse et menaçait des foudres du Conseil d'État les prélats qui se permettaient de lire en chaire l'encyclique, son collègue de l'instruction publique exerçait un contrôle non moins sévère et plus efficace sur la parole laïque. Le comité de secours franco-polonais ne put obtenir l'autorisation d'ouvrir des conférences scientifiques et littéraires dont le produit devait être consacré au soulagement des émigrés de la Pologne. La lecture publique des *Deux Reines*, tragédie de M. Ernest Legouvé, membre de l'Académie française, dont le sujet était la répudiation d'Agnès de Méranie par Philippe-Auguste, fut également interdite, quoique l'auteur eût pris soin d'éloigner de sa pièce tout ce qui pouvait blesser les susceptibilités religieuses; mais le légat du pape y jouait un rôle, et cela était suffisant pour que le gouvernement en défendît même la lecture. Il aurait pu montrer impunément plus d'indulgence, car l'attention du parti clérical était pour le moment absorbée par un rapport de M. Duruy, publié le 5 mars dans le *Moniteur* et relatif à la situation de l'instruction publique.

Le ministre exposait les raisons militant en faveur de l'instruction gratuite et obligatoire, et annonçait la prochaine présentation d'un projet de loi sur l'instruction primaire. Ce rapport, qui couvrait dix-huit colonnes du journal officiel et qui fut reproduit le lendemain *in extenso* dans le *Siècle*, mit les feuilles cléricales en rage; elles montrèrent une telle indignation à la seule pensée d'imposer au père de famille le devoir de donner l'instruction à ses enfants, que le gouvernement, effrayé, fit paraître le lendemain même dans le *Moniteur* une note déclarant que rien ne justifiait les alarmes de la presse religieuse; que les questions soulevées par le rapport du ministre de l'instruction publique sur l'enseignement primaire avaient été, à la vérité, discutées par les ministres et les membres du conseil privé sous la présidence de l'Empereur, mais que le projet renvoyé au Conseil d'État à la suite de cet examen ne reposait pas sur les principes développés par le ministre, dont le rapport avait été inséré dans le journal officiel simplement « comme expression de son opinion personnelle et à raison de l'importance des renseignements qu'il contient ».

Un des complices les plus audacieux du coup d'État du 2 décembre touchait à sa dernière heure au moment où l'émotion causée par le rapport de M. Duruy achevait de se calmer. M. de Morny, le lendemain même de l'ouverture du Corps législatif, s'était vu dans l'impossibilité de le présider. Il dormait mal depuis quelque temps, perdait l'appétit, et tombait le soir, après son dîner, dans une espèce d'engourdissement voisin de la léthargie; mais, quoiqu'il ne pût plus supporter les fatigues de la présidence, il menait à peu près sa vie habituelle, montrant la même assiduité au club et aux premières représentations, surtout à celles des petits théâtres. Vers le milieu du mois de février, il se sentit pris tout à coup d'un malaise vague et indéfinissable, et d'une douleur dans la région du foie. Les médecins l'auscultèrent et ne trouvèrent aucun symptôme alarmant. M. de Morny, rassuré, sortit en voiture le 28 février, qui était le mardi gras; en rentrant, il éprouva une grande chaleur à la gorge, et une bronchite se déclara le lendemain; l'oppression et la fièvre augmentèrent le jeudi, sans que son médecin parût s'en alarmer. Le soir cependant, le malade éprouva les premières marques d'un délire dont les accès se succédèrent à des intervalles assez rapprochés. Le doute alors ne fut plus permis sur l'issue de la maladie. On prétend qu'un de ses amis, interrogé par lui sur son état, eut le triste courage de lui dire la vérité, et qu'il l'apprit avec une certaine fermeté; il est difficile de savoir si cette fermeté ne l'aurait point abandonné bientôt, car, à partir du jeudi, il tomba dans la prostration qui précède l'agonie.

Mgr Darboy, archevêque de Paris, se présenta le vendredi, vers sept heures du soir, à l'hôtel de la présidence; introduit dans la chambre du moribond, il s'en approcha, et, pendant que tout le monde se tenait à l'écart, il eut l'air de s'entretenir avec lui. L'Empereur et l'Impératrice arrivèrent à neuf heures; M. de Morny délirait complètement. Napoléon III attendit une demi-heure, qu'il reprît sa raison, pendant que l'Impératrice priait au pied du lit. Ils partaient, lorsque M. de Flahaut les rappela. Le malade, disait-on, reconnaissait les gens. L'Empereur s'approcha du lit, et l'on assure que quelques mots furent échangés entre les deux fils d'Hortense de Beauharnais, dont la ressemblance était devenue frappante à cet âge de leur vie. Ce qu'il y a de certain, c'est que le délire interrompit l'entretien à peine commencé. L'Empereur, en partant, paraissait avoir les yeux humides.

L'agonie continuait; l'archevêque, qu'on alla chercher de nouveau vers une heure du matin, revint dire les dernières prières. Le 10 mars, à sept heures, comme on soulevait le mourant pour lui enlever un vésicatoire qui le faisait souffrir inutilement, il poussa un léger soupir : ce fut le dernier.

M. de Morny demandait souvent à ses amis ce qu'on pensait de sa maladie dans Paris. La gravité n'en fut connue d'abord que dans un cercle restreint, et son peu de durée ne permit pas aux Parisiens de s'en occuper beaucoup. Sa mort surprit le public et ne fut pas exempte de ces soupçons d'empoisonnement qui planaient si facilement autrefois sur les derniers moments de tout homme ayant pris part à quelque grand fait politique. Rien n'est plus propre que cette crédulité renaissante à donner une idée de l'état malsain de la société pleine d'esprits troublés et avides d'émotions. L'autopsie révéla seulement une lésion au pancréas.

M. de Morny était né le 2 octobre 1811, à Aix en Savoie, quoiqu'il ait été enregistré à Paris et que tous ses biographes l'y fassent naître. Sa mère est connue; qui était son père? Les opinions varient à ce sujet : la plus plausible est celle qui attribue sa naissance à l'homme qui veilla sur ses premières années, M. de Flahaut. La reine Hortense avait consacré 200 000 francs à l'éducation de son fils naturel. M. de Flahaut confia le soin de la diriger à Mme de Souza, sa mère, auteur de quelques romans distingués, mariée en secondes noces à l'ambassadeur de Portugal, femme d'esprit et femme du monde, mais surtout femme de lettres, ayant quelques-uns des défauts des hommes de lettres, assez médiocres administrateurs de leur fortune et de celle des autres, parfois un peu frivoles et souvent joueurs. Mme de Souza était-elle capable d'élever un enfant? Les gens qui l'ont le mieux connue, et qui rendent le plus justice à ses qualités aimables, hésitent à répondre à cette question. M. de Flahaut se serait mieux acquitté de cette tâche; mais, marié et n'ayant pas de fils légitime, la présence du jeune Morny dans sa maison était un sujet de chagrin pour sa femme; il se vit obligé de l'en éloigner. Le général Carbonnel, ancien aide de camp de M. de Flahaut, se chargeait quelquefois de distraire l'enfant un peu délaissé, et, quand il fut devenu un jeune homme, il le conduisit dans le monde, surtout chez Lafayette, au château de La Grange, où il vécut au milieu des enfants et des petits-enfants du général, sans que le souvenir de ces relations d'enfance et de jeunesse l'ait empêché de faire arrêter ses petits-fils le 2 décembre.

M. de Morny suivit d'abord la carrière militaire. Officier de cavalerie au premier siège de Constantine, il donna sa démission et revint à Paris, où il mena la vie d'homme du monde élégant et désœuvré. Le bruit de sa liaison avec une femme jolie et riche, dont le mari remplissait les fonctions de représentant d'une puissance étrangère près la cour des Tuileries, et qui passait pour avoir eu elle-même de tendres complaisances envers le fils aîné de Louis-Philippe, ne tarda pas à se répandre. L'amour n'occupa pas M. de Morny tout entier ; il entama des opérations industrielles importantes ; il était de son temps, il aimait les affaires ; il en fit avec ses capitaux et avec ceux que l'amour lui offrit, car l'union qu'il venait de former pouvait passer pour ce que dans le monde on appelle une liaison, et dans le commerce une raison sociale. Qui se doutait alors que les plus hauts personnages de l'État seraient un jour chargés de liquider les comptes des deux associés [1] ?

M. de Morny commença par créer une fabrique de sucre de betterave dans le Puy-de-Dôme. Ce département reconnaissant le nomma député. Membre de cette fraction de jeunes hommes d'État qui, dans les derniers jours de la monarchie de Louis-Philippe, soutenaient M. Guizot et se flattaient de rajeunir le parti conservateur en le plongeant dans le Pactole, il parut un moment se livrer avec ardeur à la politique ; mais le goût des affaires l'emporta. M. de Morny, en réalité, n'en a pas connu d'autres : ministre, ambassadeur, membre du conseil privé, président du Corps législatif, il ne cessa de faire des affaires. Il vendit des chemins de fer en France, il vendit des tableaux en Russie. Le coup d'État fut pour lui une affaire ; il la fit du moins bravement, dit-on quelquefois pour l'excuser, et l'on rappelle sa réponse soldatesque au préfet de police, M. de Maupas, qui, dans la nuit du 2 décembre, lui demandait du canon pour se défendre [2]. Ceux qui l'ont reconnu, le 24 février 1848, en veste, en casquette, à demi déguisé en ouvrier et montant la garde devant un poste occupé par des gens du peuple, n'ont-ils pas le droit de soutenir que, si M. de Morny était courageux, le courage dépendait chez lui, comme chez tant d'autres, du jour et du moment.

Les amis de M. de Morny prétendent qu'il n'était pas méchant, et ils lui font un mérite de s'être rappelé qu'il avait été l'ami du duc d'Orléans au moment où parut le décret qui spoliait ses enfants ; mais une protestation qui ne brouille pas son auteur avec celui qui la rend nécessaire ne ressemble-t-elle pas à celle de ce pique assiette qui disait d'un homme convaincu d'une mauvaise action : « Je n'irai pas dîner chez lui de huit jours. » La rupture entre M. de Morny et le spoliateur des Orléans dura juste pendant les quelques jours qui séparent sa démission de ministre de

---

1. Les journaux étrangers racontèrent, au moment du mariage de M. de Morny, qu'une liquidation avait eu lieu entre la femme avec laquelle il rompait et lui, et que M. Rouher et deux conseillers d'État avaient vérifié les comptes, dressé le bilan et établi la balance.
2. Dépêche publiée dans les *Mémoires d'un bourgeois de Paris*.

l'intérieur de sa nomination de président du Corps législatif. Les journaux, à peine monta-t-il au fauteuil, retentirent d'éloges sur sa manière de présider, comme s'il eût été Dupin ou Marrast, et comme si cette assemblée de 250 membres tous du même avis, tous nommés par le gouvernement, simples fonctionnaires législatifs, eût été la Constituante ou la Législative de 1848. M. de Morny, pendant sa carrière de président, n'eut aucune opposition à dompter, et c'était lui infliger un ridicule que de le présenter comme luttant contre « les trois », contre « les cinq », et même contre « les vingt-six ». Ses discours, toutes les fois qu'il prenait la parole en son nom personnel ou au nom du parlement, manquaient d'élévation et témoignaient d'un bon sens terre-à-terre, d'une simplicité affectée, quelque peu sujette à dégénérer en vulgarité ; une grande corruption et l'habitude du monde lui tenaient lieu d'esprit. Écrivain aussi mauvais que mauvais orateur, il aimait cependant mieux écrire que parler. Il ne connaissait, en fait de littérature, que celle des feuilletons et des vaudevilles ; quelques proverbes prétentieux et vulgaires composés par lui, et qu'il prenait un grand plaisir à voir représenter entre deux paravents ou sur quelque scène du troisième ordre, peuvent donner une idée de son goût.

M. de Morny s'imaginait que, après avoir tant contribué à supprimer la vie politique en France, il dépendait de lui de la faire renaître à son gré. Il tenait M. Émile Ollivier en réserve pour s'en servir quand il jugerait le moment venu de rendre la liberté au pays. C'était du reste une bien grande preuve de désintéressement de sa part que de songer à ranimer un jour le mouvement politique ; car, dans un milieu vraiment politique, des hommes comme M. de Morny sont relégués au dernier plan. Ministre de l'intérieur quand le ministère n'était qu'un poste de police, les employés des sergents de ville, et où l'administration consistait à fusiller les citoyens sur le boulevard ; président du parlement quand le parlement ne représentait plus qu'une assemblée de fonctionnaires ; diplomate chargé d'une mission où il n'y avait pas de diplomatie [1], M. de Morny n'a été que le mannequin d'un homme d'État. Quelques personnes lui firent l'honneur de croire que sa mort était une perte pour l'empire et un temps d'arrêt dans le retour au régime parlementaire, comme si quelqu'un était capable de hâter ou de retarder des événements qui dépendent de la force même des choses. M. de Morny, en mourant, ne

---

1. Il avait été ambassadeur extraordinaire au couronnement d'Alexandre II, empereur de Russie.

Fig. 11. — Sandon, de nouveau arrêté, est conduit au dépôt de la préfecture de police, au milieu des derniers des misérables.

laissait de grand vide nulle part, et il n'était enlevé à aucune grande mission interrompue; il ne manquait ni au présent ni à l'avenir : aussi ses obsèques, qui eurent lieu le 13 mars, aux frais de l'État, avec toute la pompe imaginable, excitèrent-elles plus de curiosité que de regrets. Le gouvernement aurait bien voulu lui décerner les honneurs d'une oraison funèbre; mais où trouver un orateur religieux pour la prononcer? Il fallut se contenter d'une glorification du coup d'État par la bouche emphatique et complaisante de M. Rouher, et de quelques mots de M. Schneider, vice-président du Corps législatif [1].

L'Empereur, le lendemain même de la mort de M. de Morny, publia le premier volume de son *Histoire de Jules César*, dont le *Siècle* avait déjà publié la préface inédite en tête de son numéro du 27 février. Les journaux officieux, en attendant de rendre compte de cet ouvrage, ornèrent leurs colonnes du pompeux récit d'une cérémonie héroïco-burlesque qui consista dans la réinstallation aux voûtes de la chapelle des Invalides de neuf drapeaux restant des quatorze cent dix-sept que le maréchal Sérurier, gouverneur des Invalides, fit brûler en 1814 à l'approche de l'ennemi. Parmi ces trophées figuraient deux drapeaux du canton des Grisons, l'un porté par les soldats de ce pays à la bataille de Morat, l'autre offert au canton par le cardinal de Richelieu, et deux drapeaux mexicains récemment conquis.

Un changement eut lieu à cette époque dans le cabinet. M. Billault avait placé M. Boudet comme son *alter ego* au ministère de l'intérieur. M. Billault était mort. M. Rouher voulut à son tour jouir du même privilège : M. Boudet fut donc obligé de céder sa place à M. de Lavalette, qui prit possession du ministère le 3 avril, le jour même où Paris apprit la nouvelle de la mort de Cobden, grande perte pour l'Angleterre et pour la France, où l'active part prise par le défunt aux négociations relatives au traité de commerce l'avait pour ainsi dire naturalisé ; il y était venu pour la première fois vingt-cinq ans auparavant, comme représentant de la maison *Cobden's Sons*, fabricants de toiles peintes. Ce commis voyageur avait alors déjà publié deux brochures, fruit de ses observations dans les pays visités par lui pour étendre ses relations commerciales. L'idée de l'association dont il devait devenir un des chefs commençait à peindre

---

[1]. Le conseil municipal de Jeauville, ville de bains de mer du Calvados, qu'il avait pour ainsi dire créée à la suite de grandes spéculations de terrain, auxquelles avaient pris part les faiseurs de son entourage, décida qu'il lui élèverait une statue. Elle était bien à sa place au milieu de ce monde, qui l'été se répand dans toutes les stations élégantes de nos côtes, monde mêlé et bruyant dont M. de Morny avait été en quelque sorte l'idole.

dans la première de ces brochures, *L'Angleterre, l'Irlande et l'Amérique*. La crise industrielle qui pendant trois ans allait infliger de si rudes épreuves à l'Angleterre se montrait à l'horizon : incendies, meurtres, épidémies, famines, tous les fléaux accouraient à la fois. La taxe des céréales, par laquelle l'aristocratie s'était fait payer par la nation les frais de la lutte soutenue dans son intérêt contre le premier Empire, aggravait encore la crise en prélevant par an un milliard sur les pauvres et en maintenant la cherté du pain. La première chose à faire était de supprimer cette taxe. La chambre de commerce de Manchester chargea Cobden de rédiger une pétition dans ce sens au Parlement. Il s'acquitta promptement de cette tâche, et depuis ce moment il ne cessa de travailler à l'abolition de la législation sur les grains : les livres succédaient aux brochures, les conférences aux discours; l'activité de l'homme le plus robuste n'aurait pu suffire aux efforts incessants de la propagande de Cobden, si le progrès moderne ne lui avait fourni les moyens de soutenir la lutte contre le parti politique le plus puissant qui ait existé dans le monde depuis l'aristocratie romaine. Cobden et les autres membres de la ligue purent, grâce à la vapeur, se trouver pour ainsi dire partout à la fois, et, grâce à la réforme postale, la ligue parvint à subvenir aux frais de sa correspondance. Un auxiliaire puissant vint encore en aide à Cobden et à ses amis, la disette : peu de blé en Angleterre, point de pommes de terre en Irlande; le gouvernement dut céder. Sir Robert Peel était à la tête du cabinet, et c'était contre lui que Cobden, devenu membre du parlement, avait dirigé les coups les plus vifs de son éloquence. Un jour, les membres de la chambre des communes, en entendant sir Robert Peel appeler « mon honorable ami » celui qu'il s'était contenté de désigner jusqu'alors par ces mots : « l'honorable député de Stockport », comprirent que le plan financier qui portait un coup si terrible au parti protectionniste était adopté dans l'esprit du premier ministre. La suppression de l'ancienne législation des céréales ne tarda pas en effet à avoir lieu. Ce jour-là, l'avènement des classes moyennes au pouvoir se réalisa sans secousse; les noms de *whig* et de *tory* ne gardèrent plus qu'une signification historique, et une grande révolution s'accomplit comme une simple réforme. Les efforts d'un imprimeur sur calicot et l'intelligence politique d'un grand ministre amenèrent ce résultat, auquel Cobden avait tout sacrifié, temps, repos, fortune, santé. Il léguait en mourant à son pays la liberté commerciale, et en même temps cette politique du désistement et de l'abstention dans les affaires de l'Europe qu'il suit encore aujourd'hui. L'avenir apprendra seul à l'Angleterre si cette politique est la plus propre à consolider et à aggrandir sa puissance; mais l'histoire peut du moins, dès à présent, dire de son fondateur qu'il fut un des hommes les plus profondément honnêtes, les plus dévoués et les plus laborieux de son temps. Parlant ou écrivant sans cesse, et trouvant toujours le mot propre et l'idée juste, plein de simplicité et de modestie, quoiqu'il eût la conscience de la grandeur de son œuvre, Cobden aurait pu atteindre aux plus hautes dignités de son pays et devenir pair d'Angleterre; il aima mieux rester Richard Cobden.

Une mort non moins regrettable et plus dramatique vint, quelques semaines après, attrister les amis de la liberté. L'esclavage, avant d'expirer aux États-Unis, avait voulu se venger de son vainqueur. Les assassins, en frappant le 14 avril le président Lincoln et deux de ses ministres, dont l'un, M. Seward, fut dangereusement blessé, pendant que le général en chef Grant n'échappait à la mort que par une circonstance fortuite, espéraient désorganiser le gouvernement et ranimer la rébellion. Ces fanatiques ne comprenaient pas que la chute du Sud, due à la force morale autant qu'à la force matérielle, était irréparable. La mort de Lincoln produisit une très vive impression à Paris[1]. Un comité d'étudiants rédigea tout de suite une adresse à la nation américaine, qu'il s'empressa de porter chez son représentant diplomatique, suivi de plus de douze cents jeunes gens. Une compagnie de ligne, flanquée de nombreuses escouades de sergents de ville, barra le passage au cortège à l'entrée du Pont-Neuf. La police opéra parmi les étudiants des arrestations aussi nombreuses qu'inexplicables, surtout au lendemain d'une mesure prise avec éclat par le ministre de l'instruction publique contre des élèves expulsés de leur lycée, pour s'être montrés aux courses avec des voiles verts autour de

---

1. Les divers parlements européens s'étaient empressés, en apprenant la mort de Lincoln, de témoigner leur douleur du crime qui venait de frapper un grand citoyen et la république des États-Unis. Les séances du Corps législatif se trouvaient momentanément interrompues. M. Schneider ne se décida à convoquer la Chambre le 1er mai que sur la sommation en quelque sorte des députés de la gauche. Le *Siècle*, en annonçant cette convocation, ajouta : « La presse libérale a, elle aussi, un devoir à remplir. Une « initiative à laquelle nous aurions voulu voir se rallier tous les amis de l'Union améri- « caine a été prise par un de nos confrères. Nous serons heureux de nous associer à tout « ce qui sera fait dans le but d'affirmer de nouveau nos profondes sympathies pour la « cause de l'union, pour l'abolition de l'esclavage, et pour la victime vénérée de ses « convictions politiques et sociales. » Il s'agissait d'une souscription proposée par l'*Opinion nationale* pour offrir une médaille à la veuve du président Lincoln; mais, la loi défendant les souscriptions publiques, le *Siècle* évitait de s'expliquer. En attendant de savoir si la souscription serait tolérée, il se joignit au *Temps*, à l'*Opinion nationale* et à l'*Avenir national* pour adresser au président Johnson, successeur de Lincoln, une lettre que M. Bigelow, ministre des États-Unis, fut chargé de lui transmettre.

leur képi et en compagnie de femmes galantes. Pourquoi cet exemple, si le gouvernement trouvait bon que la jeunesse restât indifférente devant les événements les plus propres à exciter ses sentiments généreux?

L'empereur de Russie avait traversé Paris le 25 avril pour se rendre à Nice auprès du grand-duc héritier, qui venait de ressentir les premières atteintes d'une congestion cérébrale. Napoléon III reçut Alexandre II à la gare du Nord. L'entrevue fut courte ; elle ne précéda que de quatre jours le départ de l'Empereur pour l'Algérie. Les membres du conseil des ministres, le ministre de la guerre surtout, les principaux serviteurs de l'Empereur, sauf le général Fleury, étaient fort opposés à ce voyage. L'Empereur passa par-dessus toutes les résistances. Des lettres patentes conférèrent la régence à l'Impératrice pendant la durée de l'absence de l'Empereur : elle était chargée de présider le conseil des ministres et le conseil privé, mais sans avoir le droit d'autoriser par sa signature la promulgation d'un sénatus-consulte ni d'aucune loi de l'État autres que les sénatus-consultes et les lois déjà portés devant le Sénat et le Corps législatif.

L'histoire, bien qu'elle doive porter tous ses soins à ne pas être confondue avec la chronique, est souvent obligée, par les nécessités de l'époque, de donner place dans ses récits à des événements bien futiles en apparence ; mais la politique se mêle à tout sous un régime de compression, et l'historien doit la suivre partout où elle se réfugie ou se dissimule, par exemple dans le procès relatif au titre de duc de Montmorency.

Napoléon III, à la mort du dernier titulaire, avait conféré ce titre, de sa pleine autorité, à M. de Talleyrand-Périgord. M. de La Rochefoucauld soutint qu'il y avait des droits. Les deux prétendants, après avoir essayé de vider leur querelle par les armes le 19 janvier, s'adressèrent à la justice. Le procès, engagé par M. de La Rochefoucauld devant le tribunal civil de la Seine, se termina par une déclaration d'incompétence. M. de Talleyrand-Périgord avait donc gagné la première partie. La noblesse ne pouvait avoir une bien vive sympathie pour un duc de par la grâce d'un Bonaparte ; elle le lui fit sentir par tous les moyens que les relations de la vie mondaine peuvent fournir ; le nouveau duc ayant demandé à la commission des courses sa carte de membre du Jockey-Club, il la reçut sous le nom de comte de Talleyrand-Périgord. Réclamation de sa part ; la commission maintient sa décision, par ce motif que, la question du duché étant encore pendante, il n'y a pas de duc de Montmorency.

Grande émotion aux Tuileries ; l'Impératrice régente saisit le conseil de cette grave question. Le conseil décide que le Jockey-Club cédera ou qu'il sera dissous. M. le marquis de Biron, son président, céda ; mais, en envoyant au comte de Périgord une carte au nom de duc de Montmorency, il donna publiquement sa démission dans une lettre où il déclara que s'il avait obtempéré au désir de M. le ministre de l'intérieur, qui l'engageait à reconnaître sur la carte de membre du Jockey-Club la qualité de duc de Montmorency au comte de Talleyrand-Périgord, c'est qu'il avait considéré ce désir comme un ordre. Cette grande affaire terminée, rien ne vint plus détourner l'Impératrice du soin de gouverner la France et de présider à ses *petits jeudis dansants* [1].

Les actes d'arbitraire commis par les ordres et au profit de hauts fonctionnaires n'étaient pas rares sous un régime comme celui de l'Empire ; la surveillance sévère exercée sur les journaux empêchait ces derniers de les signaler, mais la rumeur publique suppléait à leur silence. C'est ainsi qu'on s'entretenait depuis longtemps des persécutions subies par un avocat, ancien magistrat, qui, possesseur d'une correspondance compromettante pour M. Billault, aurait été incarcéré et finalement séquestré par les ordres de ce ministre à Charenton, sous prétexte qu'il était atteint de folie. Cette histoire, en passant de bouche en bouche, avait pris les proportions d'une légende, et les gens de bon sens commençaient à douter fort de son authenticité, lorsque le 9 mai elle vint tout à coup se dérouler devant la première chambre du tribunal civil, à laquelle le héros du drame demandait en personne réparation des dommages à lui causés par les médecins qui l'avaient déclaré fou.

M. Léon Sandon, avocat, raconta à ses juges que, nommé en 1848 avocat général par M. Crémieux sur la présentation de M. Troplong, il donna bientôt sa démission pour s'établir comme avocat à Limoges. Chargé devant la cour d'assises d'une affaire dont il trouvait le poids trop lourd, il proposa, sur le conseil de M. de La Guéronnière, à M. Billault de le partager. M. Billault accepta et vint à Limoges. Il y avait alors un représentant du peuple à nommer dans la Haute-Vienne. M. Billault eut l'idée de solliciter les suffrages des électeurs, et, dans des conversations qui eurent lieu à ce sujet entre lui et M. Sandon, non content de faire une profession de foi complète de socialisme appuyée sur son discours sur le

---

[1]. La cour fut avertie que, pendant l'absence de l'Empereur, elle n'aurait pas d'autre divertissement que ces bals intimes, auxquels d'ailleurs rien n'était changé, sinon la formule d'invitation : « Par ordre de l'*Impératrice-régente*, le chambellan de service a l'honneur de prévenir M... qu'il est invité à passer la soirée, jeudi, au palais des Tuileries, à neuf heures, en frac et culotte noire ou pantalon collant. »

droit au travail, il parla du prince-président, de ses amis, de ses ministres et de ses projets avec autant de violence que de mépris. Il fut convenu que M. Sandon verrait les électeurs influents et que M. Billault répondrait par correspondance aux diverses questions politiques et sociales qui pourraient lui être posées ; de nombreuses lettres furent échangées en effet entre le candidat et M. Sandon, servant d'intermédiaire à des électeurs de Limoges. Cette correspondance, dans laquelle M. Billaut s'exprimait en termes aussi virulents que dans ses conversations avec M. Sandon, était devenue singulièrement compromettante pour le signataire rallié au coup d'État du 2 décembre et transformé en président du Corps législatif, puis en ministre de l'Empereur ; il espéra qu'il parviendrait à la retirer des mains de M. Sandon en lui prodiguant les offres et les promesses les plus brillantes. Déçu dans cet espoir, il eut recours à la ruse. Un ami de M. Sandon, qu'il nomme en toutes lettres [1], lui emprunta sa correspondance ; deux heures après, s'il faut l'en croire, elle était entre les mains de M. Billault.

M. Léon Sandon fait assigner le dépositaire infidèle. L'assignation à peine lancée, il est arrêté pour la première fois. On lui offre de lui ouvrir les portes de la prison s'il retire son assignation. Il cède par intimidation, mais l'air de la liberté lui rend son courage, et il reprend ses poursuites. Alors commence contre lui une persécution qui ne doit finir que par la mort de M. Billault. M. Léon Sandon, toutes les fois qu'il tente une nouvelle démarche judiciaire, est ressaisi par la police. Le nombre des arrestations dont il a été victime s'élève à seize ; elles ne duraient, dit-il, pour la plupart, que deux ou trois jours. Conduit, au bout de ce temps, chez le chef de la division de sûreté, celui-ci le faisait amener devant le juge d'instruction ; là, on lui présentait à signer une déclaration démentant les accusations reproduites dans ses assignations ; le juge d'instruction ne dédaignait pas parfois de se rendre lui-même à Mazas pour l'exhorter à donner sa signature. S'il y consentait, ce qui finissait toujours par arriver, le chef de la sûreté le faisait reconduire par ses agents à l'embarcadère en le menaçant des plus terribles vengeances s'il se permettait de revenir à Paris. M. Léon Sandon oubliait-il ces menaces, la police, à peine débarqué, mettait la main sur lui. La quinzième arrestation de Léon Sandon fut suivie d'un séjour de plus de deux semaines au dépôt de la préfecture de police au milieu des derniers des misérables. L'infortuné, rendu à la

---

1. Voyez *Plaidoyer de M. Léon Sandon*. Bruxelles, Mertens et fils, 1865.

Fig. 12. — Réunion des flottes française et anglaise sur la rade de Cherbourg.

liberté après des tortures morales et matérielles dont le récit émut singulièrement l'auditoire, se retire dans son pays chez lui, et de là il croit pouvoir sans crainte adresser au Sénat une pétition pour lui demander l'autorisation de poursuivre M. Billault et une requête au Conseil d'État. Ces documents sont à peine arrivés dans les bureaux des deux grands corps de l'État, qu'on arrête le signataire dans sa maison en présence de sa mère; conduit à Paris, il comparaît tout de suite cette fois devant le juge d'instruction : il est accusé d'avoir dénoncé calomnieusement M. Billault dans une requête au Conseil d'État. Cette requête n'avait pas encore été jugée, de quel droit le juge d'instruction intervenait-il?

Le procès dont on menaçait M. Sandon était un bonheur pour lui, puisqu'il allait lui fournir le moyen de porter à la connaissance du public la persécution dont il était l'objet; il s'en réjouissait, lorsqu'un matin il vit entrer dans sa cellule quatre médecins qui le soumirent à un long interrogatoire. Le lendemain, il était renfermé, comme atteint de monomanie raisonneuse, à Charenton, où il subit toutes les tortures que peut endurer un homme raisonnable condamné à vivre avec des fous et soumis aux mêmes traitements, on pourrait dire aux mêmes supplices qu'eux, à la moindre observation, au premier semblant de révolte. Le moyen était bien choisi pour en finir avec lui; il s'abrutissait peu à peu, si bien qu'un grand personnage [1], qui avait désiré le voir, ne trouva en lui qu'une espèce d'idiot incapable de répondre à aucune question. M. Sandon en effet, privé de tout contact avec ses amis et avec les étrangers, s'éteignait lentement dans le désespoir, lorsqu'il reçut à Charenton la visite de M. Cordoën, procureur général. C'est de sa bouche qu'il apprit la mort de M. Billault. Rien ne s'opposait plus dès lors à ce qu'il recouvrât sa liberté. Il ne tarda pas en effet à sortir de la maison des fous, après y être resté dix-sept mois.

Ce long récit fait devant un tribunal par la victime elle-même, les circonstances émouvantes dont il était accompagné, touchèrent profondément l'auditoire et auraient produit la même impression sur la France entière, si le président n'avait pas pris la précaution d'interdire la publicité des débats. Il était bien difficile, après avoir entendu M. Sandon, de voir en lui un homme privé de sa raison; en tout cas, si l'éloquence et l'esprit de suite ne sont pas tout à fait incompatibles avec les hallucinations de la monomanie raisonneuse, dont les hommes de science déclaraient l'orateur atteint, les lettres de M. Billault existaient réellement, et l'indemnité de

---

1. M. de Persigny.

10 000 francs accordée à M. Sandon sur la demande du prince Napoléon prouva l'indignité des moyens employés pour les lui arracher [1], et l'impuissance de la loi qui permettait de pareils abus.

Un incident d'un autre genre ne tarda pas à occuper l'attention publique. Le prince Napoléon s'était rendu en Corse pour présider à l'inauguration d'un monument érigé à la mémoire de Napoléon Ier et de ses frères. L'occasion de prendre la parole était belle pour un prince doué d'une grande facilité d'élocution ; il se garda bien de la laisser échapper. S'inspirant de la phraséologie démocratique adoptée à Sainte-Hélène par un despote qui cherchait à transformer sa tyrannie passée en apostolat de l'avenir, il prononça le 15 mai, jour de la cérémonie, un discours ou plutôt un manifeste politique dans lequel il représenta Napoléon Ier comme le prince le plus empressé de satisfaire les aspirations du peuple et de prévenir les exigences de l'opinion publique, comme le véritable propagateur des idées libérales dans le monde : « Apportez-moi vos idées ; des « élections libres, des discussions publiques, des ministres responsables, « je veux tout cela, la liberté de la presse surtout : l'étouffer est absurde... » Ces paroles de Napoléon Ier à Benjamin Constant pendant les Cent-Jours n'étaient-elles pas un programme ? L'opinion le comprend ainsi, elle qui, après avoir renversé l'une après l'autre les deux branches de la maison de Bourbon, était le si ferme appui de la dynastie napoléonienne. L'orateur, caractérisant ce qui distingue le régime impérial de ceux que la France a subis de 1814 à 1830, ajoutait que le premier seul donne déjà et donnera chaque jour davantage la liberté à la France. « J'aime, dit-
« il, en formulant en quelque sorte son programme, la liberté sous toutes
« ses formes, mais je ne dissimulerai pas ma préférence marquée pour ce
« que j'appelle la liberté de tous... Oui, je préfère la liberté et une poli-
« tique influencée par l'opinon publique libre, manifestée par la presse et
« par les réunions, à des ministres, résultat souvent d'une intrigue par-

---

1. M. de Persigny demanda lui aussi une indemnité pour M. Sandon. Il écrivit à ce sujet à M. Conti, chef du cabinet de l'Empereur :

« Mon cher Conti,

« Voici une affaire grave qu'il importe d'étouffer. La conduite de M. Billault a été inouïe. L'homme qui a été victime à ce point est sur le point de se laisser entraîner dans les mains des partis. Nous pouvons avoir un scandale affreux. Il paraît qu'avec vingt ou trente mille francs, que M. Conneau se chargerait de prendre sur les fonds, on pourrait tout arranger.

« Il y a d'ailleurs une iniquité épouvantable : il importe de la réparer.

« Mille compliments.

« Persigny. »

« Paris, 29 avril 1866. »

« lementaire qui s'impose au souverain. » L'orateur, après avoir lancé ces phrases obscures, finit son discours par cette péroraison : « O Corses !
« nous devons nous comprendre ! nous avons la même foi, le même espoir
« dans ces principes inséparables : les nationalités, la grandeur de la patrie,
« la liberté. Ma mission est remplie si, comme moi, vous êtes convaincus
« que la mission de Napoléon était d'arriver par la dictature à l'émanci-
« pation. »

Ce discours jeta le monde officiel dans la plus vive agitation : les uns y voyaient le manifeste de la branche cadette, les autres un appel aux passions révolutionnaires, tous une déclaration de guerre au gouvernement. Ministres, sénateurs, conseillers d'État, députés poussaient le cri d'alarme. Les purs, les dévoués, accoururent se ranger auprès de l'Impératrice-régente ; des cartes en nombre considérable furent déposées aux Tuileries. Le public se contenta de le lire avec curiosité. Les journaux démocratiques le publièrent *in extenso;* mais le *Moniteur*, qui avait fait les honneurs de la publicité aux harangues les moins châtiées du prince Napoléon, n'en fit nulle mention. Les journaux officieux se hasardèrent à peine à en publier deux ou trois fragments insignifiants ; on put croire que le gouvernement se bornerait à faire justice de cette harangue par le silence, mais la lettre suivante, datée d'Alger, 23 mai, et publiée dans le *Moniteur* du 28, montra bien vite qu'on se trompait :

« Monsieur et très cher cousin,

« Je ne puis m'empêcher de vous témoigner la pénible impression que me cause la lecture de votre discours prononcé à Ajaccio.

« En vous laissant, pendant mon absence, auprès de l'Impératrice et de mon fils comme vice-président du conseil privé, j'ai voulu vous donner une preuve de mon amitié, de ma confiance, et j'espérais que votre présence, votre conduite, vos discours, témoigneraient de l'union qui règne dans notre famille.

« Le programme politique que vous placez sous l'égide de l'Empereur ne peut servir qu'aux ennemis de mon gouvernement. A des appréciations que je ne saurais admettre vous ajoutez des sentiments de haine et de rancune qui ne sont plus de notre époque.

« Pour savoir appliquer aux temps actuels les idées de l'Empereur, il faut avoir passé par les rudes épreuves de la responsabilité et du pouvoir. Et d'ailleurs pouvons-nous réellement, pygmées que nous sommes, apprécier à sa juste valeur la grande figure historique de Napoléon ! Comme devant une statue colossale, nous sommes impuissants à en saisir à la fois l'ensemble. Nous ne voyons jamais que le côté qui frappe nos regards ; de là l'insuffisance de la reproduction et les divergences des opinions.

« Mais ce qui est clair aux yeux de tout le monde, c'est que, pour empêcher l'anarchie des esprits, cette ennemie redoutable de la vraie liberté, l'Empereur avait établi dans sa famille d'abord, dans son gouvernement ensuite, cette discipline sévère qui n'admettait qu'une volonté et qu'une action; je ne saurais désormais m'écarter de la même règle de conduite.

« Sur ce, monsieur et cher cousin, je prie Dieu qu'il vous ait en sa sainte garde !
« NAPOLÉON. »

La *Presse* contenait le lendemain cette réponse :

« Sire,

« A la suite de la lettre de Votre Majesté, du 23 mai, et de sa publication au *Moniteur* de ce matin, je donne ma démission de vice président du conseil privé et de président de la commission de l'Exposition universelle de 1867.

« Veuillez agréer, Sire, l'hommage du profond et respectueux attachement avec lequel je suis

« De Votre Majesté,
« Le très dévoué cousin,
« *Signé* NAPOLÉON (JÉRÔME).

« Palais-Royal, 27 mai 1865. »

Ce qui frappa surtout les esprits réfléchis dans la lettre de Napoléon III, ce fut la déification de Napoléon Ier. Son neveu, en érigeant l'infaillibilité du premier César français en dogme, décrétait en même temps celle de ses successeurs. Napoléon III n'était à la vérité, disait-il, qu'un « pygmée » à côté de l'Empereur géant; mais de même que le pape, qui n'est que le serviteur des serviteurs de Dieu, peut néanmoins, éclairé par l'Esprit-Saint, entrer en communication avec lui et devenir l'interprète de sa volonté, Napoléon III, éclairé par les épreuves « sévères du pouvoir », pouvait interpréter l'Évangile napoléonien. La lettre de Napoléon III était une sorte de bulle inaugurant la religion césarienne.

Le retour de l'Empereur, hâté par le discours d'Ajaccio et par des rapports alarmants sur les grèves, mit fin le 10 juin à la régence de l'Impératrice. Ces rapports n'étaient point sans fondement, car Napoléon III venait à peine de rentrer aux Tuileries, qu'une grève éclata dans Paris même. Les Parisiens, en se réveillant le 16 juin, ne trouvèrent plus une seule voiture sur place. Les cochers des Petites-Voitures avaient déposé le fouet et abandonné les dépôts de la Compagnie. Les cochers de remise ne suivirent pas heureusement les cochers de place sur le mont sacré; l'industrie libre fit les efforts les plus louables pour subvenir aux besoins du moment. Les véhicules des anciens temps, depuis le cabriolet jusqu'au coucou, reparurent. La grève dura sept jours, pendant lesquels les journaux eurent le temps de discuter la question du monopole et de la liberté. Les circonstances donnaient beau jeu à ceux qui soutenaient que la liberté des coalitions doit avoir pour conséquence la suppression des monopoles, et que le régime de liberté aurait épargné au public les inconvénients de l'interruption complète du service des Petites-Voitures. Les grèves des maréchaux ferrants, des chapeliers, des tailleurs de pierre, des carrossiers, des selliers, des harnacheurs, suivirent celle des cochers : elles ne justifièrent pas les alarmes conçues d'avance : l'ordre public ne fut pas troublé, et, si l'on souffrit quelque part de ces coalitions, ce fut surtout dans les rangs des coalisés. Les avantages qu'ils obtinrent n'étaient pas de nature à compenser les pertes occasionnées par l'interruption du travail ; le plus grand, le plus réel de ces avantages se trouvait dans l'expérience que les ouvriers avaient pu puiser dans les grèves sur les relations naturelles qui doivent exister entre le travail et le capital.

Le gouvernement, préoccupé du renouvellement des conseils municipaux qui devait avoir lieu le 22 et le 23 juillet, usant des vieux moyens d'agir sur l'esprit des électeurs, fit grand bruit d'une brochure inspirée par la mode de ces travestissements de l'histoire qu'on appelle des réhabilitations : cette mode, un peu vieillie, ne régnait guère plus que parmi quelques jeunes écrivains sans expérience, qui s'occupaient avec un certain fracas des hommes de la Révolution. Un étudiant [1], s'apercevant qu'Hébert était toujours aux gémonies et qu'aucun monument expiatoire ne lui avait encore été élevé, lui consacra une brochure, aussitôt signalée par les journaux officieux comme le manifeste d'un nouveau groupe du parti révolutionnaire dirigé par Blanqui, et comme un défi jeté à l'ordre social.

La brochure *Hébert et l'hébertisme* fut saisie avec l'éclat le plus propre à terrifier les électeurs par l'apparition subite du spectre révolutionnaire [2]. Le gouvernement eut bientôt recours à des moyens plus directs. Plusieurs citoyens qui, après avoir été l'objet de mesures administratives en 1851, se mêlaient activement au mouvement électoral, reçurent des autorités supérieures de leur département cet avis officieux : « Je ne dois pas vous laisser ignorer que la loi de sûreté générale est toujours en vigueur. » Les menaces de l'administration ne paralysaient pas seules la bonne volonté des citoyens. Les obscurités de la loi entravaient également leur action. En France, à peine une loi est-elle promul-

---

1. Tridon, membre de la Commune en 1871.
2. Le gouvernement laissa passer deux mois plus tard, sans y prendre garde, un livre bien autrement dangereux pour lui, et qui souleva la pierre scellée sur le coup d'État (*La province en 1851*, par Eugène Ténot). « La vérité historique devrait être non moins sacrée que la religion... Il faut que les faits soient racontés avec la plus grande exactitude. » L'auteur de *La province en décembre*, s'inspirant de ces pensées inscrites en tête de la *Vie de César* par Napoléon III, offrit avec la plus rigoureuse exactitude, au public, le tableau des drames et des crimes dont les départements du Centre, de l'Est, du Sud-Ouest et du Midi avaient été le théâtre en 1851. Ce fut là le premier coup porté à l'Empire, qui ne s'en douta même pas ; n'ayant jamais eu le remords de son crime, il n'en avait pas non plus la mémoire.

guée en termes qui paraissent clairs et précis, que les fonctionnaires se
hâtent de l'obscurcir par des circulaires. La loi municipale de 1855,
rédigée pour élucider certaines dispositions de la loi précédente, était
devenue au bout de dix ans aussi obscure que celle qu'elle se proposait
d'éclairer. La glose administrative avait détruit le texte; les exceptions
s'étaient changées en règles, et les règles en exceptions. La loi permettait
dans certains cas au préfet de diviser la commune en sections par un
arrêté pris en conseil de préfecture, et de réduire, sous certaines conditions, la durée du scrutin à trois heures. Les préfets, sans se préoccuper
de savoir si leurs arrêtés étaient conformes aux conditions et aux cas
spécifiés par la loi, usaient de cette double faculté dans l'intérêt seul du
candidat favorisé par eux; le quartier était représenté et non la commune, et le scrutin, réduit à son minimum de durée, restait fermé aux
paysans et aux ouvriers. Tel préfet adoptait les termes de l'arrêt de la
Cour de cassation sur les listes et sur les bulletins; tel autre s'en référait
à la circulaire de M. Billault. Quant aux comités électoraux, le ministre
président le Conseil d'État avait bien déclaré que ces comités pourraient
fonctionner avec l'autorisation s'ils étaient publics, et sans autorisation
s'ils restaient à l'état privé et s'ils ne correspondaient pas entre eux; mais,
quand les membres des comités sollicitaient du préfet l'autorisation
exigée, elle leur était nettement refusée.

Le gouvernement, dans ces conditions, pouvait sans danger faire
précéder les élections municipales d'une déclaration de neutralité. Après
avoir engagé publiquement aux dernières élections les maires à ne point
chercher à entrer dans les conseils municipaux, il sentait la nécessité de
faire consacrer leur autorité par le vote des électeurs, depuis qu'il avait
pris devant le Corps législatif et devant le pays l'engagement de ne
choisir désormais, sauf de rares exceptions, les maires que dans les
assemblées communales; il avait donc un grand intérêt à y introduire les
hommes placés par lui à la tête des mairies, afin de pouvoir les maintenir
à leur poste. Les préfets furent donc obligés de se prêter à certaines
transactions. Il y eut des *listes municipales*, ainsi nommées parce
qu'elles faisaient leur part à toutes les influences locales; le maire en
exercice et les conseillers sortants, acceptés par l'opinion, y figuraient à
côté de noms nouveaux. Le résultat des élections des 22 et 23 juillet
prouve la prudence de cette tactique; les communes où elle ne fut pas
employée firent des choix hostiles. A Toulouse, où, malgré les symptômes évidents de mécontentement produit par une fâcheuse situation

Fig. 13. — L'Empereur visite les cholériques à l'Hôtel-Dieu.

financière aggravée par des travaux publics exagérés, le préfet et le maire maintinrent la liste officielle, le suffrage universel, sur trente-six conseillers municipaux à élire, en prit trente-trois dans l'opposition : M. de Campaigno, maire et député de Toulouse, n'obtint que le soixante et onzième rang au dépouillement du scrutin. Le premier conseiller nommé fut M. Paul de Rémusat, dont le père avait été le concurrent de M. de Campaigno aux élections générales en 1863. Beaucoup de villes importantes, lasses du luxe de travaux publics que le gouvernement leur imposait, repoussèrent ses candidats. Marseille avait contracté un emprunt, dont le produit affecté, en vertu d'une loi, à certains travaux nécessaires, n'en avait pas moins été consacré, par un acte de bon plaisir municipal approuvé de l'autorité centrale, à d'autres travaux moins urgents, à la construction du plus inutile et du plus somptueux de ces palais préfectoraux dont l'Empire couvrit la France. M. de Maupas, sénateur, chargé de l'administration du département, eut beaucoup de peine, malgré toutes ses manœuvres, à faire élire dix candidats. On devine aisément quelle réponse Paris et Lyon auraient faite au gouvernement, s'il avait cru devoir les consulter.

Le renouvellement des municipalités d'ordinaire passait inaperçu ; il n'en fut pas de même cette année. La France comptait alors 38 000 communes : le nombre des conseillers municipaux y variait de douze à trente-six suivant la population ; il y avait donc plus de 500 000 conseillers à élire : un grand nombre d'hommes appartenant à ce que le gouvernement appelait les anciens partis, et d'hommes nouveaux animés d'intentions libérales, entrèrent dans les assemblées communales. Le réveil de la vie municipale attestait le réveil de la vie politique et en promettait la continuation. Le mouvement de 1863 ne s'arrêtait pas. L'élection du Puy-de-Dôme en avait fourni une preuve éclatante. Les électeurs de ce département, convoqués le 25 juin pour nommer un successeur à M. de Morny, se trouvaient en présence de deux candidats, M. Girot-Pouzol, candidat de la gauche, et M. Meynadier, ancien préfet du département. Le gouvernement eut beau déclarer nettement dans le *Moniteur* aux électeurs du Puy-de-Drôme qu'il s'agissait de se prononcer « pour ou contre lui », M. Girot-Pouzol fut nommé.

Les élections municipales auraient dû ouvrir les yeux au gouvernement sur la nécessité d'entreprendre les grandes réformes libérales auxquelles il serait bien obligé de se résigner tôt ou tard ; adoptant au contraire à l'égard de la presse la jurisprudence la plus exorbitante, il assimila les avertissements à des jugements qui, par un privilège inconnu aux décisions de la justice ordinaire, furent soustraits à toute discussion. Après s'être ainsi fortifié de nouveau contre le journalisme, il eut recours à son vieux système, consistant à détourner l'attention des questions politiques, pour l'appeler sur d'autres questions moins brûlantes, mais susceptibles cependant d'exciter un certain intérêt. Une lettre de l'Empereur au maréchal Mac-Mahon avait au mois de juin précédent soulevé la question algérienne; un décret réunit dans les mêmes mains, à partir de 1867, les fonctions de receveur général et de payeur; quelques réductions eurent lieu dans l'armée; mais la discussion passionnée dont la décentralisation était en ce moment l'objet dans la presse fournit au gouvernement un moyen plus puissant de diversion.

Un comité formé à Nancy s'était fait connaître par la publication de divers livres rédigés avec talent sur divers sujets politiques [1], et par un projet de décentralisation au bas duquel MM. Carnot, Garnier-Pagès, Jules Simon, Vacherot, Hérold, Clamageran, Chauffour, Pelletan, avaient mis leurs noms à côté de ceux de MM. de Montalembert, de Falloux, Berryer, prince de Broglie, Guizot, Béchard, etc. « Brisons l'idole, disaient les membres du comité de Nancy en faisant allusion à la centralisation administrative; décentralisons, c'est le seul moyen de clore les révolutions et d'être libres. » Fortifier la commune, qui en France existe à peine; supprimer l'arrondissement, qui ne répond à rien; émanciper les départements : tel était en résumé le programme du comité de Nancy, contre lequel s'élevèrent en même temps les journaux officieux et les journaux démocratiques. Ces derniers ne repoussaient nullement le programme de Nancy en ce qui concerne la commune, l'arrondissement et le département; mais, en entendant parler d'*instituer la province*, ils demandèrent aussitôt comment MM. Carnot, Pelletan, Garnier-Pagès, Jules Simon, Vacherot, etc., pouvaient s'associer à MM. de Falloux, de Montalembert, de Broglie et autres, pour détruire l'œuvre de la Révolution? Des débats très longs et très vifs s'engagèrent entre le *Siècle* et le *Temps* à ce sujet; l'*Opinion nationale* et l'*Avenir national* y prirent part, et repoussèrent avec non moins de vigueur que le *Siècle* les projets du comité de Nancy, comme dangereux pour l'unité nationale. Derrière cette polémique un peu factice se cachaient les griefs très réels des partis, qui, depuis qu'ils étaient divisés par la ques-

---

1. *Varia : les Francs Propos.*

tion religieuse, ne pouvaient plus parvenir à se placer sur un terrain politique commun.

Quelques journaux obstinés dans leurs espérances, malgré de si récentes déceptions, flattaient cependant toujours leurs lecteurs de l'espoir d'une nouvelle et prochaine évolution libérale du gouvernement. Le *Moniteur* du 13 septembre crut devoir couper court à ces illusions tenaces par cette note :

« Les journaux s'évertuent depuis quelque temps à prédire un changement dans les hommes et dans les choses du gouvernement.

« Nous sommes autorisés à déclarer que ces bruits sont sans fondement et inventés par la malveillance. »

Ce que le gouvernement appelait malveillance n'était que l'impatience de l'opinion publique, qui prenait ses désirs pour la réalité. Il crut pouvoir cette fois encore lui donner le change par un de ces grands spectacles qui depuis la résurrection de l'Empire amusaient la curiosité de la France et trompaient son ennui, tout en ayant parfois une signification politique qui lui échappait : la réunion des flottes anglaise et française sur les rades de Cherbourg le 14 août et de Brest le 21. M. de Chasseloup-Laubat, ministre de la marine, et le duc de Somerset, lord de l'Amirauté, échangèrent des toasts dans lesquels on déclarait que cette fête inaugurait une ère de cordiale entente et de confraternité internationale, et que les deux gouvernements devaient désormais s'unir pour élargir les horizons de l'activité humaine, supprimer les préjugés et remplacer la guerre par les luttes du commerce et de l'industrie. La flotte française rendit à la flotte anglaise sa visite à Portsmouth : les mêmes banquets donnèrent lieu aux mêmes toasts; il y eut en outre des bals, des revues, des exercices à feu, et l'on put lire dans un article du *Times* : « La France et l'Angleterre ont montré le contingent de navires dont la civilisation, l'ordre et la paix peuvent disposer. » Si c'était une menace, à qui s'adressait-elle? On pensa généralement à la Russie; mais elle savait trop bien sur quelles bases fragiles reposait depuis quelque temps l'alliance entre Napoléon III et l'Angleterre pour s'inquiéter de leur entente momentanée. Ce spectacle naval était bien une menace non point contre la Russie, mais contre la Prusse, qui, à la suite des arrangements de Gastein, venait de commencer le démembrement du Danemark en mettant la main sur le Lauenbourg. L'opinion publique en France n'attacha pas plus d'importance aux toasts des amiraux qu'aux articles du *Times*. Ce n'était pas une guerre maritime qu'elle craignait en ce moment. Elle se laissait d'ailleurs distraire des choses graves par une série de petits événements, l'évasion de Blanqui [1], la mort de Lamoricière, du président Dupin, de lord Palmerston, du roi des Belges, etc.

La difficulté de se livrer en France à la discussion publique des questions politiques et sociales avait donné naissance à de grandes assemblées qui se tenaient à l'étranger sous le nom de congrès. Ces réunions, composées d'hommes de tous les pays, dans lesquelles on discutait librement les diverses parties d'un programme formulé d'avance par un comité, commençaient à prendre une sérieuse importance; animées de sentiments très libéraux, elles étaient, quoique parfois hostiles les unes aux

---

1. L'évasion de Blanqui de l'hospice Necker, où il était détenu comme malade, fut annoncée aux journaux par une lettre de lui, qu'ils n'osèrent pas insérer. On était tellement habitué aux évasions de Blanqui, qu'on les attribuait assez volontiers à la connivence de la police. La dernière n'échappa point à cette appréciation.

« Monsieur le Rédacteur,

« Me permettrez-vous de publier dans vos colonnes les motifs d'une détermination qui m'est commandée par le devoir.

« J'ai été arrêté le 5 mars 1861 et condamné le 14 juin à quatre années d'emprisonnement. La Cour d'appel a confirmé ce jugement le 17 juillet. Mon pourvoi, formé le lendemain 18, a été rejeté le 17 décembre.

« Or l'article 25 du Code d'instruction criminelle, correctionnelle ou de police pourra « statuer sur le recours en cassation aussitôt après l'expiration des délais portés au « présent chapitre, et devra y statuer dans le mois au plus tard à compter du jour où les « délais sont expirés. »

« Ces délais énumérés aux articles 423 et 424 sont de onze jours.

« Aux termes de l'article 425, la Cour de cassation est donc tenue de statuer dans les *quarante et un jours* au plus tard sur le pourvoi d'un condamné. Elle n'a prononcé sur le mien qu'après *cent quarante-deux jours*, et, comme la peine ne commence à courir que depuis le rejet du pourvoi, ce sont trois mois et dix jours d'incarcération additionnelle que m'a infligés le bon plaisir de la Cour.

« Du reste, cette manière de lettre de cachet semble passée en usage dans les affaires politiques : M. Taule a été traité de même en 1862, et M. Miot se trouve actuellement dans un cas pareil au mien.

« Gardienne de la légalité, la Cour de cassation a pour mission spéciale de maintenir rigoureusement l'inviolabilité des textes. Prêcher d'exemple ne serait pas un mal. Comment donc expliquer ses procédés envers l'article 425, si clair et si impératif? C'est apparemment que, si elle ramène tout le monde avec tant de rudesse aux pieds du Code, personne n'a la puissance de l'y ramener elle-même. Elle est Cour souveraine et omnipotente, on s'en aperçoit bien.

« Transféré à l'hôpital Necker par suite d'une maladie organique, j'ai voulu, bien que n'ayant pris aucun engagement, accomplir jusqu'au bout ma captivité avec toutes les variétés de suppléments édictées par la loi. Condamné le 14 juin 1861, le délai d'appel d'abord, puis les quarante et un jours de délais légaux pour le recours en cassation, m'ont conduit au 28 août 1865. Mais ici toute peine légale expire. Ce qui reste n'est plus qu'une détention arbitraire. J'ai subi non pas quatre ans, mais quatre ans et six mois de prison, 12 pour 100 en sus du principal. Je ne dois pas aller plus loin. Se soumettre à une illégalité flagrante quand on peut s'y soustraire, fût-ce au prix de l'exil, c'est la légitimer. Je ne le puis. Il est de mon devoir de ne pas accepter les cent jours de gratification qu'a daigné m'octroyer la Cour suprême, et je lui tire ma révérence.

« Agréez, monsieur le Rédacteur, l'assurance de ma considération la plus distinguée.

« Blanqui. »

autres, un puissant instrument de propagande politique. Le congrès le plus important de l'année 1865 fut celui de l'*Association internationale pour le progrès des sciences sociales*, qui s'était réuni les trois années précédentes à Bruxelles, Gand et Amsterdam. Il ouvrit le 28 septembre sa quatrième session à Berne, dans le temple du Saint-Esprit, sous la présidence de M. Challet-Venel, membre du gouvernement fédéral ; il comprenait cinq sections : législation comparée, instruction et éducation, art et littérature, hygiène et bienfaisance, économie politique. Une discussion sur l'autonomie de la commune remplit la première séance ; la seconde fut consacrée à la grande question de savoir si la morale est une science, et si, à ce titre, elle est indépendante de la religion. Cette question en amenait une autre : « Quel rôle convient-il d'attribuer au ministre du culte dans l'école? » Les adversaires et les partisans de l'enseignement religieux se formèrent en deux camps : MM. Edgar Quinet et Werwart, présidents de l'Association internationale, Pascal Duprat, se rangèrent dans le premier ; MM. Gelpke, de Pressensé, Daguet, Pélissier, théologiens protestants, dans le second. M. Jules Simon présidait la section dans laquelle se débattait cette grave question ; son opinion était attendue avec la plus vive impatience. Il prit la parole, et, quittant le terrain théologique pour celui des faits, il réclama, en faveur de toutes les opinions religieuses ou non, le droit et la liberté de s'affirmer ; il repoussa la protection donnée à un culte quelconque par l'État ; un concordat n'était à ses yeux qu'un outrage à la religion et la consécration de son humiliation : séparation entre le spirituel et le temporel, tel est le but auquel on devait tendre. « Les questions d'instruction, dit-il en terminant, priment désormais toutes les autres, et l'école a pour mission de renouveler le monde en renouvelant les hommes. » Le congrès, après s'être prononcé en faveur de l'enseignement laïque et obligatoire, traita les questions de la décentralisation, du progrès dans l'art, du régime cellulaire et des armées permanentes.

L'Association internationale des travailleurs, fondée l'année précédente, avait, comme on l'a vu, résolu, en se séparant, de tenir, elle aussi, un congrès. Des commissions s'organisèrent en Italie, en Suisse, en Allemagne, en Belgique, pour envoyer des délégués à cette assemblée, dont les frais considérables ne pouvaient être faits par la caisse de l'association, ni puisés uniquement dans la bourse des ouvriers. Le *Siècle* ouvrit une souscription en exhortant fortement les amis du progrès démocratique à y apporter leur offrande. Le petit nombre des souscripteurs engagea le conseil général de l'Internationale à remplacer le congrès par une conférence administrative qui se tint à Londres, dans Adelphi Terrace, le 23 septembre 1865, jour anniversaire de la fondation de l'association, et dans laquelle on rendit compte des résultats obtenus. Les correspondants de Paris, MM. Tolain [1], Fribourg, Ch. Limousin, Varlin [2], représentant des 500 adhérents parisiens; César de Paepe, correspondant de Bruxelles; Dupleix, relieur, représentant la colonie française de Genève; J. Becker, pour les sections allemandes de Suisse; Vésinier [3], Lelubez, délégués de la branche française de Londres; Odger, Crémer, Karl Marx, Eugène Dupont, Guny, représentants du bureau central, étaient présents à la conférence. Le programme à l'ordre du jour contenait deux questions importantes : « Qu'est-ce qu'un travailleur? — Les femmes seront elles admises dans l'association? » Le travailleur, pour les délégués parisiens, était celui qui n'a d'autre ressource que son travail journalier, et que le chômage ou la maladie peuvent réduire à la misère : avocats, médecins, romanciers, poètes, artistes, journalistes, les « ouvriers de la pensée », en un mot, n'étaient pas, selon eux, des ouvriers. Quant à la femme, ils ne voyaient d'autre place pour elle qu'au foyer domestique. Les Anglais, les Suisses et les Belges auraient ouvert plus volontiers les rangs de l'association aux professions libérales aussi cruellement soumises aux vicissitudes des affaires que les professions manuelles, ainsi qu'à la femme. On convint que chaque section resterait libre de donner au mot *travailleur* la signification qu'elle voudrait, et d'admettre ou de repousser la femme.

Les membres de l'Association internationale étaient encore divisés sur un autre point, celui de savoir s'il convenait d'introduire les questions purement politiques dans le programme d'un congrès socialiste. Les membres du congrès central, Karl Marx, Peter, Fox, Lelubez, disaient oui; les Français et les Suisses étaient d'un avis contraire. Les délégués anglais se rangèrent de leur côté. Les hommes politiques l'emportèrent sur les socialistes purs. La conférence ne pouvait se prolonger : elle n'avait servi qu'à montrer le grave désaccord existant entre le groupe français de Londres et le groupe parisien : l'un voulant jeter l'association naissante dans l'action politique, l'autre tenant au contraire à ce qu'elle restât fidèle à sa mission de pionnière de l'émancipation sociale des travailleurs.

1. Membre du Sénat.
2. Membre de la Commune.
3. Membre de la Commune.

Fig. 14. — Les corporations religieuses ne tardent pas à venir s'installer en Algérie.

La mode des congrès s'était étendue des hommes faits aux jeunes gens. Les étudiants de l'université de Liège avaient, au mois de juillet, adressé une invitation aux étudiants de tous les pays de se réunir dans cette ville le 29 octobre pour y traiter des questions relatives à l'enseignement. Les étudiants d'Allemagne, de Suède, de Norvège, de Suisse, de Portugal, se hâtèrent d'accepter l'invitation. Les étudiants de Paris s'empressèrent, de leur côté, de former un comité qui fit un appel à tous les étudiants de France, pour les engager à se rendre au congrès de Liège.

Les diverses méthodes d'enseignement, la liberté de l'enseignement, la part que doivent y prendre l'Église et l'État, l'enseignement obligatoire, l'enseignement des filles, l'amélioration du sort des instituteurs, tel était le programme dressé par les étudiants de Paris pour être soumis aux délibérations du congrès de Liège. Ils proposaient également de rechercher si l'enseignement spécial ne nuit pas à la spécialité même ; s'il ne convient pas d'introduire plus de littérature dans les sciences professionnelles, et plus de science dans les humanités ; s'il n'est pas juste de rendre les cours publics et gratuits, de créer des chaires libres, de supprimer les cours à certificat. Le programme se terminait par cette déclaration : « Il est bon que la jeunesse dise tout haut ce qu'elle pense tout bas, afin que ses aînés jugent de la folie ou de la sagesse de la génération qui vient après eux, et écoutent ce qu'il peut y avoir de légitime dans ses désirs et dans ses demandes. » Le bruit s'étant répandu que la présidence du congrès de Liège avait été offerte à M. Victor Hugo, puis à M. Jules Simon, les étudiants s'empressèrent de le démentir, en ajoutant que la politique devait être absolument bannie de cette assemblée.

Ils avaient probablement l'intention de tenir cet engagement et de se renfermer dans la discussion des articles de leur programme ; mais ils se laissèrent entraîner, les uns par l'ardeur de la jeunesse, les autres par l'exemple de quelques-uns de leurs camarades, qui, récemment façonnés par Blanqui à l'admiration d'Hébert, se livrèrent aux plus puérils excès de langage. Les journaux cléricaux surveillaient alors les moindres démarches des élèves des établissements laïques, avec une sévérité qui alla un jour jusqu'à signaler comme un scandale la présence des élèves de Sainte-Barbe au convoi de M. Bixio, l'un des membres de l'association des anciens barbistes, mort en libre penseur ; les correspondants de ces pieuses feuilles ne tardèrent donc pas à rendre compte des séances du congrès[1] et à rapporter, en les exagérant, quelques mots imprudents

1. Neuf cents étudiants y assistaient. La première décision prise avait rapport à la

sur la religion, échappés à l'inexpérience de jeunes orateurs. Un concert d'indignation retentit aussitôt dans la presse religieuse et trouva un complaisant écho dans la presse bonapartiste, furieuses surtout parce que les étudiants français avaient fait leur entrée dans Liège précédés d'un drapeau noir, le seul qui, selon eux, convînt à la France, en deuil de ses libertés.

Le gouvernement ne pouvait laisser une telle audace impunie; les étudiants qui avaient pris part au congrès de Liège ou signé des communications aux journaux relatives à ce congrès furent mandés le 21 novembre, à la rentrée des classes, devant le vice-recteur de l'Académie de Paris, qui, après une dure admonition, leur annonça qu'ils comparaîtraient le 13 décembre devant le conseil académique. Vainement les prévenus déclinèrent-ils la compétence de ce tribunal, à propos de discours prononcés à l'étranger, ils n'en furent pas moins condamnés aux peines les plus sévères [1].

Des discours prononcés par des jeunes gens sans expérience, grisés en quelque sorte par le grand air de la liberté, et entraînés par leur parole même au delà de leur pensée, auraient peut-être mérité plus d'indulgence; mais il faut reconnaître que ces discours, rapprochés des livres, des brochures, des journaux publiés dans ces derniers temps par les membres de la jeunesse des écoles, témoignaient chez eux d'une admiration puérile pour la tradition révolutionnaire plutôt que d'une sérieuse étude des éléments dont elle se compose, et d'une fâcheuse tendance à parodier les hommes de la Révolution, au lieu d'en approfondir les principes et les idées. La jeunesse était révolutionnaire plutôt que libérale, grave danger pour l'avenir.

La mort du général Lamoricière eut lieu le 18 septembre. L'ancien ministre de la guerre du général Cavaignac avait un moment paru

rédaction d'un statut général qui deviendrait un contrat d'association entre les étudiants de tous les pays.

1. MM. Aristide Rey, Lafargue, Jaclard, plus tard membre de la Commune, Regnard, Bigourdan, de la Faculté de médecine; Losson et Casse, de la Faculté de droit, aujourd'hui député de Paris, furent exclus de l'académie de Paris, attendu « qu'ils se sont livrés, au *congrès international des étudiants de Liège*, aux excès les plus coupables; qu'ils ont, les uns insulté le drapeau de la France, glorifié la terreur et le drapeau rouge; les autres outragé la religion et attaqué violemment les principes sur lesquels repose l'ordre social; que plusieurs ont fait appel à l'insurrection et à la guerre civile, etc. »

Le conseil impérial de l'instruction publique, auquel les condamnés en appelèrent de la décision du conseil académique, l'aggrava en ce qui concerne les étudiants Rey, Lafargue, Jaclard, Casse, Losson et Regnard, qui, exclus à jamais de l'académie de Paris, furent en outre bannis pour deux ans de toutes les académies de l'Empire. L'exclusion de M. Bigourdan de l'académie de Paris fut réduite à deux ans.

associer sa destinée politique à celle de la République ; mais la familiarité affectée des manières républicaines, l'emploi des formules de 93 dans les relations de politesse administrative ou privée, la pipe de terre fumée dans son cabinet de ministre, tout cela n'était chez Lamoricière que l'effet d'un caractère et d'une imagination aussi prompts à réfléchir les idées et les impressions du moment, qu'à les oublier : saint-simonien en 1830, républicain en 1848, arrêté dans la matinée du 2 décembre, enfermé à Ham, exilé en Belgique, rendu à lui-même par le malheur, il était redevenu ce que ses impressions d'enfance et son éducation l'avaient fait, c'est-à-dire légitimiste et catholique. Rentré en France que pour être témoin de la mort d'un de ses enfants, il en ressentit une douleur cruelle. La religion devint son unique consolation dans la retraite, qu'il quitta au mois d'avril 1860, pour prendre le commandement de l'armée pontificale. Rentré après sa défaite dans son château de Prouzel, dans les environs d'Amiens, il mourut le crucifix entre les mains, à l'âge de cinquante-neuf ans ; il en avait passé la moitié au service de son pays. L'évêque d'Orléans prononça son oraison funèbre, et le nom de ce « preux » retentit bientôt sous la voûte de toutes les cathédrales. Ce fut, comme après Castelfidardo, une suite de cérémonies religieuses qui semblaient organisées pour agiter les esprits des vivants, autant que pour honorer la mémoire du défunt.

La cour de France avait beaucoup voyagé cette année. L'Empereur, parti le 19 juillet pour Plombières, se rendit ensuite au camp de Châlons, où l'Impératrice vint le rejoindre le 3 août. Le couple impérial quitta Châlons le 17 pour se rendre au château d'Arenenberg ; au retour de ce voyage, il s'installa le 8 septembre à Biarritz, où accoururent successivement le prince Amédée de Savoie, les grands-ducs de Mecklembourg-Schwerin et de Mecklembourg, la grande-duchesse et le prince héréditaire de Saxe-Weimar, le roi et la reine de Portugal. Le personnage dont la présence dans cette résidence, produisit la plus grande sensation ne fut ni un roi ni un prince, mais le comte de Bismarck, président du conseil des ministres du roi de Prusse. Arrivé le 2 octobre à Paris, accompagné de sa femme et de sa fille, il en partit le soir même pour Biarritz, après un court entretien avec M. Drouyn de Lhuys, ministre des affaires étrangères. Il sera question plus loin de cette visite.

Le choléra, pour la quatrième fois depuis 1832, avait envahi la France : Marseille et Toulon furent les premières villes atteintes dès le commencement du mois de juin. Il fit son apparition dans les premiers jours du mois d'octobre à Paris, où la cour rentra le 12. La mortalité, moins grande que dans les épidémies précédentes, n'en était pas moins assez forte pour impressionner la population, déjà fort émue par l'encombrement des hôpitaux. Il fut décidé que l'Empereur visiterait les cholériques de l'Hôtel-Dieu et des hôpitaux militaires, et l'Impératrice ceux des hôpitaux Beaujon, Saint-Antoine et la Riboisière; l'archevêque de Paris se rendit de son côté à l'hospice de la Charité.

La mort avait mis fin le 18 octobre à la dictature ministérielle de lord Palmerston. Doué d'aptitudes multiples, sans grandes qualités, esprit facile, volonté obéissant à l'opinion la plus générale, *debater* plus qu'orateur, il fut regretté comme un génie extraordinaire et presque comme le sauveur d'Israël. Tous les journaux anglais, à l'exception du *Daily News*, parurent encadrés de noir. Ses funérailles furent un deuil pour la nation, et pour lui un triomphe posthume, non qu'il laissât son pays plus grand et plus prospère, ni qu'il fût lui-même un grand homme; mais il était, disait-on, un grand Anglais, éloge mérité, s'il s'adresse au chasseur, au fashionable, au sportsman, au représentant des modes et des plaisirs plutôt que des intérêts réels de l'Angleterre. Depuis l'âge de vingt deux ans [1] il jouait un rôle politique souvent avec éclat, toujours avec bonheur, mais rarement avec quelque profit pour son pays. L'Europe le regretta peu. C'était un esprit plus enclin aux coups de tête qu'aux combinaisons arrêtées, taquin, querelleur, sans bonne foi; encourageant les révolutionnaires et les livrant sans scrupule à la réaction; allié des libéraux sans être libéral; cherchant les conflits; sujet à des haines et à des engouements sans motifs, il détestait Louis-Philippe, qui ne pouvait lui inspirer aucune crainte, et il s'éprit en quelque sorte de Napoléon III, qui l'obligeait à fortifier ses côtes, à augmenter sa marine et à créer cent mille volontaires. Il aurait fait la guerre pour le juif Pacifico, il abandonna le roi de Danemark; il fit redouter l'Angleterre sans la rendre plus puissante : aussi s'empressa-t-elle de répudier l'héritage de ce ministre qu'elle regrettait tant, et c'est au lendemain de sa mort que l'Angleterre commença à se désintéresser des affaires d'Europe et à adopter cette politique d'isolement qu'on lui a si souvent reprochée.

Un homme qui, sans rien posséder de la grâce élégante et spirituelle de lord Palmerston, avait parfois de ses boutades, M. Dupin, sénateur, procureur général à la Cour de cassation, mourut le 12 novembre; ses

---

1. Né en 1784, membre des Communes et du gouvernement en 1806.

obsèques, célébrées dans l'église Sainte-Clotilde, n'eurent rien de triomphal. Né à Varzy, dans le Nivernais, le 1ᵉʳ février 1783, avocat en 1811, député de Château-Chinon dans les Cent-Jours, défenseur, sous la Restauration, de Ney, de Béranger, du *Miroir*, du *Constitutionnel*, du *Journal des Débats*, des hommes et des journaux les plus populaires, il ne jouit jamais lui-même d'une véritable popularité. Président de la Chambre des députés sous Louis-Philippe, et de l'Assemblée législative de 1849, on sait sa misérable conduite dans la dernière séance de cette assemblée dispersée par un coup d'État. Procureur général près la Cour de cassation du temps de la monarchie de Juillet, il sut garder cette place sous le général Cavaignac et sous le prince Louis Bonaparte ; ses amis lui firent comprendre qu'il devait la quitter à l'époque des décrets de confiscation des biens de la famille d'Orléans ; ce ne fut pas pour longtemps : il en reprit possession en y joignant le titre et la pension de sénateur. « J'allais être obligé de vivre sur mes revenus, » répondit-il à quelqu'un qui lui reprochait cet acte de faiblesse. Légiste habile à dégager rapidement le sens d'un texte obscur, plutôt que capable de le creuser profondément, esprit net mais étroit, toujours plus préoccupé du fait que de l'idée, M. Dupin s'acquittait convenablement des fonctions de procureur général à la Cour de cassation sans en remplir entièrement la place. Il laissa peu de regrets. M. Delangle, ancien garde des sceaux, eut sa place à la Cour de cassation.

Léopold Iᵉʳ avait ressenti en 1862 les premières atteintes de la maladie contre laquelle son énergie et sa robuste constitution lui permirent de lutter pendant près de quatre ans, et qui l'emporta le 10 décembre 1865.

Allemand de naissance, Russe d'adoption, Anglais de naturalisation, cosmopolite d'esprit, Léopold se fit Belge et mourut Belge après un règne de trente-quatre ans, qui contribua puissamment au développement moral et matériel de la nationalité fondée par la diplomatie en 1831, mais qui avait sa racine dans l'histoire. Le sage peuple belge, qui éprouve plus le besoin de développer librement ses intérêts que d'éclipser ses voisins, s'était donné une des constitutions les plus libérales du monde ; il voulait la respecter et la faire respecter. Léopold jura de se conformer à ce vœu, et vingt-cinq ans après, le jour où la Belgique fêta le premier jubilé de son avènement, le président du Congrès national, parlant au nom de ses collègues survivants, put le féliciter d'avoir tenu son serment. Aussi, en 1848, le peuple belge se défendit-il de l'entraînement révolutionnaire par reconnaissance non moins que par raison : le trône de Belgique soutint le choc qui avait ébranlé tous les autres trônes sans que son possesseur se vît obligé de coiffer un seul instant le bonnet rouge. Plus tard, lorsque les mots d'annexion et de frontières naturelles furent prononcés par les journaux officieux de l'Empire, ils n'eurent jamais d'écho chez nos voisins, qu'on croyait cependant si facilement séduire par l'amour-propre, par la gloriole de faire partie d'une grande nation; comme si le patriotisme dépendait de la puissance, la nationalité de l'étendue, et comme si, pour se sentir un peuple, il ne suffit pas aux Belges de jeter un regard sur les monuments civils et religieux de leurs vieilles cités, berceaux de la liberté communale !

Léopold Ier était fier d'avoir résisté à ces orages ; il aimait le pouvoir, mais il savait à quelles conditions il pouvait le garder, et il aurait trouvé indigne de lui de les enfreindre ; fidèle à ses engagements envers les autres, il entendait que les autres tinssent leurs engagements envers lui, et, s'il semblait parfois un peu trop prêt à mettre le marché à la main du peuple qui l'avait choisi, ce n'était point par vaine comédie, car le métier de souverain constitutionnel lui plaisait, mais à la condition de l'exercer sans trouble et sans contestation : chose difficile dans un pays où les partis de force égale luttent sur le terrain religieux. Une sorte d'indifférence philosophique permit à Léopold de garder la plus stricte neutralité entre les catholiques et les libéraux : habile à deviner l'opinion publique, toujours prêt à la satisfaire, il s'était incarné en quelque sorte dans cette constitution qui fait l'orgueil et le bonheur de la Belgique. Ce roi d'un petit peuple s'était acquis par sa manière de pratiquer la souveraineté constitutionnelle une influence et une autorité, égales à celles des maîtres des plus puissants empires. Il a non seulement créé un royaume, mais encore il a fondé une dynastie. Sa mort imposait à la Belgique l'épreuve toujours délicate d'un changement de règne. Le peuple belge comprenait heureusement et aimait assez ses institutions pour la traverser sans danger. Les souverains perdirent en lui un doyen et un conseiller. Il manqua à l'Europe, au moment où elle allait avoir le plus pressant besoin de son expérience et de sa sagesse.

CHAPITRE IV

L'ALGÉRIE 1830-1868

Projet de voyage de l'Empereur en Algérie. — Il rencontre une vive opposition dans le conseil des ministres. — Coup d'œil rétrospectif sur l'histoire de l'Algérie. — État de cette colonie sous la monarchie de 1830, sous la République de 1848, sous la présidence du prince Louis-Napoléon. — Il se montre d'abord peu favorable à l'Algérie. — Son mot à M. de Persigny à ce sujet. — L'Algérie après le coup d'État. — Le général Randon est nommé gouverneur général. — Expédition contre la Kabylie du Djurjura. — Le prince Napoléon ministre de l'Algérie. — Il donne sa démission. — Le maréchal Pélissier gouverneur général de l'Algérie. — Lettre impériale du 6 février 1863. — Sénatus-consulte du 2 avril de la même année. — Insurrection des tribus sahariennes. — Le pouvoir civil et le pouvoir militaire. — Décret du 7 juillet 1864. — L'Empereur part pour Alger. — Il visite les provinces. — Retour de l'Empereur en France. — Résultat de son voyage.

Le désir de ne pas interrompre par un trop long récit la suite des événements dont se compose l'année 1865 nous en a fait détacher le voyage de l'Empereur en Algérie; avant de le raconter, il est indispensable de revenir sur l'histoire de notre colonie et de présenter un tableau de son développement depuis la conquête.

Le gouvernement de 1830 sut résister aux conseils venus du dedans et du dehors pour l'abandon de notre colonie d'Afrique; écartant les combinaisons qui, en réservant à la France la suzeraineté politique, instituaient des beys tunisiens ou de grands feudataires indigènes, il déclara l'Algérie à jamais française. La soumission matérielle des tribus, l'impulsion donnée aux entreprises de colonisation, les brillants combats qui rajeunissaient la gloire de nos armes, l'empressement des fils du roi à s'associer aux expéditions militaires les plus importantes, l'attrait qu'exercent sur les descendants des Gaulois les récits de mœurs nouvelles et pittoresques, les costumes étranges et élégants, les types variés de races peu connues, l'amour des nouveautés, et les instincts belliqueux de la nation, aidèrent l'Algérie pendant ces dix-huit ans à conquérir et à garder les sympathies de la France. Le régime parlementaire permit, en outre, de mêler les intérêts de l'Algérie à ceux de notre politique intérieure, et de faire participer nos possessions du nord de l'Afrique à la vie même de la France continentale. Ce n'était pas seulement parce que le ministre était responsable devant les Chambres des actes du gouverneur général; c'était aussi parce que ce gouverneur général faisait lui-même partie de l'une ou l'autre chambre, et qu'il pouvait faire entendre directement les vœux de l'Algérie ou expliquer les vues de son administration; des généraux commandants de province, arrivés à la députation, apportaient leur contingent de lumières pour éclairer les discussions et les votes des Chambres. Plusieurs députés avaient des intérêts importants dans la colonie; autant de cœurs, autant de voix prêtes à défendre le pays contre l'oubli et l'indifférence. La presse secondait leurs efforts. Les journaux les plus notables de Paris, de Marseille et de Lyon recevaient des correspondances bien informées; ils provoquaient des polémiques, signalaient les questions intéressantes, prévenaient ou enrayaient les fausses mesures et encourageaient les bonnes.

La révolution de 1848 fit immédiatement sentir ses effets en Algérie, preuve certaine que la colonie vivait de la même vie politique que la mère patrie. La proclamation du Gouvernement provisoire du 2 mars 1848 « promettait aux colons l'assimilation progressive des institutions algériennes à celles de la métropole ». La première parole du nouveau pouvoir républicain affirmait un grand principe. L'application suivit de près. L'Algérie fut appelée par le décret du 5 mars à élire des députés à l'Assemblée nationale, et la presse soumise au même régime qu'en France. Le décret du 27 avril abolit l'esclavage. Un décret du 16 août érigea tout le territoire civil en communes, avec l'élection des conseillers municipaux au scrutin de liste. Les services de la justice, des cultes, de l'instruction publique, des finances et des douanes, jusque-là concentrés entre les mains du ministre de la guerre, furent rendus aux départements ministériels compétents de la métropole. La loi du 19 septembre 1848 accorda 50 millions pour l'établissement de colonies agricoles.

La constitution républicaine du 4 novembre, en admettant que l'Algérie serait régie par des lois particulières, marque un temps d'arrêt dans la voie ouverte par le Gouvernement provisoire. Le principe cède devant les circonstances. C'est que, depuis le 2 mars, on a passé par les dates funestes de mai et de juin. Les craintes ont commencé à étouffer les espérances.

Bientôt arrive la nomination du Président de la République; l'Algérie ne pouvait donner la majorité au prince Louis Napoléon Bonaparte, qui avait trahi sa pensée dans une lettre à M. de Persigny. « L'Algérie, disait-il, est un boulet attaché aux pieds de la France. » Il n'avait été frappé ni de l'avenir de cette belle conquête au point de vue commercial et colonisateur, ni de la grande mission de civilisation à remplir à l'égard des populations musulmanes, qui pouvait donner à la France un prestige incontesté dans la politique orientale. Un seul côté de la question dominait tout pour lui, nos possessions transméditerranéennes immobilisaient une armée de 60 000 hommes, qui ferait défaut si des complications militaires survenaient en Europe.

Dans ces dispositions, il est naturel qu'il ait laissé la direction des affaires de l'Algérie au général chargé du ministère de la guerre. Ce portefeuille important n'était plus aux mains des illustrations militaires du premier Empire; les généraux qui avaient conquis leur renommée dans la guerre d'Afrique se tenaient à l'écart. La présence dans l'Assemblée nationale de trois députés algériens ne suffisait pas pour pousser ce grand corps, absorbé par des préoccupations d'une considérable gravité, à accorder à notre colonie autre chose qu'une attention distraite et intermittente. La majorité de l'Assemblée ne se souciait, pas plus d'ailleurs que le Président de la République, de développer les institutions inaugurées par le Gouvernement provisoire. Les bureaux, dans cette sorte d'interrègne, prirent un rôle prépondérant. Ni le gouverneur général, ni les commandants des provinces, n'avaient assez de notoriété pour imposer leurs idées personnelles, et ils restaient trop complètement en dehors des corps délibérants de la politique pour pouvoir les discuter.

Les premiers mois de l'année 1849 ne sont donc remplis que par des arrêtés préparés par l'administration précédente, par des règlements relatifs à des détails de service : police du roulage, traitement des régisseurs comptables des ponts et chaussées, installation des colonies agricoles à la réussite desquelles on ne croit pas. L'année s'achève sans qu'aucun acte important vienne réveiller l'attention. On peut remarquer cependant que l'Algérie suit la France sur la pente funeste qui l'éloigne de plus en plus de la liberté. On y promulgue les lois restrictives sur la presse, sur le droit de réunion, sur les crieurs publics ; on renvoie à des jours meilleurs l'émancipation de l'autorité préfectorale et l'installation des conseils généraux électifs.

L'année 1850 est inaugurée par le décret qui enlève au ministre des finances les services des domaines, de l'enregistrement et des contributions : c'est un pas en arrière dans le système de l'assimilation progressive. La loi sur la transportation ne tarde pas à être promulguée ; elle peuple l'Algérie de proscrits. La présence de tant de victimes des passions réactionnaires contribua puissamment à répandre dans le pays l'amour de la liberté et la revendication des droits de citoyen. Cette rapide propagande, sur laquelle les proscripteurs ne comptaient pas, se fit sur les chantiers mêmes de travail où le transporté partageait les privations et les fatigues des colons. Une mesure réparatrice diminue de moitié les rentes constituées au profit des domaines et accorde des facilités exceptionnelles aux débiteurs de l'État pour se libérer. Le mal remontait loin dans le passé et avait causé de grandes souffrances aux propriétés européennes. Les règlements administratifs, la fondation de villages officiels, les mesures d'un ordre tout à fait secondaire, se succèdent sans éclat ni profit pour la colonie.

Le 11 janvier 1851 paraît une loi libérale sur le régime commercial : la colonie est affranchie d'une partie des entraves dans lesquelles le système protecteur l'avait garrottée. Le 16 juin est la date de la loi sur la constitution de la propriété : des règles sont édictées pour les biens de l'État, des communes et des départements ; des garanties sont données à la propriété privée, et même au droit de jouissance exercé par les tribus sur les terres qu'elles occupent. La banque de l'Algérie est fondée le 16 août. Mais, parallèlement à ces excellentes mesures, la réaction poursuivit son œuvre. C'est pendant cette année qu'on voit prendre leur grand développement aux entreprises cléricales. Les corporations religieuses arrivent et sont immédiatement dotées de terres ou introduites dans les services publics.

Fig. 15. — Le drapeau français flotte sur la principale forteresse de la Kabylie.

Le coup d'État a lieu. Le Président de la République, frappé du rôle principal joué par les généraux de l'armée d'Afrique dans la courte période républicaine, avait cherché et trouvé dans cette armée des auxiliaires pour l'usurpation qu'il méditait. Tous ne furent pas appelés à Paris. Ceux qui ne quittèrent pas l'Algérie ne restèrent pas inutiles pour comprimer les sentiments de réprobation soulevés par l'acte du 2 décembre. C'est de ce moment que date la recrudescence de répulsion pour le gouvernement militaire. L'antagonisme qui avait existé jusque-là entre le pouvoir civil et le pouvoir militaire ne sortait pas de la sphère des fonctionnaires; le public assistait à des querelles, souvent puériles, sans se passionner ni pour l'un ni pour l'autre des deux adversaires. Il en fut tout autrement après le coup d'État.

L'Algérie, appelée pour la dernière fois, par un décret du 3 décembre 1851, à prendre part à un vote politique, devait déclarer si elle voulait le maintien de l'autorité de Louis-Napoléon Bonaparte en lui déléguant les pouvoirs nécessaires pour faire une constitution. Les électeurs, pressentant sans doute le sort qui leur était réservé, mirent dans l'urne un nombre de votes négatifs proportionnellement beaucoup plus fort qu'en France. La nouvelle constitution, en effet, enleva à l'Algérie le droit de représentation au Corps législatif, et le Sénat fut seul chargé de régler ses destinées.

La première conséquence du coup d'État pour l'Algérie fut l'arrivée de nouveaux convois de transportés politiques. Les trois provinces reçurent leur contingent. Il n'était plus possible de les enfermer; on dut se contenter de les interner dans un grand nombre de localités, afin d'éviter de dangereuses agglomérations; mais leur dissémination ne fit qu'activer l'ardente protestation qui s'élevait de toutes parts contre la destruction de la République et la violation du droit et de la liberté.

Le nouveau pouvoir, après s'être débarrassé de ses adversaires politiques, voulut doter encore l'Algérie de tous les condamnés et la transformer en un Botany-Bay français. Des protestations unanimes s'élevèrent parmi les colons indignés; elles furent vivement appuyées par le gouverneur général, aussi bien que par la direction des affaires de l'Algérie au ministère de la guerre. Le projet fut abandonné.

Le général Randon [1] quitta les fonctions de ministre de la guerre pour celles de gouverneur général. Le choix répondait aux tièdes dispositions

---

1. Nommé maréchal en 1856.

du maître de la France à l'égard de la colonie. Le nouveau gouverneur général, caractère irrésolu, esprit peu étendu, laissant volontiers de côté les principes élevés, les grandes solutions, le souci de l'avenir, s'appliqua entièrement aux détails compliqués de son administration ; il alla au jour le jour, au gré des incidents qui se produisirent, parant aux nécessités les plus urgentes au moyen de palliatifs et de compromis empiriques. Le pays avait heureusement en lui-même une vitalité telle, qu'il se développa par sa force propre et qu'il lui suffit pour avancer qu'on ne fît pas obstacle direct à sa marche.

Un mot nouveau du président de la République expirante marque un changement dans ses dispositions à l'égard de l'Algérie. Dans un discours prononcé à Bordeaux, lors de son voyage triomphal à travers les départements du Midi, il signala l'Algérie comme un vaste royaume que la France doit s'annexer. Le mot était à l'adresse des négociants de nos grands ports de commerce beaucoup plus qu'à celle des Algériens ; il n'en fut pas moins accueilli avec reconnaissance par la partie de la population coloniale qui attendait son salut et sa prospérité de la protection de l'État. Le prince Louis-Napoléon, préoccupé par la pensée de grandes guerres européennes, et avant de connaître ce que valaient les troupes d'Afrique au point de vue militaire, avait dit : « L'Algérie est un boulet. » Les perspectives ne pouvaient plus être les mêmes maintenant qu'il annonçait l'Empire comme l'ère de la paix.

La guerre d'Orient, en 1854, ouvrit une nouvelle phase pour l'Algérie. L'armée d'Afrique, par ses soldats et par ses officiers, joua un rôle prépondérant en Crimée et sous les murs de Sébastopol. La colonie fournit, pour les besoins de l'armée, d'abondants approvisionnements d'orge et de foin. Elle se révéla comme un camp où le soldat s'initie à la vie de bivouac et développe ses instincts guerriers. Loin d'avoir compromis les intérêts militaires de la France, elle leur vint en aide au contraire, d'une manière décisive. Les quatre maréchaux nommés à l'issue de la guerre de Crimée appartenaient tous à l'armée d'Afrique et ont figuré avec honneur parmi les officiers inférieurs qui servaient sous les ordres des généraux africains avant 1848.

Les divers commandants de l'armée avaient été en instance depuis 1847 pour obtenir l'autorisation d'entreprendre de sérieuses opérations contre la Kabylie du Djurjura. Le gouvernement métropolitain s'était toujours opposé à ces expéditions, estimant qu'il valait mieux soumettre ces fières populations par l'ascendant des intérêts commerciaux que

Fig. 16. — Napoléon III s'embarque à Marseille, pour se rendre en Algérie.

d'accroître par des guerres inutiles les embarras et les frais de l'occupation militaire. Le général Randon, après le siège de Sébastopol, obtint, sans difficulté, ce que le pouvoir parlementaire avait refusé au maréchal Bugeaud. Le commandement d'une expédition en Kabylie lui fut confié. Mais le gouverneur général eut la modestie d'exiger le concours du général de Mac-Mahon, qui venait de s'illustrer à l'assaut de la tour Malakoff. L'expédition eut lieu au printemps de l'année 1857 ; elle fut couronnée d'un succès complet. Le drapeau français flotta sur une forteresse bâtie par nos soldats au centre des montagnes kabyles. On eut la sagesse de respecter les institutions municipales de ces populations et d'alléger autant que possible le joug politique que nous leur imposions.

La Kabylie soumise, les principaux centres des populations du sud, Laghouat, el Biodh, Tuggurt, ayant reconnu notre domination, la mission de l'armée semblait toucher à son terme. Le gouverneur général, voyant se limiter son importance comme chef militaire, voulut l'étendre comme administrateur. Les situations sont peu sûres pour tout le monde sous un pouvoir personnel sans contrôle. La surveillance exercée par le département de la guerre sur le gouvernement de l'Algérie indisposait et fatiguait le général Randon ; il imputait volontiers aux bureaux de Paris l'avortement de ses projets, quand il en eût pu trouver tout naturellement l'explication dans les fluctuations de son esprit et le défaut de précision de ses combinaisons. Ce mécontentement lui inspira sans doute la pensée de chercher, en dehors du ministre de la guerre, un intermédiaire pour faire parvenir ses doléances et ses sollicitations à l'Empereur. M. Fould, ministre d'État, devint le correspondant officieux du gouverneur général. Un grand nombre de lettres furent écrites ; elles contenaient l'exposé des idées du général Randon pour arriver à la meilleure organisation des pouvoirs publics. Il concluait à la complète indépendance du gouverneur général, soit qu'on lui attribuât le rang de ministre, soit qu'il relevât de chacun des ministres pour les détails spéciaux de chaque service. L'éparpillement du contrôle équivalait, dans ce dernier cas, à une liberté absolue. Ces propositions séduisirent le chef de l'État. Les lettres du gouverneur général furent soumises à M. Troplong, président du Sénat, chargé de formuler en décrets les mesures qu'elles recommandaient. Ces projets de décrets furent élaborés et même imprimés à l'Imprimerie impériale ; ils allaient paraître, lorsque l'Empereur, au moment de les signer, éprouva un scrupule de conscience au sujet de son ministre de la guerre, qui n'avait aucune connaissance de cette intrigue. Les décrets imprimés furent communiqués au maréchal Vaillant, qui combattit les idées de son subordonné et les fit écarter pour un temps.

Les changements provoqués par le gouverneur général furent bientôt repris sous une autre forme et n'aboutirent pas au gré de ses vues personnelles. Le pouvoir absolu cause de ces surprises. Au mois de juin 1858 parurent des décrets qui instituaient un ministère de l'Algérie et des colonies, supprimaient le gouvernement général et confiaient le nouveau département au prince Napoléon, cousin de l'Empereur. Les territoires civils furent complètement affranchis de l'autorité militaire, et leurs préfets entrèrent en relations directes avec le ministre. Quant aux territoires occupés par les tribus, ils restèrent soumis aux généraux commandant les divisions. Ceux-ci, subordonnés au commandant en chef des forces de terre et de mer pour leurs fonctions militaires, relevaient aussi directement du ministre pour la partie administrative de leur tâche. Les vices de cette organisation ne tardèrent pas à se montrer.

Le prince-ministre apportait aux affaires un vif désir de marquer son passage par des progrès; mais, impatient d'agir, incapable de compter ni avec les hommes ni avec le temps, il ébranla toutes les institutions du passé avant d'avoir pu en promulguer de nouvelles. Le pays, divisé en six foyers d'administration indépendants les uns des autres, fut bien vite livré aux conflits d'attributions, aux antagonismes, aux rivalités. Le pouvoir ministériel était trop éloigné pour faire sentir son action modératrice et pour maintenir l'unité dans les tendances et dans les actes. Les difficultés surgirent de tous les côtés. Le prince Napoléon ne se borna pas d'ailleurs à son rôle de ministre de l'Algérie; des dissentiments avec ses collègues du cabinet sur des questions de politique générale entraînèrent sa retraite. Il fut remplacé par M. de Chasseloup-Laubat.

La guerre d'Italie se préparait presque en même temps. Les troupes tirées d'Algérie se montrèrent aussi brillantes dans cette courte campagne que dans celle de Crimée; la colonie fournit des ressources de toute sorte, en matériel et en approvisionnements à l'armée. Il se produisit dans tous les ports un mouvement commercial très important, qui amena d'abondants capitaux. Les troupes algériennes tenaient décidément la tête de l'avant-garde des forces militaires françaises, et l'Algérie prenait rang parmi les pays de production.

M. de Chasseloup-Laubat eut fort à faire pour se reconnaître au milieu des embarras de toute nature que lui léguait le prince Napoléon. Les questions militaires et, par suite, celles qui se rattachent au commandant et au gouvernement des indigènes, lui étaient étrangères. Ses études et ses goûts le portaient à s'occuper des problèmes d'économie politique et de colonisation, qui ont une si grande importance en Algérie. De ce côté, il n'avait pas à espérer appui ni protection auprès du souverain. Il ne pouvait ignorer la pensée de l'Empereur sur la colonisation au moyen de concessions de terres. Une concession, disait Napoléon III, ce sont quelques manches à balai plantés auprès d'une baraque de bois, qu'on transporte successivement d'un point sur un autre. Le ministre de l'Algérie avait d'ailleurs des habitudes de travail très lentes; ses décisions se faisaient toujours attendre. Aussi, malgré un voyage de quelques mois en Algérie, et malgré des efforts sincères, ne parvint-il pas à apaiser les conflits, à imprimer une marche régulière à l'administration et à rendre la confiance aux affaires agricoles et commerciales.

L'Empereur et l'Impératrice, un beau matin, se lèvent avec la fantaisie de faire une apparition de trois jours à Alger. Ils s'embarquent, et ils arrivent évidemment avec des préventions en faveur de la cause de l'autorité militaire. Les services rendus, les relations antérieures, l'importance des individualités, tout gagnait d'avance leur sympathie aux généraux; aussi l'Empereur ne put-il maîtriser son dédain lorsque les réceptions officielles le mirent en présence de la multitude des fonctionnaires civils aux uniformes bleus ou verts, brodés d'or ou d'argent. C'est, dit-il, un bataillon bien nombreux pour le faible résultat obtenu. A qui la faute? aurait-on pu lui répondre; car il n'appartient pas au chef de l'État de se désintéresser complètement de la marche des affaires dans une grande colonie et d'en dire ensuite tout haut son opinion, sous une forme critique et blessante. Par contre, lorsque, dans la vaste plaine de la Mitidja, on le fit assister à une fantasia arabe où figuraient huit mille cavaliers indigènes, il s'écria, tout ému d'admiration : « Ce peuple est une armée toujours prête à entrer en campagne! » Ces deux impressions déterminèrent le jugement de l'Empereur quand, dans une conférence tenue devant lui, les préfets et les généraux firent assaut de récriminations. La mort de la sœur de l'Impératrice mit brusquement fin au voyage et ramena les souverains en France. Aucune mesure ne fut prise sur-le-champ; mais la résolution de l'Empereur était arrêtée. L'armée avait primé les autorités civiles, et les colons avaient été effacés par l'élément indigène.

Les décrets du mois de novembre 1860, qui rendirent le droit de voter une adresse au Corps législatif, supprimèrent le ministère de l'Algérie et des colonies, et rétablirent le gouvernement général avec des pouvoirs ministériels et une indépendance presque complète. Le ministre de la guerre ne devait plus que contre-signer les décrets intéressant l'Algérie, sans être admis à les modifier. Le système du maréchal Randon triomphait; mais, par un caprice moqueur du pouvoir personnel, c'était le maréchal Pélissier qui était chargé de l'appliquer comme gouverneur général, tandis que le rôle sacrifié de ministre de la guerre était réservé au maréchal Randon. L'Algérie gagnait à ce changement d'être replacée sous une direction unique, de pouvoir constituer son administration d'une manière homogène, de profiter de la faveur dont jouissait son nouveau gouverneur général auprès du souverain, pour obtenir les libéralités dont elle avait besoin, afin de créer des travaux d'utilité publique et d'avoir enfin des institutions locales pouvant servir de base à une légitime autonomie.

Ces espérances furent déçues. Le maréchal Pélissier, depuis la prise de Sébastopol, ne ressemblait plus à l'ancien commandant de la province d'Oran. Tous les défauts et les travers de son caractère s'étaient exagérés au point d'obscurcir entièrement les qualités de sa vive intelligence. Son orgueil avait pris des proportions qui n'avaient plus rien d'humain; sa verve frondeuse, les excentricités de son humeur, tournaient au cynisme; il ne respectait plus rien dans le sans-façon de ses manières et la liberté de ses propos, ni le rang, ni le sexe, ni l'âge. Il se déchargeait de tous les soucis des affaires sur le sous-gouverneur et sur le directeur général des affaires civiles, s'inquiétant fort peu des tiraillements, des rivalités et des jalousies qui ne manquèrent pas de poindre aussitôt, entre les autorités civiles et les autorités militaires. La déception fut si profonde que les échos en arrivèrent jusqu'à l'Empereur. Il s'en émut. On raconte qu'à la suite des scènes burlesques qui avaient eu lieu en Espagne, et dans lesquelles le maréchal Pélissier joua un rôle si fâcheux, l'Empereur fit appeler le comte de Pa-li-kao et lui offrit le gouvernement général de l'Algérie. L'offre fut acceptée, la parole donnée; mais le futur gouverneur eut l'imprudence, en sortant du cabinet de l'Empereur, de proposer à un officier de l'emmener avec lui. Celui-ci crut devoir consulter son père. Le ministre de la guerre, aussitôt averti, se hâta d'informer ses collègues de ce qui se passait. La duchesse de Malakoff accourut auprès de l'Impératrice, sa compatriote et son amie. Les ministres rappelèrent à l'Empereur le rejet par le Corps législatif de la dotation Pa-li-kao; ils lui représentèrent le danger de braver l'opinion à une si courte distance. Le souverain se rendit à ces observations, surtout à l'intercession de l'Impératrice. Le duc de Malakoff, qui se trouvait heureusement pour lui à Paris au moment de la crise, revint donc en Algérie comme gouverneur général, uniquement préoccupé d'augmenter sa fortune, dont il signalait lui-même publiquement le chiffre grossissant. Pendant ce temps, que devenaient les travaux de colonisation ? En dehors du groupe de solliciteurs intrigants qui encombraient les antichambres officielles, quelques milliers de vaillants et laborieux colons travaillaient, à leurs risques et périls, à la fondation de l'agriculture et de la richesse immobilière. Quant aux tribus indigènes, soumises à une administration plus tracassière qu'active, elles se plaignaient de leurs chefs mal surveillés par les bureaux arabes ; leurs intérêts moraux étant complètement négligés, elles ne pouvaient accomplir aucun progrès qui leur fît aimer la domination française.

La publication, à la fin de l'année 1862, d'une brochure où étaient revendiqués les droits des indigènes à la protection de la France et qui appelait l'attention sur les minces résultats produits par la colonisation officielle, mis en regard des efforts et de l'argent dépensés, alluma en Algérie les discussions les plus vives. La clientèle qui vivait des faveurs administratives jeta les hauts cris et eut l'habileté de persuader à quelques personnes que, en critiquant les faits et gestes des bureaux et de leurs amis, on s'attaquait aux colons et à la colonisation. Non contents de défendre leurs droits que nul ne contestait, ils changèrent le terrain de la lutte en décriant sans mesure les indigènes.

La lettre impériale adressée le 6 février 1863 au duc de Malakoff parut au plus fort de ces débats. L'Empereur, encore sous l'influence des impressions recueillies par lui à Alger en 1860, semblait compléter sa pensée en recommandant les indigènes à la sollicitude du gouverneur général. Il rappelait à grands traits le caractère de ces populations fières et belliqueuses ; il notait l'importance de leur concours pour la grande culture et l'élève des bestiaux ; il protestait contre les doctrines au nom desquelles on voulait enlever les terres aux Arabes pour les donner aux colons, comme s'il n'y avait pas place pour tout le monde en Algérie, au moyen d'une sage division du travail.

Les idées exprimées dans cette lettre n'avaient en elles mêmes rien d'injuste. Elles soulevèrent cependant en Algérie le plus vif mécontentement. Une expression malheureuse échappée à l'Empereur tourna tous les colons contre lui. En parlant de la nécessité d'user de ménagements à l'égard de la population musulmane, il dit, se souvenant du discours de Bordeaux, qu'elle constituait un *royaume arabe*. Au lieu de voir dans cette parole une simple pierre d'attente pour donner plus tard au Prince impérial le titre de roi d'Algérie, on crut que l'Empereur condamnait la colonisation et voulait organiser les Arabes en société indépendante, annexée politiquement à la France, mais vivant en dehors d'elle. Après l'armée, les Arabes; les colons ne venaient qu'en troisième ligne. Quelques explications raisonnables du gouvernement local auraient pu calmer les esprits. Il ne manqua aucune occasion, au contraire, de montrer qu'il partageait tous les sentiments de la population coloniale. Les amours-propres se vengeaient; peut-être même des calculateurs plus profonds espéraient-ils donner le change à l'opinion, en substituant l'antagonisme entre les colons et les Arabes à l'antagonisme entre les militaires et les civils que rien n'avait pu encore amortir. C'est un détail de plus à ajouter à la curieuse monographie du pouvoir absolu : les délégués du souverain, enhardis par l'éloignement, le défaut de contrôle, ne craignaient pas de se déclarer publiquement les adversaires de ses vues sur l'Algérie. C'était le tour de l'autorité elle même de souffrir de l'absence d'esprit public, du silence de la tribune et de la presse.

L'Empereur était-il du moins mieux obéi à Paris qu'à Alger? Peu de semaines après la publication de sa lettre, le gouvernement présentait au Sénat le projet sur la propriété arabe dans les territoires occupés par les tribus, qui est devenu le sénatus-consulte du 22 avril 1863. Les tribus furent déclarées propriétaires des territoires dont elles ont la jouissance permanente et traditionnelle, à quelque titre que ce soit. C'était bien ce que l'Empereur avait demandé; mais les administrateurs émérites qui siégeaient au Sénat ne virent pas le grand côté de cette mesure politique, et, soit par les déclarations obtenues du président du Conseil d'État pendant la discussion, soit par les dispositions accessoires insérées dans le sénatus-consulte, l'administration resta à peu près libre d'en régler la mise à exécution et d'en altérer le caractère et la valeur par des lenteurs et des complications de procédure. Les dévots sénateurs ajoutèrent une nuance de plus aux antagonismes en présence; outre les militaires et les civils, les colons et les Arabes, ils distinguèrent les chrétiens des musulmans.

Le gouvernement métropolitain s'empressa d'élaborer les actes et les instructions nécessaires pour la mise en pratique du sénatus-consulte. Le règlement d'administration publique est du 23 mai; les instructions géné-

Fig. 17. — M. le Président Troplong se rendant à une séance du Sénat.

rales, approuvées exceptionnellement par l'Empereur, sont du 11 juin. Ce dernier document donnait une signification plus précise à ses vues. Mais on s'aperçut bientôt que l'administration locale n'était pas favorable à leur application rapide et libérale. Les dépêches explicatives, les circulaires, se multiplièrent; on s'attacha, dans un esprit de fiscalité étroite, à disputer aux tribus les forêts, les terrains d'origine douteuse; on exigea des formalités sans nombre et même des actes authentiques pour justifier des droits qui ne reposaient que sur la tradition et la coutume. Les tribus assistaient inquiètes à ces préliminaires, troublées dans leurs habitudes, ne comprenant rien à un bienfait entouré de tant de restrictions et de tracasseries. La marche des premières opérations fut tellement embarrassée qu'on dut les suspendre, et ce ne fut qu'au 1er mars 1865 que le gouverneur général put enfin promulguer des instructions définitives.

Au mois de février 1864, au milieu d'une sécurité profonde, on apprend tout à coup que le khalifat des tribus sahariennes de Géryville s'est mis en insurrection. L'agitation gagne bientôt tout le sud de l'Algérie. Les partis de cavalerie des révoltés tombent sur les tribus fidèles et les pillent; les tribus voisines, se voyant loin de toute protection française, aiment mieux se ranger parmi les pillards que d'attendre leurs attaques. Notre domination, en quelques semaines, n'est plus que nominative, dans ces vastes steppes; les populations fuient de toutes parts, se retirant dans les massifs montagneux ou s'enfonçant dans le désert. Les chefs investis par la France ne sont nulle part assez forts pour faire face au danger; la plupart n'y songent même pas.

Quelle était la cause de cette rébellion? Les explications officielles ont essayé de s'abriter derrière le fanatisme musulman et le caractère mobile des populations; elles ont même évoqué les violences de la presse et les attaques contre le principe d'autorité. Les adversaires des indigènes et du gouvernement militaire ont argué des abus commis par les chefs et des fantaisies despotiques des officiers des bureaux arabes. La vérité tout entière n'est ni d'un côté ni de l'autre; on la trouverait peut-être entre les deux. La vraie faute doit être imputée au gouvernement général, qui, n'exerçant qu'une direction et une surveillance insuffisantes sur la marche des affaires, n'entendant que les agents officiels indigènes, éloignant avec une sorte de dédain ennuyé les réclamations des petits, s'arrêtait le plus souvent à des expédients hâtifs pour dénouer les difficultés, sans rien examiner à fond. En donnant dans le sud de la province d'Oran une grande situation à une famille de marabouts vénérés par les tribus, il fallait surveiller avec un soin particulier l'exercice de ce commandement, plus au point de vue politique qu'au point de vue administratif. Le jour où nous paraissions oublier que cette famille religieuse était toute-puissante dans le pays avant de s'être soumise à notre autorité, on devait s'attendre à des tentatives pour s'affranchir d'une sujétion devenue importune. On eut le tort, à Oran comme à Alger, de ne rien prévoir, et, après s'être laissé surprendre, de méconnaître l'importance du mouvement insurrectionnel.

L'effectif et les ressources militaires de l'armée d'Afrique avaient été considérablement affaiblis par la nécessité d'envoyer des renforts au Mexique sans éveiller l'attention publique. On n'avait plus ni les troupes, ni le matériel de guerre indispensables, pour faire face aux événements dans les trois provinces de l'Algérie. Plusieurs régiments furent envoyés en toute hâte de France. Les difficultés se compliquèrent par la maladie du gouverneur général, qui succomba au mois de mai, au plus fort des troubles et avant que nos troupes eussent pris un ascendant marqué. Les derniers jours du vainqueur de Sébastopol furent profondément attristés par les angoisses que lui causait l'échec causé à son omnipotence et à sa renommée par les progrès de la révolte. Elle n'avait pas pu franchir dans la province d'Alger les limites du Tell; mais elle avait pénétré dans la partie occidentale de la province de Constantine et dans presque toute la province d'Oran. Relizane et Sidi-bel-Abbès furent un instant menacés, et nos colons eurent à subir de grands désastres sur plusieurs points.

Cependant on ne pouvait concevoir aucune inquiétude sérieuse. Dès que nos troupes furent assez nombreuses pour prendre l'offensive, elles refoulèrent facilement les insurgés dans le sud. Les opérations furent plus lentes dans les régions sahariennes, à cause de la mobilité de la cavalerie ennemie et des difficultés qu'on rencontrait pour faire suivre des approvisionnements suffisants dans ces steppes dépourvues de bois, d'eau et de fourrages. Des réquisitions répétées de bêtes de somme pour l'organisation des convois militaires frappaient les tribus restées fidèles; les travaux agricoles se trouvèrent suspendus; les Arabes requis virent périr un grand nombre de leurs bestiaux et ne reçurent aucune indemnité, notamment dans la province d'Oran. Le Tell, vers la fin du mois de juin, était entièrement pacifié, et les partisans du marabout rebelle rejetés dans l'extrême sud. Une contribution de guerre de plusieurs millions fut imposée aux tribus qui avaient pris part à la révolte. Ce châtiment nécessaire devait permettre d'indemniser les colons et les indigènes qui avaient le plus souffert; mais il ne fit qu'augmenter la détresse d'une partie notable de la population indigène. Les souffrances de diverses sortes qui s'appesantirent alors sur les tribus engendrèrent les calamités produites par la famine trois ans plus tard.

Le gouverneur général par intérim se hâta de se rendre en France pour exposer la situation. Il est à présumer que les choses furent présentées sous un jour bien imparfait, puisque, au lieu de chercher à améliorer l'organisation du gouvernement des indigènes, on profita de cette insurrection pour concentrer tous les pouvoirs civils entre les mains des autorités militaires. Le décret du 7 juillet 1864 subordonna les préfets aux généraux commandant les divisions; il supprima le directeur général, qui affectait les allures d'un sous-gouverneur civil, créa un secrétaire général du gouvernement pour prendre rang après les généraux de division, prescrivit une délimitation nouvelle des territoires civils afin d'en restreindre l'étendue, porta le nombre des membres indigènes des conseils généraux, par deux dispositions accessoires, au quart au lieu du huitième environ, et interdit aux commandants de place en territoire militaire de remplir les fonctions de juges de paix.

Le maréchal de Mac-Mahon fut nommé, le 1er septembre, gouverneur général, avec le général Desvaux pour sous-gouverneur.

Les insurgés du sud, pendant que le gouverneur intérimaire élaborait sous les yeux de l'Empereur, à Vichy, le décret du 7 juillet, échappant aux troupes chargées de les surveiller, avaient fait une pointe vers le nord et menaçaient de tout remettre en question. Cette agitation ne pouvait se prolonger. Le nouveau gouverneur général imprima une plus vigoureuse énergie à la répression, et l'Algérie rentra bientôt dans le calme des années précédentes.

Le maréchal de Mac-Mahon ne fut pas longtemps sans s'apercevoir que le décret du 7 juillet était très impopulaire en Algérie. On l'avait accueilli comme une aggravation du régime militaire, comme une marque de défiance des institutions civiles unanimement réclamées. Le gouverneur général, pour lutter contre ces préventions, mit immédiatement à l'étude des projets de nature à plaire à la population coloniale. D'abord la suppression du système de concessions de terres, prétexte de tant de scandaleuses faveurs, puis le régime électif appliqué à la formation des conseils municipaux; enfin, un règlement général pour donner une plus vive impulsion à l'application du sénatus-consulte du 22 avril 1863. L'autorité militaire voulait justifier, aux yeux des colons, la suprématie qui venait de lui être accordée; elle évita avec soin tout ce qui aurait pu la faire accuser de préférence pour les indigènes. La population resta froide à ces avances et attendit les actes. On voyait s'agiter autour du gouverneur général, dans leurs habits brodés, une pléiade de fonctionnaires qui s'intitulaient superbement les *vieux Algériens,* sans se douter que, à mesure qu'ils vieillissaient dans leurs bureaux, l'Algérie vivait toujours jeune, toujours nouvelle, avec des besoins matériels et moraux se modifiant selon les progrès de son développement. Ces vétérans des routines administratives et de la morgue bureaucratique étaient peu faits pour rendre le nouveau régime sympathique aux colons qui ne fréquentaient pas les salons et les antichambres. L'impuissance du gouvernement militaire croissait en proportion des pouvoirs qui lui étaient accordés. On avait beau insister sur l'antagonisme entre les colons et les Arabes, entre les chrétiens et les musulmans, les esprits avisés comprenaient que le véritable obstacle au progrès se trouvait dans l'organisation anormale de l'administration et dans la médiocrité des personnages qui la composaient.

Les choses en étaient là vers la fin d'avril 1865, lorsque l'Empereur résolut de se rendre en Algérie. Ce voyage, comme on l'a vu, rencontra une vive opposition. Le moment semblait mal choisi pour une absence de plusieurs semaines : la situation de l'Europe, les affaires d'Amérique étaient l'objet de graves préoccupations; la promulgation de la nouvelle loi sur les coalitions pouvait donner lieu à des complications intérieures. La régence confiée à l'Impératrice semblait offrir des garanties insuffisantes contre les éventualités. Il n'y avait pas de communication télégraphique entre la France et l'Algérie.

Le maréchal Randon, ministre de la guerre, était de tous les membres du cabinet celui qui insistait le plus vivement pour l'ajournement du voyage. Il craignait que l'Empereur ne fût fâcheusement impressionné par le spectacle des souffrances que les tribus avaient supportées à la suite de l'insurrection de 1864. Le gouverneur général sollicitait au contraire la présence de l'Empereur, dans l'espérance que les idées exprimées dans la lettre impériale du 6 février 1863, adressée au duc de Malakoff, se modifieraient en entendant les vœux de la population coloniale et en parcourant le pays. Le général Fleury, aide de camp de l'Empereur, appuyait chaleureusement le projet de voyage. Ses avis avaient un certain poids, car c'est lui qui avait été chargé, en 1851, de racoler en Algérie le général de Saint-Arnaud et le colonel Espinasse pour l'exécution du coup d'État. Le conseiller intime de l'Empereur, las, dit-on, du rôle de parade qu'il remplissait à la cour, aurait voulu aborder les grandes charges publiques. Il espérait que l'insuffisance du maréchal de Mac-Mahon comme gouverneur général, éclatant au grand jour, sous les yeux mêmes du souverain, il lui serait facile d'obtenir sa succession, après avoir concouru à arrêter le programme de la politique de la France en Algérie.

L'Empereur, écartant les oppositions de toute nature produites contre son voyage, partit de Paris le 29 avril, s'embarqua le 1er mai à Marseille et aborda le 3 mai à cinq heures du matin à Alger, accompagné du général Fleury, aide de camp et premier écuyer; du général Castelnau, aide de camp et directeur du personnel au ministère de la guerre; de son secrétaire particulier, de ses médecins ordinaires et de plusieurs officiers d'ordonnance.

L'Empereur, en mettant pied à terre, encore au milieu de la fumée des salves d'artillerie de terre et de mer, annonça au maire d'Alger qu'une convention était en préparation avec une société de grands capitalistes, qui prêterait à l'Algérie 100 millions, destinés à l'exécution des travaux publics les plus urgents, et qui dépenserait une autre somme de 100 millions au profit de la colonisation. Cette nouvelle fut accueillie avec joie par la population, mais elle ne dissipa pas toutes les préventions; on attendait ce que l'Empereur dirait à l'égard des institutions civiles et de ce fameux royaume arabe, patrimoine inviolable réservé à l'autocratie des généraux et des officiers.

Une proclamation aux habitants de l'Algérie, publiée le jour même du débarquement, promettait aux intérêts coloniaux la protection de la métropole, annonçait des satisfactions matérielles, recommandait la bienveillance envers les Arabes et demandait de les traiter comme des compatriotes; mais ce document se taisait absolument sur les institutions civiles et les droits politiques. L'Empereur, le 5 mai, s'adressa particulièrement au peuple arabe. Dans un langage où les considérations de philosophie de l'histoire se mêlaient à un certain mysticisme appuyé de citations du Koran, le souverain de la France disait au peuple vaincu : « Qui sait si un jour ne viendra pas où la race arabe, régénérée et confondue avec la race française, ne retrouvera pas une puissante individualité semblable à celle qui, pendant des siècles, l'a rendue maîtresse des rivages méridionaux de la Méditerranée ? Je veux augmenter votre bien-être, ajoutait-il, vous faire participer de plus en plus à l'administration de votre pays comme aux bienfaits de la civilisation. » Et en terminant :

« Ayez donc confiance dans vos destinées, puisqu'elles sont unies à celles de la France, et reconnaissez avec le Koran que celui que Dieu dirige est bien dirigé. » (Chap. VII, *El Araf*, verset 177.)

Le journal officiel de la colonie fit connaître que l'Empereur venait de décider qu'un somme de 1 500 000 francs serait prélevée sur les contributions de guerre imposées aux tribus révoltées pour augmenter le premier crédit d'un million destiné à indemniser les Européens et les indigènes auxquels l'insurrection avait fait éprouver des pertes.

Ces manifestations écrites, ces premières mesures n'étaient pas faites pour effacer les appréhensions qui régnaient parmi la population coloniale. On avait espéré mieux que ces promesses, qui ne parlaient qu'aux intérêts matériels. Quant aux indigènes, un très petit nombre seulement put connaître les sentiments bienveillants exprimés à leur égard. On mit plus d'une semaine à traduire la proclamation en langue arabe, et aucune disposition intelligente ne fut adoptée pour faire parvenir jusqu'aux tribus le témoignage de sympathie du souverain. On devait trouver bientôt un langage plus expressif pour se faire entendre des Arabes.

Cependant, toutes les fois que l'Empereur se montrait au public, sa voiture était entourée d'une foule nombreuse et animée qui faisait retentir l'air de ses acclamations. Les races méridionales qui composent en majorité la population de l'Algérie aiment les cortèges brillants, les uniformes, l'appareil de la puissance ; le bruit les enivre, et leurs acclamations confuses répondent plus à un besoin d'expansion et de mouvement qu'à de véritables sentiments d'affection ou d'enthousiasme. Parmi ces milliers de voix qui poussaient les cris de : *Vive l'Empereur!* dans un français plus ou moins douteux, combien comptait-on d'Italiens, de Maltais, d'Espagnols, d'israélites indigènes? Qu'importe? dira-t-on. Si la capitale de l'Algérie n'avait pas sujet de témoigner sa reconnaissance, elle faisait du moins des avances pour assurer le succès de ses espérances.

L'Empereur, après visité Sidi-Ferruch, Boufarik, Koléah, quelques villages de la plaine, Miliana et Médéah, donné des audiences et assisté à un bal, s'embarqua pour Oran le 13 mai. Son séjour dans la province de l'ouest ne fut marqué par aucun incident particulier ou qui concerne les Européens ; mais là, pour la première fois, il se trouva en présence des grandes masses indigènes. Il arrivait le 21 mai à Relizane, centre de population de création française, situé dans la plaine de la Mina, à 65 kilomètres au sud-est de Mostaganem. Il vit sa voiture tout à coup entourée de plusieurs milliers d'Arabes appartenant à l'importante tribu des Flittas.

Fig. 18. — Capitulation de Oajaca.

Cette population, mêlée à l'insurrection de 1864, avait été rudement châtiée; une contribution de guerre très lourde pesait sur elle, un grand nombre de ses membres étaient arrêtés. Cette foule couverte de haillons, armée de bâtons, exprimant ses sentiments par une pantomime bruyante, demandant avec des cris sauvages, des prières et des supplications qui ressemblaient à des menaces, la grâce des prisonniers, surprit l'Empereur, qui se hâta d'accorder à ces incommodes suppliants ce qu'ils demandaient. Les Arabes se précipitèrent alors sur la voiture, avec de véritables hurlements de reconnaissance et de joie; le cortège impérial eut de la peine à se tirer de cette bagarre, dans laquelle l'Empereur, quoi qu'on en ait dit, ne courut aucun danger. Les indigènes, loin de le menacer, l'auraient volontiers porté en triomphe, car, pendant tout le trajet de Mostaganem à Relizane, il ne cessa de faire des largesses à tous ceux qui se pressaient sur la route pour le voir passer. Les pièces de cinq francs répandues parmi ces populations besoigneuses étaient plus faites pour les impressionner que les belles phrases des proclamations.

L'Empereur parcourut dans la province d'Oran : Misserghin, Sidi-bel-Abbès, Saint-Denis-du-Sig, Arzew, Mostaganem; il partit de ce dernier point pour Alger le 22 mai. Ce second séjour dans la province du centre lui permit de se rendre à Fort-Napoléon, dans la Kabylie du Djurjura. Il ne pouvait manquer cette excursion, recommandée à tous les touristes, qui profitent de l'occasion pour observer le contraste des mœurs et des habitudes des Kabyles avec celles des Arabes. Là, les vastes plaines, les croupes de collines arrondies, la culture pastorale, les tentes mobiles, les troupeaux de moutons ; ici, les hautes montagnes aux vallées profondes, la propriété divisée par des haies et des clôtures, la petite culture, les figuiers, les chaumières groupées en villages sur les pitons ou dans les plis du terrain, la vache ou la chèvre qui donnent le lait à la famille, l'olivier qui a fait naître une industrie rudimentaire pour la fabrication de l'huile et du savon : un site d'Europe dont on aurait changé les habitants. Les Kabyles virent passer le cortège impérial sans courir à sa rencontre et se contentèrent de faire ramasser par leurs enfants les pièces de monnaie que l'Empereur semait sur sa route.

L'Empereur, avant de quitter Alger, fit une large distribution de récompenses à l'armée, à la flotte, à l'administration civile. Le 27, il s'embarqua pour Philippeville, où il arriva le 28 au matin, et, traversant la ville, il atteignit Constantine le même jour. La situation pittoresque de l'ancienne Cirta sur un rocher, la réunion des troupes et de tous les chefs arabes de la province, l'affluence des habitants indigènes de la ville, plus nombreux que dans aucun des autres centres de population de l'Algérie, donnèrent un cachet particulier à cette entrée triomphale.

Constantine comptait 9000 âmes de population européenne et 2500 musulmans et israélites. Lorsque l'Empereur se montrait en public, la foule, composée en grande majorité d'indigènes, se précipitait sur sa voiture et poussait des clameurs confuses pour lui faire connaître ses souffrances. Des réclamations unanimes éclataient contre l'exagération du prix de location des terres domaniales, contre le poids des impôts, contre l'élévation des frais de justice. Napoléon III ne pouvait ici par quelques mots de clémence, changer ces plaintes en cris d'allégresse ; lorsque, deux années après, on lui exposait les ravages causés parmi les indigènes par la famine, il dut se rappeler, comme un remords, ces milliers de voix arabes qui protestaient contre l'incurie et l'insouciance de l'administration française à leur égard.

L'Empereur partit le 30 mai pour visiter Batna, el Kantara, Biskra, Lambessa, et ne revint à Constantine que le 2 juin. Cette pointe vers le sud, jusqu'au commencement du désert, à plus de 300 kilomètres du littoral, montrait l'étendue de la domination française. On fit passer devant l'Empereur une grande tribu campée sous ses tentes, avec ses troupeaux et ses bagages de toutes sortes. La tribu se mit ensuite en marche, les tentes chargées, les femmes juchées sur des chameaux, les fantassins et les cavaliers disposés en divers groupes pour escorter cet immense convoi.

Pendant que l'Empereur traversait ces solitudes stériles, se rendant à Batna, une dépêche télégraphique lui annonça la mort du maréchal Magnan. Il crut l'occasion bonne pour offrir, sans le froisser, au duc de Magenta, un changement de position. Il lui fit entrevoir la possibilité de lui créer à Paris une grande situation, en lui confiant à la fois le commandement de l'armée de Paris et de la garde impériale. Le maréchal de Mac-Mahon, hésitant encore alors à se lier plus étroitement à la destinée de la dynastie impériale, ne comprit pas ou ne voulut pas comprendre ces ouvertures.

L'Empereur, en rentrant à Constantine, annonça au clergé la création d'un archevêché à Alger et d'un évêché pour chacune des provinces de l'est et de l'ouest. Il crut donner une grande satisfaction aux sentiments religieux de la population coloniale ; cette mesure ne fit qu'augmenter les difficultés du gouvernement et exagérer l'importance du culte catholique dans un pays où les non-catholiques et les catholiques indifférents sont en majorité. Le gouverneur général devait s'apercevoir bientôt du danger qu'on court en voulant devancer les vrais besoins des populations, lorsqu'éclata l'étrange opposition de l'archevêque d'Alger contre l'administration pendant la famine de 1867. L'Empereur lui même dut écrire au nouvel archevêque de ne pas inquiéter les musulmans par des tentatives de prosélytisme ; n'avait-il pas assez à faire en s'efforçant de ramener les 250 000 Européens habitant l'Algérie à pratiquer la religion chrétienne?

L'Algérie, lors du premier voyage de Napoléon III en 1860, avait conçu de grandes espérances, bientôt déçues par la suppression du ministère spécial chargé de ses affaires. Elle se laissa moins aller aux illusions en 1865. Si elle avait espéré une modification dans les idées de l'Empereur, elle fut en effet bientôt détrompée par la publication de la lettre du 20 juin, sur la politique de la France en Algérie, adressée au maréchal de Mac-Mahon. L'Algérie s'était d'abord révélée à l'Empereur comme un intérêt militaire. A ce point de vue, il donna place dans ses sympathies aux indigènes à côté de l'armée ; la colonisation ne fut jamais pour lui une conviction ; il la voyait comme un accessoire importun par ses réclamations, mais qu'il fallait se résigner à subir. Ces dispositions, connues ou devinées par les colons, devaient augmenter leurs défiances contre l'autorité militaire et leurs vives protestations contre les préférences accordées aux indigènes. Le voyage de l'Empereur avait donc fait plus de mal que de bien, en créant une situation faussée par les passions et par les préjugés et en retardant la conciliation entre les intérêts des Européens et ceux des indigènes.

La lettre du 20 juin 1865, communiquée avant d'être publiée aux principales autorités algériennes et aux notabilités politiques de la France, devait être considérée comme le programme définitif de la politique française en Algérie. Cet important document démêlait enfin et distinguait parfaitement les trois intérêts en présence : celui de la France d'abord, qui veut diminuer le plus vite possible ses sacrifices en hommes et en argent ; en second lieu, l'intérêt des colons ; enfin celui des indigènes, pour lesquels la victoire de France doit être une rédemption. Il recommandait une série de mesures à étudier dans ce triple ordre d'idées. Beaucoup de ces mesures étaient excellentes ; d'autres, d'une nature secondaire, auraient pu être passées sous silence ; quelques-unes, surtout dans la partie consacrée à l'armée, dénotaient une connaissance imparfaite de la question, et leur application eût été plus fâcheuse qu'utile.

Quelques citations suffiront pour faire apprécier l'esprit et la portée de cette lettre : « Mon programme se résume en peu de mots, dit l'Empereur au début : gagner la sympathie des Arabes par des bienfaits *positifs* ; attirer de nouveaux colons par des exemples de prospérité *réelle* parmi les anciens ; utiliser les ressources de l'Afrique en produits et en hommes : arriver par là à diminuer notre armée et nos dépenses. » La lettre promettait aux indigènes la qualité de Français en conservant leur statut personnel et en leur facilitant au besoin la naturalisation ; leur admissibilité à tous les emplois militaires de l'Empire et à tous les emplois civils de l'Algérie ; une exécution loyale et légale du sénatus-consulte sur la propriété ; une réorganisation de leur justice ; des consistoires pour administrer eux-mêmes leur culte ; la constitution de *djemaas* sorties du conseil municipal et appelées à contenir les chefs indigènes ; le développement de l'instruction publique musulmane ; la réforme de l'impôt, trop lourd pour les populations, et d'autres mesures d'un intérêt moins grand : voilà pour les Arabes. Quant aux colons, elle leur rappelait qu'une somme de 100 millions venait d'être accordée par le Corps législatif, pour être dépensée en six années en travaux d'utilité publique ; il leur promettait : la liberté commerciale, avec des ports francs ; la détermination d'une zone de colonisation assez vaste pour qu'ils pussent développer librement leurs cultures en toute sécurité. L'Empereur condamnait la création de centres de population par l'Etat et le système de concessions de terres ; il annonçait : la simplification de l'administration, l'affranchissement de la commune, les élections municipales et quelques autres mesures secondaires. Dans l'intérêt de l'armée, il recommandait de réduire le nombre des postes militaires ; de porter la plus grande partie des forces vers la limite méridionale du Tell ; de créer sur la lisière du Tell des tribus Makhzen (c'est la partie faible de ce programme) ; d'apporter le plus grand soin dans le choix des commandants de subdivisions militaires et des officiers des bureaux arabes ; d'organiser une milice européenne assez fortement constituée pour servir de réserve à l'armée d'Afrique ; d'augmenter l'effectif et le nombre des bataillons de turcos, en vue d'atténuer en France le poids de la conscription ; de simplifier le système des fortifications et des servitudes.

La lettre impériale du 20 juin n'était pas encore distribuée que le Sénat adoptait le sénatus-consulte du 14 juillet 1865 sur l'état des personnes et la naturalisation en Algérie. L'indigène musulman déclaré Français continuait néanmoins à être régi par la loi musulmane ; il pouvait être admis sur sa demande à jouir des droits de citoyen français ; dans ce cas, il était régi par les lois civiles et politiques de la France. Les mêmes dispositions étaient applicables à l'indigène israélite. C'était certainement quelque chose que de reconnaître aux indigènes la qualité de Français ; mais quel intérêt avait-on à ne les admettre à exercer leurs droits de citoyens qu'à la condition de renoncer à leurs lois religieuses confondues avec les lois civiles? Les jurisconsultes du Sénat voulaient-ils imposer le triomphe de la loi française? Au contraire, avaient-ils l'arrière-pensée de rendre les droits civils et politiques complices d'une propagande religieuse? Les observations échangées entre les sénateurs et l'exposé des motifs du gouvernement n'ont pas trahi la pensée secrète de ce sénatus-consulte. Était-on effrayé de l'éventualité de voir des Français soumis à deux codes différents? La Russie, l'Angleterre et plusieurs autres États n'ont pas eu la même crainte. Accorder le titre de Français sans les privilèges qui y sont attachés, cela ne pouvait produire qu'une impression fâcheuse sur les musulmans ; aussi quelques-uns seulement se laissèrent-ils tenter par la naturalisation. Le plus grand nombre resta indifférent et attendit. Les israélites se montrèrent plus empressés, c'est naturel ; ils avaient à cœur d'effacer jusqu'aux dernières traces de leur ancienne servitude sous la domination musulmane. Mais ils dépassèrent bientôt les vœux timides du sénatus-consulte en demandant, par l'organe de leur consistoire d'Alger, leur naturalisation en masse, comme cela avait eu lieu en France pour leurs coreligionnaires en 1811.

Il était aisé de voir que, sans se rallier à un système contraire bien défini, le maréchal de Mac-Mahon, ses bureaux, la partie militante de la population coloniale, repoussaient le programme impérial. Le gouverneur général sentait bien que l'appui du souverain ne lui fournissait pas une base solide pour son gouvernement ; il se rangeait volontiers du côté des colons contre les Arabes, du côté des chrétiens contre les musulmans ; mais il ne pouvait aller jusqu'à sacrifier l'autorité militaire au pouvoir civil. Cette restriction suffisait pour paralyser l'effet des autres concessions ; les colons n'avaient pas de haine contre les Arabes, ils commençaient même à prendre en main leur défense, depuis que les militaires les délaissaient. Quant aux passions religieuses, elles n'avaient aucune prise sur la population, quoique le clergé fût nombreux et tout-puissant ; les catholiques du midi de l'Europe affluaient dans la colonie, mais l'esprit laïque français, renforcé par les transportés de 1848, de 1849 et de 1852, restait le plus fort.

La presse indépendante accueillit très froidement la lettre impériale. Les instructions de l'Empereur n'avaient pour les soutenir ni le concours d'un ministre responsable, ni la sanction hautement exprimée de l'opinion publique, ni même l'assentiment du gouvernement général. Napoléon III tenait beaucoup à ne pas mécontenter le maréchal de Mac-Mahon, dans l'espoir de le lier à la fortune de sa dynastie et d'utiliser son influence sur l'armée pour surmonter les embarras d'un changement de règne. L'intérêt dynastique pesait plus que l'intérêt de l'Algérie dans ses déterminations.

L'intervention directe du pouvoir personnel n'avait pas été plus féconde en Algérie qu'ailleurs. Quant à celle du gouverneur général, le maréchal de Mac-Mahon, aussi malheureux dans le choix de ses auxiliaires que de ses conseillers, cédant tantôt à la pression de l'opinion, tantôt résistant à ses exigences les plus légitimes, dominé par de vieilles traditions de famille, plus disposé à obéir à des idées rétrogrades qu'à suivre le mouvement entraînant l'Algérie comme la France vers la liberté et les horizons qu'elle ouvre au travail, se traînait, avec les meilleures intentions en faveur de la colonisation, dans les ornières du passé, s'acharnant à la création de villages officiels condamnés par l'opinion depuis plus de dix ans et par la lettre impériale.

L'Empereur, après avoir touché à Bône et visité ses environs dans la journée du 6 juin, avait débarqué à Bougie le 7, et passé en revue dix mille hommes de troupes qui venaient de prendre part à des opérations dans la petite Kabylie; après avoir adressé une proclamation d'adieu à l'armée, il était parti le même jour pour la France. Le 9, il arrivait à Toulon, et le 10 à Paris. Il avait parcouru, disent les historiographes de voyage, tant sur terre que sur mer, 6491 kilomètres du 29 avril au 6 juin. C'était, en dernière analyse, le plus clair résultat de ce voyage. On doit reconnaître pourtant que, si l'Algérie n'y gagna rien comme garantie de ses droits politiques et comme développement des institutions civiles, elle dut, au désir de l'Empereur de capter les bonnes grâces de la population, la somme de 100 millions de francs appliqués à l'exécution des grands travaux d'utilité publique.

CHAPITRE V

SESSION DE 1865

Ouverture de la session législative. — Le discours impérial.
Sénat. — Discussion générale de l'adresse. — M. Troplong et M. de Boissy. — Les rapports entre l'Église et l'État. — Discours de M. Rouland, de Mgr de Bonnechose et de M. Bonjean. — Statistique des associations religieuses. — Discours de Mgr Darboy. — La convention du 15 septembre. — Discours de M. Rouher. — Question du Mexique. — Discours du maréchal Forey. — Adoption de l'adresse. — Discussion des pétitions. — La translation des cendres de Charles X. — Le Sénat héréditaire. — La prostitution. — L'homœopathie. — Discours de M. Dupin. — Fin de la session du Sénat.
Corps législatif. — Formation du bureau. — Vérification des pouvoirs. — Discussion générale de l'adresse. — M. Émile Ollivier fait un pas de plus vers le gouvernement. — M. Latour-Dumoulin. — Séance du 28 mars. — Discours de M. Thiers. — Diatribe de M. Thuillier en réponse à ce discours. — Mot de M. Picard. — Élection de la 3ᵉ circonscription du Gard. — M. de Larcy et M. Fabre. — Discussion des articles de l'adresse. — L'amendement de l'opposition. — Discours de M. Jules Favre. — Il est forcé de renoncer à la parole. — M. E. Ollivier demande et obtient le renvoi de la discussion au lendemain. — L'opposition paraît décidée à ne plus prendre part aux débats. — Réunion tenue dans la soirée par la gauche, elle renonce à cette décision. — La loi sur les délits de presse. — Amendement de la droite modérée. — M. Pelletan et le président Schneider. — La liberté électorale. — Les questions électorales. — Les questions de finances. — L'amendement sur le droit de tester. — L'élection des maires. — M. Ernest Picard et la ville de Paris. — Le Mexique. — L'Algérie. — La question

italienne. — Personnalités de M. Rouher contre M. Thiers. — Clôture de la discussion de l'adresse. — Lecture de l'adresse à l'Empereur. — Sa réponse à la députation. — — La mise en liberté provisoire. — L'enseignement secondaire. — Le contingent. Le budget.

L'Empereur ouvrit la session le 15 février, au palais des Tuileries, par un discours portant sur des points nombreux et graves : guerre dano-allemande; convention du 15 septembre 1864 pour le règlement de la question romaine; intervention au Mexique; insurrection en Algérie; publication de l'Encyclique; développement de l'instruction publique; réforme de la loi municipale et départementale; liberté commerciale et extension de la marine marchande; garanties données à la liberté individuelle et suppression de la contrainte par corps.

Le passage du discours relatif au Danemark était ainsi conçu : « En « présence du conflit qui a surgi sur les bords de la Baltique, mon gou-« vernement, partagé entre ses sympathies pour le Danemark et son « bon vouloir pour l'Allemagne, a observé la plus stricte neutralité. « Appelé à émettre son avis dans une conférence, il s'est borné à faire « valoir le principe des nationalités et le droit des populations à être « consultées sur leur sort. Notre langage, conforme à l'attitude réservée « que nous entendions garder, a été modéré et amical envers les « parties. »

La convention du 15 septembre était commentée dans un sens favorable à l'Italie : « Dégagée d'interprétations passionnées, elle consacre « deux grands principes, l'affermissement du nouveau royaume d'Italie, « l'indépendance du Saint-Siège, et permet au gouvernement de retirer « ses troupes. » Quant au Mexique, « le nouveau trône se consolide, « le pays se pacifie, ses immenses ressources se développent : heureux « effet de la valeur de nos soldats, du bon sens de la population mexi-« caine, de l'intelligence et de l'énergie du souverain. » L'Empereur, après quelques mots sur le Japon, la Chine, l'Afrique, la Cochinchine, annonçait la fin des expéditions lointaines : « L'armée du Mexique rentre « déjà en France; la garnison de Rome reviendra bientôt, et, en fermant « le temple de la guerre, nous pourrons inscrire avec fierté sur un « nouvel arc de triomphe ces mots : « A la gloire des armées françaises « pour les victoires remportées en Europe, en Asie, en Afrique et en « Amérique. »

L'Empereur, après avoir rappelé le vote de la loi sur les coalitions, et annoncé la présentation de nouveaux projets de loi destinés à donner une liberté plus grande aux associations commerciales et à la création de sociétés destinées à améliorer la condition des classes ouvrières, terminait ainsi son discours :

« Maintenons avec fermeté les bases de la Constitution; opposons-nous aux tendances exagérées de ceux qui provoquent des changements dans le seul but de saper ce que nous avons fondé. L'utopie est au bien ce que l'illusion est à la vérité, et le progrès n'est point la réalisation d'une théorie plus ou moins ingénieuse, mais l'application des résultats de l'expérience consacrés par le temps et acceptés par l'opinion publique.

« Vivons en paix avec les différentes puissances, et ne faisons entendre la voix de la France que pour le droit et la justice. »

La lecture du projet d'adresse en réponse à ce discours eut lieu au Sénat le 6 mars. Les auteurs de ce projet, après avoir cité cette phrase du discours de la couronne : « Maintenons avec fermeté les bases de la Constitution, » ajoutaient : « Elles seront maintenues sans altération tant qu'on écoutera la voix imposante de ces millions de suffrages qui ont fait et qui referaient une fois de plus nos plébiscites fondamentaux. » Ils félicitaient ensuite l'Empereur « de prouver une fois de plus son besoin constant de faire servir le pouvoir constitué entre ses mains par la volonté nationale à une émancipation plus large des forces individuelles ». Enfin ils célébraient « le progrès moral de la France, sa prospérité matérielle grandissant au milieu de l'embarras causé par les variations imprévues du taux de l'argent et le prix de certaines matières premières ».

L'adresse contenait une phrase approbative des mesures prises pour punir les prélats qui avaient lu publiquement l'Encyclique en chaire, et un remerciement au gouvernement « d'avoir assuré ainsi l'exécution du Concordat ». Quelques regrets donnés au défunt congrès, et quelques mots à peu près favorables à la convention du 15 septembre, étaient suivis d'une tirade sur l'expédition du Mexique : « L'année dernière, le Mexique n'était encore qu'un champ de bataille où tout se trouvait obscur, si ce n'est la supériorité militaire de la France. Aujourd'hui, il en est sorti un empire sur le berceau duquel sont gravés les noms de Napoléon III et de Charles-Quint. » Un vœu timide se glissait à la fin de ce dithyrambe : « Quelques graves questions ont survécu aux guerres civiles. Espérons que le prince éclairé et ferme que le Mexique a mis à sa tête saura les trancher par des résolutions énergiques et promptes.

et que la France apprendra par le témoignage de ses soldats, *bientôt rapatriés*, qu'il règne sur le peuple désormais abrité par le repos de l'ordre. » Le projet se terminait par de brillantes variations sur cette phrase du discours impérial : « *le temple de la guerre va être fermé* », et sur la prospérité de la France, qui, « plus riche sous le rapport des institutions, des lumières, du commerce et des arts, resserrera les liens qui l'unissent à la dynastie. » Les derniers mots s'adressaient à l'Empereur : « Votre fils saura comment on règne par la politique de concorde et de progrès, et par l'amour du monarque pour son peuple. »

La discussion de l'adresse s'ouvrit le 9 mars par un discours de M. de Boissy, devenu décidément une des distractions de la France ; sa facilité, qui touchait à tout, et principalement aux choses réservées, donnait un attrait particulier à des bavardages qu'on aurait dédaignés à une époque plus libre. Le Sénat s'en indignait. « Nous ne saurions aller le soir dans une réunion, s'écriait M. de Heeckeren, sans nous entendre dire : Eh bien ! M. de Boissy a encore fait un discours ! » Il ajoutait, en reprochant à son collègue de ne pas prononcer de discours pour le Sénat, mais pour le public : « S'il les faisait par la fenêtre, très bien ! Mais nous sommes obligés de les entendre. » M. de Heeckeren ne s'apercevait pas que M. de Boissy ne parlait que par la fenêtre, et que de là venait son succès.

Les remontrances n'avaient pas de prise sur le téméraire orateur, et le rappel à l'ordre n'était pas une arme facile à manier contre un homme entremêlant ses hardiesses de protestations d'admiration et de dévouement pour l'Empereur et pour le Prince impérial. « Je suis bonapartiste, « bonapartiste intelligent, bonapartiste légitimiste ; et je dis que je suis « bonapartiste dévoué parce que, s'il fallait me jeter dans le feu pour « empêcher l'Empereur d'y tomber, je n'hésiterais pas ; s'il fallait me « jeter dans le feu pour empêcher le Prince impérial d'y tomber, je m'y « jetterais. »

Le genre d'éloquence de M. de Boissy se dérobe à l'analyse : à peine vient-il de parler du régime parlementaire, qui « seul peut assurer l'avenir de la dynastie », qu'il se lance dans une allusion au discours d'Ajaccio : « Béni trois et quatre fois soit l'Empereur, dont la sagesse « nous a préservés d'une nouvelle révolution de juillet, révolution qui « nous a déjà donné cet enseignement que, chez les princes rappro- « chés du trône, le sang est souvent muet et l'ambition joue le prin-

Fig. 19. — M. Emile Ollivier annonce qu'il se sépare de l'opposition.

« cipal rôle. » Suit un parallèle entre Napoléon Ier et Napoléon III, où il donne l'avantage à ce dernier, « parce qu'il n'aura pas, lui, une « mauvaise page à inscrire dans ses annales. A ce propos, sans aller « jusqu'à vous parler des fossés de Vincennes, je tiens à vous citer un « seul fait comme point de comparaison. Il m'a été affirmé que l'Empe-« reur avait fait cette chose magnifique, sublime : il a su qu'un prince « banni était à Paris, il ne l'a pas fait arrêter ; il l'a fait avertir, en l'enga-« geant à retourner en Angleterre. » M. de Boissy s'occupe ensuite de préserver les jours de ce souverain magnanime, dont la mort ferait tomber la France « dans le gâchis ». On ne prend, selon lui, pas assez de précautions pour protéger sa vie contre les tentatives qui la menacent. « L'Angleterre, s'écrie l'orateur emporté par la passion dynastique, met à prix la tête de Nena-Saïb, et il ne se trouve pas un gouvernement en Europe pour livrer Mazzini. » M. Troplong, soutenu par le Sénat tout entier, exhorte l'orateur à ne pas insister sur ce sujet scabreux et à ne pas s'inquiéter de la vie de l'Empereur, « sur laquelle la Providence veille ». Ce n'est qu'après une vive résistance que M. de Boissy se rabat sur la convention du 15 septembre, dont il approuve d'autant plus les termes, « qu'elle ne sera jamais exécutée » ; et de là il passe sans transition à la proposition d'un impôt sur le droit de porter des décorations étrangères, dont le produit sera destiné à augmenter les pensions des veuves des anciens militaires. « Si quelques-unes sont bien « gagnées, dit l'orateur en parlant de ces décorations, combien sont « obtenues par des motifs qu'une bouche pudique peut à peine indiquer. « Mais, sans se laisser aller à des paroles équivoques, on peut bien « reconnaître que ces décorations sont parfois données pour avoir, par « exemple, conduit un prince au Jardin des plantes, ou pour l'avoir mené « à l'Opéra, pour lui avoir nommé les actrices et lui avoir peut-être « indiqué leur adresse..... »

Le président s'indigne d'un tel langage, le Sénat tout entier partage son indignation. M. de Boissy, sans s'émouvoir, demande la permission de se reposer pendant quelques instants. Il est à peine assis, que le maréchal Magnan prend solennellement la parole : « Notre honorable « collègue a dit que, si la France avait le malheur de perdre l'Empereur, « elle tomberait dans le gâchis. De telles paroles m'ont profondément « affligé. Rien d'ailleurs n'est moins exact. Si Dieu, ce que je ne « veux pas prévoir, cessait de protéger la France, et si nous avions « l'immense malheur de perdre l'Empereur, la France ne serait pas

« perdue. Le Sénat, le Corps législatif, l'armée, tous, nous nous serre-
« rions auprès du Prince impérial, pour le proclamer, ce qu'il est en
« effet, le successeur de son père. Tous nous crierions ce grand cri de
« la vieille monarchie : « L'Empereur est mort, vive l'Empereur! » Et
« l'Empire serait continué, et la France serait sauvée. » Le Sénat bat
des mains à ces paroles; le général Husson s'écrie : « Le Sénat ne se
comportera pas comme celui de 1814! » Le président fait remarquer au
maréchal Magnan qu'il a oublié de nommer le pays, « qui serait tout
entier dans ces sentiments de dévouement à la dynastie impériale! »

M. de Boissy reprend la parole sans paraître le moins du monde ému
de ces protestations. Il se félicite d'apprendre que l'intervention française
en Chine a pris fin, et que les troupes vont quitter ce pays « Seulement,
« ajoute-t-il, avant de revenir de Chine, il serait prudent de revenir du
« Mexique, car il y a deux grands points noirs à l'horizon : le Mexique et
« Rome. En ce qui touche le Mexique, voici le vœu sentimental que je
« forme : c'est que la guerre continue jusqu'à extinction complète des
« combattants entre les partisans de Maximilien et ceux de Juarez. Si le
« malheur voulait qu'elle eût un terme, notre armée serait prisonnière. »
Cent voix protestent à la fois contre une telle hypothèse. Le président y
joint la sienne et invite l'orateur à abréger son discours; mais ce n'est
qu'après s'être élevé contre les autorisations accordées aux journaux
antidynastiques et antireligieux, et surtout contre le rapport « socialiste »
de M. Duruy sur l'instruction publique, que M. de Boissy se décide à
mettre fin à sa harangue par une péroraison annonçant que l'Empereur
ne tardera pas à rétablir le régime parlementaire.

Il était difficile de prendre au sérieux cette incohérente revue de toutes
les questions du moment, et plus difficile encore de n'y pas répondre.
M. Chaix d'Est-Ange, vice-président du Conseil d'État, remplit cette
tâche ingrate. La discussion générale fut fermée après son discours.

Le lendemain commença la discussion des paragraphes. Le Sénat
adopta rapidement les cinq premiers. Le paragraphe sur l'instruction
publique semblait devoir amener des orages; la note du *Moniteur* calma
tout [1]. Le paragraphe 13, sur les rapports entre l'Eglise et l'État, à propos
de l'interdiction de publier l'Encyclique, amena le cardinal-archevêque de Bordeaux à prendre la parole; il eut recours, pour défendre
l'Encyclique, aux arguments déjà employés dans une brochure de

---

1. Cette note désavouait le rapport de M. Duruy, en le présentant comme l'œuvre personnelle de ce ministre.

Fig. 20. — Discours de l'Empereur à l'ouverture de la session de 1865.

Mgr l'évêque d'Orléans : l'Encyclique n'était pas comprise... on se trompait sur sa véritable signification, etc.

M. Rouland lui répondit, le lendemain 14 mars, qu'il laisserait de côté la question des rapports entre l'Église et l'État, résolue d'avance par la tradition de l'Église gallicane. Napoléon Ier ne fit que la renouer en signant le Concordat, qui renferme les règles de notre droit national : d'autres, dit-il, le défendront ; il veut porter la discussion sur un autre terrain, celui de l'Encyclique et du *Syllabus*. La publication de ce document n'est, selon M. Rouland, qu'une réponse à la convention du 15 septembre. Le *Syllabus*, rédigé par Mgr Gerbet et par deux autres évêques qui l'ont porté à Rome il y a trois ans, n'était alors qu'un moyen imaginé pour faire condamner le parti catholique libéral. Les pressantes sollicitations de quelques catholiques dévoués empêchèrent de lancer l'Encyclique à cette époque. Elle reparaît comme une menace au lendemain de la convention du 15 septembre. Le Vatican, ajouta-t-il, se venge du déplaisir que nous lui avons donné en résolvant une question qu'il déclarait insoluble. Il s'agit de prévenir un conflit près d'éclater entre l'Église et l'État, de défendre les lois fondamentales de la nation et « de soulever « les voiles qui couvrent depuis douze ans les desseins du parti ultra- « montain. Tout ce qui se passe sous nos yeux n'est que la conséquence « du vaste système pratiqué par lui avec autant d'habileté que de persévé- « rance. »

La tâche que se proposait l'orateur était difficile. Il l'aborda résolument, en montrant la papauté visant à l'asservissement de l'Église universelle ; les auteurs et les défenseurs de la déclaration de 1682 bafoués par les ecclésiastiques nourris à Rome par la France ; le *Monde*, organe de ce parti tout-puissant au Vatican, jouissant de plus de crédit que l'épiscopat français, à la grande douleur des gens sages, effrayés de la façon dont on entend le pouvoir de la papauté. Il cita ensuite des fragments des articles du *Monde* et des passages du livre d'un aumônier militaire sur la suprématie pontificale. L'ultramontanisme s'empare de l'enseignement, continua M. Rouland ; il a été sur le point de s'emparer du séminaire de Saint-Sulpice, au grand désespoir du pieux archevêque de Paris ; il assiège tous les séminaires. N'est-ce pas l'ultramontanisme qui, soufflant partout l'esprit de résistance, a poussé le provincial des Jésuites à refuser de reconnaître la juridiction de l'ordinaire et à fermer ses chapelles à la visite des représentants de l'archevêque de Paris ? Quels moyens l'ultramontanisme emploie-t-il pour assurer son influence

politique et religieuse? — Le premier est l'extension des ordres religieux. « Je les aime peu, dit M. Rouland, quand je les vois arriver à
« la richesse, malgré leur vœu de pauvreté ; laisser les fatigues et les
« sacrifices au clergé paroissial en lui enlevant ses moyens de recru-
« tement ; étendre démesurément leurs établissements d'instruction, et
« s'introduire dans les familles, poussés par un dangereux esprit de
« propagande et de prosélytisme ; exister en violation des lois organiques
« et canoniques ; se servir de la presse, surtout d'un journal contre lequel
« le clergé s'élevait naguère avec tant de force ; détruire la liturgie
« française, abuser des décrets de la congrégation de l'*Index*, un
« tribunal qui condamne sans entendre. » M. Rouland n'aimait pas
davantage à voir l'épiscopat humilié devant le clergé inférieur : « Un
« évêque peut-il être respecté quand, comme dans la question de la
« liturgie de Besançon, son clergé lui dicte sa conduite, quand Rome
« accueille les dénonciations contre lui? Non ; il devient suspect, et, s'il a
« besoin de quelques-unes de ces autorisations que Rome se réserve,
« elle les lui fait attendre, et ne les accorde enfin qu'au clergé inférieur,
« qui traite directement avec les congrégations des affaires du diocèse.
« La liturgie gallicane remplacée par la liturgie romaine, les fabriques
« condamnées à des dépenses contraires aux habitudes françaises, le
« gouvernement des diocèses transporté à Rome, les évêques surveillés
« et dénoncés par des espions, et réduits à se justifier au Vatican, tel est
« le triste tableau de la situation de l'Église. »

M. Rouland, ex-ministre des cultes, déclara qu'il avait reçu à ce sujet
« les plus douloureuses confidences ». Les évêques veulent-ils user de
leur droit de diocésain et visiter les chapelles des Capucins et des Jésuites,
on leur répond comme à l'archevêque de Paris : Nous tenons notre institution de Rome, et nous fermons notre porte. « Les bulles destinées à
« faire du bruit sont préparées en France ; la nonciature s'immisce dans
« nos affaires intérieures, écrit des lettres pour encourager certaines
« résistances. Le nonce a dernièrement adressé deux lettres au nom du
« pape, également flatteuses, à deux évêques qui avaient donné des
« explications complètement opposées du *Syllabus ;* il a écrit direc-
« tement au chapitre de Nice touchant une difficulté ecclésiastique. Le
« Concordat est ainsi violé chaque jour ; le pape, passant par-dessus la
« tête de l'Empereur, convoque directement tous les évêques français
« et s'étonne qu'on lui fasse des observations à ce sujet. L'article 1er des
« lois organiques, portant qu'aucun écrit signé du pape ne sera publié

« sans l'autorisation du gouvernement, article qui est plutôt une maxime
« qu'une loi, puisqu'il manque de sanction, est l'objet des attaques per-
« sistantes de l'ultramontanisme. Il a été violé, il le sera encore. Le gou-
« vernement, désireux de n'avoir plus à étaler ses dissentiments avec
« Rome devant le Conseil d'État, obtint en 1859 que le pape communi-
« querait ses rescrits à l'ambassadeur : engagement aussi mal respecté
« que l'article 1ᵉʳ, car le gouvernement n'a nullement été informé de la
« convocation adressée à l'épiscopat. Un évêque ne peut pas cependant
« quitter le sol français sans l'autorisation de l'Empereur. » La curie
romaine avait déclaré à maintes reprises qu'il ne s'agissait, dans cette
solennité religieuse, que de canoniser des Japonais; mais, à peine les
évêques se trouvèrent-ils réunis, que surgit la question du pouvoir temporel. Chaque évêque, en quittant Rome, emportait le projet de *Syllabus*;
il fut envoyé à ceux qui avaient été forcés de rester dans leur diocèse,
avec les observations des théologiens romains en marge, et l'ultramontanisme eut dès lors l'arme destinée à frapper le catholicisme libéral.

Le discours de M. Rouland empruntait quelque chose d'officiel à sa
position d'ancien ministre [1]. Il n'était pas très facile d'y répondre. Le
cardinal de Bonnechose commença par reprocher assez aigrement à
M. Rouland de divulguer devant le Sénat des confidences reçues comme
ministre et d'incriminer faussement l'enseignement des séminaires.
« M. Rouland se dit catholique gallican. Catholique, on sait ce que cela
« veut dire; gallican, qu'est-ce que c'est? Si c'est entendre les libertés
« de l'Église gallicane comme Pithou et les parlements, il n'y a plus de
« gallicans. » Cette hautaine assertion, malgré les dénégations de
quelques sénateurs, était vraie. M. Rouland, continua Mgr de Bonnechose, se plaint de la suppression de la liturgie française; il n'y en a
plus depuis Charlemagne. Quant aux congrégations, au lieu des richesses
qu'on leur suppose, elles n'ont que des dettes; leur existence d'ailleurs
n'est nullement, comme on le prétend, en opposition ni avec les lois
canoniques, ni avec celles de l'État, qui, du reste, peut sans cesse les
frapper.

Mgr l'archevêque de Rouen attaque violemment le paragraphe 13 du

---

1. Deux prélats, Mgr Guibert, archevêque de Tours, et Mgr Plantier, évêque de Nîmes, protes-
tèrent contre ce discours. Le premier répondit à M. Rouland, qui avait cité une lettre de
lui ; « Il n'y a plus ni doctrines ultramontaines ni doctrines gallicanes, mais les *doctrines
romaines*. » Le second traita le discours de « réquisitoire où M. le gouverneur de la Banque,
à travers quelques formules déclamatoires de respect et de dévouement à la religion,
inflige à l'Église l'ignominie des plus injustes outrages. »

projet d'adresse, relatif aux rapports entre l'Église et l'État, et contenant des félicitations au gouvernement pour avoir appliqué à l'Encyclique et au *Syllabus* l'article 1ᵉʳ de la loi du 12 germinal an VIII. L'orateur essaya de prouver que l'Encyclique et le *Syllabus* ne tombaient pas sous le coup des articles organiques, et que d'ailleurs l'Église ne les avait jamais reconnus. La thèse était scabreuse, moins cependant que celle du hardi cardinal consistant à prouver que l'Encyclique et le *Syllabus* ne contiennent rien de contraire aux principes fondamentaux de la constitution. Il eut recours pour cela à l'analyse même du *Syllabus*. Le pape, dit-il dans la première partie de ce document, affirme Dieu, Dieu unique, Dieu personnel, Dieu distinct du monde; il affirme ensuite l'insuffisance de la raison humaine pour expliquer les vérités et les mystères de la religion; il défend enfin les libertés de l'Église contre les empiétements du pouvoir civil. Le Sénat penserait-il qu'en agissant ainsi le pape dépasse les limites tracées à son devoir et à son pouvoir? Non sans doute. Quant à la pensée que la Constitution repose sur les principes de 1789, il hésite d'autant moins à l'accepter, que la conformité de ces principes avec ceux de l'Encyclique ne peut faire doute pour une personne de bonne foi. Il suffit, pour s'en convaincre, de comparer le *Syllabus* à la *Déclaration des droits de l'homme*. On s'alarme des condamnations portées par le pape contre le principe de la souveraineté du peuple, sur lequel repose la souveraineté de l'Empereur; mais cette souveraineté ne peut être entendue que dans le sens d'une délégation; or toute délégation vient de Dieu, et l'Empereur lui-même ne l'entend pas autrement, puisqu'il s'intitule Empereur par la *grâce de Dieu* et la volonté nationale. On voit une attaque au suffrage universel dans la condamnation de cette proposition : « L'autorité n'est que la somme du nombre et des formes matérielles, » comme s'il y avait quelqu'un de sensé capable de croire que l'autorité doive être le produit du nombre et des forces matérielles, et comme si l'on pouvait soutenir que le suffrage universel est dépourvu d'intelligence sans faire injure au peuple français, ce qui ne saurait entrer dans la pensée de l'Église. Cette condamnation, « mûrement examinée et expliquée, » ne s'adresse donc point au suffrage universel. L'orateur, négligeant de dire à qui elle s'adresse, demanda si le Sénat trouvait mauvais que le pape eût également condamné la proposition qui proclame la souveraineté absolue de l'opinion publique. Le gouvernement consulte sans doute l'opinion publique quand elle est éclairée, mais il reconnaît qu'elle peut s'égarer; le pape ne dit pas autre chose.

Mais, réplique-t-on, le *Syllabus* condamne le principe de l'égalité devant la loi et de l'admissibilité de tous aux emplois. On oublie que c'est l'Église qui la première a défendu et appliqué ces deux principes. On reproche encore au pape de s'opposer à la suppression du for ecclésiastique. Oui, dans les pays où il existe, mais il ne parle pas de le rétablir dans les autres. Il condamne la liberté de la presse; le gouvernement ne la condamne-t-il pas aussi quand elle est illimitée, et le Sénat ne l'approuve-t-il pas?

Il ne s'agissait plus que de démontrer que le *Syllabus* ne condamnait pas la liberté de conscience. Mgr de Bonnechose ne recula pas devant cette tâche. « Le sanctuaire de la conscience, dit-il, est impénétrable, « nulle force humaine n'a le droit d'y entrer; mais vous êtes toujours « sous l'œil de Dieu, vous êtes sous sa loi lors même que vous vous « révolteriez contre elle. Cette loi de Dieu vous atteint avec ses droits « imprescriptibles. Vous ne pouvez donc pas avoir la liberté absolue de « conscience. Il en est autrement des manifestations de la conscience, « c'est-à-dire du culte, qui consiste en des exercices extérieurs et publics : « or l'Église voudrait bien qu'il n'y eût qu'une religion, comme il n'y a « qu'un Dieu et qu'un médiateur; mais, là où l'unité a été brisée, elle veut « la rétablir par la persuasion et non par la force. » L'orateur ne craint pas de donner comme preuve de cette assertion la tolérance accordée dans Rome aux israélites partout persécutés. « Et le petit Mortara? » ne put s'empêcher de s'écrier M. Michel Chevalier. L'orateur, sans s'émouvoir de cette interruption, continue le long exposé de la conduite généreuse des papes à l'égard des juifs depuis le moyen âge jusqu'à nos jours. Ce n'est qu'en jouant sur les mots qu'il ajouta : « Jamais il n'a été dans les habitudes de la papauté de persécuter les dissidents; la condamnation de la proposition qui constate la nécessité de la liberté des cultes doit donc s'entendre dans le sens de cette tolérance. » La vingt-quatrième proposition condamnée par le *Syllabus* et citée par M. Rouland est celle-ci : « L'Église n'a pas le droit d'employer la force; elle n'a aucun pouvoir temporel direct ou indirect. » Le gouvernement impérial, demanda fièrement l'archevêque de Rouen, ne condamne-t-il pas, lui aussi, cette proposition, puisqu'il reconnaît au chef de l'Église un pouvoir dans ses propres États, et puisque, par la convention du 15 septembre, il l'autorise à se faire une armée, à se créer une force, sans doute pour l'employer?

« Restent trois propositions des plus importantes qu'on reproche au pape d'avoir condamnées : le progrès, le libéralisme, la civilisation moderne. On veut qu'il se réconcilie, qu'il transige avec ces trois grandes idées. Qu'est-ce à dire ? Est-ce que le pape a jamais rompu avec elles ? Il en a toujours été l'appui et le sera toujours. Ce qu'il repousse, c'est le faux progrès, la fausse liberté, la fausse civilisation. »

Le sénat, quelque dévoué à Rome qu'il put être, avait hâte de voir mettre fin à une argumentation reposant tout entière sur la plus grossière des équivoques. Mais ce n'était point là le plus délicat de la tâche de l'orateur : il lui restait à prouver, malgré la loi de germinal, que les bulles, brefs et décisions du pape sont obligatoires même sans avoir reçu la sanction du pouvoir civil. Le pape, suprême directeur du monde catholique, doit maintenir la liberté de ses communications avec lui, et le devoir des évêques est de le seconder dans ses efforts pour atteindre ce résultat. Or, poursuit Mgr de Bonnechose, à l'arrivée de l'Encyclique et du *Syllabus* en France, que fait le garde des sceaux ? Il écrit aux évêques pour les inviter à ne pas les publier, parce que le Conseil d'État en est saisi : invitation déjà fort blessante pour l'épiscopat ; il se serait tu pourtant, si les journaux n'avaient pas eu toute liberté pour livrer les documents pontificaux à la publicité et pour en dénaturer le sens. Les évêques n'ont pu contenir leur indignation en voyant en un pareil moment enlever au pasteur le droit d'apprendre à ses collaborateurs comment on doit entendre les doctrines du *Syllabus* et les enseigner. « Les évêques ne se sont pas concertés ; la douleur seule les a poussés à répondre. A quoi bon les contrister dans cette circonstance ? »

L'interdiction de lire en chaire des documents qui s'étalaient dans tous les journaux semblait en effet puérile et choquante ; mais une loi peut être ridiculement appliquée, sans qu'il s'ensuive qu'elle soit déchue. Les articles organiques subsistent, et, s'il n'y a plus de raison de soumettre les bulles à l'examen du pouvoir civil depuis que, le catholicisme n'étant plus la religion de l'État, toute décision du pape reçue en France a cessé d'être une loi de l'État, il n'en est pas moins vrai que la loi permet de le faire.

Mgr de Bonnechose se perdit en interminables digressions sur le Concordat. Il en était à la pragmatique sanction de saint Louis, lorsque le président lui fit observer que le projet d'adresse n'en parlait nullement. Sa conclusion fut que la religion était la seule défense restant à la société contre l'invasion du matérialisme, et que le plus grand fléau des nations a toujours été la discorde entre le sacerdoce et l'Empire. M. Rouland avait paru offrir aux évêques l'appui du gouvernement contre l'opposi-

Fig. 21. — M. Rouher, dans un discours emphatique et charlatanesque, fait un tableau brillant de l'expédition du Mexique et la proclame « la plus grande pensée du règne. »

tion du clergé inférieur. « Mon clergé, répondit fièrement Mgr de Bonnechose, m'obéit aveuglément au lieu de me résister ; il est comme un régiment : il doit marcher, et il marche. »

Les sophismes par lesquels l'archevêque de Rouen avait essayé de déguiser le sens du *Syllabus* appelaient une réponse. M. Bonjean, premier président de la Cour impériale, borna la sienne à la défense judiciaire des articles organiques et du gallicanisme. Légiste éminent, il traita cette double question avec une grande science et une impartiale appréciation des rapports de l'État avec l'Église. Revenant, pour les fortifier, sur les assertions de M. Rouland, il constata qu'en effet les progrès de l'ultramontanisme étaient dus aux corporations religieuses, qui, malgré les lois, se multipliaient en France avec une dangereuse rapidité. Le dernier recensement en 1856 donne 40 391 religieuses et 9136 religieux, double chiffre évidemment au-dessous de la vérité. Le calcul ne tenait pas compte de 4777 religieux d'ordres non autorisés et de 10 000 religieuses dispersées deux par deux dans les villages de France. Les Jésuites n'y figurent que pour 1085 personnes, quoiqu'il résulte de documents récents publiés à Rome que le nombre des Jésuites en France est de 2329, sans compter les Jésuites français employés à l'étranger. La nécessité de constater au cadastre les biens de mainmorte a prouvé que le nombre des propriétés n'avait pas suivi la même progression que celui des personnes. La propriété foncière des congrégations non autorisées était de 9104 hectares en 1853, de 15 843 après l'annexion de Nice et de la Savoie, et de 16 835 hectares en 1862. Ces 16 835 hectares, dont 920 bâtis ou plantés en jardins, représentaient une valeur de 125 à 138 millions. Il est difficile de fixer la valeur de la propriété mobilière des congrégations : rentes, obligations, actions ; mais, en prenant pour base d'évaluation les autorisations en acceptation de legs accordées par le Conseil d'État de 1852 à 1859, on peut admettre que la fortune mobilière des congrégations autorisées est à peu près égale à leur fortune immobilière, ce qui donnerait approximativement un total de 260 millions. Impossible, ajoutait M. Bonjean, d'évaluer la fortune des congrégations non autorisées ; les établissements magnifiques qu'elles ont élevés permettent pourtant de conclure que cette fortune pourrait bien être égale, sinon supérieure, à celle des congrégations autorisées ; ces deux chiffres ajoutés donnent un total d'environ 520 millions. Quelle influence ces congrégations ne peuvent-elles pas exercer sur la vie morale du pays ?

M. Bonjean, de même que M. Rouland, montra le clergé paroissial abandonné, ses aumônes diminuées ainsi que ses moyens de recrutement ; les fidèles et les néophytes courant aux congrégations, dont le chef est à Rome, et qui puisent leurs inspirations à l'étranger. Les Jésuites, ajouta-t-il, qui ne se livraient autrefois qu'à l'instruction secondaire, préparent aujourd'hui les jeunes gens aux écoles spéciales ; « encore quelques « années, et vous aurez dans l'armée, dans l'administration, dans la ma- « gistrature, des hommes élevés dans ce sentiment publiquement affiché « déjà par des personnages importants, qu'avant d'être le sujet de « l'Empereur on est d'abord le sujet du pape, et, si cela continue, qui « régnera, je vous le demande, de l'Empereur ou de la congrégation ? »

Mgr Darboy répondit à M. Bonjean. Nouveau venu au Sénat, signalé à l'attention par la résistance que son élection avait rencontrée à Rome, et même dans une partie de son clergé, le discours de l'archevêque de Paris était attendu avec curiosité. Mgr Darboy, après avoir analysé la loi de germinal, soutint que, n'ayant pas été débattue entre les parties, elle ne constituait pas un traité diplomatique. Qu'était-elle donc ? Un règlement de police, dit le gouvernement français. Ce règlement de police, répond le pape, atteint le régime intérieur de l'Église. De là, selon l'archevêque de Paris, les résistances naturelles du clergé contre les articles organiques. Mgr Darboy ne méconnaît pas le caractère respectable de ces articles ; ils répondent à des intérêts, à des droits, à des devoirs antérieurs et supérieurs à eux ; s'ils n'existaient pas, on les ferait. Le pape lui-même, comme on l'a dit, en en excluant trois en 1816, a explicitement admis les autres. Mais, si les articles organiques sont admissibles au point de vue canonique, les uns, il faut bien le reconnaître, sont tombés en désuétude, les autres ont été annulés par des actes postérieurs ; le moment est donc venu de les réviser, surtout l'article 1er, soumettant à l'autorisation civile la publicité des bulles, brefs, rescrits, décrets et mandats du Saint-Siège, et l'article 6, portant que les ecclésiastiques seront jugés par les tribunaux laïques. Il est impossible que des conflits ne naissent pas entre l'Église et l'État. Il n'y a, pour les vider, que trois moyens : la séparation, la domination de l'un ou de l'autre, les concordats. Les États-Unis ont essayé de la séparation ; l'épreuve n'a pas suffisamment duré pour qu'on puisse la juger. La séparation n'est pas réalisable dans la vieille Europe ; les cœurs généreux repoussant la domination de l'un sur l'autre pouvoir, il ne reste plus que le Concordat. C'est par ce système qu'on rétablit l'équilibre, qu'on vide les conflits passagers. On en a signalé dans ces derniers temps plus d'un de nature à faire croire à la résurrection d'influences redouta-

bles, et lui-même a dû s'expliquer avec les chefs des congrégations religieuses qui prétendaient ne pas relever de lui et qui ont agi à Rome pour appuyer leurs prétentions ; mais elles ont été repoussées, et ils se sont soumis. Les religieux sont ses inférieurs, il en parlera avec indulgence, et il se bornera à lire la lettre de désaveu du provincial des Jésuites. Il s'honore d'avoir de pareils auxiliaires ; il se loue des sentiments catholiques et français du vénérable clergé du séminaire de Saint-Sulpice, qui n'enseigne rien sans son approbation ; loin d'avoir jamais senti la pression que le clergé est censé faire peser sur l'épiscopat, il est obéi avant d'avoir commandé. Mgr Darboy ajoute que s'il y avait, dans l'attitude de quelques journalistes, de quelques prêtres et de quelques laïques quelque chose de menaçant et de dangereux, il le dirait; mais les intentions sont bonnes, et les erreurs qui peuvent se produire ne sont imputables qu'à l'humaine faiblesse ; si, parmi les instruments employés par les évêques, il y en a qui comprennent mal leur mandat, on peut les rappeler à l'ordre, mais on doit être persuadé qu'ils ne créent aucun péril à notre pays. « S'il
« y a des difficultés, résolvons-les par en haut et non par en bas ; une
« conciliation entre mon pays et la papauté n'est pas impossible ; le pays
« et la papauté s'y prêtent, le clergé aussi, s'en remettant sans condition
« à l'esprit chrétien du gouvernement impérial : car le clergé est patriote,
« et, quant à moi, je ne suis pas de ceux qui se disent catholiques avant
« d'être Français. Mon pays ne met personne dans la nécessité d'abdiquer
« sa foi de catholique pour garder son titre de Français ; il met à un trop
« haut degré la liberté de conscience, l'honneur et la dignité de la prière.
« toutes les grandes et nobles choses que représente la religion, pour
« forcer un homme à déposer le poids honorable de ses convictions, s'il
« veut bénéficier du titre de citoyen français. »

Ce généreux et habile langage offrait un terrain de conciliation entre l'État et l'Église. M. Delangle se hâta de s'y placer : « Le discours de
« l'archevêque de Paris me paraît clore la discussion. Il ne nie pas l'auto-
« rité du pouvoir civil, il l'affirme au contraire, et sa doctrine n'est pas
« différente de celle des évêques d'avant 1830, notamment de M. Frayssi-
« nous. Il demande des modifications à la loi, mais cette réserve ne porte
« aucune atteinte à l'autorité qu'il lui reconnaît. Le Sénat doit être heu-
« reux de cette déclaration : c'est d'un bon exemple et digne de trouver
« des imitateurs. Je renonce à la parole. »

La question religieuse, après avoir rempli six séances, reparut avec le paragraphe de l'adresse relatif à la convention du 15 septembre. La

France, disaient les adversaires de cet arrangement, a contracté des engagements nets et précis ; elle retirera ses troupes dans deux ans. L'Italie, à quoi s'engage-t-elle ? A ne pas attaquer les États actuels du pape, à ne pas permettre qu'ils soient attaqués ; à ne pas s'opposer à la création d'une armée par le pape, pourvu que cette armée ne devienne pas une menace pour l'Italie ; à entrer en arrangement avec le pape pour la partie de la dette afférente aux provinces annexées des États pontificaux ; à changer de capitale. Ce sont là des engagements illusoires. Le pape peut-il créer une armée, et, s'il en créait une, pourrait-il tirer un seul coup de fusil sur les émeutiers sans faire crier contre la répression, comme à l'époque de la prise de Pérouse ? L'Italie n'a pas d'argent pour payer ses créanciers ; avec quoi payera-t-elle les créanciers des autres ? Comment le Saint-Siège pourrait-il s'arranger avec un pays placé canoniquement dans la position de l'Italie, et comment renoncerait-il aux anciennes provinces, condition préalable posée par le Piémont à tout arrangement ? Comment en outre faire exécuter la clause par laquelle le Piémont s'interdit de franchir la frontière pontificale ? Écoutez d'ailleurs les membres du parlement. M. Lanza affirme qu'aucun droit n'a été abjuré, aucun précédent démenti. M. Pepoli déclare que le traité ne porte nulle atteinte à l'idée de Rome capitale. M. Ricasoli constate que la convention n'éloigne pas le jour où l'Italie comptera Rome parmi ses plus beaux joyaux. Le rapporteur de la commission chargée d'examiner la convention proclame lui-même hautement que l'Italie ne renonce qu'à une chose, à aller à Rome par le chemin de la force. M. Visconti-Venosta, le ministre qui a conclu la convention, s'applaudit d'un arrangement qui rapproche l'Italie du but et qui fait appliquer par la France, à Rome, le principe de non-intervention. M. Buoncompagni est convaincu que l'armée impériale, une fois sortie de Rome, n'y rentrera plus, et que l'Italie conquerra cette ville par la justice et par la liberté. La convention, selon M. Rattazzi, fait tomber les principaux obstacles qui barraient aux Italiens la route de Rome. Quelle confiance la convention peut-elle donc inspirer aux catholiques ?

Le général Gemeau se fit l'interprète de leurs craintes et déclara que, fût-il seul, il lutterait jusqu'à sa dernière heure pour soutenir la papauté. M. de La Guéronnière, le cardinal Donnet, M. Le Roy Saint-Arnaud, le cardinal de Bonnechose, prirent la parole, le premier pour la convention, les autres contre, mais sans fournir aucun élément nouveau à la discussion. M. Chaix d'Est-Ange, vice-président du Conseil d'État, la reprit en avocat. M. de La Rochejacquelein et M. Rouher, dans deux discours d'une longueur démesurée, ressassèrent ensuite des arguments qui, vingt fois employés, ne semblaient pas lasser la patience du Sénat. Le ministre d'État se traîna pendant près de trois quarts d'heure dans toutes les banalités de la phraséologie officielle ; la fin de son discours donne une idée des moyens par lesquels on enlevait une assemblée politique et de ce qu'on appelait l'éloquence parlementaire sous le second Empire. « Les « uns, s'écrie M. Rouher avec ce ton et ce geste pompeux qui accompa-« gnent chacune de ses paroles, disent que le pouvoir temporel est incom-« patible avec l'autorité spirituelle ; les autres ne voient que déceptions et « révolutions dans la civilisation, le progrès et la liberté ! et alors, comme « par un accord étrange, des deux côtés on conclut aux impossibilités, on « conclut à la négation et à l'impuissance. Je repousse de pareilles appré-« ciations. Je suis convaincu que les idées de religion et de liberté ne « vivront pas toujours en éternel conflit. Je crois que le jour des conci-« liations arrivera. (Sensation.) Il est vrai que, pour trouver une solu-« tion, je ne m'adresse pas à ces sectaires qui nient la divinité, qui dessè-« chent et stérilisent l'âme, et dont les prétendues lumières ne sont que « de fausses lueurs annonçant l'incendie qui doit porter partout la dévas-« tation et la mort. (Très bien! très bien!) Pour la solution de ces « grands problèmes, je suis les yeux fixés sur un phare que je vois à « l'horizon... C'est la religion donnant sa sanction, sa garantie à toutes « les améliorations, à tous les progrès sociaux. (Très bien! très bien!) « Je ne crois pas qu'il y ait incompatibilité entre ces deux grands inté-« rêts. Je ne crois pas qu'il soit impossible de faire concorder l'autorité « temporelle avec l'autorité spirituelle. La religion transforme ce qu'elle « touche. (Très bien! très bien!) L'avenir appartient à la religion « comme à la civilisation, et je suis convaincu que tous les problèmes « qui remuent en ce moment le monde aboutiront à une immense conci-« liation. » (Très bien! très bien!)

L'orateur, après avoir rappelé la théorie du Père Ventura, que la liberté et la religion ont besoin l'une de l'autre pour vivre, ajoute : « Mon « Dieu, je le sais, la foudre a éclaté à l'aube du jour, la révolution a tout « brisé, les ovations se sont changées en injures ; l'assassinat, cette « odieuse négation de la justice et de la vérité, a souillé le palais d'une « assemblée. Oui, tout cela est vrai ; mon émotion est profonde à ces sou-« venirs... mais enfin est-ce qu'il y a un principe, un progrès dont la ges-« tation et l'enfantement n'aient amené des douleurs et des amertumes ?

« Est-ce que la grandeur d'une civilisation ne commence pas par d'im-
« menses sacrifices ? Interrogez l'Angleterre ! voyez les souillures qu'elle
« a subies avant de fonder sa puissance constitutionnelle ! »

Tel était le style du premier orateur du gouvernement parlant au premier corps de l'État.

Le Mexique n'était pas sans inspirer déjà de sérieuses inquiétudes au pays et même au Sénat. Le maréchal Forey essaya de les calmer et de rendre la confiance à ceux qui commençaient à douter de l'avenir du nouvel empire : « Je déclare que je ne partage pas cette opinion. Ce pays
« est plus à plaindre qu'à blâmer. Il y a cinquante ans qu'il se débat dans
« les horreurs de la guerre civile ; il n'a plus d'administration, plus de
« justice, plus d'armée, plus d'esprit national, plus rien ! Mais ce n'est
« pas sa faute ! Au fond, c'est une nation bonne et généreuse, qui a les
« instincts du peuple dont elle sort, les sentiments des fiers Castillans.
« Aujourd'hui, il y a à la tête du Mexique un souverain qui montre une
« sagesse qu'on pouvait peut-être ne pas attendre de son âge et de son
« origine. (*Mouvement.*) Non, je ne croyais pas qu'un prince autrichien
« se montrât si libéral. (*Sourires.*) Je ne doute pas qu'avec les intentions
« qu'il m'a manifestées quand j'ai eu l'honneur de le voir, aidé par une
« femme étrangère à la France, mais Française par le cœur et qui est le
« modèle des plus hautes vertus, je ne doute pas qu'il ne parvienne
« à maîtriser les mauvaises passions et à rétablir l'ordre. (*Oui ! oui !*
« *Très bien !*) Je ne doute pas surtout que notre armée, qui donne au
« Mexique, comme partout ailleurs, l'exemple de l'ordre, de la discipline,
« de la fidélité au drapeau, du dévouement aux institutions de la France
« et à son noble souverain, ne produise une impression profonde, et que
« le Mexique n'imite ce glorieux modèle. (*Très bien ! très bien !*) Je suis
« catholique, bon catholique. Je crois en Dieu. Eh bien ! je ne puis pas
« supposer que Dieu, qui a inspiré l'Empereur quand il s'est armé de
« l'épée de la France pour rétablir l'ordre au Mexique, je ne crois pas
« que Dieu abandonne ce beau pays. (*Approbation.*) J'ai entendu
« répéter des paroles attribuées à l'Empereur. Il aurait dit : L'expédi-
« tion du Mexique sera une des plus belles pages de mon règne. J'ignore
« s'il a en effet prononcé ces paroles ; mais ce dont je suis certain, c'est
« que l'avenir prouvera qu'elles étaient vraies. » (*Vif assentiment. Très bien ! Bravo !*)

M. Rouher n'aurait pas parlé autrement que M. Forey, s'il eût cru nécessaire d'intervenir dans la discussion pour enlever le vote. Il se con-

Fig. 23. — Des décorations sont accordées pour avoir conduit un prince étranger dans les coulisses de l'Opéra et l'avoir présenté à des danseuses.

tenta de lire une dépêche du maréchal Bazaine, reçue depuis quelques heures par le ministre de la guerre.

« Oajaca, 9 février 1865.

« Oajaca a capitulé la nuit dernière. Le général Porfirio Diaz et toute la garnison se rendent à discrétion. Le matériel et l'armement intacts restent en notre pouvoir. Environ 4000 personnes et 50 à 60 bouches à feu. »

Les applaudissements éclatent de toutes parts, et l'adresse est votée au milieu de l'enthousiasme général par 131 voix sur 133 votants.

Le Sénat consacra le reste de sa session à l'examen des pétitions qui lui furent adressées en vertu de la constitution et de deux sénatus-consultes relatifs, l'un à un échange d'immeubles entre la ville de Paris et un particulier, l'autre à l'état des personnes et à la naturalisation en Algérie. Une pétition demandant que les cendres de Charles X et de la duchesse d'Angoulême fussent rapportées en France, fournit à M. de Boissy l'occasion de se rappeler qu'il avait été légitimiste. Le gouvernement ne demandait pas mieux que de faire droit à cette pétition, mais il fallait au moins que le neveu et l'héritier de la duchesse d'Angoulême en exprimât le désir. Un autre pétitionnaire aurait voulu que l'hérédité fût accordée à la dignité de sénateur, en laissant à l'Empereur le droit, à la mort du titulaire, de désigner celui des membres de sa famille qui lui succéderait. Le rapporteur de la commission proposait l'ordre du jour ; M. de Boissy insista pour le dépôt au bureau des renseignements. Le conseiller d'État Marchand, commissaire du gouvernement, le premier président de Royer, M. Rouland, le rapporteur M. de La Guéronnière, réclamèrent la question préalable. Le procureur général Dupin se joignit à eux. Le droit de pétition, dit-il, n'est pas l'attaque à la Constitution : on demande l'hérédité pour le Sénat, qui empêchera de demander l'élection demain ?

Cet argument décida le vote. La question préalable fut adoptée.

Quelques sénateurs trouvaient cependant qu'on abusait un peu trop de la question préalable, et ils se plaignaient que le président, lorsqu'ils avaient des vues utiles à présenter sur une loi, les arrêtât au premier mot, sous prétexte qu'ils ne signalaient aucune violation à la Constitution, que leurs observations étaient par conséquent illégales et qu'elles tendaient à transformer le Sénat en Chambre des pairs. Cette transformation évidemment n'aurait pas trop déplu aux membres de l'assemblée, et M. Charles Dupin fut même d'avis que ce « serait le perfectionnement de la Constitution. Je ne le propose pas, mais il est dans les *desiderata*, et vous y arriverez ! » Comment M. Troplong laissa-t-il proférer de pareils blasphèmes ?

Les sénateurs, en attendant de discuter les lois, se contentaient d'examiner des pétitions. Un moraliste de province crut devoir leur signaler l'extension toujours croissante de la prostitution et leur demander d'y porter remède. Certains sénateurs pudibonds auraient bien voulu discuter cette pétition en comité secret. L'infatigable M. de Boissy et M. le procureur général Dupin s'y opposèrent. Ce dernier fit observer à ses collègues que si le Sénat, déjà privé de tribune publique, ordonnait un comité secret à propos de prostitution, « le public pourrait s'imaginer qu'on
« voulait dérober à sa connaissance des faits bien extraordinaires, proba-
« blement l'existence d'une société de prostitution dont on n'aurait pas
« voulu divulguer les adhérents, parce qu'elle se composait de person-
« nages trop illustres. » M. Dupin avait pris connaissance du rapport qu'il s'agissait de livrer à la publicité. « Il n'y a pas de sermon qui n'en
« dise pour le moins autant sur la prostitution. Si, dit il, le monde con-
« damne la prostitution, l'État ne peut punir que les faits donnant
« matière à la répression légale. C'est ce qu'il a toujours fait et ce qu'il
« fait encore. La prostitution, il y a quarante ou cinquante ans, s'étalait
« effrontément sur toutes les promenades, dans toutes les rues de Paris ;
« elle s'est renfermée maintenant dans les maisons et dans les quartiers
« lointains ; faut-il venir jusque-là pourchasser les prostituées ? C'est
« plus difficile, car, même dans les pays d'inquisition où la police ecclé-
« siastique entre partout, il existe à leur endroit une tolérance dont saint
« Louis, législateur, s'est cru obligé lui-même de donner l'exemple. Le
« pétitionnaire a l'air de trouver les lois insuffisantes, les tribunaux
« indulgents, la police négligente. Or les lois ont défini tout ce qui
« peut se définir en pareille matière. Les tribunaux sont plutôt disposés
« à étendre le sens de la loi qu'à le restreindre. La police, je le pense,
« fait son devoir, et elle a fort à faire, tant en haut qu'en bas (*Hila-*
« *rité*), car on parle beaucoup des basses classes et pas assez des
« hautes, qui sont plus difficiles à atteindre, quoique plus faciles à aper-
« cevoir. On parle de courtisanes qui s'étalent dans les lieux publics.
« Oui, telle femme dans un équipage brillant attire tous les regards. Que
« fait la grande société ? Elle prend modèle sur elle, et ce sont ces
« demoiselles qui donnent aujourd'hui les modes aux femmes du monde ;
« ce sont elles qu'on copie : voilà l'exemple que donne la haute société.
« Une autre cause de prostitution qui dépend des hautes classes plutôt
« que des classes inférieures, c'est l'excès du luxe, et c'est cette émula-
« tion dans le luxe qui des grands aux petits est le fléau de la société. »

M. Dupin, dans ce discours où il trouva moyen de dire leur fait à toutes les modes du jour, sans oublier la crinoline, donne d'excellents conseils aux femmes ; mais il aurait pu en donner d'aussi bons à la société, qui est loin de faire tout ce qu'elle pourrait pour les protéger. Les moyens d'instruction existent à peine pour la femme ; l'homme lui fait concurrence sur le terrain du travail, il délaisse les métiers rudes, la terre lui fait peur ; il se fait femme dans certains ateliers, dans les magasins, dans les hôtels. Qu'il laisse aux femmes les professions qui exigent peu de force, elles ne recourront plus aux professions honteuses. La femme du peuple subit la fatalité de l'ignorance et de la misère. Quant à la femme du monde, elle est ce que la fait une société emportée dans le tourbillon des plaisirs et des jouissances matérielles, où l'homme insoucieux des devoirs du citoyen, négligeant ceux de mari et de père, crée une femme à son image, insouciante, légère et vaine, *garrula* et *vaga*, comme dit l'Écriture. M. Dupin prit la parole encore une fois pour couvrir l'homœopathie de ses sarcasmes un peu vieillis, à propos de pétitions demandant que l'homœopathie fût introduite dans les hôpitaux. Les partisans de la vieille médecine, représentés par M. Dumas, et ceux de la nouvelle école médicale, ayant à leur tête MM. Bonjean et Thayer, se battirent avec acharnement pendant toute la séance. La victoire finit par rester aux allopathes.

L'avant-dernière séance du Sénat fut marquée par une lutte entre le président Troplong et le baron Dupin, cherchant à s'emparer subrepticement du droit de discuter le budget. C'était saper les bases de la Constitution. M. Troplong les défendit avec le courage du désespoir et parvint cette fois encore à les préserver, malgré l'aide puissante offerte au baron Dupin par le marquis de Boissy. « Coupez-nous la langue, cria ce dernier, ou laissez-nous parler ! » L'Assemblée mit fin au débat, et le 7 juillet elle se sépara aux cris de : Vive l'Empereur ! après avoir statué sur 512 pétitions et reçu l'hommage des œuvres de feu M. Billault et d'un ouvrage de M. de Quatrefages sur les vers à soie.

Le Corps législatif était entré en séance le 17 février. M. le vice-président Schneider, en montant au fauteuil, exprima ses regrets sur l'état de santé de M. de Morny, « qui prive le Corps législatif d'une de ces allocutions dont il puise le secret dans ses qualités personnelles ».

La Chambre s'occupa le même jour de la formation de son bureau.

L'opposition présentait deux candidats pour les fonctions de secrétaire : MM. Magnin et Planat. M. Darimon, surpris d'être mis de côté par ses anciens collègues de la gauche, voulut savoir pourquoi M. Havin n'avait pas voté pour lui. Le directeur du *Siècle* lui répondit qu'il avait voté pour les candidats choisis par le groupe dont il faisait partie, et il pria à son tour M. Darimon de vouloir bien lui expliquer comment les voix de la majorité s'étaient portées sur lui. M. Darimon répondit par de vagues récriminations contre l'opposition, qui avait cessé, disait-il, de le convoquer, ainsi que M. Emile Ollivier, à ses réunions [1].

La Chambre, avant d'entamer la discussion de l'adresse, procéda rapidement à la vérification des pouvoirs des députés nommés dans l'intervalle de la session. L'élection de la première circonscription de la Marne fut l'objet de graves protestations. Quatre candidats étaient en présence. MM. Goerg et Jean Bertrand, qui avaient eu le plus de voix après le candidat officiel, nommé à 16 voix de majorité seulement, protestaient contre cette élection, due à une intimidation que l'autorité s'efforçait de prolonger au delà même de la période électorale. Les maires, non contents de refuser la légalisation des signatures par lesquelles les électeurs affirmaient certains faits électoraux, menaçaient de poursuites ceux qui parlaient de la possibilité de l'annulation. La terreur administrative se faisait sentir jusque dans les villes. Un électeur s'étant adressé aux notaires et aux huissiers de Sainte-Menehould pour revêtir sa protestation des formalités légales, ces officiers ministériels lui refusèrent leur concours, à moins d'injonction du président du tribunal civil. La plus fréquente des illégalités signalées par la protestation est le vote par procuration : les femmes votent pour leurs maris, pour leurs pères, pour leurs beaux-pères ; tel maire vote pour ses fils absents, tel autre pour un malade ou pour un domestique.

Le scrutin, dans la plupart des communes, n'est pas scellé la nuit. A Ripont, par exemple, un petit nécessaire appartenant à la femme du maire, dans lequel les électeurs ont déposé leur vote, est remis tout ouvert au maître d'école. On vote dans des boîtes sans serrures, dans des soupières, dans des vases, dans toutes sortes d'ustensiles de ménage, mais la soupière domine. Les illégalités de tout genre dans cette élection étaient tellement flagrantes, que M. Jérôme David, rapporteur de la commission, se vit obligé d'en demander l'annulation. La Chambre la vota non sans regret.

1. M. Glais-Bizoin, chargé de faire les convocations à la gauche, déclara que ces deux députés n'avaient été l'objet d'aucune exclusion, et que M. Darimon lui avait formellement déclaré qu'il ne voulait plus se rendre chez M. Marie, où se tenaient les réunions de l'opposition.

« Cassez l'élection de M. Bravay tant que vous voudrez, je vous le renverrai, » avait dit le préfet du Gard. Le Corps législatif, convaincu de son impuissance à lutter contre ce fonctionnaire, prit le sage parti de céder. Quant à celle de M. Edouard André, que pouvait-on reprocher au candidat ? Rien ; sinon d'être très riche, très généreux, et d'avoir comblé la circonscription de bienfaits. On pourrait à la vérité s'étonner que, appartenant à la religion réformée, il se plût à donner des tableaux, des ornements et jusqu'à des cloches aux églises catholiques ; mais il n'y avait pas là de quoi faire casser une élection par une Chambre aussi dévote. « J'ai fait du bien au pays, répondait M. André aux observations de M. E. Pelletan ; prouvez-moi que j'ai acheté un seul individu ! » Cela eût été impossible : le candidat n'achetait pas en effet les individus, il achetait les communes. Aussi quarante-cinq députés se permirent-ils de trouver la générosité de M. Édouard André un peu suspecte et de protester par leur vote contre son admission.

La discussion du projet d'adresse commença le 27 mars. M. E. Ollivier avait annoncé d'avance qu'il profiterait de l'occasion pour se séparer de l'opposition. Il essaya d'expliquer cette résolution. « L'opposition, dit-il, présente un amendement qui contient ces deux propositions : « Loin de « marcher vers la liberté, le gouvernement s'en éloigne, » et · « C'est une « illusion que de chercher le progrès ailleurs que dans la liberté, et la li« berté ailleurs que dans la liberté politique. » Comment pourrait-il s'associer à des pensées qui sont, à ses yeux, des erreurs fondamentales ? La France est, il est vrai, sur bien des points, en arrière des autres peuples ; il est blessant pour une nation fière de comparer des institutions telles que les nôtres à celles de l'Italie, de la Belgique, de la Hollande, de la Suisse ; mais l'Empereur comprendra qu'une telle situation ne saurait durer sans danger. Les générations se suivent et se remplacent ; la génération née sous Louis Philippe demande à entrer dans la vie politique, le régime actuel la lui ferme : ne serait-il pas temps au contraire de la lui ouvrir ? L'Empereur, pour attirer la jeunesse autour de lui, n'a qu'à rester fidèle à sa tradition et à se rappeler l'acte additionnel, qui n'était pas, comme on l'a dit, l'acte d'un tyran aux abois, mais la meilleure constitution qu'ait eue la France. Quant à lui, qu'on l'accuse d'être un politique naïf ou un ambitieux vulgaire, il ne regrettera pas d'avoir employé toutes les forces de sa volonté à conclure une alliance durable entre la démocratie et la liberté par la main d'un pouvoir fort et national. » M. Émile Ollivier déclare, en terminant, qu'il confondra son bulletin avec ceux de la majorité, mais que son vote d'aujourd'hui en faveur de l'adresse n'est qu'un vote d'espérance. Quelle raison M. Émile Olivier avait-il donc d'espérer, en présence des actes récents du gouvernement ? Il se donnait, mais on ne voyait pas ce que la liberté recevait en échange.

M. Thiers insista sur la nécessité et l'opportunité de rendre au pays la liberté politique. L'Empereur, dans son discours, avait assez dédaigneusement qualifié d' « ingénieuses » les théories des libéraux. M. Thiers répondit : « Est ingénieux ce qui est raffiné, subtil et non simple. Ce qui « est ingénieux, c'est, lorsqu'en 1852 le législateur avait ses coudées « franches, d'avoir rétabli non pas la censure de la veille, ce dont je l'au- « rais défié, mais d'avoir créé la censure du lendemain, c'est-à-dire les « avertissements, les suspensions, les suppressions. C'est ensuite de dire « à la France qu'elle est la plus libre des nations, parce qu'on lui a donné « le suffrage universel, et de se réserver, sous le prétexte que dans une « si grande masse d'électeurs il y en a beaucoup qui ne sont pas éclairés, « le droit de les diriger. C'est enfin, lorsque la responsabilité appliquée « aux ministres peut seule avoir quelque efficacité en politique, de la « transporter au souverain. Voilà ce qui est ingénieux ! Dans ce que nous « demandons, au contraire, il n'y a rien que de simple, et cela est si vrai « que nos idées sont répandues dans toute l'Europe. » M. Thiers exprima le regret de voir des expéditions lointaines et ruineuses entreprises sans consulter les représentants du pays, ignorants des guerres et des traités qu'ils ne connaissaient qu'à l'état de faits accomplis, et il finit en démontrant que de la liberté politique dépendent la dignité et les intérêts d'un peuple, et que toutes les réformes économiques, judiciaires, administratives dont se targuait l'Empire ne remplaçaient pas cette liberté.

M. Thuillier, orateur officiel, le savait très bien ; aussi s'empressa-t-il, en répliquant à M. Thiers, d'abandonner le terrain de la discussion pour se placer sur celui de la récrimination. Liberté de la presse, liberté électorale, liberté de réunion, toutes les libertés entre les mains de l'opposition ne sont que des armes pour détruire le gouvernement. « On se plaint des poursuites dirigées contre les treize et contre le comité électoral ; de pareilles associations ne sauraient, en effet, être tolérées : ce serait un État dans l'État. Le comité des treize n'était pas autre chose d'ailleurs qu'un comité révolutionnaire. Lisez plutôt la correspondance échangée entre quelques-uns de ses membres : « Voici, mon cher ami, trente « hommes de premier choix, dont pas un ne manquera à l'appel. Mon avis « est de mêler les deux escouades, il y aura de l'émulation. » Un autre

Fig. 23. — Entrevue de l'Empereur et de M. de Bismark à Biarritz.

écrit : « J'envoie Legris et Leloutre, qui sont adroits, passer le jeudi à
« Bicêtre ; c'est le jour de service des vieux. *(Rires.)* Les hommes dont je
« parle sont les distributeurs des ouvriers, les praticiens de l'élection. »
(Nouveaux rires.) Un troisième s'écrie : « Allons donc ! agitez-vous
« donc, convulsionnez-vous donc ! *(On rit.)* En avant ! en avant les cham-
« pions ! en avant les circulaires aux départements. C'est très pressé. Je
« me regarde comme le vieux de la vieille [1]. » *(Nouveaux rires.)*

M. Thuillier, après avoir vidé l'arsenal des banalités contre la presse, évoque le spectre des journaux de 1848 : *le Père Duchêne, la Canaille, la Guillotine*, feuilles bonapartistes, il le sait bien, mais dont le titre fait toujours son effet. La Chambre, transportée d'admiration, interrompt la séance ; les députés de la majorité se précipitent en masse vers les bancs des orateurs du gouvernement, pour serrer la main à M. Thuillier. Le ministre d'État reste seul à sa place et paraît soucieux. Un rival venait-il de lui naître ?

Les passions de la Chambre avaient été vivement excitées par M. Thuillier. Le lendemain de cette séance cependant, les esprits se calmaient peu à peu sous l'influence somnolente de la parole de M. d'Havrincourt, chambellan de l'Empereur, lorsque tout à coup un tumulte violent s'élève sur les bancs de la gauche. Les membres de ce côté de la Chambre, debout sur leur banc, apostrophent l'orateur. D'où vient cet orage subit ? D'une phrase dans laquelle M. d'Havrincourt s'applique à rassurer M. Thiers sur les craintes de révolution. « Les révolutions ne sont plus
« à craindre, grâce à l'homme de génie qui gouverne la France et à la
« majorité du Corps législatif. La France est sortie par leurs communs
« efforts de l'abîme où l'avait jetée la république. Tout périssait lorsque
« le 2 décembre est arrivé : tout le pays l'attendait. »

La gauche tout entière se lève et proteste.

« *M. Picard* : Ne parlez pas du 2 décembre. *(Interruption, réclamations.)*

« *Voix nombreuses* : Parlez-en !

« *S. Exc. M. Rouher* : Nous avons détruit les factions ce jour-là, et nous les détruirons encore *(Très bien ! très bien !)*

« *M. Jules Favre* : Osez dire que vous agiriez de même vis-à-vis de cette Chambre, si elle vous résistait. Osez-le !

« *M. Picard.* Le 2 décembre est un crime [2].

« *Voix diverses* : A l'ordre !

---

1. La lettre était de M. Garnier-Pagès.
2. Le compte-rendu officiel remplace ce paragraphe par celui-ci : « M. Picard prononce au milieu du bruit, des paroles qui ne sont entendues que d'une partie de la Chambre. »

« *M. Haentjens* : Faites expliquer à M. Picard le mot qu'il a prononcé.

« *M. Granier de Cassagnac* : M. Picard a prononcé un mot qui doit être expliqué ou retiré.

« *M. le comte d'Ornano* : Un mot qui blesse le sentiment de la Chambre.

« *Le président* s'excuse sur ce qu'il n'a pu entendre ce mot au milieu du bruit. Il prie M. Picard de s'expliquer.

« *M. E. Picard* : Je me suis écrié : Ne parlez pas de cette date, parce que vous nous forceriez à nous lever et à dire ce que nous en pensons.

« *Voix nombreuses :* Dites-le ! dites-le.

« *M. E. Picard* : Je ne cherche ni ne redoute les occasions de cette nature. Je ne suis pas venu ici pour parler du 2 décembre, et si le gouvernement datait du 2 décembre, je ne serais pas ici : il date du 10 décembre et de l'élection du peuple devant laquelle je m'incline. Je n'aurais eu rien à ajouter si M. le ministre d'État n'avait pas cru devoir dire que ce jour-là les factions avaient été vaincues.

« *S. Exc. M. Rouher :* Vous avez parlé avant, je n'ai fait que vous répondre.

« *M. E. Picard* : J'ai répliqué à M. le ministre d'État un mot qu'il n'est pas de mon honneur de retirer, mais que par respect pour l'assemblée je ne répète plus.

« *Voix nombreuses :* Il ne manquerait plus que cela.

« *M. le président Schneider :* Je connais trop la loyauté de mon honorable collègue M. Picard pour penser qu'il puisse songer à se réfugier dans une équivoque.

« *M. E. Picard* : Il n'y a pas d'équivoque.

« *M. le président Schneider :* M. Picard a voulu dire assurément que ce mot lui avait échappé. J'admets qu'il a ainsi déféré à ce que les convenances parlementaires exigent et à ce que sa situation au milieu de nous lui impose (**Très bien ! très bien !**).

» *M. Granier de Cassagnac* et *M. Noubel* insistent pour que la Chambre soit consultée sur le rappel à l'ordre de M. Picard. Le président se déclare satisfait par son geste [1]. »

La discussion générale de l'adresse était close. La Chambre, avant de passer aux articles, s'occupa de la vérification de l'élection de la 3ᵉ circonscription du département du Gard. Les candidats en présence étaient M. Fabre [2], parent éloigné de feu Mgr Affre, archevêque de Paris, et M. de Larcy, ancien député légitimiste. M. Fabre, à peine choisi comme candidat officiel, s'empressa d'écrire à l'évêque de Nîmes que, l'accord unanime entre les grandes compagnies industrielles du Gard l'ayant désigné au choix de l'administration, il n'avait qu'à la laisser faire, et que son succès était certain d'avance, mais que, ne bornant pas son ambition à représenter les intérêts commerciaux, industriels ou agricoles du Gard, il « désirait par-dessus tout avoir son adhésion et celle du clergé ». Il ajoutait que ses convictions religieuses n'avaient jamais varié,

---

1. Le compte rendu officiel ajoute après la phrase de M. Schneider : « M. Picard fait un geste d'adhésion. »
C'est ce problématique signe d'adhésion qui engage le président, d'après le compte rendu officiel, à se déclarer satisfait. M. Schneider n'était pas difficile ; il est vrai que d'autres encore plus habiles auraient reculé devant la tâche de motiver un rappel à l'ordre pour attaque au 2 décembre.

2. Transporté en 1851, rallié à l'Empire, et nommé juge.

et que le dévouement à la religion était un glorieux héritage de famille.
« Je sais que des motifs de l'ordre le plus élevé déterminent seuls les résolutions de Votre Grandeur dans les circonstances analogues à celles qui me préoccupent; aussi m'a-t-il paru convenable de vous adresser cette déclaration. »

Mgr Plantier, peu touché de ces protestations, adressa immédiatement la circulaire suivante aux curés de son diocèse :

« Mon cher curé,

« M. le baron de Larcy se présente pour la députation : je vous recommande vivement cette candidature. Vous n'en parlerez pas en chaire; mais, en dehors de là, non seulement je vous autorise, mais encore je vous exhorte à user de toute votre influence pour la faire triompher.

« Plus vous agirez avec énergie, plus vous entrerez dans nos vues. On essayera peut-être de vous intimider; mais pourvu que vous restiez dans les limites de la prudence et de la loi, vous n'avez rien à craindre. Si l'on vous inquiète, votre évêque sera là pour vous défendre. Ainsi, entrez résolument en action : il s'agit d'une grande cause à soutenir et d'une liberté précieuse à faire prévaloir, celle des élections. »

L'administration, ne pouvant compter sur l'appui du clergé, entra de son côté résolument en campagne contre M. de Larcy, candidat officiel. Les autorités grandes et petites se mirent en campagne, et l'on vit les propriétaires des mines de la Grande-Combe et de Bessèges conduire leurs ouvriers embrigadés au scrutin. Les protestations étaient nombreuses et justifiées contre cette élection; mais la pression exercée sur les élections catholiques par l'évêque de Nîmes, formant son clergé en phalanges sacrées pour lutter sous le drapeau de M. de Larcy, parut sans doute à la majorité compenser l'influence des propriétaires des mines d'Alais et de Bessèges : M. Fabre fut admis, et la Chambre put passer à la discussion des articles de l'adresse.

L'opposition présentait au premier article un amendement énumérant toutes les réformes dont l'adoption aurait constitué le « couronnement de l'édifice ».

« La liberté seule élève l'âme des peuples, parce que seule elle donne l'influence au dehors, l'harmonie et la prospérité au dedans. Sans elle les victoires sont stériles, et les réformes précaires.
« Il faut à la France en 1865 ce que 1789 lui avait donné :
« Une presse libre;
« Des ministres responsables;
« Des communes gouvernées par des magistrats de leur choix;
« L'instrument, la sanction et la pratique de la liberté.
« C'est une illusion que de chercher le progrès ailleurs que dans la liberté politique.
« La France a été la première des nations libres. Après avoir enseigné au monde la liberté, doit-elle se résigner aujourd'hui à ne pas la posséder elle-même? »

M. Jules Favre, en développant cet amendement, crut pouvoir rechercher les origines et les antécédents de la Constitution ; mais comment, en parlant de son origine, ne pas l'associer au coup d'État du 2 décembre? La majorité somme le président de rappeler l'orateur à l'ordre. « S'il y avait quoi que ce soit dans ses paroles qui ressemblât à une accusation, s'écrie majestueusement M. Schneider, je dirais que le jugement a été prononcé par une autorité suprême, le peuple français ! » Les cris redoublent sur les bancs de la droite ; les bonapartistes, furieux, crient que l'amendement est inconstitutionnel dans plusieurs de ses parties, et que le président ne devrait pas le laisser discuter.

M. Jules Favre parvient enfin à se faire entendre : « Je recherche quels « sont les principes de la Constitution. Une pareille étude n'a été interdite « dans aucune assemblée. Si la Chambre estime le contraire, je m'assieds ; « mais, si elle me laisse la liberté d'exprimer ma pensée, je puis remonter « à l'origine de cette Constitution, aux causes sociales, morales, poli- « tiques d'où elle est sortie, sans m'écarter des règles de respect qui me « sont imposées. (*Nouvelles et plus vives interruptions.*) Au surplus, « puisque la Chambre ne veut pas que je poursuive, je m'assieds. »

Le président Schneider répond que personne n'empêche M. Jules Favre de parler : s'il ne veut pas continuer, un autre amendement va être mis en discussion. M. E. Ollivier, qui n'a aucun intérêt à ce que la majorité se montre trop intolérante, essaye son crédit sur elle et l'engage à renvoyer la séance au lendemain. Elle y consent. L'opposition, vivement émue, parlait de renoncer aux débats ; mais, dans une réunion de ses membres qui eut lieu dans la soirée, elle décida qu'elle continuerait à siéger.

M. Pelletan prit une part très brillante à la discussion de l'amendement demandant que les délits de presse fussent soumis au jury. Il avait affaire à un président singulièrement méticuleux. M. Pelletan essaye-t-il, pour venger la presse des dédains de l'Assemblée, de citer les journalistes qui figurent sur les bancs du Corps législatif, aussitôt M. Schneider de l'interrompre : « Il n'y a pas ici des journalistes, mais des députés. » S'avise-t-il de désigner la Russie comme une nation arriérée, il lui crie sèchement : « Ne parlez pas de la Russie ! » Prévoit-il le moment où la France en sera réduite à demander la liberté comme en Turquie, il le rappelle à la question ; un mot de plus, il le rappellera à l'ordre.

Quelques membres de cette fraction de la majorité, qu'on commençait à désigner sous le nom de tiers-parti, sans rendre le jugement des délits de presse au jury, consentaient à les déférer à l'avenir à la police correctionnelle. Ils présentèrent même un amendement dans ce sens, soutenu par M. Martel avec beaucoup de tact et de mesure. M. Rouher déclara que rien ne serait changé au décret de 1852, et l'amendement du tiers-parti eut le sort de l'amendement de la gauche.

MM. Carnot, Dorian, Jules Favre, Garnier Pagès, Glais-Bizoin, Guéroult, Havin, Hénon, Laujuinais, Magnin, Marie, E. Pelletan, E. Picard, auxquels s'étaient joints quelques membres d'une nuance plus douce, tels que MM. Malézieux, le duc de Marmier, Pieron-Leroy et même un membre de la droite, M. Belmontet, présentèrent cet amendement sur la liberté électorale :

« Dans le pays du suffrage universel, on voit les comités électoraux poursuivis sous le nom d'associations illicites, et pour la première fois, à ceux qui ont le droit d'élire, on conteste le droit de délibérer.

« Loin de marcher vers la liberté, le gouvernement s'en éloigne. »

M. Garnier-Pagès, en défendant cet amendement, reprit en quelque sorte le procès des « Treize » ; mais l'accusé cette fois, c'était le gouvernement. L'orateur de l'opposition lui demanda compte d'abord des visites domiciliaires opérées dans Paris et dans les départements pour s'emparer du secret des électeurs en fouillant leurs papiers et en brisant leurs meubles ; ensuite de la violation du principe d'égalité, en prenant treize accusés seulement sur dix-sept membres du comité (MM. Marie, H. Martin, J. Simon, Charton n'avaient pas été mis en cause, malgré leur demande rendue publique de partager le sort de leurs collègues), et enfin de ses tentatives pour empêcher un citoyen non seulement de s'occuper des élections d'un département où il ne vote pas, mais encore de verser une somme dans la souscription pour payer les frais de l'élection d'un candidat pauvre.

M. Vuitry, ministre président du Conseil d'État, en repoussant l'amendement, voulut bien cependant convenir que les électeurs devaient être libres, dans la période électorale, de tenir des réunions privées, et que les réunions publiques pouvaient avoir lieu, « à moins que l'administration ne les trouvât menaçantes pour l'ordre et pour la tranquillité ».

L'attention du Corps législatif avait été appelée sur les questions d'affaires par ce paragraphe de l'adresse : « Le Corps législatif a reçu avec satisfaction de Votre Majesté l'assurance que la situation des finances, allégée des dépenses qu'entraînent les expéditions lointaines.

permettrait cette année d'imprimer à ces travaux (d'utilité publique) une activité efficace, sans faire appel au crédit. »

MM. Bethmont, Carnot, Dorian, Jules Favre, Garnier-Pagès, Glais-Bizoin, Hénon, Laujuinais, J. Magnin, Marie, E. Pelletan, E. Picard, J. Simon, déposèrent l'amendement suivant à ce paragraphe :

» L'état de nos finances et du crédit public dépend du régime politique plus encore que des circonstances extérieures.

« Tandis que l'Angleterre diminue sa dette, la France augmente incessamment la sienne.

« Nos budgets réglés se soldent par des découverts ou par des emprunts.

« L'agriculture, l'industrie, le commerce, souffrent et demandent un remède prompt et décisif à cet état de choses.

« La Chambre ne peut remplir efficacement son mandat qu'autant que le principe fondamental de la spécialité dans le vote des finances aura été restitué. »

M. Magnin, en soutenant cet amendement avec clarté et logique, crut pouvoir rappeler que la question de la spécialité avait été déjà portée devant la Chambre par M. Latour-Dumoulin, au nom de cette fraction de la majorité dont il est le chef et que « nous avons l'habitude d'appeler le tiers parti ». M. le président Schneider se hâta de l'interrompre : « Je prie l'orateur de ne pas faire de semblables distinctions. Nous sommes tous ici au même titre; il n'est pas bon de chercher à nous diviser. » Comme si la division de la Chambre en diverses fractions n'était pas une des conditions de la vie parlementaire.

L'opposition, par son amendement, demandait le rétablissement de la spécialité en matière de finances. M. Gouin soutint que les améliorations dues à la « générosité de l'Empereur » suffisaient à la Chambre pour rester maîtresse de l'administration financière du pays. Ce n'était pas l'avis de M. Picard. La Chambre, par le renvoi à la commission, pouvait bien à la rigueur obtenir indirectement le bénéfice de la spécialité, et rejeter une dépense en rejetant la section dans laquelle elle est inscrite; mais c'est là, ajouta-t-il, pour quiconque connaît les assemblées, une décision si difficile à prendre, qu'elle peut être considérée comme impossible : la Chambre n'est donc pas en mesure, par le mécanisme actuel, de faire prévaloir sa volonté souveraine. « La spécialité en matière d'impôts, dit M. Picard en finissant, n'est pas seulement une question de droit, mais encore une question de probité. »

MM. le baron de Veauce, vicomte Clary, marquis d'Havrincourt, Kolb-Bernard, duc de Marmier, comte Napoléon de Champagny, Werlé, Lubonis, Pissard, Peyrusse, A. Jubinal, de Wendel, Duplan, Planat,

Fig. 24. — L'Empereur visite la pépinière du Luxembourg avant de signer le décret par lequel ce jardin doit être mutilé.

Martel, comte d'Ornano, baron de Ravinel, comte de Couëdic, Thomas-Kerkado, Couleaux, Terme, Etcheverry, baron de Coehorn, Armand, comte Caffarelli, Dupont, Buché de Chauvigné, Camille Dollfus, de Chiseul, Gellibert des Seguins, Bartholony, de Dalmas, Bethmont, Hénon, Ancel, Lambrecht, Roger, de La Guistière, comte de La Tour, vicomte de Grouchy, comte de Jaucourt, Jourdain, de Guilloutet, Bourlon, baron Travot, de Chastelux, Geoffroy de Villeneuve, Wert, Joseph Simon, comte de Boigne, vicomte de Plancy, Paulin Talabot, Calvet-Rogniat, avaient signé un amendement dans lequel le gouvernement était invité à étudier la question de savoir « si, par suite de la « transformation de la richesse et des changements dans les mœurs qui « en ont été la conséquence, nos lois de succession n'appelleraient pas « des modifications favorables à l'extension des droits du père de « famille. »

Les signataires de l'amendement, en protestant contre la pensée de rétablir le droit d'aînesse et de favoriser un partage inégal entre les enfants du même père, faisaient remarquer que la France n'est plus un pays seulement agricole, et que l'industrie y joue un rôle important; quel inconvénient y aurait-il donc, si l'on veut fonder la grande industrie, à ce que le père puisse léguer son usine au plus capable de ses fils? L'intérêt de l'industrie et les droits de la liberté, tels furent les arguments que les signataires firent valoir avec toutes les précautions oratoires en faveur de leur amendement. MM. Adolphe Guéroult et Marie le combattirent, comme portant atteinte à nos lois civiles et aux principes de la Révolution; la Chambre, cette fois, leur donna gain de cause à une forte majorité.

MM. Jules Simon et Ernest Picard abordèrent avec énergie la grande question de la décentralisation, à propos de la nomination des maires et de l'administration de la ville de Paris. M. Jules Simon, dans un discours qui remplit deux séances, demanda qu'en vertu de la Constitution, essentiellement perfectible, la législation fût modifiée, et que le choix des maires dans le conseil municipal devînt une loi. L'éternel argument que le gouvernement doit être armé de prérogatives immenses en face de cette force immense, le suffrage universel, pour lui faire équilibre, fut encore une fois opposé à M. Jules Simon. M. Magnin rappela inutilement à la Chambre que, la restriction inaugurée par la législation de 1852, d'abord repoussée par la commission, n'avait été acceptée que comme transitoire.

M. E. Picard s'était donné la mission de rendre à la ville de Paris l'élection de son conseil municipal. Son discours, véritable charge à fond de train contre le système d'administration du préfet de la Seine, mit à nu la contradiction existant, entre sa façon de procéder, et celle du ministre des finances, l'un obligé d'exposer son budget, l'autre libre de le cacher, de telle sorte qu'on ne sait sur quoi se fonde ce qu'on dit être la grande prospérité de la ville de Paris. M. Devinck parle d'excédents dans son rapport au conseil municipal ; mais, ajoute l'orateur, il paraît conclure à un emprunt ; il déclare que l'augmentation des dépenses sans surcharge pour les contribuables est due à l'augmentation des recettes, et cependant les contribuables se plaignent d'être augmentés. Qui a tort ou raison ? Tout le monde, selon M. Picard : l'impôt n'est pas augmenté, c'est vrai ; mais les contribuables payent davantage, car l'impôt est proportionnel à la valeur locative, et il suffit d'accroître cette valeur pour accroître l'impôt. C'est là le secret de l'énigme. La ville de Paris, d'un autre côté, se faisant commerçante, emprunte indirectement, comme les commerçants, par des acceptations et des bons à échéance dont les spéculateurs fournissent les fonds, quoique M. Boudet, ministre de l'intérieur, vienne justement, par une circulaire, d'interdire ces arrangements aux communes, et par ce moyen les expropriations continuent.

M. Ernest Picard, abordant le côté politique de l'administration de M. Haussmann, lui rappela qu'il siégeait dans un lieu où il pouvait apprendre l'histoire de Paris aux sources mêmes, et que les souvenirs de ce palais auraient dû lui dire : « L'esprit municipal existe ; il résistera aux coups qu'on veut lui porter. Le préfet de la Seine évoque en vain le spectre de la Commune de Paris ; il oublie qu'elle n'était pas le produit de l'élection libre. Tant que le drapeau de la libre élection a flotté sur l'Hôtel de ville, les citoyens ont résisté ; la dictatuture y est revenue sous une nouvelle forme. Voyez si vous voulez l'y maintenir. »

M. Rouher, obligé d'accourir de sa personne au secours de M. Haussmann, reprocha longuement à M. Ernest Picard d'avoir de l'esprit et de s'en servir pour se livrer à des critiques « qui peuvent inquiéter l'opinion et servir d'aliment à la malignité publique ». Répondant ensuite à l'ensemble des réclamations de l'opposition, il apprit à la Chambre que le gouvernement était parfaitement résolu à prendre désormais les maires dans les conseils municipaux, « à moins de circonstances exceptionnelles », et à n'organiser les administrations communales qu'après les élections municipales qui allaient avoir lieu cette année. Il fallait bien se contenter de cette concession.

Une grave discussion s'engagea dans la séance du 7 avril sur deux amendements relatifs, l'un à la réformation du Code d'instruction criminelle et à l'abolition de la peine de mort, l'autre à l'instruction gratuite et obligatoire : amendements connexes, car la pénalité sociale s'adoucit d'autant plus que l'instruction sociale s'étend, et la procédure criminelle voit diminuer ses justiciables à mesure que l'ignorance fait moins de victimes. L'exposé simple et éloquent des doctrines de M. Carnot sur l'instruction primaire fut écouté avec une grande attention. M. du Miral et M. de Parieu, ce dernier parlant au nom du gouvernement, dirigèrent contre la gratuité et contre l'obligation des arguments en contradiction complète non seulement avec les documents publiés par le ministère de l'instruction publique, mais encore avec le sentiment démocratique. M. de Parieu eut le courage d'attribuer à l'obligation de l'instruction l'émigration allemande et de soutenir qu'il s'en fallait de très peu que le nombre des soldats français sachant lire égalât celui des soldats prussiens. M. Jules Simon se chargea de répondre et de rendre au débat l'élévation que les deux précédents orateurs lui avaient fait perdre.

L'ordre du projet d'adresse amenait la discussion des questions extérieures. Le public s'intéressait peu aux affaires d'Allemagne depuis que tout danger d'une guerre européenne semblait écarté. Il n'en était pas de même des affaires du Mexique. M. Jules Favre se chargea de la traiter avec sa vigueur habituelle. Maximilien allait faire un nouvel appel au crédit, il ne fallait pas laisser l'opinion sous l'impression du discours de l'orateur de l'opposition. Le gouvernement s'empressa de pousser à la tribune un député récemment revenu d'une mission au Mexique, M. Corta, qui écrasa M. Jules Favre sous les fleurs de ses descriptions : richesse du sol ; unanimité de la population en faveur du gouvernement; acceptation de Maximilien par les Mexicains comme le représentant du progrès à l'européenne, par les Indiens comme « l'homme aux yeux bleus, aux cheveux d'or, qui doit régénérer le pays » ; ralliement complet et général des cléricaux, conservateurs et républicains à l'empire; réorganisation des finances, de l'armée, de la justice, de l'instruction publique, aucune des conditions indispensables à sa régénération ne manquait désormais au Mexique. L'heure avancée obligea

M. Corta à remettre au lendemain la suite de son récit merveilleux; il le termina en demandant s'il était possible d'abandonner immédiatement une œuvre si brillamment commencée? « Et pourquoi? Les États-Unis ne disent rien, ni par l'organe du président Lincoln, ni par l'organe du président Davis. Restons donc tranquillement au Mexique, et menons notre entreprise à bonne fin [1]. »

M. Picard opposa à ce conte de fées un scepticisme que les événements devaient bientôt justifier. Vous blâmez tous cette expédition, dit-il à ses collègues, hâtez-en la fin, « si vous avez ce courage ». La majorité force M. Picard à retirer ces paroles, pourtant si vraies. Son discours n'en produisit pas moins une impression très peu favorable à l'empire de Maximilien. M. Rouher heureusement venait d'apprendre la conclusion de cet emprunt, et il annonça cette grande nouvelle à la Chambre, en ajoutant d'un ton triomphant : « A quoi se réduisent les critiques
« de M. Picard? Les capitaux et la Bourse les rétorquent suffisamment.
« La convention de Miramar sera suivie en ce qui concerne les termes
« fixés pour le retour partiel de nos troupes. On nous dit que les
« chambres américaines ont proclamé la doctrine de Monroe, que Maxi-
« milien n'est pas reconnu à Washington. Qu'importent ces faits, grossis
« d'ailleurs par une presse hostile? Des explications échangées entre les
« deux gouvernements, il n'est résulté que des choses favorables. Le
« président Lincoln a fait, dans son message, appel à la concorde
« entre toutes les nations, et son représentant à Paris dit en parlant
« des éventualités dont l'opposition veut nous inquiéter : « Votre sagesse
« sera la nôtre. »

Il fallait que M. Rouher fût bien sûr de l'inaltérable optimisme de la majorité pour lui donner ces derniers mots comme une preuve de l'esprit de conciliation des États-Unis. Il connaissait déjà leur volonté formellement exprimée de ne pas tolérer plus longtemps l'intervention française au Mexique, ce qui ne l'empêcha pas de terminer son discours par cette emphatique et menteuse déclaration : « Nous avons fait au
« Mexique une grande chose : légitimement appelés dans ce vaste
« territoire du Mexique pour y venger nos griefs, nous y avons porté
« la civilisation, l'ordre, la liberté, et dans peu d'années ce pays pacifié
« bénira la France et contribuera au développement de son commerce
« et de sa grandeur. Je répète que l'expédition française est une grande

---

1. M. Corta fut nommé sénateur quelques mois après.

« chose, que la France a par cette expédition conquis un grand pays à
« la civilisation. Que son drapeau y flotte quelques mois encore, et
« qu'elle achève d'y écraser les résistances dernières, qu'il détruise les
« bandits, qu'importe un séjour prolongé de quelques mois encore! le but
« doit être atteint, la pacification complète. L'armée française ne doit
« revenir sur nos rivages que son œuvre accomplie et triomphante des
« résistances qu'elle aura rencontrées. »

La Chambre clôtura la discussion du projet d'adresse par un grand débat sur la convention du 15 septembre, c'est-à-dire sur la question italienne, source de si vifs dissentiments dans le groupe uni pour la revendication commune des libertés publiques. M. Thiers, en la traitant, se montra supérieur à lui-même dans l'art de grouper les arguments et de coordonner un discours : regretter la guerre d'Italie, l'unité italienne et la perte de l'alliance autrichienne ; soutenir que l'annexion de Nice et de la Savoie ne compensait pas les inconvénients qu'elle pouvait avoir pour nous, c'était une tâche difficile, qu'il remplit sans fléchir jusqu'au bout. Montrant Rome tombée aux mains de l'Italie après le départ de nos troupes, la France rappelée dans cette ville par les périls du Saint Siège et retenue peut-être par de subits obstacles, il adjura le gouvernement et la Chambre de ne pas désespérer les cœurs catholiques par l'abandon du pouvoir temporel, de ne pas briser l'unité de l'Église que remplaceraient des Églises nationales prêtes à réunir dans la même main le sceptre religieux et politique.

L'alliance avec l'Autriche, notre vieille ennemie, demanda le ministre d'État, ne serait-elle pas aussi courte que périlleuse? La convention du 15 septembre ne dépouille pas le pape de sa souveraineté, elle la rétablit dans les conditions normales de toute souveraineté. Les Romains, ajouta-t-il, n'ont-ils pas le droit d'être bien gouvernés? Or, être bien gouverné au xixe siècle, c'est jouir des libertés nécessaires décrites par M. Thiers, et surtout de n'avoir pas l'étranger chez soi. La papauté peut vivre indépendante à côté de l'Italie respectueuse. Pourquoi désespérer de la conciliation dans l'avenir? M. Rouher défendit nettement la convention du 15 septembre, au point de vue des relations entre le gouvernement impérial et l'Italie ; mais il montra moins de clarté en essayant de rendre compte des rapports qu'elle établissait, selon lui, entre l'Italie et le gouvernement pontifical.

Le ministre d'État, quittant ce terrain glissant, prit directement M. Thiers à partie ; il lui rappela le temps où il soutenait que jamais une société en France ne réunirait 40 millions, et que ce serait fort heureux si l'on exécutait 40 kilomètres de chemins de fer; il lui reprocha sa défaite en 1840 dans la question d'Orient, résolue, à ce qu'il dit, par l'Empereur, et les rudes atteintes portées par lui pendant qu'il était au pouvoir à cette liberté dont il se déclarait aujourd'hui l'ardent défenseur. « Nous parlerons à notre tour de vos opinions en 1848! » répond M. Eugène Pelletan au ministre provocateur. M. Thiers essaye de dire quelques mots ; le président lui ferme la bouche aux acclamations de la majorité. M. Rouher revient à la question italienne et reprend gravement cette théorie de la réconciliation entre la papauté et l'Italie devenue, comme venait, avec raison, de le dire M. Thiers, « la risée de l'Europe ».

Un membre de la majorité s'était plaint que la convention reconnût es droits au peuple romain. M. Rouher lui répondit :

« Oui, nous lui reconnaissons des droits, mais distinguons. Un peuple peut dans certains cas modifier son organisation, changer son régime intérieur... (*interruptions sur quelques bancs.*)

« *M. Pelletan :* Nous en prenons acte. (*Murmure prolongé.*)

« *Un membre :* C'est un appel direct à la révolte. (*A l'ordre!*)

« *M. Rouher :* M. Pelletan prend acte de ces mots : un peuple a le droit de changer son gouvernement intérieur... Oui! Mais, si une minorité factieuse tendait à renverser le gouvernement, la majorité saurait l'écraser. » (*Vive adhésion. — Oui, oui! très bien!*)

Ces derniers mots n'avaient été prononcés que pour donner le change aux passions de la majorité et les détourner de l'adresse elle-même, car les députés catholiques ne trouvaient pas le paragraphe sur la papauté assez explicite en sa faveur, et ils proposaient de le remplacer par un autre plus formel soutenu par M. Buffet ; mais la sortie de M. Rouher fit son effet : la majorité adopta le paragraphe de la commission.

Le discours de la couronne, le livre jaune et l'adresse étaient muets sur les États-Unis. La gauche aurait voulu que la Chambre, au moment même où elle venait d'apprendre la nouvelle de la prise de Richmond, qui mettait fin à la guerre civile, témoignât sa satisfaction en voyant se rétablir la République américaine, sa vieille alliée, après ses héroïques efforts pour abolir l'esclavage. M. Eugène Pelletan se fit vainement l'organe de ce vœu ; l'adresse, adoptée le 16 avril par 249 voix contre 15 sur 264 votants, ne contint pas un mot sur les États-Unis.

La Chambre, après deux semaines de vacances, se réunit le 1er mai. M. Rouher ouvrit la séance par quelques mots de condoléance sur la mort de Lincoln, suivis de la lecture de la dépêche adressée à ce sujet

Fig. 25. — Napoléon III, se rendant à l'ouverture des Chambres, est reçu par les membres de la famille impériale.

par Napoléon III à son représentant à Washington. M. le président Schneider balbutia quelques phrases de regret au nom du Corps législatif, et la discussion du projet de loi relatif à un appel de 100 000 hommes sur la classe de 1865 fut renvoyée au lendemain.

Le chiffre de 100 000 hommes, dit M. Lanjuinais, est au-dessus des forces de la population, qui ne s'accroît plus par les naissances ; il ajourne et souvent empêche le mariage de 100 000 jeunes gens et devient ainsi une des causes de l'abaissement de la taille. L'état de l'Europe n'est sans doute pas très rassurant ; mais le gouvernement parlementaire, qui s'est trouvé dans des positions aussi menaçantes que le gouvernement impérial, et qui prenait Anvers et Ancône devant la coalition menaçante, se contentait d'un contingent de 80 000 hommes. M. Maguin émit l'opinion fort juste que la prime d'exonération, étant un impôt, devait être votée par le Corps législatif. M. Glais-Bizoin proposa l'adoption du système prussien du service militaire personnel et obligatoire. On devine le sort de ces motions.

M. Lanjuinais avait écrit au président de la commission du budget pour le prier de lui donner communication des documents à elle remis par le gouvernement, notamment du chiffre de la dette flottante ; M. Leroux ne crut pas devoir se rendre à cette demande. M. Picard s'étonna qu'on pût refuser de communiquer aux membres de la Chambre les documents indispensables à leurs travaux. « Vous aimez mieux laver votre linge sale en famille, » s'écria M. Pelletan en se tournant vers les membres de la majorité. Il fut rappelé à l'ordre.

Il n'y a pas de loi plus importante que celle sur la mise en liberté provisoire quand on songe aux malheurs que peut entraîner une détention préventive ; aussi M. Marie demandait-il que la mise en liberté provisoire fût de plein droit, sauf dans certains cas, tels que le flagrant délit, la rupture de ban et le vagabondage, tandis que la loi proposée n'accordait la liberté provisoire cinq jours seulement après son interrogatoire qu'à l'individu prévenu d'un délit dont la répression n'entraîne pas une peine au delà de deux mois de prison. Le projet de loi n'était guère mieux étudié que celui sur l'enseignement secondaire spécial, évidemment dirigé vers ce double but : détourner les enfants de la classe moyenne des études classiques, afin de mettre un terme à l'encombrement des carrières libérales, et diriger la jeunesse vers les travaux tenant le milieu entre ceux de la main et ceux de l'esprit. La Chambre vota la loi sans y croire et comme un essai soumis à bien des révisions.

Le Corps législatif, prorogé le 20 mai jusqu'au 15 juin, vota une loi sur les associations syndicales depuis longtemps réclamée par l'agriculture, et la loi sur les chèques, vivement combattue par M. Berryer. Les chèques, selon lui, n'avaient pas leur raison d'être dans un pays comme la France, où il n'existait ni banques de dépôt ni comptoirs de liquidation (*clearing houses*), et par conséquent une loi sur cette espèce de valeurs n'était qu'une tentative pour créer artificiellement ce qui ne pouvait être efficacement produit que par des habitudes commerciales bien acceptées et bien établies. La discussion finit après trois séances par la victoire du chèque. Vingt opposants cependant s'élevèrent contre lui.

Le projet de loi destiné à augmenter le nombre et le traitement des conseillers de préfecture trouva dans M. Paul Bethmont un adversaire, qui ne craignit pas de demander la suppression pure et simple des conseils de préfecture, singuliers tribunaux qui, faisant eux-mêmes partie de l'administration, jugent cependant ses actes. M. Bethmont proposait de soumettre les causes ordinairement déférées aux conseils de préfecture soit aux tribunaux civils, soit aux juges de paix, soit aux conseils généraux ou municipaux. L'amendement de M. Bethmont investissait en outre toutes les assemblées électives, conseils généraux, conseils d'arrondissement, conseils municipaux, du droit de vérifier les pouvoirs de leurs membres. Il fut repoussé, comme contraire, selon ses adversaires, au principe de la séparation des pouvoirs.

La discussion du budget commença le 1er juin. La situation budgétaire ne s'était point améliorée, malgré les plaintes de l'opposition, les inquiétudes du public et les promesses du gouvernement. Le budget depuis longtemps se présentait en équilibre, et même avec un léger excédent ; le budget rectificatif venu, l'excédent était remplacé par un déficit. Le budget de 1866 était donc orné de l'excédent traditionnel ; sans compter sur lui plus que d'habitude, on espérait du moins que, fidèle aux engagements du rapport de M. Fould [1], le gouvernement ne ferait pas d'appel nouveau au crédit. Le président du Corps législatif souffla sur cette espérance en annonçant que le ministre des finances avait déposé sur le bureau trois projets de loi, demandant deux autorisations d'emprunt, l'une de 250 millions pour la ville de Paris, l'autre de 270 millions pour l'État, plus la faculté pour ce dernier d'aliéner une portion des forêts de l'État jusqu'à concurrence de 100 millions. C'était presque le milliard de la paix demandé pour pousser la campagne des travaux publics.

---

1. Publié au mois de janvier.

Le Corps législatif accueillit ces projets avec une mauvaise humeur évidente. M. Garnier-Pagès ouvrit le débat par un discours qui remplit presque toute la séance. L'orateur, après avoir énuméré les fautes qu'on pouvait reprocher à la gestion financière du gouvernement, indiqua les moyens de les éviter à l'avenir : réduction sur les budgets de la guerre et de la marine par la rentrée des troupes de Rome et du Mexique ; limitation à 800 millions de l'allocation aux travaux publics ; suppression de l'octroi, de l'impôt sur le sel, du double décime, sur les contributions indirectes, du timbre sur les journaux, et remplacement de tous ces impôts par un impôt unique sur le revenu.

M. Thiers, en entendant parler d'impôt sur le revenu, s'empressa de monter à la tribune. « J'espère, dit-il, si cette question se présente un « jour, démontrer au peuple français que l'impôt sur le revenu ne serait « pas un soulagement, mais une tyrannie intolérable. » Il présenta ensuite le tableau vrai des finances du second empire. Il fit voir que le revenu de la France en impôts perçus varie entre 1900 et 1930 millions, et que sa dépense atteint 2 milliards et 230 millions. Ces dépenses forment trois budgets : ordinaire, extraordinaire et rectificatif. La différence entre les recettes et les dépenses est formée par les deux derniers budgets. Le budget rectificatif contenant des dépenses qui pouvaient être prévues dans le budget ordinaire, et le budget extraordinaire renfermant des dépenses permanentes qui devraient être couvertes par les recettes permanentes du budget ordinaire, le gouvernement, pour couvrir ces dépenses, détourne l'amortissement de son usage naturel, et, pour solder en prévision le surplus, il se sert de ressources accidentelles et douteuses, telles que les indemnités mexicaines, d'annulations présumées sur des dépenses et des excédents hypothétiques, de revenu, tout cela au détriment des créanciers de l'État, de la dette flottante et du grand-livre.

Le discours de M. Thiers fut écouté sans interruption, quoique très vif, et il produisit une impression que les orateurs du gouvernement ne parvinrent pas à diminuer. MM. Vuitry et Rouher ne pouvaient pas en effet se flatter de démontrer que les recettes étaient aussi certaines que les dépenses, et que c'était un procédé régulier que de grever la caisse de dotation de l'armée du service des pensions de retraite des corps recrutés et des corps non recrutés par l'appel, pour se procurer 22 millions. Un pareil expédient ne trahissait-il pas les embarras de la situation financière? La rentrée des 25 millions de l'annuité mexicaine allait devenir de plus en plus incertaine; le Mexique recourait pour la seconde fois au crédit dans les conditions les plus onéreuses : à l'appât de l'intérêt à 9 1/2 pour 100, on avait été obligé, pour attirer les souscripteurs, de joindre, au mépris de la loi, l'attrait immoral de la loterie. Comment compter comme une ressource certaine l'annuité mexicaine ?

M. Thiers lui ayant cité l'exemple de l'Angleterre, dont le grand livre ne s'était pas ouvert depuis la guerre de Crimée, c'est, répondit M. Rouher, qui avait promis en montant à la tribune d'aborder les questions par le côté philosophique, « qu'elle est protégée par la mer contre les bouillonnements du continent. » Comme si l'Angleterre, depuis la création de la marine à vapeur, était séparée de ses voisins, et comme si elle avait autre chose que la liberté pour la protéger contre « les bouillonnements du continent » et contre les siens.

La majorité avait souvent reproché aux critiques de M. Jules Favre contre l'expédition du Mexique d'être contraires à la prudence et au patriotisme, et d'entraver la France dans l'accomplissement d'une œuvre glorieuse. Elle ne lui permit pas même cette fois de demander catégoriquement au gouvernement s'il était disposé à tenir l'engagement pris l'année dernière de se retirer lorsque Maximilien serait établi. M. Jules Favre en doutait fort d'avance, car le trône de Maximilien ne fut jamais plus chancelant ; le gouvernement, dit l'orateur, assurait, il y a un an, que le Mexique était pacifié, et le général Castagny brûle des villes de 4000 âmes.

M. Rouher : C'était un repaire de brigands !

M. Jules Favre engage le ministre, qui appelle les Mexicains des brigands, à se souvenir qu'on a aussi donné ce nom aux vaincus de 1815. Un député de la droite lui crie : « Ils ont versé leur sang pour leur pays, et vous de l'encre ! » Et M. Guilloutet : « La Chambre vous écoute avec indignation. »

M. Jules Favre, continuant son discours au milieu des interruptions, se plaint-il que des journalistes mexicains aient été traduits devant des conseils de guerre, le même M. de Guilloutet lui répond : « On a bien fait, car ils étaient criminels. » M. Jules Favre reprend-il sans prendre garde aux interruptions du même genre qui l'assaillent de tous côtés : « Si vous êtes obligés d'en venir à ces excès de répression, ne parlez pas d'empire fondé et de retirer les troupes, comme vous le promettiez l'année dernière. » L'orateur se livre-t-il ensuite à l'examen de la situation financière du Mexique et parle-t-il de l'emprunt de 250 millions, qui, d'après M. Thiers, en rapportait à peine 53 à l'emprunteur, et qu'on n'avait pu conclure qu'en joignant à l'appât d'un intérêt de 9 pour 100 l'attrait immoral d'une loterie promettant à l'avidité ignorante du pauvre des lots de 500 000 francs, les clameurs redoublent. Sent-il à son tour la rougeur lui monter au front quand il songe que le Trésor de la France a prêté son estampille à la négociation d'un pareil emprunt et à la création illégale d'une loterie qu'il signale « à la cour », la droite accueille ce *lapsus linguæ* par des éclats de rire de commande au moyen desquels elle espère vainement atténuer les arguments de l'orateur.

Le ministre d'État se serait bien volontiers dispensé de reprendre la parole dans la discussion ; mais obligé de remonter à la tribune, il eut recours tout de suite au procédé le plus en usage chez les orateurs officiels aux abois, et qui consistait à répondre aux reproches de l'opposition par des accusations personnelles : « Vous parlez des finances de l'Em-
« pire, à quel taux était la rente sous la République ? Vous vous plaignez
« qu'on ait traduit devant le conseil de guerre quelques rédacteurs « de
« la petite presse » qui avaient transformé un bandit en martyr, et vous
« arrondissez des phrases brillantes contre un général qui expose sa poi-
« trine aux balles ennemies. L'emprunt mexicain n'a pas été négocié à
« des conditions moins favorables que l'emprunt turc. Vous prétendez
« que nous avons eu tort de permettre aux receveurs généraux de rece-
« voir les souscriptions ; demandez donc tout de suite un emprunt pour
« Juarez. Nous n'avons pas plus violé la loi sur les loteries, en autorisant
« les emprunts du Mexique, qu'en autorisant les emprunts à lots de la
« ville de Paris : ces opérations ne sont pas comprises dans les défenses
« de la loi. Vous attaquez l'expédition du Mexique au nom de votre
« patriotisme, eh bien, sachez que, à la fête de la célébration de l'indépen-
« dance du Mexique à New-York, on a bu à la mort du pape, de Napo-
« léon III, de Maximilien et à la santé des députés français de l'opposi-
« tion. » Le spectre rouge arrivait d'un peu loin ; l'effet produit par lui n'en fut pas moins assez considérable pour que M. Rouher, dans sa magnanimité, voulût bien tendre la main à l'opposition : « Hâtons par la
« communauté de nos vœux le moment où les troupes françaises, non
« pas humiliées, car elles ne sauraient l'être, mais triomphantes et ayant
« *achevé leur œuvre*, reviendront recevoir les couronnes de la
« France. »

La discussion générale du budget fit place à la discussion des sections. Le régime pénitentiaire, qui soumet au régime cellulaire des enfants livrés par l'abandon de leurs parents à la contagion de l'exemple, à l'insaisissable propagande du vice dans les villes, appelait une réforme. M. Jules Simon prit la défense de ces criminels, en quelque sorte innocents, dans un discours éloquent qui arracha au gouvernement la promesse d'une enquête prochaine.

La grande bataille de la session se livrait dans les anciennes chambres sur le terrain des fonds secrets. Les orateurs de l'opposition profitaient de l'occasion pour passer en revue tous les actes du ministère et proposaient une réduction dont l'adoption aurait entraîné la chute du cabinet. M. Eugène Pelletan se fit écouter en proposant la réduction traditionnelle; c'était tout ce qu'il pouvait espérer, en parlant devant une majorité comme celle du Corps législatif, et en attaquant la loi de sûreté générale, l'interdiction des réunions et des associations, et la loi qui livrait le secret des lettres aux magistrats de police.

La présentation d'un projet de loi tendant à autoriser la ville de Paris à emprunter 250 millions de francs destinés à l'exécution de différents travaux d'utilité publique, donna lieu à une discussion à laquelle prirent part MM. Berryer et Ernest Picard. Le discours le plus important, à cause de la position de l'orateur, membre distingué de la droite, fut celui de M. Segris, qui, sans nier l'utilité des travaux énumérés dans le projet d'emprunt, démontra qu'on ne devait pas compter sur le prétendu excédent de 35 millions annoncé dans le rapport de M. Devinck sur les finances de la ville.

La dixième section, comprenant l'administration des postes, servit de terrain à une lutte très vive entre M. Guéroult et M. Vandal, directeur des postes. M. Guéroult se plaignit des facilités de transport que l'administration accordait aux journaux officiels au détriment des autres. Elle ordonnait de fréquentes ouvertures des paquets de certains journaux, pour opérer des vérifications qui en retardaient la distribution, tandis que les journaux officieux n'étaient jamais exposés à de pareilles visites. Le *Moniteur du soir*, journal officiel, qui, timbré à 6 centimes, ne se vendait qu'un sou, trouvait aussi dans la connivence de la poste un moyen de plus de faire concurrence aux journaux indépendants. M. Vandal, soutenu par les applaudissements de la majorité, avait gardé le silence sur le *Moniteur du soir*, sous prétexte que c'était une question politique. Le ministre d'État se taisant également, on pouvait conclure de ce silence que le gouvernement se croyait le droit de se faire marchand et de vendre sa marchandise au-dessous du prix en chargeant le budget de payer la différence. La discussion semblait finie, lorsque M. Eugène Pelletan

Fig. 26. — Plusieurs des sénateurs qui, en séance, ont l'air de désapprouver les discours de M. de Boissy, lui expriment leur approbation quand ils sont sortis de la salle des séances.

monte à la tribune et adresse cette question à M. le directeur général des postes : Dans le cas où, sans commencement d'instruction, M. le préfet de police lui demanderait de lui livrer des lettres, les livrerait-il ? « Non ! » s'écria le directeur des postes.

M. Eugène Pelletan avait affirmé que le préfet de police à Paris et les préfets dans les départements usaient, sans mandat de justice et sans commencement d'instruction judiciaire, du droit de faire saisir toutes les lettres à la poste, même par des agents de police inférieurs. M. le ministre d'État s'était inscrit en faux contre cette assertion. Mais, un arrêt récent de la Cour de cassation, rendu toutes les chambres réunies, venait de donner raison à M. Pelletan. M. Rouher crut donc devoir atténuer le premier mouvement du directeur des postes et reconnaître que le préfet de police avait en effet le droit de décerner un mandat pour la saisie de tout objet suspect, et par conséquent des lettres mises à la poste. Les lettres, M. Rouher fut en outre obligé d'en convenir, restaient à la merci du préfet de police à Paris et des préfets dans les départements, sans autre précaution que la défense faite à ces fonctionnaires d'étendre leur pouvoir à d'autres lettres qu'à celles pouvant servir à constater un délit ; mais comment savoir, avant de l'ouvrir, à quoi une lettre peut servir ? Le pouvoir du magistrat de police était donc d'autant plus exorbitant que celui qui en était investi pouvait se dispenser de convoquer le signataire à l'ouverture de sa lettre, la garder s'il l'avait saisie mal à propos, ou l'envoyer à la justice s'il la jugeait utile à une instruction. La discussion devenait embarrassante. La majorité l'étouffa, mais en laissant le public convaincu que le secret des lettres n'existait plus.

Le gouvernement avait demandé un crédit de 6 millions pour construire un nouvel hôtel des postes. L'inopportunité de cette dépense ajoutée à tant d'autres fit rejeter le projet. Le gouvernement, averti par ce symptôme d'insubordination de la majorité, retira ses demandes d'autorisation de contracter un emprunt au profit des travaux publics et de vendre une partie des forêts de l'État. Il revint purement et simplement au plan financier exposé dans le rapport de M. Fould en date du mois de janvier.

La session fut close le 4 juin ; moins longue que la précédente, elle n'en fut pas moins importante. L'opposition de gauche avait grandi en habileté, en discipline, en cohésion ; une scission était en train de s'opérer dans la majorité, et, devant les tendances nouvelles d'une de ses fractions, le gouvernement avait été obligé de renoncer à des projets qu'il avait fort à cœur d'accomplir ; son prestige s'en était affaibli et en même temps sa force : l'Empire dictatorial s'en allait.

CHAPITRE VI

LA POLITIQUE EXTÉRIEURE PENDANT L'ANNÉE 1865

Coup d'œil rétrospectif sur les affaires extérieures. — Situation difficile de la Prusse. — Embarras de l'Autriche. — Note du *Moniteur du soir*. — Entrevue de Salzbourg. — Rupture de l'équilibre européen. — Doléances de la presse. — Convention de Gastein. — Inquiétudes de la Prusse. — Voyage de M. de Bismarck à Biarritz. — Le rêve de Napoléon III. — De quel prix Napoléon III fera-t-il payer sa neutralité entre la Prusse et l'Autriche ? — Réception du 1er janvier 1866. — Révolution en Espagne. — Mort de M. Victor Cousin. — Souscription pour élever une statue à Voltaire. — Rétablissement de la tribune au Corps législatif. — Election dans le Bas-Rhin. — Candidature de M. Laboulaye. — Le discours d'Auxerre. — Politique double de Napoléon III. — Mort de Flocon. — Fermentation des esprits. — Sénatus-consulte du 6 juillet.

L'opinion, toujours lente en France à se préoccuper des questions extérieures, commençait cependant à montrer plus d'inquiétude sur ce qui se passait au delà du Rhin ; de graves événements s'étaient produits dans le nord de l'Europe : l'Allemagne avait franchi la frontière du Jutland, malgré les efforts de la diplomatie anglaise. Le gouvernement impérial avait consenti, le 20 mars 1864, à participer à une conférence formée à Londres pour concilier les belligérants et pour mettre fin au différend par un appel au suffrage universel. Ce moyen n'étant guère du goût des souverains allemands, la conférence se sépara sans rien décider.

L'insuccès du projet de congrès européen, rêve favori de Napoléon III, et de la conférence imaginée par l'Angleterre, ne laissait plus aux amis du Danemark qu'un espoir, celui d'obtenir pour lui un armistice. La première condition pour réussir, l'entente cordiale entre le cabinet des Tuileries et celui de Londres, avait manqué à cette tentative. Le Danemark, ce vieil allié de la France, avait cédé une partie de son territoire pour obtenir la paix, dans le courant du mois d'août 1864. L'amour-propre national français en souffrit, mais il comptait sur des compensations. La neutralité bienveillante de Napoléon III n'était-elle pas indispensable à la Prusse dans la voie où elle était entrée? Il saurait donc se la faire payer un bon prix.

La situation de la Prusse restait en effet assez difficile; les populations du Danemark non seulement n'étaient pas consultées, mais encore Christian IX perdait la partie purement scandinave du Slesvig. Cette guerre prétendue national, entreprise par l'Allemagne pour sa défense, allait aboutir à la suppression d'une nationalité. Les petits États qui soutenaient le duc d'Augustenbourg contre les prétentions de la Prusse demandaient en attendant que l'administration du Holstein lui fût remise. M. de Bismarck voyait bien qu'il ne suffirait pas à la Prusse de prendre des airs de souveraine dans ce pays pour en rester maîtresse malgré la Diète, malgré les États secondaires, malgré la présence d'une brigade autrichienne dans les duchés; il fallait pourtant trouver un moyen de les annexer. Une commission de jurisconsultes et de conseillers d'État, chargée d'examiner la validité des titres des prétendants, s'étant prononcée, le 1er juillet dernier, contre ceux du duc d'Augustenbourg et du duc d'Oldenbourg, il ne restait plus qu'un droit de suzeraineté sur les duchés de l'Elbe entre les mains de l'Autriche et de la Prusse. Quelle était de ces deux puissances la mieux en mesure de l'exercer?

L'Autriche, se repliant sur elle-même à la suite de la guerre d'Italie, avait essayé de se renouveler en s'unifiant; mais cette tentative d'unification, acceptée avec empressement par les 10 millions d'Allemands qui figurent parmi les 35 millions d'habitants de l'empire, avait été moins bien accueillie par les autres peuples soumis à la domination des Hapsbourg. L'empereur François-Joseph s'était donc vu obligé de changer brusquement de système et de remplacer l'unification par une fédération plus étroite. L'Autriche se trouvait, pour ainsi dire, en état flagrant de formation, tandis que la Prusse, libre de toute préoccupation intérieure, augmentait de jour en jour son armée d'occupation et se fortifiait sans obstacle dans les duchés. L'Autriche, comprenant son impuissance momentanée, prit le parti d'interrompre les négociations avec la Prusse, comptant les reprendre dans le congrès, dont elle espérait encore la réunion, lorsque le *Moniteur du soir* vint, le 20 juillet, lui ôter cette dernière illusion :

« Le bruit d'une entente, entre les grandes cours de l'Europe, pour la réunion d'un congrès, a été mis en circulation par un journal étranger et tout aussitôt reconnu comme dénué de fondement. L'idée d'une délibération commune des puissances a été naguère proposée par l'Empereur en vue d'aplanir les difficultés alors existantes et d'écarter celles qu'on pouvait prévoir. La grandeur de cette pensée n'a point été contestée, et la lutte survenue entre l'Allemagne et le Danemark n'a pas tardé à en démontrer la justesse ; mais le gouvernement impérial laisse au temps le soin de justifier plus complétement encore les conseils de Sa Majesté. »

Le *Moniteur* revint, le 4 août, sur cette question :

« On s'est demandé, dans la Confédération germanique, comment le gouvernement français apprécie la conduite des cabinets allemands. La réponse est indiquée par la ligne de conduite qu'il a suivie dans les phases antérieures de la question. Chaque fois qu'il s'est trouvé appelé à exprimer une opinion, il s'est référé au sentiment national des populations, et il continue à faire des vœux pour que la combinaison qui prévaudra soit conforme à ce principe. »

Napoléon III montrait une foi bien robuste ou bien complaisante dans les intentions des deux grandes puissances allemandes : le seul point sur lequel elles fussent d'accord était précisément l'inutilité de consulter les populations ; quant au reste, une crise dans les principautés danubiennes qui permettrait à l'Autriche de se dédommager sur le Danube des cessions faites à la Prusse sur l'Eider pouvait seule, aux yeux de bien des gens, résoudre la question des duchés. Était-ce pour préparer cette crise que l'empereur d'Autriche et le roi de Prusse devaient bientôt se réunir à Gastein? Ce qu'il y a de sûr, c'est que la situation devenait intolérable pour l'Autriche dans les duchés, où le roi de Prusse exerçait tous les droits de souveraineté, malgré les anathèmes de la presse viennoise et de la presse anglaise, devenue tout à coup très hostile à la Prusse, qu'elle accusait « d'abus de confiance, de fraude, de perfidie, » tandis que les journaux autrichiens, de leur côté, poussaient leur gouvernement à s'appuyer sur les États secondaires. L'ambition prussienne ne s'arrêtera pas, disaient-ils, devant les mots, mais devant la force ; l'Autriche, si elle recule, perdra sa position en Allemagne et se verra bientôt obligée de chercher vers l'est un autre centre de gravité. Le cabinet de Vienne, selon son habitude, hésitait à prendre une résolution. L'incertitude de la situation donnait naissance aux bruits les plus singuliers : la nouvelle que l'Autriche et la Prusse étaient disposées à demander l'arbitrage du gouvernement impérial se répandit tout à coup dans Paris. La *Patrie* s'empressa de la démentir : « Le gouvernement impérial a observé dans la question dano-allemande une stricte neutralité, et il y a tout lieu de croire qu'il continuera à suivre cette ligne de conduite. » La neutralité ne pouvait guère être invoquée dans le cas actuel, car c'est précisément à un État neutre que convient le rôle de médiateur.

L'entrevue de l'empereur d'Autriche et du roi de Prusse à Salzbourg était attendue avec une vive impatience, comme devant mettre fin aux doutes et aux inquiétudes de l'opinion publique ; elle eut lieu le 19 août 1865, et fut des plus cordiales. M. le comte de Bismarck et M. le comte Mensdorf avaient ensemble ébauché à Gastein une nouvelle organisation provisoire dans les duchés ; les deux souverains l'acceptèrent. L'Autriche devait occuper et administrer le Holstein, et la Prusse le Slesvig ; Rendsburg, converti en forteresse fédérale, recevrait une garnison prussienne ; Kiel deviendrait un port fédéral sous la surveillance de la Prusse, autorisée à le fortifier et à construire un canal de la mer du Nord à la mer Baltique ; les duchés entreraient dans le Zollwerein. L'Autriche céderait en outre à la Prusse le Lauenburg en échange de 2 millions et demi de thalers danois.

La Prusse et l'Autriche ressuscitaient ainsi le droit de conquête, à la grande indignation de la presse de tous les pays, et surtout de l'Autriche. Aujourd'hui, disaient les journaux viennois, on vend le Lauenburg, pourquoi ne vendrait-on pas demain la Vénétie ? Les journalistes de Saint-Pétersbourg et de Moscou, organes du vieux parti russe, partageaient les sentiments de leurs confrères de Vienne. L'Autriche et la Prusse n'en continuaient pas moins leurs négociations pour se mettre d'accord sur les bases d'une solution définitive de la question des duchés. Le traité de Vienne devait en être l'unique point de départ : constitution d'un tribunal pour fixer la question de succession ; défense et forces des duchés remises à la Prusse, telles étaient les principales bases du traité, singulière conclusion d'une guerre entreprise pour rendre deux provinces à l'Allemagne.

L'accord entre les puissances et l'équilibre européen étaient rompus, puisque la Prusse et l'Autriche réglaient sans la France, sans l'Angleterre, sans la Russie, une question qui les intéressait si directement. Le

Danemark succombait, mais pas seul; la Bavière, le Wurtemberg, la Saxe, le Hanovre, tous les États secondaires tombaient avec lui, et la Diète, pouvoir pondérateur, placée entre l'Allemagne, l'Autriche et la Prusse, était annulée. « Deux des plus grandes monarchies conserva-
« trices de l'Europe, dit le plus important des journaux anglais, donnent
« l'exemple aux révolutionnaires de profession; il leur faudra plus de
« bonheur qu'elles n'en méritent pour que les effets de leur conduite ne
« retombent pas sur elles. » Les journaux officieux français tenaient le même langage. Les journaux de Berlin leur répondirent fièrement que la Prusse avait la mission sacrée de réaliser le vœu de l'Allemagne unitaire; qu'elle était aussi bien dans son droit en gardant les duchés que la France en gardant l'Algérie contre la volonté des Africains.

La convention de Gastein fut communiquée au gouvernement impérial comme à tous les autres gouvernements. Il se contenta de l'apprécier en général par une note du 29 août, dans laquelle M. Drouyn de Lhuys exprima ses regrets de ne trouver aux combinaisons austro-prussiennes d'autre fondement que la force, d'autre justification que les intérêts des copartageants : « C'est là une politique dont l'Europe actuelle était désha-
« bituée et dont il faut chercher les précédents aux plus tristes époques
« de l'histoire. La violence et les conquêtes pervertissent la notion du
« droit et la conscience des peuples; substituées aux principes qui règlent
« la vie des sociétés, elles sont un élément de trouble et de dissolution, et
« bouleversent l'ordre ancien sans édifier aucun ordre nouveau. »

Ce langage avait de quoi donner à réfléchir à la Prusse; elle ne pouvait se dissimuler que les arrangements qu'elle venait de conclure avec l'Autriche et ses projets pour l'avenir avaient besoin de la neutralité de Napoléon III. Prétendait-elle l'obtenir sans rien donner en échange, et au besoin se croyait-elle assez forte pour l'imposer? Le langage des journaux militaires, rédigés par les officiers les plus instruits de l'armée prussienne, pouvait le laisser croire; mais cette attitude cachait de graves appréhensions. Napoléon III accepterait-il le soufflet qu'il venait de recevoir et se résignerait-il à sacrifier l'Autriche, sans compensation? Le gouvernement prussien était trop intelligent pour s'en flatter. Napoléon III mettrait certainement un prix à sa neutralité. Lequel? M. de Bismarck n'obtint pas sans peine la permission de se rendre à Biarritz pour tâcher de démêler les intentions de l'Empereur. Cela n'était point facile. Napoléon III s'en tenait dans tous ses entretiens avec le ministre prussien aux généralités. L'Italie avait raison de vouloir compléter son unité et de

Fig. 27 — La salle des séances du sénat.

profiter des occasions pour atteindre ce but. L'Allemagne a des aspirations nationales qu'il trouve juste et qu'il n'a pas l'intention de contrarier; la neutralité est son rôle naturel, à moins que la carte de l'Europe ne soit modifiée au détriment de la France. C'était là des déclarations un peu vagues, mais sincères. M. de Bismarck ne s'y trompa pas; il comprit qu'il pouvait se fier aux paroles de son interlocuteur, et il agit en conséquence. Obtenir une promesse de neutralité, comme il s'en flattait d'abord, c'était une illusion à laquelle il fallait renoncer ; mais on pouvait s'en consoler, car une promesse de ce genre semblait inutile.

La guerre des duchés de l'Elbe avait mis en quelque sorte Napoléon III et M. de Bismarck aux prises dès l'année précédente. Les ambiguïtés, les détours, les ambages de la politique impériale flattant à la fois les vainqueurs et les vaincus des bords de l'Eider, protestant en faveur de l'intégrité du Danemark et faisant des propositions qui menaient à son démembrement, parlant de la paix sans la désirer, assurant le cabinet anglais de son entente parfaite avec lui, et le laissant dans la crainte et le soupçon qu'il n'en eût une secrète avec la Prusse, n'avaient point échappé à M. de Bismarck; il en devinait la cause : il se souvenait que, quelque temps après le coup d'État, M. de Persigny s'était rendu à Berlin avec la mission de sonder M. de Radowitz, chef du cabinet prussien, sur une alliance entre la Prusse et le gouvernement de Napoléon. On devine à quelles conditions. L'entente ne put s'établir à cette époque, et M. de Persigny s'empressa de colporter à Vienne, où elles ne furent pas mieux accueillies, les offres repoussées à Berlin. Un accroissement de territoire sur la frontière du Nord ou de l'Est n'avait pas cessé d'être le rêve de Napoléon III, la pensée de son règne, l'absolution de son coup d'État. Napoléon III n'était donc pas sans arrière-pensée de renouer la négociation entamée par M. de Persigny, lorsqu'il se rendit, comme on l'a vu, en 1860 à Baden, où se trouvait le régent de Prusse. M. de Bismarck, qui commençait à exercer une certaine influence dans les conseils du gouvernement, accourut de Saint-Pétersbourg, où il était ambassadeur, pour engager son maître à accepter la couronne d'Allemagne en échange d'une Nice et d'une Savoie quelconques, à trouver sur le Rhin ou ailleurs. Mais l'oreille du régent n'était pas encore ouverte à de semblables propositions ; il ne vit Napoléon III qu'en présence des princes allemands accourus pour lui rendre hommage à Baden. M. de Bismarck eut quelques conversations avec l'Empereur, qui lui permirent de s'assurer que la Prusse trouverait à l'occasion, de l'autre côté du Rhin, l'allié qu'elle repoussait, toujours prêt à conclure le marché aux mêmes conditions. Le besoin d'une entente avec la Prusse n'avait fait que s'accroître chez l'Empereur depuis Villafranca ; l'unité de l'Italie le poussait à favoriser l'unité de l'Allemagne.

L'entente entre le gouvernement impérial et la Prusse se trouva forcément ajournée par l'attitude de la Prusse devant l'insurrection polonaise, qui empêcha l'Angleterre, la France et l'Autriche de donner suite à leur résolution de reconnaître la Pologne. L'Autriche dut se retirer de l'alliance ; il ne restait plus à Napoléon III qu'à laisser la Russie écraser la Pologne ou à entraîner l'Angleterre dans une guerre contre l'Allemagne. L'Angleterre se méfiait singulièrement du gouvernement impérial et de sa bonne foi [1]. La guerre ne pouvait manquer d'amener des rectifications de frontières qu'elle redoutait, car il était évident que Napoléon III ne ferait la guerre à l'Allemagne, en faveur du Danemark, que si le bénéfice à en retirer lui paraissait suffisant [2] ; il en était même venu à s'expliquer clairement à ce sujet, puisque les ministres anglais avaient déclaré en plein Parlement qu'une extension de frontières du côté du Rhin était le prix que le gouvernement impérial mettait à son concours en faveur du Danemark. L'Angleterre ne croyant pas devoir payer l'intégrité de la monarchie danoise aussi cher, Napoléon III vit bien qu'il ne lui restait plus qu'à se tenir dans l'expectative, et à sacrifier le Danemark à la Prusse quitte à l'obliger de compter avec lui.

M. de Bismarck se rendait fort bien compte des dispositions d'esprit de Napoléon III, lorsqu'il fit ce tour de force de décider l'Autriche à se joindre à la Prusse dans cette campagne du Danemark, à laquelle aucun intérêt ne la poussait. Le moment venu de tirer de la conquête commune les causes de division nécessaires pour amener la guerre entre la Prusse et l'Autriche, et l'expulsion de cette dernière de l'Allemagne, M. de Bismarck comprit que si, sûr de la Russie, il avait pu se passer de l'appui de Napoléon III dans l'affaire des duchés, il n'en serait pas de même dans une guerre contre l'Autriche et la moitié de l'Allemagne. Il était donc venu

1. « Le cabinet anglais n'est pas tout à fait convaincu que la France n'a pas une entente secrète avec la Prusse relativement à nos affaires. » (*Dépêche de l'envoyé danois à Londres.*)

2. « Une pareille entreprise exigerait de nous le déploiement de toutes nos ressources et nous imposerait des sacrifices immenses. Devant une éventualité de cette nature, l'Angleterre serait-elle disposée à nous prêter un appui illimité? Le gouvernement de l'Empereur, en demandant aux grands corps de l'État leur concours, aurait à leur expliquer pour quels avantages le sang de la France va couler : le gouvernement anglais nous mettra-t-il à même de répondre à cette question, la première qui nous sera faite? » (M. Drouyn de Lhuys à M. de La Tour d'Auvergne.)

l'année précédente en France, au lendemain des préliminaires de Vienne, pour sonder le terrain. Les événements survenus depuis rendaient plus pressant pour la Prusse le besoin de savoir à quoi s'en tenir sur ce qu'elle avait à espérer ou à redouter de Napoléon III. M. de Bismarck prit aussitôt la résolution de se rendre de nouveau auprès de Napoléon III, et la *Gazette de la Croix* du 30 septembre annonça le départ de Berlin du président du conseil pour un simple voyage d'agrément, auquel le public voulut d'autant moins croire que M. de Bismarck, ajoutait le journal, devait commencer par se diriger sur Paris.

Le bruit courut aussitôt dans cette capitale que M. de Bismarck venait soumettre à Napoléon III une combinaison au moyen de laquelle l'annexion de la Belgique ou des provinces rhénanes à la France ne tarderait pas à s'effectuer, et le plan d'un Parlement allemand, nommé par le suffrage universel. C'étaient là, disait-on, les deux conditions mises par Napoléon III à sa neutralité. Les souvenirs de Plombières pesaient évidemment sur l'entrevue de Biarritz, et le public ne se rendait pas compte de la différence des situations. L'entrevue de Plombières s'était terminée par un marché, et l'on supposait qu'il devait en être de même de celle de Biarritz, tandis qu'au contraire Napoléon III et M. de Bismarck avaient intérêt l'un et l'autre à laisser les choses dans un certain vague. Que Napoléon III, sans s'engager à garder la neutralité, fît clairement entrevoir qu'il ne se mêlerait pas à une guerre dont il espérait bien profiter, quelle que fût la puissance victorieuse, M. de Bismarck n'en demandait pas davantage. La neutralité de Napoléon III avant tout, on en discuterait plus tard le prix, selon les circonstances. Il est fort à présumer qu'à ce moment-là M. de Bismarck eût consenti à la payer du prix du Rhin jusqu'à Mayence, dans le cas où la Belgique n'aurait pas pu remplacer ces provinces.

M. de Bismarck, sûr de la neutralité de Napoléon III, avait encore à vaincre les scrupules de son maître avant de le lancer dans une guerre contre l'Autriche [1]. Aussi, en quittant Biarritz le 7 novembre, se rendit-il tout de suite à Berlin. Son départ ne fit qu'accroître l'émotion causée

---

1. « Le roi est ainsi fait, que, pour le déterminer à revendiquer son droit, il faut démontrer que d'autres le lui contestent. Mais, quand il est convaincu qu'on méconnaît son autorité ou que l'on prétend en limiter indûment l'exercice, on peut, sans crainte qu'il les décline, lui proposer les résolutions les plus énergiques. C'est ainsi qu'on a obtenu qu'il ne fît jamais aucune concession à la Chambre dans la question de la réorganisation de l'armée, et c'est de même que procède le président du conseil dans les affaires qui relèvent plus particulièrement de son initiative. » (Lettre de M. Benedetti à M. de Gramont.)

par son séjour près de l'Empereur. Le *Constitutionnel* crut y mettre fin le 1ᵉʳ décembre, en déclarant que « M. de Bismarck, dans les conver-
« sations politiques qu'il était impossible d'éviter, s'était maintenu dans
« un ordre de considérations générales, et, loin de chercher à rallier la
« France à des combinaisons hasardeuses et menaçantes pour la paix de
« l'Europe, a apporté dans ses démarches la plus grande discrétion comme
« la plus parfaite courtoisie. »

Personne, en vérité, ne doutait de la courtoisie de M. de Bismarck : mais tout le monde se refusait à croire que le président du conseil du roi de Prusse eût quitté son poste, dans les circonstances actuelles, dans l'unique intention d'échanger avec l'empereur des Français des paroles de courtoisie. Les bonapartistes ne se faisaient pas faute d'ailleurs de répéter partout que les questions de la plus haute importance avaient été agitées dans cette entrevue, d'où ne tarderaient pas à sortir des combinaisons qui expliqueraient l'échec apparent de la politique impériale et qui porteraient son influence au plus haut point. On n'avait cependant rien fait à Biarritz, et l'année 1865 finit au milieu de ces espérances et de ces illusions.

Les réceptions du 1ᵉʳ janvier 1866 n'apprirent rien au public. L'Empereur répondit aux souhaits exprimés par le nonce au nom du corps diplomatique pour son bonheur, celui de l'Impératrice et du Prince impérial : « Tous les ans à pareille époque, nous faisons un retour sur le
« passé, et nous jetons un regard sur l'avenir. Heureux si nous pouvons,
« comme aujourd'hui, nous féliciter d'avoir évité les dangers, fait cesser
« des appréhensions, resserré les liens qui unissent les peuples et les rois !
« Heureux surtout si l'expérience d'événements accomplis nous permet
« d'augurer pour le monde de longs jours de paix et de prospérité. »

Ces paroles, qui devaient si peu concorder avec les prochains événements, n'étaient déjà plus en harmonie avec la situation présente des affaires. En attendant que l'union entre les peuples et les rois se réalisât, un *pronunciamiento*, ayant le général Prim à sa tête, éclatait en Espagne. Les journaux officiels annonçaient, cela va sans dire, sa défaite, mais les mesures prises par le gouvernement indiquaient la gravité du mouvement. Le gouvernement impérial n'avait certainement aucun *pronunciamiento* à redouter, mais les esprits commençaient à se réveiller. Les cadenettes jusqu'ici avaient été bien portées : la jeunesse dorée, en attendant de zézayer, ne perdait aucune occasion de témoigner de sa haine et de son mépris pour la Révolution. Le Théâtre-Français jouait au commencement de l'année un drame [1] dont la scène se passe au temps de la Convention. Le héros de la pièce, entraîné dans un salon de la réaction, entend patiemment d'abord les railleries des muscadins, puis, incapable de maîtriser son indignation, il foudroie ses adversaires d'une éloquente apologie de la terrible assemblée. Les spectateurs des loges essayèrent de protester ; ceux du parterre et des galeries supérieures applaudirent avec enthousiasme. L'Empereur se crut obligé de battre des mains à l'éloge de la Convention, ce qui n'engageait pas le gouvernement à grand'chose, car le lendemain l'autorisation de fonder un cercle de gens de lettres fut refusée, et une note menaçante du ministre de l'intérieur vint rappeler aux journaux l'éternel article 42 de la Constitution relatif au compte rendu des Chambres, dont l'ouverture eut lieu le 22 janvier.

Quelques jours après, le corps de M. Cousin, ramené de Cannes, fut inhumé au cimetière Montparnasse. Quatre orateurs prirent la parole sur sa tombe et glorifièrent dans M. Cousin le professeur éloquent, le grand écrivain, le ministre qui avait rendu de signalés services à l'enseignement : le philosophe fut oublié. Un écrivain plus illustre à qui le titre de philosophe a été aussi refusé, et qui n'en a pas moins sa place dans l'histoire de la philosophie, Voltaire, fut de nouveau rappelé à l'attention publique par l'ouverture, dans le *Siècle*, d'une souscription destinée à lui élever une statue.

Le gouvernement, non content de refuser l'autorisation de fonder un cercle littéraire à Paris et d'interdire à un ancien préfet [2] l'autorisation de faire à Alençon une conférence sur Corneille, redoublait de rigueur contre les livres et les journaux. Deux condamnations, l'une à un an, l'autre à trois mois de prison, sans compter les amendes, frappèrent l'éditeur et l'imprimeur des *Evangiles annotés* par Proudhon. La terreur régnait parmi les imprimeurs et les éditeurs, à ce point qu'un écrivain [3], après avoir fait un traité avec un éditeur pour une *Histoire de Robespierre*, fut obligé de lui intenter un procès pour le forcer à tenir ses engagements ; la *Presse* reçut un avertissement pour s'être permis de supposer, « supposition injurieuse pour une Chambre française », que le Corps législatif avait l'intention de repousser la loi du contingent. L'opinion s'irritait de ces sévérités ; il fallait faire quelque chose pour la calmer ; voici à quel expédient l'Empereur eut recours. Le président du

---

1. *Le Lion amoureux*, par Ponsard.
2. M. Masson.
3. M. Ernest Hamel.

Corps législatif allait se mettre au lit; on lui annonce une estafette accourue des Tuileries avec un pli très pressé; que contient cette dépêche inattendue? M. Walewski déchire l'enveloppe; il y trouve l'ordre de faire rétablir immédiatement la tribune dans la salle des séances.

L'annonce de la mutilation du Luxembourg pour y faire passer une rue causait dans ce quartier une émotion partagée par les autres quartiers de la capitale. M. Haussmann subissait les conséquences d'un système poussé à outrance; à force de démolir, il avait fini par inspirer l'horreur de la démolition. Des réclamations s'élevèrent de tous côtés pour la conservation du Luxembourg. L'Empereur se vit dans la nécessité de les calmer par une lettre dans laquelle il déclarait à M. de La Valette, ministre de l'intérieur, que, voulant se rendre compte lui-même de la valeur des plaintes, il avait visité le jardin du Luxembourg, et que, s'étant convaincu qu'il y avait tout avantage à laisser intacte la partie sud-ouest de cette promenade publique, il le chargeait de prendre les mesures nécessaires pour modifier dans ce sens les projets arrêtés. Cette lettre ne mit pas fin aux appréhensions. Des groupes considérables se formèrent le 17 mars devant le théâtre de l'Odéon, où l'Empereur devait assister à la première représentation de la *Contagion*, et poussèrent sur le passage de la voiture impériale les cris de : Vive le Luxembourg! Vive la Pépinière!

L'élection de la 1re circonscription du Bas-Rhin fixait au plus haut degré l'attention générale. La lutte, plus vivement engagée que jamais entre ceux qui pensaient que l'heure de la liberté avait sonné pour la France et ceux qui l'ajournaient indéfiniment, donnait une importance particulière à l'élection du Bas-Rhin et en faisait attendre le résultat avec une vive impatience. Il avait été d'abord question de trois candidats : M. Hagen, qui s'était mêlé avec ardeur aux dernières luttes électorales; M. Bancel, et M. Laboulaye, professeur au Collège de France. La candidature de ce dernier l'avait emporté. La bataille était plus sérieuse encore que celles d'où MM. Girot-Pouzol et de Tillancourt étaient sortis vainqueurs dans le Puy-de-Dôme et dans l'Aisne. M. Odilon-Barrot, en 1863, avait obtenu 6500 voix et M. de Bussière plus de 21 000. La ville de Strasbourg avait donné la majorité au candidat officiel. Comment les votes se répartiraient-ils trois ans après entre M. de Bussière et M. Laboulaye sur une question de liberté? L'opposition gagna 3486 voix, et M. de Bussière en perdit 1899. Quoique le gouvernement eût usé en faveur de son candidat de tous les moyens dont il disposait, le candidat de l'opposition l'emporta dans la ville de Strasbourg.

Fig. 28. — La Prusse répond aux réclamations des habitants du Sleswig avec l'insolence de la force prête à tout braver.

La fondation d'une aristocratie et d'une noblesse nouvelle préoccupait Napoléon III, comme elle avait préoccupé Napoléon Ier. M. Baroche, M. Delangle, M. Magne avaient étudié à fond cette question, déjà portée devant le conseil privé l'année précédente; les avis s'étaient partagés. M. de Persigny recommanda vivement la formation d'une nouvelle noblesse privilégiée; M. Magne se serait contenté de titres nobiliaires attachés hiérarchiquement à certaines fonctions civiles et militaires. Quelques membres du conseil se prononcèrent pour cette noblesse, avec l'espoir que plus tard il serait possible de rétablir les majorats à son profit. La création de deux comtes vint à propos le 30 avril [1] égayer le public dans un moment où le pressentiment de prochaines et sérieuses complications assombrissait les esprits et causait une baisse considérable sur les fonds publics.

L'Empereur et l'Impératrice quittèrent le 7 mai les Tuileries au milieu de l'émotion causée par la nouvelle de la marche de l'armée prussienne sur la Saxe. Leurs Majestés se rendaient au concours régional d'Auxerre. Cette fête purement agricole avait attiré une foule immense de tous les coins du département de l'Yonne et des départements voisins, et l'on ne s'attendait guère à la voir servir de prétexte à une démonstration politique; aussi la surprise fut-elle des plus vives à Paris, lorsqu'on lut dans le *Moniteur* la réponse de Napoléon III au discours que lui avait adressé le maire d'Auxerre en lui présentant les clefs de cette ville :

« Je vois avec bonheur que les souvenirs du premier Empire ne sont pas effacés de votre mémoire. Croyez que de mon côté j'ai hérité des sentiments du chef de ma famille pour ces populations énergiques et patriotes qui ont soutenu l'Empire et l'Empereur dans la bonne et la mauvaise fortune. J'ai d'ailleurs envers le département de l'Yonne une dette de reconnaissance à acquitter. Il a été un des premiers à me donner ses suffrages en 1848 : c'est qu'il savait, comme la grande majorité du peuple français, que ses intérêts étaient les miens, et que je détestais comme lui ces traités de 1815, dont on veut faire aujourd'hui l'unique base de notre politique extérieure.

« Je vous remercie de vos sentiments. Au milieu de vous je respire à l'aise, car c'est parmi les populations laborieuses des campagnes que je retrouve le vrai génie de la France. »

Cette brusque réponse au discours prononcé au Corps législatif par M. Thiers [2] sur les affaires d'Allemagne et aux applaudissements que lui avait prodigués la majorité empruntait aux événements une importance exceptionnelle. L'Empereur, détestant les traités de 1815, ne pouvait en

1. M. Mimerel (de Roubaix) et M. Monnier de La Sizeranne, sénateurs.
2. Voyez le chapitre consacré à la session de 1866.

vouloir de leur conduite au roi de Prusse et au roi d'Italie. Comment allait-il s'y prendre pour les déchirer à son tour? Aurait-il recours à un congrès ou à la guerre? Le congrès était impossible, et la guerre difficile, car la majorité du Corps législatif sortait du vote des populations rurales, peu disposées, quoi qu'en pût dire l'Empereur, à prendre les armes pour détruire les traités de 1815. Il semble en tout cas que l'Autriche dut trembler en entendant les paroles d'Auxerre; mais, pendant qu'il encourageait la Prusse par son langage, Napoléon III traitait secrètement avec l'Autriche. Conserver plus longtemps la Vénétie, c'était difficile pour cette puissance; la céder ou l'échanger sans combat, c'eût été une tache pour son honneur militaire. François-Joseph consentit, après une campagne dont le succès lui paraissait certain, à céder la Vénétie à l'Italie en échange de la Silésie enlevée à la Prusse. Cela fut stipulé dans un traité secret entre la France et l'Autriche. Les deux grandes puissances allemandes, ayant chacune leurs raisons de compter sur la neutralité de Napoléon III, n'hésitèrent plus à engager la lutte, et l'Autriche, cinq jours après la signature de la convention secrète, fit, à la Diète germanique, les propositions auxquelles la Prusse répondit par l'ouverture des hostilités.

L'ignorance absolue du public sur tout ce qui concernait la politique étrangère du gouvernement impérial ouvrait un large champ aux conjectures et laissait l'opinion dans un état d'agitation perpétuelle.

Les journaux officieux cependant faisaient tous leurs efforts pour calmer les esprits et ne cessaient d'affirmer que la politique du gouvernement était essentiellement pacifique, « qu'elle exigeait une neutralité parfaite autant pour sauvegarder directement les intérêts français que pour permettre au gouvernement de l'Empereur d'exercer activement de divers côtés, dans toutes les circonstances favorables, l'influence que lui ont assurée sa conduite dans les crises précédentes et les services qu'il a rendus à l'ordre européen. » Ces assurances, données par une presse entièrement à la dévotion du pouvoir, touchaient peu le public; aussi le gouvernement redoublait-il de sévérité envers la presse indépendante à mesure que les circonstances devenaient plus graves. La contrainte morale qui pesait sur les feuilles de l'opposition démocratique les réduisit à passer en quelque sorte sous silence la mort de Ferdinand Flocon, qui eut lieu le 16 mai à Lausanne. L'opinion publique, très prompte à s'engouer des hommes qui prennent le pouvoir en temps de révolution, se montre non moins prompte à les traiter avec ingratitude et dédain quand ils quittent les affaires, au moment où renaît un calme dû le plus souvent à leur sagesse. Ferdinand

Flocon n'échappa point à cette destinée, et il la subit sans se plaindre. Républicain dès 1830, journaliste sous Louis-Philippe, membre du gouvernement provisoire de 1848, ministre de l'agriculture et du commerce, représentant du peuple, il se montra à la hauteur de ces fonctions. N'ayant pas été réélu à l'Assemblée législative, il se souvint qu'il avait fondé la *Réforme*, et il redemanda des moyens d'existence à sa plume : naguère à la tête d'un gouvernement, il ne trouva pas au-dessous de lui de rédiger un journal de département. Chassé de France par le coup d'État du 2 décembre, il se réfugia en Suisse, où la mort le trouva honorant sa pauvreté par le travail et son caractère par sa fidélité à ses croyances politiques.

La nouvelle de la présentation imminente d'un sénatus-consulte circulait depuis quelques jours au milieu des grands événements militaires et politiques qui se préparaient. C'était, disait-on, une œuvre de réaction, destinée surtout à supprimer le vote de l'adresse, dont l'ardeur de la dernière discussion avait démontré une fois de plus les graves inconvénients ; on ajoutait, à la vérité, que le nouveau sénatus-consulte substituait à l'adresse le droit d'interpellation s'exerçant après l'approbation des bureaux. Le projet de sénatus-consulte, déposé le 6 juillet, prouva que, pour le moment du moins, l'adresse n'était point menacée et que le gouvernement obéissait à d'autres craintes. Les questions constitutionnelles avaient en effet occupé une trop grande place, à son gré, dans les discussions du Corps législatif, pendant la session qui venait de finir ; le sénatus-consulte était destiné à préserver la constitution de ce péril. Mode de discussion des modifications constitutionnelles, droit d'amendement, fixation de l'indemnité des députés, tels étaient les points réglés par cet acte législatif. L'exposé des motifs présenté par M. Rouher en expliquait le principe fondamental : « Perfectible par l'action libre, spontanée, exclusive de l'Empereur et un Sénat, la Constitution demeure au-dessus de toute controverse pour chacun. » En d'autres termes, la Constitution de 1852, déjà cependant plusieurs fois modifiée, était mise au-dessus de l'examen des publicistes, et même des membres du Corps législatif, qui « ne saurait lui-même demander une réforme constitutionnelle sans méconnaître ses attributions ». La Constitution ne pouvait donc être discutée par aucun pouvoir public autre que le Sénat procédant dans les formes déterminées par lui. Or, en vertu du sénatus-consulte, toute pétition demandant une modification à la Constitution ne serait désormais discutée par le Sénat en séance générale que si trois de ses cinq bureaux en autorisaient l'examen. Les membres d'une commission perdaient le droit, dont personne n'avait pu jusqu'ici soupçonner le danger, de présenter un rapport sur une pétition demandant une modification constitutionnelle. La publication d'une pétition relative à des modifications de ce genre par toute autre voie que celle du compte rendu officiel, ainsi que toute discussion ayant trait à un changement quelconque de la Constitution, étaient interdites, soit dans la presse périodique, soit dans des écrits non périodiques assujettis au timbre. Une pénalité que le Sénat, si jaloux de ses prérogatives, n'avait pu cependant édicter sans empiéter sur celles du Corps législatif, seul investi par la Constitution du droit de faire les lois, sanctionnait les précédentes prescriptions.

Le Corps législatif pouvait se trouver placé par son règlement dans la nécessité de rejeter une loi, faute d'avoir la faculté de l'amender. Le sénatus-consulte pourvut à cet inconvénient : à l'avenir, un amendement non adopté par la commission ou par le Conseil d'État pourrait être pris en considération par la Chambre et renvoyé à l'examen de la commission. Si celle-ci ne proposait pas de rédaction nouvelle, ou si sa rédaction n'était pas admise par le Conseil d'État, le texte primitif du projet était seul mis en délibération. Le droit d'amendement ne faisait pas, on le voit, un bien grand pas en avant.

La Constitution fixant à trois mois la durée de chaque session du Corps législatif, des décrets de prorogation devenaient très souvent nécessaires et semblaient imposer une certaine hâte aux travaux parlementaires. Le sénatus consulte déclara que la durée des sessions resterait indéterminée et que l'indemnité de chaque député serait de 12 500 francs par session ordinaire; elle était de 2500 francs par mois en cas de session extraordinaire. Le résultat le plus clair de ce sénatus-consulte fut d'accroître encore les difficultés de la situation de la presse : ne pouvoir pas discuter une constitution déclarée perfectible, c'était dur; discuter une amélioration politique de quelque importance sans s'exposer à l'accusation de demander une modification à la Constitution, c'était difficile. C'est tout au plus si les journaux pourraient désormais se permettre de demander d'une manière générale le couronnement de l'édifice. Le sénatus-consulte avait donc une gravité considérable et augmentait la part déjà si grande faite au principe d'autorité dans les institutions fondées le 2 décembre 1851.

CHAPITRE VII

SESSION DE 1866

Ouverture de la session. — Discours de l'Empereur.
Sénat. — Discussion de l'adresse. — M. de Boissy et le président Troplong. — Le Mexique. — La convention du 15 septembre. — Déclaration de M. Rouher. — Discours de M. de Persigny. — Vote de l'adresse. — Réponse de l'Empereur à la députation du Sénat. — Discussion de diverses pétitions. — Le jardin du Luxembourg et le Sénat.
Corps législatif. — Discours d'ouverture de la session par M. Walewski. — Discussion au sujet de son élection. — Vérification des pouvoirs de MM. Larrabure, Chesnelong, Frémy et de Mackau. — Discussion de l'adresse. — Discours de MM. Thiers et Jules Favre. — Incident Glais-Bizoin. — L'amendement des 45. — Scission dans la majorité. — L'enquête agricole. — Le Crédit foncier et M. Brame. — La question financière. — M. Berryer prend la parole. — Discussion du dernier paragraphe de l'adresse. — La gauche votera-t-elle l'amendement du tiers-parti? — Opinion des journaux. — Amendement de l'opposition. — MM. Ernest Picard, Granier de Cassagnac et la presse. — Discours de M. Buffet. — Réponse de M. Jérôme David. — M. Martel atténue la portée de l'amendement des 45. — M. Rouher prend la parole. — M. Émile Ollivier lui répond. — Il se rallie au tiers-parti. — Amendement relatif à la substitution de la juridiction des tribunaux à la juridiction administrative en matière de presse. — Vote de l'adresse. — Réponse de l'Empereur à la députation chargée de la lui remettre. Démission de M. de Bussière, député du Bas-Rhin. — Prorogation de la session. — La loi sur la marine marchande. — MM. Pouyer-Quertier et Thiers. Le contingent militaire. — Discussion sur les affaires allemandes. — Discours de M. Thiers. — Enthousiasme de la majorité. — Discussion de la loi sur les conseils généraux. — Loi sur les délits commis à l'étranger. — Loi sur la propriété littéraire. — Lettre de l'Empereur à M. Drouyn de Lhuys. — M. Rouher en donne lecture à la Chambre. — M. Thiers demande en vain la parole. — Le Mexique. — La loi sur l'observation du dimanche. — Les fonds secrets. — L'indépendance de la presse. — Protestation de MM. Guéroult et Havin. — Faute de tactique. — Tentative inutile de M. Thiers et de M. Larrabure

pour revenir à la discussion des affaires étrangères. — M. Jules Simon et les travaux de Paris. — Discussion sur les finances de la ville de Paris. — Discours de M. Ernest Picard. — Clôture de la session. — Situation nouvelle des partis.

L'Empereur, plus optimiste que jamais dans son discours du 22 janvier, jour de l'ouverture de la session, voyait « la paix partout assurée, car « partout on cherche les moyens de dénouer amicalement les difficultés « au lieu de les trancher par les armes ». Il manifestait relativement à l'Allemagne l'intention « de continuer à observer une politique de neu- « tralité qui, sans nous empêcher de nous réjouir ou de nous affliger, « nous laisse cependant étrangers à des questions où nos intérêts ne sont « pas directement engagés. » Quelques mots sur l'Italie, « affirmant son « unité en plaçant sa capitale au centre de la Péninsule, » et sur l'assassinat de Lincoln, précédaient le passage sur Maximilien : « Au Mexique, « le gouvernement fondé par la volonté du peuple se consolide ; les dissi- « dents, vaincus et dispersés, n'ont plus de chefs ; les troupes nationales « ont montré leur valeur, et le pays a trouvé des garanties d'ordre et de « sécurité qui ont développé ses ressources et porté son commerce avec « la France seule de 21 à 27 millions. Ainsi que j'en exprimais l'espoir « l'année dernière, notre expédition touche à son terme. Je m'entends « avec l'empereur Maximilien pour fixer l'époque du rappel de nos troupes, « afin que le retour s'effectue sans compromettre les intérêts français que « nous avons été défendre dans ce pays lointain. » Le public ne retint de cette longue phrase que la déclaration du rappel des troupes françaises, qui était l'arrêt de mort de l'empire de Maximilien. L'optimisme impérial ne se trahissait pas moins dans le tableau de la situation intérieure.

La prospérité et le calme régnaient dans toute la France. Le voyage en Algérie, les élections municipales, l'application de la loi sur les coalitions avaient démontré quels changements s'étaient opérés dans les esprits au point de vue de l'ordre et de la raison. L'enquête sur les sociétés coopératives justifiait d'avance les prescriptions de la loi à la veille d'être soumise au Corps législatif. L'Empereur, pour hâter le développement des sociétés auxquelles cette loi ne pouvait manquer de donner naissance, avait décidé que « l'autorisation de se réunir serait accordée à tous ceux qui, en dehors de la politique, voudraient délibérer sur leurs intérêts industriels ou commerciaux. » L'Empereur déclarait en outre que « cette faculté ne serait limitée que par la garantie qu'exige l'ordre public ». On pouvait être sûr d'avance qu'il en exigerait d'assez étendues pour équivaloir à une prohibition.

Fig. 29. — Les salons du second Empire accueillent avec empressement les artistes applaudis dans les cafés concerts.

Une loi sur l'amortissement allait être proposée ; une enquête sur l'agriculture était promise ; quant au budget, un excédent de recette, dû à des réductions sur l'armée, assurait son équilibre. Le discours, après quelques phrases sur les progrès de l'agriculture et de l'instruction publique, se terminait par une apologie en forme de la Constitution de 1852. L'Empereur convenait qu'aucun gouvernement n'était parfait, et que l'Empire pouvait bien avoir ses défauts ; mais il ajoutait : « En jetant un regard sur le passé, je m'applaudis de voir, au bout de quatorze ans, la France respectée au dehors, tranquille au dedans, sans détenus politiques dans les prisons, sans exilés hors de ses frontières. » L'Empereur se gardera donc bien de « se laisser guider par les esprits inquiets qui, au milieu d'une prospérité toujours croissante, veulent l'empêcher de marcher sous prétexte de hâter sa marche libérale. »

« Lorsque tous les Français, aujourd'hui investis de droits politiques, auront été éclairés par l'éducation, ils discerneront alors aisément la vérité, et ils ne se laisseront pas égarer par des théories trompeuses ; lorsque ceux qui vivent au jour le jour auront vu s'accroître les bénéfices que procure un travail assidu, ils seront les fermes soutiens d'une société qui garantit leur bien-être et leur dignité ; enfin, quand tous auront reçu dès l'enfance ces principes de foi et de morale qui élèvent l'homme à ses propres yeux, ils sauront qu'au-dessus de l'intelligence humaine il existe une volonté suprême, qui règle les destinées des individus comme celles des nations. »

Ce langage ne pouvait laisser aucun doute sur les intentions de l'Empereur. Il n'entendait pas pousser plus loin le développement des idées libérales, et la Constitution de 1852 cessait d'être un sacrifice à des nécessités momentanées pour devenir la formule complète et définitive de l'union du principe d'autorité et du principe de liberté. La perfectibilité de la Constitution, si souvent célébrée par l'Empereur, perdait, en un mot, toute signification politique.

M. Troplong, en inaugurant le lendemain la session du Sénat, lut l'oraison funèbre obligée des sénateurs morts dans l'année, le marquis d'Hautpoul, les généraux Gueswiller et Bourjoly, M. Stourm et le procureur général Dupin, « rival du vieux Caton stigmatisant par des hyperboles caustiques les hyperboles ridicules de la mode et du luxe ». M. Dupin, il faut en convenir, prêtait à une esquisse moins légère. Un « mouvement » se produisit parmi les membres du Sénat lorsque, après avoir constaté que depuis sa création cent seize de ses membres avaient été ravis par l'âge et par la maladie à cette assemblée, M. Troplong crut devoir ajouter en manière de consolation : « Aucun de nous ne peut se flatter qu'il n'ira pas ce soir souper chez les morts. »

Le projet d'adresse du Sénat en réponse au discours de l'Empereur n'en était qu'une paraphrase lourde et embarrassée. Les rédacteurs, en s'applaudissant de l'état de nos relations avec les puissances, haussaient un peu le ton avec les États-Unis : « Si par l'effet d'un malentendu la présence du drapeau français sur le continent américain leur paraît moins opportune qu'à une autre époque, les communications fermes de votre gouvernement ont montré que ce ne sont pas les paroles altières qui détermineront notre retour. » Le Sénat aurait pu peut-être choisir une meilleure occasion pour faire preuve de fierté nationale.

La discussion à peine ouverte, M. de Boissy s'y jette le premier, pour demander « un retour au régime parlementaire ». « Il n'y a de trône solide que celui qui s'étaye sur ce régime et de couronne transmise de père en fils que grâce aux institutions parlementaires. » M. Troplong lance à l'orateur cet avertissement terrible : « Vous violez la Constitution ! — Je me soumets, répond M. de Boissy, à la haute autorité du président, mettez que je n'ai rien dit; » puis il reprend : « Je croyais pourtant la Constitution perfectible; elle ne l'est pas, fort bien! c'est comme si vous la condamniez au tombeau, nous y descendrons tous alors, nous irons souper chez les morts. »

L'irritation du Sénat n'arrête point M. de Boissy; l'inquiétude générale qui règne dans les esprits l'oblige, dit-il, à parler le langage de la vérité à l'Empereur, « car on le trompe par le silence et par la flatterie ». M. Troplong le guette pour lui retirer la parole dès qu'il en fournira le prétexte; mais quel est le président dont un orateur comme de Boissy ne dérouterait pas la surveillance? A chaque instant, il se dérobe et change de terrain. La réunion de la flotte anglaise et de la flotte française à Cherbourg vient à peine de lui fournir l'occasion d'adresser quelques injures à l'Angleterre, qu'il offre au gouvernement les félicitations sur la mort du roi des Belges, « un des plus grands ennemis de la France »; il passe de là à l'agriculture, de l'agriculture à l'inamovibilité des sénateurs, de l'inamovibilité des sénateurs au discours d'Ajaccio, « séditieux envers l'Empereur, calomnieux envers Napoléon Ier, impie envers Dieu ». M. de Boissy, considérant ce discours comme un commencement de conspiration, recommande à l'Empereur de ne pas abuser des voyages.

Le Sénat écoute sans trop de défaveur cette partie du discours; mais les murmures et les protestations reprennent lorsque l'orateur signale la formation d'une armée de 20 000 Arabes en Afrique, comme un prélude de janissariat, et qu'il s'élève contre les funestes suites de l'introduction des mœurs arabes dans l'armée. M. Troplong, désespérant d'imposer silence à M. de Boissy, le prie, du moins, d'être plus court; l'imperturbable orateur répond que, si M. le président du Sénat le trouve long, c'est là une opinion purement individuelle que beaucoup de sénateurs ne partagent pas; plusieurs parmi ceux qui ont l'air de s'y ranger quand ils sont dans la salle du Sénat, s'il faut en croire M. de Boissy, l'approuvent en sortant et ne lui reprochent que de délayer les bonnes choses qu'il dit. Bientôt, il soulève de nouveaux orages en demandant des réductions dans l'effectif de la garde, dont la création n'a servi, selon lui, qu'à créer un antagonisme dangereux entre cette troupe privilégiée et la troupe de ligne. « C'est de la divagation, » dit le président, désespérant d'avoir raison de M. de Boissy.

De la divagation, soit! mais ces divagations intéressaient fort le public d'alors, et elles s'imposent aujourd'hui à l'histoire comme un exemple de ce que devient la critique politique dans certaines assemblées où il semble que la vérité mélangée et troublée ne doive sortir que de la bouche d'un fou. Ce n'est pas qu'un orateur ne puisse se faire une position importante dans une chambre en dédaignant les convenances officielles, en ne craignant pas de heurter les opinions de la majorité et de dire ce que d'autres ne veulent pas ou n'osent pas dire; M. de Pierre avait essayé, non sans succès quelquefois, de prendre cette position au Corps législatif; M. Glais-Bizoin marchait avec plus de hardiesse sur ses traces; mais ces deux orateurs avaient trop d'esprit pour ne pas comprendre que même dans la témérité le tact et la mesure sont nécessaires. L'absence de ces deux qualités chez M. de Boissy le réduisait à l'état d'orateur excentrique rencontrant par hasard une vérité, et embarrassant le gouvernement en le laissant incertain de savoir s'il devait ou se taire ou répondre à un tel adversaire. La presse ne pouvait prêter qu'un appui conditionnel à M. de Boissy. Revenir aux haines de 1814 après la campagne de Crimée, souhaiter la mort du dernier Anglais, se réjouir de la mort d'un prince qui avait fondé la liberté de son pays, demander l'annexion de la Belgique à la France, réclamer à tout propos, pour le Sénat, le droit de discuter les lois, il n'y avait dans ces incartades d'idées et de paroles rien qui pût engager les journaux à défendre M. de Boissy de l'accusation d'avoir fait la gageure de dégoûter à tout jamais la France du régime parlementaire.

La discussion générale terminée, dans la séance du 10, le Sénat vota en une seule séance les huit premiers paragraphes de l'adresse.

L'Empereur avait dit dans son discours d'ouverture : « Nous avons lieu de compter sur la scrupuleuse exécution du traité du 15 septembre et sur le maintien indispensable du pouvoir du Saint-Père. » Cette phrase prêtait à des suppositions contradictoires. Était-ce le pouvoir du pontife ou celui du roi qu'on déclarait indispensable? M. Rouher répondit nettement cette fois : « La convention du 15 septembre ne s'est pas réfugiée dans des ambiguïtés au sujet du mot *pouvoir*. Nous ne traitons ici que des questions de souveraineté personnelle. »

Les partisans du pouvoir temporel n'avaient pas obtenu jusqu'ici du gouvernement impérial une déclaration aussi formelle. Le ministre d'État ajouta que la question avait changé de face : « Elle marche dans une
« voie d'apaisement entre deux écueils que signalent les incrédulités, les
« emportements, les passions ; elle s'avance, en un mot, entre une réac-
« tion aveugle et la violence révolutionnaire. Entre ces deux termes in-
« conciliables, l'Empereur a proclamé un terme nouveau, la conciliation,
« qui doit être suivi avec persévérance, auquel doivent se rallier les
« hommes bien trempés, les cœurs véritablement catholiques ; c'est le
« drapeau sur lequel il y a écrit le mot de conciliation, c'est là qu'est
« l'avenir. » Les hommes bien trempés, les cœurs vraiment catholiques du Sénat répondirent à ces paroles, où le vague dispute la palme à l'incorrection, par un « vif mouvement », par des « très bien! » nombreux ; et le paragraphe relatif aux affaires de Rome fut voté à l'unanimité.

La discussion du 12ᵉ paragraphe, uniquement consacré à la louange des institutions impériales, força M. de Persigny à sortir de la réserve que lui commandaient, dit-il, les différentes positions qu'il avait occupées dans le gouvernement, pour ramener à leur signification véritable les principes de la Constitution, méconnus par le gouvernement lui-même. M. de Persigny prenait pour la première fois la parole au Sénat ; il essaya, dans un discours d'un caractère essentiellement métaphysique, d'exposer la théorie idéale du gouvernement impérial. L'autorité et la liberté, d'après M. de Persigny, doivent agir chacune dans une sphère d'action séparée, et cependant la liberté, quoique se développant dans un milieu distinct de celui de l'autorité, est fondée sur elle, et plus celle-ci est solide, plus celle-là est étendue. La liaison n'était pas facile à saisir dans les idées de l'orateur, qui fit, à son point de vue particulier, l'histoire des institutions anglaises et la critique des gouvernements parlementaires dans lesquels, au lieu de fonder la liberté par le pouvoir, on essaye, sans y parvenir, de fonder le pouvoir sur elle. M. de Persigny ne s'apercevait pas qu'il se contredisait lui-même, car il ne niait pas le caractère essentiellement parlementaire du gouvernement anglais.

Ce long discours finissait par l'inévitable parallèle entre l'Angleterre et la France, l'une toujours paisible parce qu'elle a su maintenir une séparation constante entre le mécanisme de l'autorité et celui de la liberté, l'autre troublée perpétuellement, faute d'avoir su établir chez elle une semblable séparation, le tout suivi de dissertations sur les Suisses, qui, après avoir retrouvé la phalange macédonienne et brisé la chevalerie, auraient pu devenir un grand peuple s'ils n'avaient préféré s'agiter dans leurs petites municipalités, sur la violation flagrante des principes de la Constitution commise par le gouvernement en choisissant les maires dans les conseils municipaux, et sur le mauvais fonctionnement du Conseil d'État, « d'où le personnage qui en avait longtemps dirigé les travaux semblait prendre à tâche d'éloigner les hommes capables ». L'orateur terminait par cette question : « Le prince qu'une volonté providentielle appelait à tirer la France du chaos doit-il rendre à son pays les institutions dont il est délivré? » Et, après avoir répondu négativement, il ajoutait : « Laissons dire ceux qui prétendent que l'Empereur a créé le despotisme. Cette calomnie sera flétrie par l'histoire ; en attendant, le bon sens du pays et l'admiration de l'Europe protestent contre elle. »

Le *maiden speach* de M. de Persigny, rapproché du discours de la couronne, ranima l'espoir du parti, qui s'effrayait du réveil de l'esprit public, de la vivacité des luttes électorales, des succès partiels de l'opposition, des débats de l'adresse, de tout, en un mot, ce qui constituait le mouvement de la vie politique. Ce parti, sans attaquer ouvertement le décret du 24 novembre par respect pour l'Empereur, n'en considérait pas moins cette date comme le début d'une sorte de décadence. L'Empereur sans doute était encore fort ; mais l'opinion, excitée par les journaux, semblait plus disposée à méconnaître ses grandes conceptions, comme par exemple l'expédition du Mexique. Comprendrait-il enfin que le moment de s'arrêter sur la pente fatale des concessions était venu? Le parti bonapartiste pur l'espérait, et le public commençait à le craindre en voyant le discours de la couronne rester pour la première fois muet sur la possibilité de perfectionner les institutions actuelles ; l'Empereur, en affirmant dans presque tous ses discours la nécessité d'un pouvoir fort, n'avait jamais enlevé au pays l'espoir de modifications libérales dans les institutions. Le décret du 24 novembre en 1860, l'aveu fait par l'Empereur en 1863 qu'il restait encore beaucoup à faire pour « perfectionner nos institutions, répandre les idées vraies, et accoutumer le pays à compter sur lui-même », étaient la preuve que la voie des améliorations restait ouverte. Le pays craignit d'autant plus d'être obligé de renoncer à ces espérances, que le gouvernement venait de donner un témoignage de ses dispositions peu favorables à la liberté de la presse en rappelant durement aux journaux, par une note du 1ᵉʳ février, l'article 42 de la Constitution qui interdit formellement tout compte rendu des séances des Chambres autre que le compte rendu officiel. Le bruit commença dès lors à se répandre que la discussion de l'adresse serait supprimée sans compensation, sinon pour cette session, du moins pour la prochaine.

M. de Boissy, au premier mot de « régime parlementaire » prononcé par M. de Persigny, avait demandé la parole et déclaré que l'Empire ne peut durer que par la liberté, et surtout par la liberté accordée au Sénat de discuter les lois. M. Troplong lui répète en vain que sa demande est inconstitutionnelle, que le Sénat refuse de l'écouter et que le bruit empêche de l'entendre. « Le *Moniteur* m'entend, réplique l'imperturbable orateur ; le président du Sénat donne en vain le mot d'ordre pour empêcher de m'écouter ; mais le *Moniteur* a l'oreille fine, et il entend tout, même les interruptions qui n'arrivent pas jusqu'à moi. Vous étouffez la discussion, tant pis pour vous. »

M. Bonjean profita de ce débat pour demander aux commissaires du gouvernement une explication sur le sens de la note du 1ᵉʳ février relative à la liberté du compte rendu des séances parlementaires, dont la publication avait produit une si vive émotion dans la presse. La question posée dans ses termes pratiques était bien simple : Un journal, à côté du compte rendu officiel des Chambres, publie une appréciation des mêmes débats. Cette appréciation constitue-t-elle un compte rendu frauduleux ? M. Rouher déclara que, aux termes du sénatus-consulte de 1861, l'appréciation des discours prononcés dans les deux Chambres était licite, mais que le compte rendu analytique, qui ferait double emploi avec le compte rendu officiel, était interdit. Il ne s'agissait donc plus que de savoir quelle est la limite qui sépare le compte rendu de l'appréciation ; mais M. le ministre d'État, jugeant avec raison que toute ligne de démarcation était impossible à tracer entre l'un et l'autre, n'en laissait pas moins subsister l'équivoque entre tous les deux, en ajoutant « que le magistrat ou l'administration jugerait, et que le gouvernement était parfaitement décidé à empêcher que, par une altération des séances de l'Assemblée, on porte atteinte à la considération des grands pouvoirs qui collaborent avec lui à

Fig. 30. — M. Fremy, gouverneur du Crédit foncier, faisait partie des intimes de l'Impératrice, qui lui demandait des conseils même pour des détails de toilette.

la prospérité de l'État. » La réponse à la question de M. Bonjean laissait les journaux sous le coup de menaces d'autant plus dangereuses qu'elles étaient plus vagues.

M. Rouher ne laissa pas finir la discussion sans venger M. Baroche des insinuations peu obligeantes que M. de Persigny avait dirigées contre lui, et sans disculper le gouvernement de l'accusation d'avoir opéré, par le choix des maires dans les conseils municipaux, un fatal rapprochement entre l'autorité et la liberté. Le Sénat lui donna en tout cas un bill d'indemnité, et l'adresse, augmentée d'un paragraphe additionnel destiné à remercier l'Empereur des bienfaits dont il comblait le pays, fut votée à l'unanimité par 125 voix.

La discussion de quelques pétitions importantes vint interrompre la monotonie ordinaire des sessions du Sénat. La première de ces pétitions, signée par M. Frédéric de Conink, soulevait une des questions les plus délicates, les plus difficiles à résoudre qui puissent résulter de l'application du Concordat. Une sorte de révolution opérée dans le protestantisme français l'a partagé en deux camps : celui du protestantisme libéral, et celui du protestantisme orthodoxe. Le pétitionnnaire, effrayé des conséquences de cette séparation, voulait constituer dans l'Église réformée « une autorité supérieure et régulatrice, ayant le droit et le pouvoir de fixer la confession de foi de cette Église, sur des bases que tous, pasteurs et troupeaux, seraient tenus de respecter ». Un synode général pouvait seul rédiger cette profession de foi, et M. de Conink avait déjà, quelque temps auparavant, demandé sa convocation. Il se contentait cette fois de solliciter « la formation de conciles provinciaux qui, par des discussions
« isolées, mais tendant au même but, créeraient un courant assez fort
« pour pousser le gouvernement à la convocation de ce synode général
« d'où devait sortir le triomphe de l'orthodoxie ».

M. Lefèvre-Duruflé, rapporteur de la commission chargée d'examiner la pétition de M. de Conink, avait déposé le 20 février son rapport, concluant au renvoi au ministre de la justice et des cultes. La discussion s'engagea tout de suite. Il s'agissait de savoir s'il convenait au gouvernement de s'immiscer dans l'examen des questions théologiques et de prendre parti pour telle ou telle fraction d'une Église. M. Rouland, en se prononçant fortement pour l'affirmative, n'hésita pas à critiquer avec la plus grande sévérité les principes du protestantisme libéral, qui « vient arracher la foi du cœur de ceux qui auraient voulu la garder ». Le reproche n'était fondé ni en raison ni en fait, mais M. Rouland ne perdait pas une occasion de témoigner de sa ferveur orthodoxe, au risque de s'attirer des apostrophes assez fâcheuses. « Il fallait, s'écria un de ses collègues au moment où il venait de prononcer sa phrase contre le protestantisme libéral, songer à cela quand vous avez nommé Renan! » Cette remarque, plus encore que les sages observations de M. Bonjean sur le danger de juger entre deux croyances religieuses, décida le Sénat à repousser la pétition par l'ordre du jour pur et simple.

L'ordre du jour du 10 avril appelait le rapport de M. de La Guéronnière sur une pétition de M. Degouves-Denuncques demandant que l'article 45 de la Constitution, interdisant l'envoi de pétitions au Corps législatif, cessât d'avoir son effet. Le rapporteur concluait simplement au rejet de cette pétition par l'ordre du jour; mais M. Delangle soutint que le Sénat devait répondre par la question préalable à « une pétition évidemment rédigée contre la Constitution, qui a droit au respect de tous ». Que devenait cependant le droit de pétition soumis à cette justice sommaire? A qui proposer désormais des modifications à une Constitution reconnue cependant perfectible, si le Sénat lui-même déclare ennemis de la Constitution les citoyens qui s'adressent à lui pour l'améliorer? C'est ce que demanda M. de Persigny en combattant la question préalable, qui n'en fut pas moins votée. Ce vote parut une protestation contre les tendances qui s'étaient manifestées au Corps législatif pendant la discussion de l'amendement des 45, qui, comme on le verra quelques pages plus loin, venait d'avoir lieu. Les critiques, en effet, ne furent pas épargnées par M. de Persigny lui-même à la Chambre des députés; quant au Sénat, on aurait compris sa décision s'il eût été sûr d'empêcher une idée posée devant l'opinion publique d'arriver à la discussion; le mystère ne peut plus régner autour des dogmes politiques. Mais le Sénat avait pris d'avance son parti dans cette affaire, car, un sénateur ayant manifesté l'intention de donner quelques raisons à l'appui de son vote, une voix lui répondit : « Nous n'avons pas besoin de raisons. » La politique du Sénat est tout entière dans ces mots.

La question du jardin du Luxembourg, qui passionnait si vivement la population, fut portée le vendredi 1ᵉʳ juin devant le Sénat. Le rapporteur de la commission chargée d'examiner les pétitions pour ou contre le maintien de l'intégrité du jardin du Luxembourg, M. Lefèvre-Duruflé, concluait à leur renvoi au ministère de l'intérieur, en se déclarant favorable à la mutilation; mais son discours perdait beaucoup de sa force par la comparaison qu'on pouvait faire entre le nombre des signatures de ces pétitions. Les unes, hostiles au changement projeté, comptaient des milliers d'adhérents; les autres, 483 seulement, malgré les efforts des journaux officieux. M. Bonjean, dans la séance du 9 juin, réfuta les parties du discours de M. Lefèvre-Duruflé destinées à justifier le décret du 25 novembre; M. Ségur d'Aguesseau, en croyant défendre les conclusions de la commission, plaida pour la conservation de la Pépinière, « aimée de tous et à laquelle le Sénat doit tenir ». M. de Boissy, laissant de côté la question constitutionnelle, sans importance à ses yeux, combattit le décret du 25 novembre comme un acte impolitique et impopulaire, qui « accroîtrait la propagation des sentiments hostiles parmi une jeunesse généreuse qui est l'espoir du pays ». Il demanda le renvoi de la pétition aux trois ministres signataires du décret. M. de Royer ne trouva pas ces trois ministres suffisants; il lui en fallait quatre, et, la commission se ralliant à sa motion, le Sénat vota le renvoi des pétitions aux ministres d'État, de l'intérieur, des finances et de la maison de l'Empereur.

La session du Sénat aurait dû finir le 8 juin, en même temps que celle du Corps législatif; mais la nécessité de voter sans qu'il s'élevât des plaintes importunes du côté du Palais-Bourbon, le sénatus-consulte interdisant la discussion de la Constitution, retint l'assemblée sur ses bancs jusqu'au 14 juillet.

M. le premier président, rapporteur, lut le 11 juillet son rapport sur le projet de sénatus-consulte. Il n'était pas de nature à dissiper les craintes de ceux qui considéraient le sénatus-consulte lui-même, comme un pas en arrière. M. Troplong se garda bien cette fois d'affirmer l'immutabilité d'une Constitution dont huit articles sur vingt avaient été modifiés; il déclara simplement que les modifications constitutionnelles ne pourraient plus à l'avenir être discutées ni par les députés, ni par les feuilles périodiques, ni par les écrits que la nécessité du timbre leur assimile, journaux, brochures, affiches électorales même. Une Constitution discutée est comme une place assiégée. La Constitution, ajoutait le rapporteur, court les plus graves dangers. On commence à la considérer ouvertement comme une œuvre de circonstance et à la discuter comme telle, à la grande terreur du pays. Le sénatus-consulte déjouera cette espèce de conspiration. C'était, selon M. Troplong, une œuvre de préservation et de salut public.

Le Sénat comptait parmi ses membres un journaliste, M. de Sacy; un ancien ministre habitué à élucider la philosophie de la Constitution de 1852 et à en dégager les principes même dans les sociétés littéraires, M. de

Persigny; un directeur de la division de la presse demandant de temps en temps d'une voix timide une place un peu plus large pour le principe libéral dans les institutions actuelles, M. de La Guéronnière. On espérait qu'ils interviendraient dans les débats, ne fût-ce qu'au nom du couronnement de l'édifice; ils cédèrent la parole à M. de Boissy, dont la critique, prenant tous les chemins, mais s'arrêtant quelquefois aux bons endroits, embarrassa fort M. Troplong en opposant son rapport d'aujourd'hui à son rapport sur le sénatus-consulte de 1861, où le président du Sénat citait ces paroles de Bossuet : « Le salut se trouve où il y a beaucoup de con-
« seil; qui est incapable de conseil est incapable de gouverner. C'est en
« prenant conseil et en donnant toute liberté à ses conseillers qu'on
« découvre la vérité et qu'on acquiert la véritable sagesse. » D'où viendraient désormais les conseils à l'Empereur, si un simple vœu dans la bouche d'un député pouvait être transformé en un acte de sédition? Cet acte, comment le président du Corps législatif parviendra-t-il à le réprimer? pourquoi d'ailleurs donner un démenti à l'Empereur, qui, au moment de la promulgation du décret du 24 novembre, a convié les députés à manifester librement leur opinion. N'est-ce pas à ce décret que l'Empire et la dynastie impériale doivent leur salut? Les murmures du Sénat se changent en protestations lorsque l'orateur ose soutenir que « le pouvoir personnel, très bon aujourd'hui, peut devenir très mauvais demain, car les souverains sont soumis, comme les simples mortels, aux vicissitudes humaines, aux maladies et aux infirmités. » M. Rouland n'admet pas qu'il y ait en France un pouvoir personnel. Un sénateur demande à M. de Boissy ce qu'il entend par ces mots de « pouvoir personnel ». M. de Boissy répond : « Un pouvoir dans le genre de celui qui a amené l'invasion en France en 1814. » Le président du Sénat répond : « Une coalition de l'Europe a pu seule renverser ce pouvoir. » — M. de Boissy : « La conspiration de Mallet a prouvé qu'une coalition n'était pas indispensable. » Le président du Sénat, ne trouvant rien à répliquer, s'aperçoit que l'orateur s'écarte de la question : M. de Boissy s'empresse d'y rentrer; il voit dans le sénatus-consulte un moyen indirect de supprimer la discussion de l'adresse et d'empêcher par des formalités de procédure toute modification à la Constitution. « On me dira : Pourquoi ces modifications
« seraient-elles repoussées si elles sont bonnes? Qui jugera de leur bonté?
« La majorité du Sénat. Eh bien, que ferons-nous, nous Sénat qui
« sommes une émanation du souverain, quand les ministres viendront
« nous dire, comme cela arrive tous les jours : Repoussez telle proposition

« de modification à la Constitution, cela déplairait au gouvernement. »

Des exclamations générales l'interrompent; vainement le maréchal Canrobert demande qu'on sauvegarde l'honneur et l'indépendance du Sénat; vainement M. le président Troplong prend solennellement la parole : « M. de Boissy se met au-dessus de toutes les convenances, il a « attaqué l'Empereur, il a attaqué la Constitution, maintenant il attaque « le Sénat. » Vainement le général Mellinet, le maréchal Vaillant proposent que l'on consulte le Sénat pour savoir si la parole sera maintenue à l'orateur. M. de Boissy ne se laisse pas intimider « Nous ne sommes pas à une revue, s'écrie-t-il; chacun a le droit de dire ici son opinion. » Il remercie ironiquement M. Troplong de l'appui qu'il lui prête contre les interrupteurs et promet à ces derniers d'abréger son discours. « Nous en serons enchantés! » répond une voix. M. de Boissy fait remarquer que, « s'il ne craint pas les interrupteurs, il aime du moins qu'ils « se fassent connaître, car il est désagréable de voir figurer sans réponse « au *Moniteur* des apostrophes qu'on aurait relevées si leur auteur « n'avait pas gardé l'anonyme. » L'interrupteur garde le silence.

M. de Boissy, dans son vagabondage de paroles, défendait une cause juste; mais au lieu de se renfermer dans la question et de se borner à constater que « la Constitution pouvait être un chef-d'œuvre, mais que, si elle n'était pas perfectible, elle irait rejoindre ses treize ou quatorze sœurs défuntes, » il revint à son idée fixe : le droit pour le Sénat de discuter les lois. C'était fournir à M. Troplong l'occasion de l'arrêter. « Vous voulez m'empêcher de parler, crie M. de Boissy au président; « mais rappelez-vous ces mots que j'ai lus dans les œuvres de Napo- « léon III : Une constitution qui n'a pas pour elle l'appui de l'opinion n'est « qu'un chiffon de papier. » Il aurait dû s'arrêter là, car la péroraison de son discours : « Que Dieu protège la France, que Dieu sauve l'Empereur, « et que l'Empereur conserve le Luxembourg si cher à une population « nombreuse! » justifiait le reproche que lui avait adressé une fois déjà M. Troplong : « Cela n'est pas digne de la discussion. »

M. Rouher, après l'adoption du sénatus-consulte qui eut lieu le 14 juillet par 115 voix sur 115 votants, lut le décret de clôture de la session, et les membres du Sénat se séparèrent aux cris cent fois répétés de : Vive l'Empereur !

Ce sénatus-consulte, qui limitait à la fois la liberté des orateurs du Corps législatif, la liberté de la presse et la liberté électorale, et qui dans d'autres temps aurait produit une très vive émotion, passa presque inaperçu au milieu des péripéties du grand drame militaire et politique qui se jouait avec une si foudroyante rapidité en Allemagne.

Le Corps législatif était entré en session le 25 janvier. M. Schneider avait pendant la dernière session rempli l'intérim de la présidence, à la satisfaction générale, et la Chambre eût accueilli avec plaisir son élévation au fauteuil laissé vacant par M. de Morny. L'Empereur choisit M. Walewski, sénateur, membre du conseil privé et signataire du décret du 24 novembre, ce qui enlevait à sa nomination toute signification hostile aux idées libérales. M. Corta, l'orateur du Mexique, fut nommé sénateur, et M. Walewski se présenta à sa place devant les électeurs de la 2ᵉ circonscription des Landes, qui se hâtèrent de le choisir. Nommé président du Corps législatif deux jours après son élection, il inaugura la session par un discours assez bref, dans lequel il félicita la Chambre et le gouvernement, l'une de « l'urbanité qui régnait dans ses débats », l'autre de « sa tendance à ne pas craindre la discussion ». M. Walewski, après avoir parlé de lui avec modestie, consacra quelques mots à la mémoire de son prédécesseur, « qui savait allier avec un tact si sûr la courtoisie à la fermeté et dont le souvenir devait être si cher à la Chambre ». L'éloge était mesquin de la part d'un homme qui se piquait de littérature et qui avait tenté de reproduire sur la scène les caractères et les mœurs de son temps [1]. On s'attendait à un portrait, mais le président du Corps législatif laissa de côté ses pinceaux, soit par crainte d'être forcé de faire l'éloge du coup d'État, soit qu'il existât entre lui et M. de Morny une de ces inimitiés personnelles si fréquentes entre les serviteurs de l'Empire.

M. Girot-Pouzol, candidat de l'opposition, avait été nommé député dans la 2ᵉ circonscription du Puy-de-Dôme en remplacement de M. de Morny, quelques jours avant la fin de la dernière session. Le Corps législatif s'était vu depuis ce temps-là adjoindre M. de Tillancourt, également candidat de l'opposition, MM. Walewski, Chesnelong, de Mackau et Larrabure, ce dernier du moins en qualité de député de la 1ʳᵉ circonscription des Pyrénées, car il était déjà député de la 4ᵉ, et il n'avait fait que changer de circonscription. La Chambre n'attendait plus, pour être complète, que deux élections qui allaient avoir lieu, l'une dans la Marne, l'autre dans le Nord.

La vérification des pouvoirs de MM. Girot-Pouzol et de Tillancourt eut lieu dans la seconde séance ; ils furent admis sans opposition. L'élection de M. Walewski donna lieu le lendemain à de sérieuses contesta-

---

[1]. M. Walewski avait fait jouer au Théâtre-Français l'*École du grand monde*.

Fig. 31. — Remise de l'Adresse à l'Empereur, dans la salle du Trône.

tions. M. Jules Favre soutint qu'elle était à la fois une infraction à la Constitution et une atteinte aux prérogatives de la Chambre. L'article 29 de la Constitution déclarant toute fonction salariée incompatible avec le mandat de député, l'élection du fonctionnaire entraîne sa démission préalable dans les délais déterminés par la loi. Vainement déclarerait-on qu'un sénateur n'est pas fonctionnaire ; le sénateur est quelque chose de plus : il fait partie intégrante du gouvernement, il a sa part de la puissance législative, et il ne peut pas, en se présentant à la députation, demander au corps électoral cette puissance qu'il possède déjà. Les cardinaux, les amiraux, les maréchaux, s'il en était autrement, se trouveraient libres de cumuler le titre de sénateur et de député, puisque la qualité de sénateur est inhérente à leur titre.

M. de Grouchy, rapporteur du 9e bureau, répondait à ces objections que les incompatibilités sont de droit strict et ne peuvent être étendues par analogie. M. Walewski ayant d'ailleurs donné sa démission dans les délais légaux, rien ne s'opposait à son admission. M. Rouher prit part à cette discussion, au fond assez oiseuse, et qui ne s'expliquait que par certaines dispositions particulières dans lesquelles se trouvait la Chambre en ce moment.

Quelques députés, jaloux de leurs prérogatives autant qu'on peut l'être dans une assemblée composée des membres désignés et nommés par le gouvernement, s'imaginaient, on ne sait trop pourquoi, que le droit d'élire son président allait être rendu au Corps législatif. Les amis particuliers de M. Schneider, de leur côté, s'étaient flattés qu'il recueillerait la succession de M. de Morny ; ils furent désagréablement surpris en apprenant que M. Walewski échangeait sa dignité de sénateur contre le titre de député, afin de devenir président du Corps législatif ; ces petits arrangements les avaient froissés. Une partie de la majorité était donc fort mécontente ; aussi l'argumentation de M. Jules Favre contre la légalité de l'élection de M. Walewski fut-elle écoutée avec une certaine faveur ; mais la Chambre ne prolongea l'incident que juste le temps nécessaire pour laisser voir un peu sa mauvaise humeur. La validation de l'élection de M. Walewski fut prononcée à la grande satisfaction des journaux, qui attribuaient au nouveau président l'intention de faciliter les rapports entre le Corps législatif et la presse. Espoir bientôt démenti par un ordre de M. Walewski, affiché le jour même de son entrée en fonctions. Les journalistes qui, jusqu'à ce jour, pénétraient dans la salle des conférences du Corps législatif en faisant appeler un député, apprirent que toute personne non munie de billet, qui aurait à parler à un membre de la Chambre l'attendrait désormais dans une salle extérieure, d'où elle entrerait, sur son appel, dans le salon de la Paix. L'entretien terminé, il fallait sortir, sous peine d'être expulsé par les garçons de service.

M. Garnier-Pagès, pendant le débat sur la validation de l'élection de M. Walewski, avait demandé si le député avait le droit de se présenter dans un autre collège électoral avant de donner sa démission. L'occasion de traiter cette question ne tarda pas à se présenter. M. O'Quin, député de la 1re circonscription des Basses-Pyrénées, nommé receveur général à la fin de la dernière session, avait laissé une place vacante au Corps législatif. M. Marcel Barthe, ancien membre de l'Assemblée constituante de 1848, se présenta pour la remplir. Le gouvernement, cherchant un candidat pouvant être opposé avec succès à M. Marcel Barthe, jeta les yeux sur M. Larrabure, maire de Pau; mais M. Larrabure faisait depuis 1852 partie du Corps législatif comme représentant de la 2e circonscription des Basses-Pyrénées. Il fallait donc obtenir de lui qu'il consentît à déposer sa démission de député de cette 2e circonscription pour se présenter dans la 1re. M. Larrabure voulut bien donner cette preuve de dévouement au gouvernement, et il devint son candidat officiel dans la 1re circonscription des Basses Pyrénées, tandis que M. Chesnelong recevait le même honneur dans la 2e. Ils furent nommés tous les deux. M. Marcel Barthe protesta contre l'élection de M. Larrabure au nom de l'article 66 de la loi du 10 avril 1831 et de l'article 95 de la loi de février 1849, portant que la démission des membres de l'Assemblée doit être acceptée par l'Assemblée. La démission d'un député donnée, comme celle de M. Larrabure, entre deux sessions, n'était donc pas valable.

Le gouvernement faisait semblant de craindre que le pouvoir législatif n'aspirât à une sorte de dictature sur ses représentants en s'arrogeant le droit d'accepter ou de refuser les démissions des députés. Il s'élevait donc contre un pareil droit, qui ne pouvait, en tout cas, conférer à la Chambre qu'un pouvoir d'ajournement. L'Assemblée nationale de 1848 avait fait deux fois à Béranger l'honneur de refuser sa démission; il n'en demeura pas moins libre, après une seconde démission et un second refus, de rentrer dans la vie privée. Le décret organique du 2 février 1852 ne reproduisait pas, il est vrai, les dispositions des lois de 1831 et de 1849; mais, en déclarant abrogées les lois antérieures en ce qu'elles avaient de contraire à la loi nouvelle, il maintenait par cela même toutes les dispositions de ces lois qui n'étaient pas en contradiction avec lui. M. Larrabure n'avait donc pas valablement donné sa démission de député de la 2ᵉ circonscription des Basses-Pyrénées, il gardait encore cette qualité au moment de la convocation des électeurs, et l'élection de M. Chesnelong était nulle. M. Buffet, qui soutint cette thèse, savait enchaîner les diverses parties d'un raisonnement et en déduire avec clarté les conséquences. Il fit une certaine impression sur la majorité en demandant que l'on ne statuât sur l'élection de M. Larrabure qu'après avoir examiné celle de M. Chesnelong.

M. Lanjuinais, à son tour, démontra, par des exemples empruntés à tous les degrés de la hiérarchie civile et militaire, que la démission n'est qu'un acte qui saisit le juge; que la démission d'une fonction n'implique pas sa cessation; qu'avant de rendre à un fonctionnaire sa liberté, il faut examiner les conditions dans lesquelles il la réclame, ce qui exige une sorte de jugement. Tout jugement suppose une juridiction. Or une juridiction sur les députés peut-elle appartenir à d'autres qu'au Corps législatif lui-même?

M. Paulmier, rapporteur de la commission, ne contestait pas qu'aux termes des lois de 1831 et de 1849 la Chambre ne fût seule apte à recevoir la démission d'un de ses membres; mais cette disposition législative exceptionnelle, et contraire, selon lui, au droit commun, n'ayant pas été reproduite dans le décret de 1852, était virtuellement abrogée. M. Paulmier oubliait que le Parlement, dans tous les pays où existe le régime parlementaire, se trouvant seul investi du droit de recevoir et de légaliser la démission d'un de ses membres, les lois de 1831 et de 1849 ne dérogeaient nullement au droit commun; on aurait pu lui répondre en outre que le décret de 1852 enlevait assez de privilèges à la Chambre pour qu'on n'y ajoutât pas d'autres restrictions. Plusieurs circonscriptions pouvaient devenir vacantes dans l'intervalle de la session. Est-il bien certain alors que si quelque membre de l'opposition, M. Thiers ou M. Jules Favre, se présentait pour remplir l'une de ces vacances, et pour céder ensuite son ancien siège à un homme de l'opposition, la majorité consentirait à sanctionner cet arrangement?

La Chambre, malgré le rapporteur, paraissait hésiter à se dépouiller d'un droit utile, ne fût-ce que pour s'opposer à une de ces démissions hâtives qu'inspire parfois une fausse susceptibilité. M. Paulmier triompha de ses hésitations en lui citant des précédents. Quinze députés en effet, depuis 1852, s'étaient bornés à envoyer leur démission au président du Corps législatif. Cependant 62 voix sur 222 témoignèrent de la répugnance de quelques députés pour les manigances électorales, car c'est le mot, auxquelles les élections des Basses-Pyrénées venaient de donner lieu.

L'élection de la 3° circonscription de l'Yonne, dans laquelle M. Fremy, directeur du Crédit foncier, l'avait emporté sur M. Rampont-Lechin, candidat de l'opposition, fut ensuite l'objet d'une discussion très animée. M. Rampont-Lechin signalait les moyens employés par son adversaire pour assurer son succès : distributions à profusion de pain, de vin et d'argent aux indigents; gratifications aux facteurs, libéralités aux communes et aux églises, création de comptoirs agricoles; promenades du tailleur de l'Empereur, Dusautoy, escorté d'innombrables ballots de pantalons destinés à être distribués le lendemain de l'élection, telles étaient les causes de nullité qui, selon M. Rampont-Lechin, infirmaient le vote des électeurs de l'Yonne. M. de Janzé soutint sa protestation à la tribune. Il fit voir, par l'exemple du comptoir agricole de Puysaie improvisé, pour ainsi dire, la veille des élections, quels moyens d'influence M. Fremy avait puisés dans sa position de directeur du Crédit foncier. Le canton de Puysaie et cinq autres, groupés autour de lui, avaient suffi pour lui donner une majorité de 4094 voix, chiffre presque égal à celui de la majorité obtenue par lui sur M. Rampont.

M. Fremy, sans nier ces faits, demandait si l'on pouvait lui faire un crime d'une générosité à laquelle, du reste, il avait mis des bornes pendant la période électorale; quelle influence les pantalons de M. Dusautoy pouvaient-ils exercer le lendemain de l'élection? M. Fremy n'en savait rien. Quant aux comptoirs agricoles, il pouvait affirmer que ces établissements de crédit, dont plusieurs cantons avaient en effet été dotés par lui, n'avaient rien de commun avec le *Crédit agricole* annexe du *Crédit foncier*.

La grande objection contre la légalité de l'élection de M. Fremy était sa qualité de gouverneur du Crédit foncier, qui le plaçait au rang des fonctionnaires et le rendait légalement incapable de remplir le mandat de député. Le rapporteur de la commission, M. de Colbert, lui déniait à la vérité le titre de fonctionnaire, attendu que les fonctions publiques représentent une délégation de l'autorité publique, et que le directeur du Crédit foncier ne fait jamais acte d'autorité publique, qu'il ne prête pas serment au gouvernement et qu'il n'en reçoit aucune rétribution. Il est vrai, ajoutait-il, que le gouverneur du Crédit foncier est révocable, et que la crainte d'une révocation pourrait bien, à la rigueur, ne pas lui laisser toute l'indépendance nécessaire à l'exercice de son mandat ; aussi, s'il s'agissait de créer des incompatibilités, le rapporteur trouverait sage, peut-être, d'envisager la question à ce point de vue ; mais la fonction du gouverneur du Crédit foncier ne figurant pas sur la liste des exceptions créées par la loi, le Corps législatif n'a pas le droit de l'y mettre. Pourquoi d'ailleurs, demanda ensuite M. du Miral, renfermerait-on le député dans l'exercice exclusif de son mandat et l'obligerait-on à renoncer à toute profession ? La Chambre ne renferme-t-elle pas, dit-il, des hommes qui, par l'importance de leur situation et par les innombrables services qu'elle leur permet de rendre, exercent sur les électeurs une influence au moins égale à celle d'un gouverneur du *Crédit foncier ?*

La cour attachait une grande importance à la validation de l'élection de l'Yonne. M. Fremy faisait partie des petits conseils de l'Impératrice, en qualité de financier intime, d'intendant officieux chargé de la diriger dans l'administration de sa fortune privée. Nouvel enrichi, n'ayant, comme tous ses pareils, aucun goût pour la politique, il ambitionnait la députation uniquement parce qu'il y voyait une espèce de savonnette à financier, un moyen de se débarbouiller de son origine d'homme d'affaires. La majorité ne pouvait lui refuser cette satisfaction, après avoir déjà validé d'ailleurs l'élection du sous-directeur du Crédit foncier. M. Fremy fut donc admis à siéger au Corps législatif par 149 voix contre 45 sur 194 votants.

Le 1ᵉʳ février parut dans le *Moniteur* une note menaçante, adressée aux journaux qui donnaient des comptes rendus du Corps législatif. L'opposition ajourna toute discussion sur cette note à la discussion de l'adresse. Les séances jusqu'au 7 février n'eurent aucune importance. La Chambre décida seulement qu'elle renverrait la loi de l'amortissement à la commission du budget, au lieu de nommer une commission spéciale pour l'examiner.

L'élection du département de l'Orne, où le baron de Mackau l'avait emporté à une majorité assez faible sur le duc d'Audiffret-Pasquier, donna lieu, le mercredi 7 février, à des débats assez animés. La protestation contre cette élection s'appuyait sur deux faits : un comité formé pour soutenir la candidature de M. de Mackau avait cité dans une circulaire adressée aux électeurs, et en y attachant une fausse interprétation, cette phrase de M. d'Audiffret-Pasquier, empruntée, selon le comité, au procès-verbal d'une séance du conseil général de l'Orne : « L'égalité du partage des successions a porté atteinte à l'agriculture en décourageant le père de famille, qui, prévoyant un partage après lui, ne prend plus le même intérêt à sa propriété. » Le comité ajoutait que M. d'Audiffret-Pasquier, sans demander précisément le rétablissement du droit d'aînesse, se ralliait sans doute à l'amendement proposé l'année précédente par le baron de Veauce en faveur de la liberté de tester, amenant le même résultat, et qu'il importait par conséquent de demander aux candidats ce qu'ils pensaient de la question. M. d'Audiffret-Pasquier, dans une lettre en réponse à cette circulaire, avait répudié avec assez de vivacité la pensée et complètement contesté l'exactitude des paroles qu'on lui prêtait, en invoquant le témoignage de ses collègues du conseil général, qui, presque tous, le lui donnèrent par écrit. Cette discussion se termina par la validation de l'élection de M. de Mackau.

M. Thiers ouvrit, le 23 février, la discussion générale de l'adresse par un discours qu'il présenta en quelque sorte comme son testament politique et dans lequel il revendiqua, en les précisant de nouveau, les libertés nécessaires réclamées par lui dans un discours célèbre, c'est-à-dire celles qui sont la conséquence de la Déclaration des droits de l'homme et du citoyen, placée en tête de la Constitution de 1791. L'ensemble des principes découlant de cette Constitution forme, dit-il, l'unité de la Révolution, et cet ensemble n'est point une imitation anglaise ou américaine, comme on le prétend parfois, mais l'œuvre originale de la France à l'usage de l'humanité tout entière. L'article 1er de la Constitution de 1852 donne les principes de 89 pour base et pour garantie au droit public français. Ces principes, d'après M. Thiers, ont deux conséquences : l'égalité civile et la liberté politique, l'une désormais hors de cause, l'autre mise encore en question. Aucun gouvernement cependant ne nie la nécessité de la liberté politique; le gouvernement actuel n'en discute que l'opportunité; la dictature de 1851 elle-même ne repoussait pas entièrement la liberté politique, elle l'ajournait. C'est la théorie du couronnement de l'édifice. L'esprit public s'est réveillé depuis 1851, sous l'action du temps et des événements. Il demande la liberté; quelle réponse lui fait-on? demandait M. Thiers. On lui répond tantôt que la France a besoin avant tout d'un pouvoir fort et que, si elle a fondé la liberté, il faut maintenant qu'elle constitue l'autorité; tantôt que la liberté et le pouvoir sont fondés sur des bases solides, et que l'essentiel maintenant est de faire en sorte qu'ils marchent comme deux lignes parallèles qui se côtoient sans se joindre, car de cette éternelle séparation dépend leur existence. M. Thiers ne rappela ces vaines théories que pour en faire justice. Il rappela que la

Fig. 32. — M. de Bismarck, avant de se décider à faire la guerre à l'Autriche, hésite devant la grave responsabilité à laquelle il s'expose.

France en 89 avait proclamé les principes de la liberté et les avait inculqués à l'Europe, qui, sur plusieurs points, nous rendrait aujourd'hui la leçon reçue. Pénible contraste, douloureux changement de rôle, dont l'orateur parla avec une éloquente simplicité. Citant ces paroles de l'Empereur à l'ouverture de la session : « N'a-t-on pas assez discuté depuis quatre-vingts ans les théories gouvernementales? N'est-il pas plus utile aujourd'hui de chercher les moyens pratiques de rendre meilleur le sort moral et matériel du peuple? » Il les signala comme le résumé du système de gouvernement mis en œuvre depuis 1852 pour détourner l'attention du pays de ses intérêts politiques.

La gauche ne pouvait qu'applaudir à ces idées; mais lorsque l'orateur crut devoir citer la fondation de l'unité italienne, les protestations en faveur de la Pologne, la suppression du régime prohibitif, comme la preuve des dangers auxquels était exposé un pays où le pouvoir législatif n'exerce aucune action efficace sur le pouvoir exécutif, l'opposition, sans refuser à M. Thiers le droit de se séparer d'elle sur les trois questions précédentes, comme il s'était séparé de ses amis sur la question de décentralisation posée dans le programme de Nancy, témoigna quelque regret qu'il eût choisi, pour indiquer la scission, une occasion où il s'agissait d'une revendication commune.

M. Latour-Dumoulin, ex-chef de la division de la librairie au ministère de la police, prit la parole le lendemain, non point pour attaquer le gouvernement, car il était, s'écria-t-il, profondément dévoué à l'Empereur et à la dynastie, mais pour lui donner quelques avertissements salutaires. L'Empire, selon lui, en était au ministère Villèle; l'heure de former un ministère Martignac allait sonner. On se demandait ce que pouvait signifier un tel changement dans la pensée de l'orateur en l'entendant ensuite condamner le parlementarisme anglais, italien, autrichien, espagnol, tous les parlementarismes, en un mot, soutenir la nécessité des candidatures officielles et repousser la liberté de réunion. M. Latour-Dumoulin, pour justifier le titre de libéral qu'il persistait à se donner malgré cela, se montrait partisan d'une certaine extension du droit d'amendement et du contrôle de la Chambre sur les finances. Il n'était pas entièrement opposé non plus au rétablissement de la responsabilité ministérielle et à la rentrée de la presse sous le régime du droit commun. M. Rouher, en entendant formuler de pareils vœux, ne put s'empêcher de dire à l'orateur : « Passez à gauche. » M. Latour-Dumoulin lui répondit fièrement : « M. Guizot fit la même réponse à M. de Morny, qui lui donnait des conseils libéraux ; M. de Morny s'efforça d'éclairer le gouvernement et ne passa point à gauche. M. Rouher peut parler comme M. Guizot, j'agirai comme M. de Morny. »

Un incident curieux comme indice des dispositions d'esprit de la majorité signala le discours de M. Glais-Bizoin. Cet orateur avait malheureusement moins de voix que d'esprit : au lieu de l'écouter en silence, les membres de la droite, M. Granier de Cassagnac entre autres, l'interrompaient sans cesse et exposaient ainsi la Chambre à des malentendus assez fréquents. M. Glais-Bizoin ne ménageait pas les attaques au gouvernement de ce pays. « Vous blessez les sentiments de la Chambre..... C'est inconvenant.... Vos paroles sont intolérables, » telles sont les aménités dont M. Walewski accompagne chaque phrase de M. Glais-Bizoin. La majorité proteste qu'elle ne laissera pas attaquer un gouvernement fondé par la volonté du peuple, et, répond alors l'orateur, « par cent mille baïonnettes ». Ces mots soulèvent une tempête ; le président a de la peine à faire entendre sa voix : « Je vous rappelle à l'ordre ! Ce n'est point par les baïonnettes que le gouvernement a été fondé, mais par le vœu unanime de la nation. » La droite pousse des cris d'assentiment. L'orateur se tourne d'un air stupéfait du côté du bureau pour demander la cause d'un pareil déchaînement. « Messieurs, dit-il en souriant après avoir échangé quelques paroles avec l'un des secrétaires, je parle du Mexique. » La Chambre, au milieu du tumulte, ne s'était pas aperçue que l'orateur, quittant la France, s'était embarqué pour l'Amérique.

L'orateur, piqué au jeu, redouble de vivacité dans ses critiques, et cette fois il ne les adresse pas seulement au gouvernement mexicain. MM. Jérôme David, Caffarelli, Noubel, Granier de Cassagnac, vocifèrent : « Assez ! assez ! » L'un lui crie : « Ce que vous dites est une calomnie ! » l'autre : « Pourquoi avez-vous prêté serment ? » M. Noubel demande que ce discours ne soit pas inséré au *Moniteur*. M. Rouher s'écrie insolemment : « Ce n'est pas de la politique, c'est de la pasquinade ! » Il se trompait. L'or et le sang de la France inutilement répandus au Mexique, le faux équilibre du budget, le blocus continental contre l'intelligence par la fermeture de la frontière aux journaux étrangers, l'avertissement administratif élevé bien au-dessus d'un jugement par la défense de le discuter, tous ces griefs rappelés par l'orateur n'étaient que trop sérieux. Sa voix trop faible ne peut malheureusement dominer les cris de la majorité, debout tout entière et demandant : « La clôture ! la clôture ! » M. Glais-Bizoin, à bout d'efforts, parvient enfin à lancer sa péroraison : « Que des

« députés éclos à la chaleur des candidatures officielles acceptent qu'on
« leur enlève tous leurs droits parlementaires, depuis celui de choisir leur
« président jusqu'à celui de publier leurs discours ; quant à lui, il luttera
« contre l'asphyxie à laquelle on veut le condamner dans cette enceinte,
« où il a respiré autrefois à pleins poumons l'air de la liberté. Mon dis-
« cours, dites-vous, prouve qu'à défaut de liberté de la presse, de liberté
« de réunion, nous avons du moins la liberté de la tribune. Oui, quand
« vous ne la supprimez pas par vos clameurs, elle existe pendant la dis-
« cussion de l'adresse ; mais cette discussion, qui nous est permise aujour-
« d'hui par un décret, ne nous sera-t-elle pas enlevée demain par un
« autre ? Le régime parlementaire nous avait donné les mœurs de la liberté
« que vous voulez nous faire perdre pour leur substituer les mœurs
« basses et serviles du premier Empire, mais vous n'y réussirez pas. Quant
« aux injures du ministre d'État, je les repousse avec le plus suprême
« dédain. »

On n'entend plus que ces cris : « La clôture ! la clôture ! » Le président s'empresse de la mettre aux voix ; elle est adoptée, et M. Jules Favre, qui qualifie ce vote de surprise, en ajoutant que de cet incident il ne reste de sérieux qu'une injure partie du banc des ministres, est menacé d'un rappel à l'ordre. « Nous avons le devoir de faire respecter le gouvernement, et nous le remplirons, répond arrogamment M. Rouher — En injuriant les députés ! » lui crie M. Glais-Bizoin. Le ministre d'État fait semblant cette fois de ne pas entendre, et la discussion générale est close. Le gouvernement n'avait fait aucune réponse au discours de M. Thiers.

La discussion des paragraphes de l'adresse commença le 28. Le 1er paragraphe fut adopté sans discussion. M. Jules Favre, avant de prendre la parole pour défendre l'amendement de la gauche sur les affaires allemandes, échangea quelques explications avec M. Rouher sur la dénonciation du traité réglant les conditions d'extradition entre la France et l'Angleterre ; ne voulant pas fatiguer la Chambre en parlant de nouveau, il lui demanda de vouloir bien discuter le paragraphe relatif à l'Italie avant celui qui concernait l'Allemagne.

L'éternelle question romaine revenait donc sur le tapis. La commission avait introduit pour la première fois dans le paragraphe qui lui était consacré le mot de *souveraineté temporelle*, en ajoutant que cette souveraineté trouverait sa garantie dans la convention du 15 septembre. M. Garnier-Pagès, nouveau venu dans cette vieille lice, fit, dans un discours très substantiel, le résumé historique de la lutte entre la papauté et l'Italie. La réponse de M. Chesnelong ne fut que le développement de cette doctrine : « Il faut que le pouvoir spirituel et le pouvoir temporel soient unis à Rome pour rester séparés ailleurs. » Cette discussion, d'autant plus inutile que la convention du 15 septembre avait donné la parole aux événements, se traînait assez languissamment. M. Jules Favre la ranima : orateur surprenant, dont les improvisations multiples sont si parfaites qu'elles semblent longuement préparées, il résuma les faits de la dernière période diplomatique, sans détails oiseux et sans répétitions; passant ensuite à la question théorique, usée à défier toute passion et toute patience, il lui rendit le mouvement et la vie. Ce fut l'un de ses plus grands succès oratoires. Son discours, où règne d'un bout à l'autre le plus parfait accord entre les faits, les pensées et les expressions, et où les considérations les plus élevées de la politique et du droit sont exprimées dans le langage le plus distingué, le plus coloré, le plus pur, rappelait les plus beaux temps de l'éloquence parlementaire.

M. Adolphe Guéroult lui succéda et combattit le pouvoir temporel avec sa vigueur et sa clarté habituelles. M. Kolb-Bernard lui répondit, et le 2e paragraphe fut adopté.

L'article additionnel au 1er paragraphe, dont la discussion avait été remise après celle du deuxième, ramena le lendemain M. Jules Favre à la tribune. L'Empereur avait dit à l'ouverture de la session : « A l'égard
« de l'Allemagne, mon intention est de continuer à observer une politique
« de neutralité qui, sans nous empêcher parfois de nous affliger ou de
« nous réjouir, nous laisse cependant étrangers à des questions où nos
« intérêts ne sont pas directement engagés. » La commission, au lieu de préciser ce que l'Empereur avait laissé dans le vague, était restée dans un silence fâcheux : il semblait en effet que, en présence d'un allié qui succombe dans la lutte du faible contre le fort, un pays comme la France dût se réserver autre chose que le droit banal de s'affliger ou de se réjouir. M. Jules Favre protesta contre ce silence, et, renonçant à dissiper les ténèbres féodales accumulées par la science allemande autour de la question des duchés, il prit les choses au moment où, la conférence de Londres venant d'échouer, l'Autriche et la Prusse, ne trouvant plus personne devant elles, avaient conclu la convention de Gastein, qui n'était qu'un partage déguisé. Les habitants du Sleswig protestent contre ce partage, s'écrie M. Jules Favre; la Prusse leur répond avec l'insolence de la force prête à tout braver, et le gouvernement impérial n'oppose à

ses actes que les paroles impolitiques et cruelles du discours de la couronne. L'Empereur approuve la dernière circulaire, cette circulaire, ajoute-t-il, que la France n'a connue que par les journaux étrangers; M. Jules Favre ne demande pas la guerre, mais il s'indigne que le gouvernement impérial accorde des distinctions honorifiques à M. de Bismarck, à l'homme qui opprime la liberté dans son pays et auquel on a l'air de tout pardonner parce qu'il ose tout. La Prusse, continue-t-il, est une nation ambitieuse qui veut unifier l'Allemagne pour la dominer; elle n'a point oublié les traditions et la politique sans scrupule du grand Frédéric. L'Empire germanique qui inspirait de vives craintes à Richelieu n'existe plus, il ne faut pas qu'il se constitue sous une autre forme. L'Allemagne malheureusement n'est pas convaincue du désintéressement du gouvernement impérial : un gouvernement libre la rassurerait; que l'Empereur prenne donc pour devise : « Désintéressement complet, abandon de tout esprit de conquête, pratique de la liberté. » M. Jules Favre, en montrant que le danger de la situation venait des méfiances de l'Allemagne contre le gouvernement impérial, avait mis le doigt sur la plaie.

M. de Parieu, vice-président du Conseil d'État, lui répondit que le gouvernement impérial avait gardé la neutralité afin de ne point se donner l'apparence d'attaquer dans le Nord le principe des nationalités, après l'avoir défendu dans le Midi; mais que, loin de rester spectateur indifférent des événements, il avait poussé à la formation des trois Allemagnes et au vote des populations dans les duchés, espérant, par ce vote, rendre au Danemark les provinces que la guerre venait de lui enlever, et à l'Allemagne les provinces allemandes. Le principe des nationalités aurait été ainsi sauvegardé des deux côtés. Telle avait été la politique du gouvernement dans le passé; quant au présent, il comptait rester dans le *statu quo*.

M. Émile Ollivier, se plaçant entre M. Jules Favre, qui demandait une intervention diplomatique plus active, et l'orateur du gouvernement, qui ne voulait pas faire un pas en avant, essaya de se mettre d'accord à la fois avec l'un et avec l'autre; il s'indigna surtout du changement que M. de Bismarck avait fait subir à la question; mais il ne s'agissait plus de savoir si la prétention de l'Allemagne était juste à l'origine, il fallait se décider à accepter ou à rejeter la solution prussienne. L'espèce de juste milieu dans lequel M. Émile Ollivier essayait de s'établir ne se comprenait pas au moment décisif. La guerre entreprise contre le Danemark sous le couvert d'une exécution fédérale allait aboutir à la conquête pure et simple des duchés par la Prusse et par l'Autriche. Le traité de Gastein réglait la co-possession provisoire des duchés entre elles, et la Prusse ne cachait pas son intention de changer le provisoire en définitif. Comment M. Émile Ollivier pouvait-il donc partager les sentiments de M. Jules Favre et voter contre l'amendement de l'opposition?

M. Thiers trouva que le discours de M. de Parieu n'accentuait pas assez la politique du gouvernement. « Il faut que l'on sache, dit-il, que la France est du côté du droit et qu'elle est décidée au besoin à le faire respecter. Il ajouta que, la couronne ayant parlé discrètement, il fallait lui répondre; et qu'il était bon que la voix de la France fût entendue par les ambitions et par les convoitises. » Le paragraphe de la commission sur l'Allemagne était vraiment d'une trop grande insignifiance; la majorité partageait cet avis, mais elle ne voulait pas avoir l'air de céder à une sommation de l'opposition. Un des membres de la commission vint heureusement à son aide en demandant que le paragraphe lui fût renvoyé.

Le sentiment du droit et de la justice avait inspiré à l'opposition un amendement sur la Pologne que M. Carnot développa éloquemment, mais inutilement. M. Rouher demanda l'ajournement de la discussion sur le Mexique, à cause de certaines négociations sur lesquelles le gouvernement ne pouvait pas s'expliquer en ce moment. Le débat fut renvoyé au moment de la discussion du budget rectificatif de 1866.

L'impatience était grande d'apprendre comment la commission répondrait aux sentiments exprimés par la Chambre au sujet du paragraphe relatif à la question des duchés : « Nous donnons notre adhésion à la politique suivie par Votre Majesté à l'égard de l'Allemagne, cette politique de neutralité qui ne laisse pas la France indifférente aux événements et qui est conforme à nos intérêts, » rédaction beaucoup trop terne aux yeux de l'opposition et même de quelques membres de la majorité. L'un d'eux, M. Morin (de la Drôme), dans un amendement personnel, forma le vœu de voir restituer au Danemark les populations danoises qui lui avaient été enlevées. Cet amendement et celui de l'opposition furent repoussés.

La Chambre passa de l'Allemagne à l'Algérie. M. Lanjuinais posa nettement la question au gouvernement impérial : Soyez Arabes ou Français; fondez un empire arabe, ou laissez la civilisation européenne transformer l'Algérie. MM. Jules Favre et Berryer intervinrent dans la

Fig. 335. — 80,000 Prussiens et Autrichiens se jettent sur 15,000 Danois.

discussion. M. Berryer proposa même un amendement qui ne fut rejeté par assis et levé qu'après une épreuve douteuse.

L'opposition remporta un léger avantage dans la séance du 2 mars ; elle fit renvoyer à la commission, malgré M. Granier de Cassagnac, un amendement important et toujours repoussé sur le régime des colonies. Cela indiquait, de la part de la majorité, une certaine tendance à sortir de son immobilité. Des députés n'appartenant pas à la gauche osaient proposer des amendements presque séditieux, un, entre autres, dans lequel ils regrettaient que « les vœux des populations n'aient pas toujours été consultés sur le choix des maires ». M. Hallez-Claparède, chargé de le soutenir, fit remarquer que la modération dont le gouvernement prétendait avoir usé dans les élections municipales avait souffert bien des exceptions : 96 maires destitués après ces élections dans le Puy-de-Dôme, 128 dans le Bas-Rhin, en étaient la preuve ; en admettant la même proportion partout, on arrive au chiffre effrayant de 1780 destitutions de maires. M. Goerg signala par contre le maintien de certains maires coupables d'irrégularités de nature à rendre nul le premier tour de scrutin ; le duc Marmier cita de nombreux faits du même genre. Mais les membres de la majorité avaient besoin de maires peu scrupuleux pour assurer leur élection, et ils se gardèrent bien, cette fois, de montrer la moindre velléité de se séparer du gouvernement.

Les débats sur le paragraphe 7 de l'adresse relatif à l'agriculture étaient attendus avec une certaine impatience. Les protectionnistes devaient livrer bataille sur un amendement relatif à l'établissement d'un droit fixe de 2 francs à l'entrée des céréales. La discussion de cet amendement, commencée le 7 mars, dura quatre séances. M. Pouyer-Quertier se chargea de démontrer, chose assez difficile, comment, en présence d'une série de bonnes récoltes, la liberté du commerce des céréales avait fait baisser leur prix, théorie qui ne pouvait avoir qu'une conclusion logique, le rétablissement de l'échelle mobile. Une question incidente, celle du Crédit agricole, ayant été soulevée, M. Brame en profita pour mettre le *Crédit foncier* sur la sellette. Cet établissement, créé en 1852 pour venir en aide à l'agriculture, aidait uniquement la bâtisse, si bien qu'en 1856 la fondation du *Crédit agricole* était devenue indispensable. Une lutte s'établit tout de suite entre le *Crédit foncier* et le *Crédit agricole;* elle dure cinq ans, au bout desquels Dieu se prononce pour les gros capitaux : le *Crédit agricole* est obligé de fusionner avec le *Crédit foncier* et d'accepter son règlement, qui rend le prêt à l'agriculture impossible en défendant tout prêt au delà de 90 jours. Le *Crédit foncier*, en revanche, prête 250 millions à l'Autriche et 40 millions à la Turquie. M. Brame le somme de se livrer au drainage des champs pour lesquels il a été créé, et non à celui des capitaux français pour les déverser à l'étranger. Il serait temps pour lui, au lieu de battre monnaie au profit des financiers, de secourir les paysans. Au seul mot de paysans, toutes les oreilles se dressaient à cette époque, où le gouvernement reposait presque uniquement sur le vote des campagnes; aussi l'examen de la situation de l'agriculture dura-t-elle pendant plus d'une semaine.

Le discours de M. Pouyer-Quertier, avons-nous dit, ne pouvait avoir qu'une conclusion logique, le rétablissement de l'échelle mobile. C'est ce qu'il demandait en réalité par son amendement relatif à l'établissement temporaire d'un droit fixe d'entrée sur les céréales étrangères. La Chambre, après une discussion qui fut comme une véritable enquête sur l'agriculture, condamna tout retour au régime protectionniste en repoussant cet amendement. M. Thiers, qui avait pris la parole pour l'appuyer, fut battu. Restait à discuter l'amendement de l'opposition : « Dès à « présent, il faut reconnaître que l'agriculture est en droit de réclamer les « dégrèvements des droits de mutation, la diminution du contingent et le « ralentissement des travaux stériles d'embellissement, qui détournent « du sol tant de bras et tant de capitaux qui lui sont indispensables. » La commission, sans combattre précisément l'amendement de la gauche, le considérait comme inutile avant l'enquête. Mais qu'attendre d'une enquête agricole faite par un gouvernement qui venait d'interdire aux viticulteurs du Mâconnais et de la Gironde l'autorisation de se réunir en congrès sur quelques questions spéciales se rattachant à leurs intérêts, sous prétexte qu'il ne pouvait manquer d'être question des octrois dans ce congrès, et qu'une discussion sur ce sujet pouvait avoir des inconvénients [1].

La discussion sur le paragraphe 8, relatif aux finances, s'engagea le 14. MM. Larrabure et Calley Saint-Paul, membres de la majorité, combattirent la politique financière de l'Empire. Si le gouvernement veut sincèrement la paix, dit avec raison M. Larrabure, il doit conformer ses finances à ce désir et réduire considérablement les budgets de la guerre et de la marine. M. Calley Saint-Paul se borna à diriger des personnalités

---

[1]. Jules Favre, Marie, Ernest Picard, Lanjuinais, Hénon, Eugène Pelletan, Bethmont, Havin, le duc de Marmier, Guéroult, Girot-Pouzol, Garnier-Pagès, Glais-Bizoin, Carnot, Jules Simon, Magnin, Dorian.

contre le ministre des finances M. Fould, auquel il alla jusqu'à reprocher de ne pas habiter l'hôtel du ministère.

Le plus important des amendements de l'opposition provoqué réclamait l'application sincère des principes de 89, la liberté de la presse, la liberté électorale, la liberté municipale, la responsabilité des fonctionnaires. « Le peuple français, disait la gauche, entouré d'États libres initiés par lui à la liberté, a trop de confiance dans son génie, a trop de fierté de son passé, pour qu'on le traite en interdit et qu'on le déclare incapable ou indigne de porter lui-même le glorieux fardeau de ses destinées. »

Les quarante-cinq membres de la majorité [1], qui formaient ce qu'on appelait le tiers parti, avaient de leur coté présenté cet amendement :

« Cette stabilité n'a rien d'incompatible avec le sage progrès de nos institutions. La France, fermement attachée à la dynastie qui lui garantit l'ordre, ne l'est pas moins à la liberté, qu'elle considère comme nécessaire à l'accomplissement de ses destinées. Aussi le Corps législatif croit-il aujourd'hui être l'interprète du sentiment public en apportant au pied du trône le vœu que Votre Majesté donne au grand acte de 1860 les développements qu'il comporte. Une expérience de cinq années nous parait en avoir démontré la convenance et l'opportunité. La nation, plus intimement associée par votre libérale initiative à la conduite des affaires, envisagera l'avenir avec une entière confiance. »

L'année précédente, des amendements empreints d'un certain esprit d'opposition avaient obtenu d'assez fortes minorités, mais la scission qui commençait à s'opérer dans la droite restait encore à demi cachée. Cet amendement la dévoilait complètement. Aussi la droite pure montrait-elle une très vive irritation contre les signataires, auxquels elle reprochait d'être entrés pour la plupart dans la Chambre par l'appui du gouvernement. Aussi se bornaient-ils à répondre qu'ils croyaient donner par leur amendement la preuve la plus grande de leur reconnaissance et de leur dévouement à l'Empereur ; c'est en vain pourtant qu'ils cherchaient à se défendre de vouloir fonder un parti ; la droite ne s'y trompait pas et ne voulait voir dans les *quarante-cinq* que des renégats et des ennemis de l'Empire.

La gauche, ainsi que quelques journaux le lui conseillaient, devait-elle abandonner son amendement pour voter celui du tiers parti. Cela lui était d'autant moins permis que, l'amendement des quarante-cinq ayant été

---

[1]. MM. Buffet, Chevandier de Valdrôme, Garnier, Martel, de Talhouët, Maurice Richard, de Chambrun, Lambrecht, J. Brame, de Janzé, Lespérut, d'Andelarre, Ancel Plichon, de Dalmas, de Ravinel, Eschassériaux, de Rambourgt, Réguis, Kolb-Bernard, Latour Dumoulin, Lacroix Saint-Pierre, vicomte de Grouchy, comte Hallez-Claparède, Gellibert des Seguins, Gazelles, Lefébure, général Lebreton, Stievenart-Béthune, Goerg, Planat, Malézieux, Javal, de Wendel, marquis de Torcy.

déposé avant le sien, elle l'avait, en en proposant un autre, déjà déclaré insuffisant à ses yeux. La gauche ne se faisait pas d'illusion sur le sort de son amendement ; son intention étant d'affirmer les principes et de marquer le but, elle aurait diminué son autorité en se ralliant à l'amendement des quarante-cinq.

L'amendement de l'opposition fut admirablement soutenu dans son ensemble et dans ses détails par M. Jules Favre et par ses amis. M. Ernest Picard, qui, par son esprit, finissait toujours par obtenir de la majorité une attention qu'elle aurait refusée à ses idées, s'éleva contre le régime de la presse, qui la tuait petit à petit ; au lieu de la vie privée, dit-il, c'est la vie politique qui est murée ; la littérature, pour le gouvernement, ne se compose que de productions frivoles dont il facilite la production par tous les moyens possibles, y compris la circulation sans l'impôt du timbre. Le jugement des livres, enlevé au jury, est livré aux juges correctionnels ; encore est-ce en quelque sorte un privilège que d'être déféré à cette juridiction, car la police saisit tel livre qu'elle juge dangereux, l'*Histoire de la maison de Condé*, par exemple [1]. Vainement l'auteur et le libraire s'adresseraient-ils aux tribunaux pour obtenir la restitution d'un ouvrage saisi de cette façon. L'article 75 de la Constitution de l'an VIII donnant au gouvernement le droit de substituer sa responsabilité à celle du fonctionnaire, ils se trouveraient en présence d'un commissaire de police qui s'effacerait derrière le préfet de police, lequel s'abriterait à son tour derrière le ministre, qui serait libre de répondre : Voyez la Constitution, je ne suis pas responsable ! L'auteur d'un livre ou d'un article est-il traduit devant la justice, l'interdiction du compte rendu des débats lui enlève le bénéfice du jugement de l'opinion publique ; qui est son véritable tribunal de cassation. Mais, s'écria M. Picard, il y a plus encore : l'État, non content de se faire journaliste, s'arroge le pouvoir de désigner aux directeurs des journaux les collaborateurs qu'il leur est permis de s'adjoindre.

C'était une entreprise difficile que de défendre la liberté électorale devant une assemblée née d'un système contraire. M. Jules Simon en fit bien vite l'expérience. La modération de son langage, le soin qu'il prit de se maintenir dans la sphère des doctrines, loin de celle des personnalités, ne suffirent pas à conjurer le danger d'attaquer la majorité sur le point le plus sensible ; aussi, malgré son talent et sa dextérité, fut-il obligé d'abréger et de terminer, avec une fermeté sommaire, un discours im-

---

[1]. *Histoire de la maison de Condé*, par le duc d'Aumale. Michel Lévy.

portun à la droite et qui provoqua du moins de la part de M. Rouher cette franche déclaration : « Le gouvernement maintient le principe des candidatures officielles d'une manière formelle et absolue. »

L'amendement de l'opposition fut voté uniquement par les dix-sept députés qui l'avaient signé. MM. Thiers, Ollivier, Darimon s'abstinrent.

Le tour de l'amendement des quarante-cinq était arrivé. M. Buffet, chargé de le soutenir, avait figuré parmi les premiers amis du prince-président Louis-Napoléon. M. Thiers, qui patronnait alors M. Buffet, le désigna au choix du chef de l'État. L'orateur des quarante-cinq ne pouvait donc passer pour un ennemi de l'Empire; il tenait à le marquer et à indiquer la différence existant entre son amendement et celui de la gauche. Aussi s'empressa-t-il de déclarer qu'il n'était pas de l'opposition, qu'il acceptait toutes les idées générales mises en pratique depuis 1852 par le gouvernement et sanctionnées par le vote de la majorité; il ne venait même pas réclamer le couronnement de l'édifice, et les signataires de l'amendement n'étaient pas « en désaccord sur le fond des choses » avec les membres de la commission.

M. Buffet eut beau se faire modeste, M. Jérôme David, encouragé par les applaudissements de la majorité, lui reprocha de ne représenter qu'une coalition d'opinions diverses d'origine, mais unies dans l'intention d'imposer leurs prétentions à l'Empire, au risque de raviver les espérances des vaincus du scrutin de 1848 : aveugles ou ennemis, tel est le dilemme dans lequel il enferma les membres du tiers parti. M. Martel, dans sa réponse, atténua encore tellement la portée de l'amendement, qu'il fallait une bien grande bonne volonté pour attacher désormais quelque importance à la manifestation des quarante-cinq.

M. de Talhouët n'ajouta pas grand'chose aux arguments de MM. Buffet et Martel; mais l'adhésion d'un des plus riches propriétaires fonciers de France à la politique des quarante-cinq ne leur fut pas sans utilité dans un débat où on les accusait de tendre au renversement de la société.

M. Rouher, qui gardait depuis quelque temps un silence remarqué, se dédommagea dans la séance du 20 mars. Le ministre d'État, englobant M. Thiers, la gauche et le tiers parti dans la même attaque, leur répondit à la fois; il venait, dit-il d'un ton mélancolique, « avec tristesse et douleur, discuter après quatorze ans d'un règne prospère les bases sur lesquelles le peuple a assis la prospérité de la dynastie et du pays. » Surmontant ensuite sa douleur, il établit un parallèle entre le gouvernement impérial si prospère, si tranquille, et le gouvernement parlementaire, « mêlée ardente

« où les passions s'abandonnaient à elles-mêmes, où les faits étaient sans
« cesse dénaturés, où le reproche de corruption retentissait de tous côtés,
« en même temps que des appels répétés à la violence, auxquels la Ré-
« volution répondait en envahissant cette enceinte. » La Chambre ne put
retenir ses applaudissements. Le ministre d'État, excité par cette approbation, se mit à commenter la Constitution de 1852 et les principes de
89 et à établir entre le gouvernement parlementaire et le gouvernement
représentatif une différence qui a toujours été le cheval de bataille des
théoriciens de l'Empire. « Au lieu de conseiller à l'Empereur un chan-
« gement de régime, dit-il fièrement aux auteurs de l'amendement,
« que ne lui conseillez-vous d'abdiquer comme Charles-Quint ! C'est plus
« digne de son nom, de son caractère et de sa gloire ; mais, s'il consultait
« le peuple, le peuple lui répondrait par la confirmation de ses pou-
« voirs ! »

M. Rouher déclare ensuite que le jury et les tribunaux sont également
impuissants contre la presse et qu'il faut choisir entre sa liberté complète
et le pouvoir discrétionnaire du gouvernement. La législation de 1789, en
proclamant la liberté de la presse, n'avait pas en vue les journaux, qui
n'existaient pas à cette époque. « Ce ne fut que quelques années après
que Camille Desmoulins crut trouver là une industrie destinée à l'enrichir
et qu'il fut conduit par elle à l'échafaud. » Voilà l'histoire de la presse
comme l'écrivait M. Rouher ; voilà comment il s'exprimait sur un homme
auquel les reproches n'ont pas manqué, mais que personne ne s'est jamais
avisé d'accuser de n'avoir vu dans le journalisme qu'un métier pour arriver
à la richesse ; le ministre d'État, après avoir évoqué les journaux d'Hébert
et de Marat, cita ceux de 1848, *le Père Duchêne, la Canaille, la
Guillotine*, etc., sans se douter que ces journaux furent créés et rédigés
par des bonapartistes ; mais M. Rouher ne savait pas mieux l'histoire de
son temps que celle de la Révolution, et, l'eût-il sue, il n'aurait pas hésité
à la travestir devant une majorité aussi passionnée qu'ignorante. Prenez
garde, dit-il, en finissant, aux signataires de l'amendement, « pour avoir
voulu conquérir des nuances, d'être absorbés par des couleurs ». Cet avertissement donné aux quarante-cinq, dans un si singulier style, fut suivi
d'une péroraison, dans laquelle il déclara que la Constitution promettait
de maintenir les principes de 89, qu'elle tenait parole, et qu'il ne fallait
compter ni sur le droit d'initiative que la Restauration avait d'abord refusé
aux Chambres, ni sur la responsabilité ministérielle, en un mot sur aucune modification, « hormis peut-être en ce qui concerne le droit d'amen-

Fig. 34. — Procès-verbal est dressé contre un journalier, pour avoir chargé des planches sur sa voiture, pendant la journée du dimanche.

dément, qu'il est possible d'élargir sans de trop grands dangers, et le droit d'interpellation, qui, convenablement réglé, n'est pas sans présenter quelques avantages. » Le discours de M. Rouher dura trois heures et remplit quinze colonnes du *Moniteur*. C'est peut-être le plus long qu'un ministre ait prononcé.

On parlait beaucoup du discours que M. E. Ollivier devait prononcer en faveur de l'amendement des quarante-cinq. M. Ollivier, en défendant cet amendement, était conséquent avec lui-même; sa conduite dans la session précédente lui traçait sa conduite dans celle-ci. Son discours peut se résumer ainsi : Les hommes politiques au début d'un gouvernement se divisent en deux groupes, les uns voulant aider à sa fondation, les autres cherchant à l'empêcher. De ces deux groupes s'en détache plus tard un troisième. Le premier groupe sacrifiait la liberté à la dynastie; le second groupe faisait passer la liberté avant la dynastie; le troisième groupe unira désormais les intérêts de la liberté et ceux de la dynastie. Les institutions de la première heure, quand cette situation se dessine, deviennent peu à peu insuffisantes; aussi le gouvernement est-il sorti déjà une fois de la Constitution de 1852 pour l'élargir, et le Corps législatif a maintenant, il le reconnaît avec le ministre d'État, les armes nécessaires pour faire prévaloir sa volonté dans les affaires publiques. La situation exige cependant que le gouvernement fasse un nouveau pas en avant. La responsabilité ministérielle n'offre pas tous les dangers que l'on craint. L'éloignement des ministres du lieu des séances ne préserve pas les gouvernements des tentatives des assemblées. Cet éloignement n'aboutit qu'à la création non pas d'un grand vizir (ce mot employé par M. Latour-Dumoulin choque M. Emile Ollivier), mais d'un premier ministre ayant sous ses ordres un certain nombre de commis. Les signataires de l'amendement ne veulent point renverser la Constitution; ils travaillent à la solution du grand problème du xixe siècle, la conciliation entre l'autorité et la liberté. S'ils ont raison de prétendre que le gouvernement actuel doit et peut donner la liberté, « la dynastie est fondée comme sur un roc »; s'ils ont tort, la dynastie est encore livrée aux aventures; mais ils ne demanderaient pas la liberté s'ils ne croyaient pas la dynastie fondée. M. Emile Ollivier s'adresse en finissant aux quarante-cinq : « Quant à vous, messieurs, permettez-moi de sortir de ma situation isolée « et de me mettre au milieu de vous. Ayez confiance, ne vous découragez « point, et, quelles que soient les difficultés de votre tâche, persistez. « L'avenir, soyez-en sûrs, nous appartient; personne ne peut nous em-

« pêcher de prendre par l'espérance possession de l'avenir. Unissons-nous,
« concentrons-nous, afin que notre union fasse notre force jusqu'au jour
« où elle fera notre victoire. Et, si nous nous défions de la violence qui
« rend odieuses les causes justes, préservons-nous avec un égal soin de
« la faiblesse qui les avilit. »

Le scrutin s'ouvrit après ce discours. Le nombre des votants était de 269. 206 voix se prononcèrent contre, 63 pour l'amendement. La minorité n'avait jamais atteint un chiffre si élevé. Il l'aurait été plus encore si une partie de la gauche ne s'était pas abstenue. MM. Jules Favre, Ernest Picard, Hénon, Marie, Bethmont, Dorian, Girot-Pouzol, Glais-Bizoin, Guéroult, Havin, Lanjuinais, Magnin, Malézieux, votèrent en faveur de l'amendement des quarante-cinq. M. Thiers et M. Berryer s'abstinrent.

La séance du lendemain, 20 mars, fut encore en partie consacrée à la presse. MM. Martel, Jules Brame, de Chambrun, de Janzé, Lambrecht, Ancel, d'Andelarre, de Lespérut, Plichon, Kolb-Bernard, Latour-Dumoulin, Piéron Leroy, Malézieux, Maurice Richard, Pouyer-Quertier, Planat de Grammont, Lefébure, avaient maintenu leur amendement relatif à la substitution de la juridiction des tribunaux à la juridiction administrative en matière de presse. M. Martel, après les longs débats auxquels la presse avait donné lieu la veille, crut devoir se borner à préciser le sens de cet amendement et la pensée qui l'avait dicté. Les signataires se proposaient surtout de rendre la critique des actes administratifs possible à la presse des départements, en attendant que par des modifications dans les formalités du cautionnement et du timbre, dont la presse littéraire n'était dispensée qu'au détriment de la morale publique et des journaux politiques, on facilitât le développement de ces derniers. M. Granier de Cassagnac, au nom de la commission, repoussa cet amendement avec la brutalité préméditée dont il faisait étalage dans toutes les discussions où la presse se trouvait en jeu.

M. Jules Brame souleva la question brûlante de la spéculation dans le journalisme, et il en rendit, avec raison, le monopole responsable. N'est-ce pas, demanda M. Brame, un scandale que de voir trois journaux réunis entre les mains d'un spéculateur qui en consacre deux à défendre le gouvernement, un à l'attaquer, et qui se sert de ses trois journaux à la fois pour patronner des entreprises financières ? Le tribunal de commerce a eu depuis dix-huit mois à juger plus de quarante sociétés ayant fait perdre à leurs souscripteurs plus de 80 millions ; comment les journaux n'ont-ils pas signalé au public les pièges que leur tendait la spéculation ? Les moyens indirects que la justice administrative mettait dans les mains du gouvernement pour agir sur les journaux expliquaient ce silence dont se plaignait M. Brame et que les journaux ne demandaient pas mieux que de rompre.

Rester dans le régime exceptionnel, c'est avouer son impuissance, avait dit M. Jules Favre. La justesse de cette observation aurait dû frapper le gouvernement et lui inspirer le désir de démontrer que sa puissance morale était au niveau de sa force matérielle ; mais M. Forcade de La Roquette, vice-président du Conseil d'État, se contenta de répondre aux signataires de l'amendement qu'il ne fallait pas confondre la liberté de la presse avec la liberté du journalisme. La liberté de la presse est le droit de publier ses opinions en se conformant aux lois ; et la liberté du journalisme n'est que la consécration d'une profession qui consiste dans l'exploitation mercantile des opinions et des passions d'autrui. La liberté de la presse est une institution ; la liberté du journalisme n'est qu'une usurpation. Le représentant du gouvernement complétait cette théorie bizarre en ajoutant qu'au surplus ce n'était pas la loi qui donnait naissance au monopole, puisque le monopole existait en fait en Angleterre indépendamment de la loi, que le monopole n'augmentait ni ne diminuait en rien la responsabilité des journalistes à l'égard d'eux-mêmes et du public, et enfin que c'était en vain qu'on voulait faire remonter à la loi la responsabilité de la faiblesse du journalisme en présence des excès de la spéculation. M. Eugène Pelletan repoussa les accusations lancées contre la presse « au nom de la pensée publique, au nom de notre éducation à tous qui s'est faite dans la presse », dans un discours spirituel peignant l'état actuel de la société française, notre prétendue aristocratie, notre jeunesse dorée si vaine et si insignifiante, notre littérature de cancans. La littérature privée de liberté dégénère en licence d'alcôve et de boudoir ; le théâtre est non seulement la débauche de l'esprit, mais encore celle du regard ; le niveau littéraire, l'exposé de la situation de l'Empire en fait l'aveu, n'est plus à la hauteur où l'avait placé la juste sévérité du public. Quant au journalisme, lorsque le jour de la justice viendra pour lui comme pour bien d'autres, on verra ce qu'il a fallu de courage et d'abnégation aux journalistes pour lutter contre la législation de 1852. Les actionnaires du *National*, si cette législation eût existé de leur temps, auraient été placés dans la nécessité de se séparer d'Armand Carrel ou de voir leur propriété supprimée. L'*Univers* n'a pu reparaître récemment qu'en immolant son rédacteur en chef, dont l'ombre mélancolique erre vainement devant la porte du journal créé par lui. M. Pelletan prit ensuite la défense de la presse littéraire, qu'on avait grand tort, selon lui, d'appeler la petite presse, puisque sa clientèle était plus considérable que celle de la presse politique. Il lui savait gré d'initier le peuple au goût de la lecture et de l'éloigner du cabaret. Que le peuple lise d'abord ce qui est mauvais ; bientôt, selon M. Pelletan, il trouvera du plaisir à lire ce qui est bon. Grande erreur : rien ne rend plus incapable de comprendre les choses sérieuses que l'habitude de n'en lire que de frivoles. Le gouvernement le savait fort bien. En laissant la presse à un sou inonder la France de romans, il créait une nation romanesque, c'est-à-dire complètement dépourvue de fermeté et de réflexion, perdue dans un sentimentalisme vague, dans une exaltation d'imagination qui la rendait insensible au despotisme et incapable de se soustraire à son joug.

M. Eugène Pelletan fut mieux inspiré lorsqu'il fit voir comment le secret dont le gouvernement enveloppait toutes ses mesures n'enfantait que des cancans dont les journaux étaient obligés de se faire l'écho. « Ce n'est plus seulement la presse à la main, c'est la presse à l'oreille. » La société actuelle n'a qu'un but, le plaisir ; les classes élevées donnent l'exemple de la dépravation, le chiffre des attentats contre les mœurs a quadruplé depuis 1826 ; deux cent quarante jeunes gens ont été pourvus de conseils judiciaires de 1862 à 1864 ; passant de la statistique à la morale, il pénétra plus avant dans la satire des mœurs : chacun dépense plus qu'il ne gagne ; des modes sans réticences témoignent du relâchement des mœurs et du goût : les chanteurs et les chanteuses de cabaret font les délices des *dilettanti* de salon. Il y a, continua M. E. Pelletan malgré les observations du président, pour les sociétés, deux genres de désordre, le désordre moral et le désordre matériel ; le premier, bien plus dangereux que le second, paralyse le cœur et le cerveau ; le malade meurt sans s'en douter. La France est menacée de cette maladie, mais, ajouta-t-il, le vent de la liberté balayera ces miasmes. La France porte en elle un trop grand destin pour succomber.

L'adresse n'eut contre elle que 17 voix. « Vive l'Empereur ! cria M. Belmontet, nous sommes au 20 mars ! » MM. Havin, Thiers, Berryer, Émile Ollivier et Schneider s'abstinrent.

Napoléon III reçut le lendemain dans la salle du Trône, aux Tuileries, le président du Corps législatif, suivi de la députation chargée de lui remettre l'adresse votée la veille. La Chambre presque tout entière s'était jointe à la députation. L'Empereur répondit à M. Walewski en félicitant le Corps législatif « de ne pas s'être laissé entraîner par de vaines théories qui se présentent comme pouvant seules favoriser l'émancipation de la pensée ». Après avoir signalé à ses auditeurs la différence qui existe entre la liberté et la licence, il termina son allocution par ces paroles emphatiques :

« Il y a quinze ans, chef nominal de l'État, sans pouvoir effectif, sans appui dans la Chambre, j'osai, fort de ma conscience et des suffrages qui m'avaient nommé, déclarer que la France ne périrait pas dans mes mains. J'ai tenu parole. Depuis quinze ans, la France se développe et grandit. Ses hautes destinées s'accompliront, nos fils après nous continueront notre œuvre, j'en ai pour garantie le concours des grands corps de l'État, le dévouement de l'armée, le patriotisme de tous les bons citoyens, enfin ce qui n'a jamais manqué à notre patrie, la protection divine. »

Le Corps législatif ne reprit ses séances que le 4 avril. La discussion de la loi sur la marine marchande, commencée le 11 avril, dura jusqu'au 20. La session devait être close le 20 avril. Un décret daté de la veille la prorogea jusqu'au 20 juin inclusivement.

Le rapport de la commission chargée d'examiner le projet de loi relatif à l'appel de 100 000 hommes sur la classe de 1866, déposé le 25 avril, contenait une phrase d'un sens assez pacifique : « Une grande nation, pour vivre heureuse et libre au dedans, a besoin d'une armée qui fasse respecter son indépendance au dehors et qui, en temps de paix, pouvant se réduire aux plus petites proportions, ne devient jamais un sujet d'alarme pour ses voisins. » Mais quel devait être, d'après la commission, le chiffre de l'armée réduite à ses plus petites proportions ? 600 000 hommes avec un contingent annuel de 100 000 hommes. La gauche trouvait ce chiffre exagéré et proposait une réduction de 20 000 hommes et la fixation par la loi du taux annuel de l'exonération militaire.

La question toujours si importante du contingent militaire empruntait une nouvelle gravité aux événements sur le point de se produire en Allemagne. Le traité de Gastein n'avait été qu'une pierre d'attente pour régler définitivement la question des duchés ; la Prusse ne faisait plus mystère de sa ferme volonté de s'annexer le Sleswig et le Holstein. Le cabinet de Berlin opposait au refus de l'Autriche de s'entendre à ce sujet la présentation d'un projet de réforme fédérale qui l'excluait de l'Allemagne et la conclusion d'un traité avec l'Italie. L'anxiété la plus grande régnait dans les esprits, et l'ignorance dans laquelle le public était tenu sur les résolutions du gouvernement impérial augmentait encore l'émotion générale. Le souvenir de l'entrevue de Plombières planait en quelque sorte sur la situation et semblait expliquer la fermeté et la promptitude des résolutions de la Prusse. L'entrevue de Biarritz apparaissait comme un pendant à celle de Plombières ; on ne doutait pas que les événements actuels et ceux qui se préparaient n'eussent été combinés sur les bords de l'Océan, entre Napoléon III et Bismarck, comme ceux qui surprirent l'Europe en 1859 l'avaient été entre l'Empereur et M. de Cavour sous les sapins des Vosges ; des bruits relatifs à des combinaisons mystérieuses et de prochains remaniements de la carte de l'Europe circulaient de tous les côtés, d'obscurs oracles remplissaient les journaux officieux.

Les formes constitutionnelles ne permettaient pas de demander des éclaircissements au gouvernement par la voie d'une interpellation parlementaire ; aussi M. Émile Ollivier se borna-t-il, dans la séance du 27 avril, « à exprimer le désir de profiter de la discussion du contingent pour adresser un avertissement au gouvernement ». « Un avis, » reprit avec gravité M. Walewski. M. Émile Ollivier n'avait certainement pas l'intention de se permettre autre chose : Nous désirons tout simplement savoir, ajouta-t-il, ne fût-ce que comme élément déterminatif de notre vote, quelle conduite compte tenir le gouvernement. — Attendez sous l'orme, » lui répond M. Granier de Cassagnac.

Le gouvernement n'aurait pas certainement été fâché de se soustraire à ce débat; mais, voyant la chose impossible, M. Rouher essaya de s'en tirer par une brève déclaration à la tribune : « Le gouvernement impérial, « dit-il, dès l'origine de la question des duchés, a donné des conseils de « prudence et de modération aux parties engagées, et il en donne encore « aujourd'hui. Ses efforts tendent plus que jamais à maintenir la paix « sans aliéner sa liberté d'action. La neutralité dans des questions qui « n'affectent après tout ni l'honneur, ni la dignité, ni les intérêts de la « France, c'est la meilleure politique à suivre en Allemagne ; quant à « l'Italie, le gouvernement impérial la laisse libre de ses actions, parce « qu'il l'en rend seule responsable. Le gouvernement impérial désapprou- « verait toute attaque de l'Autriche contre l'Italie, de même qu'il laisserait « l'Italie exposée à toutes les conséquences d'une attaque tentée par elle « contre l'Autriche. » Cette déclaration fut accueillie sur tous les bancs de la majorité par des applaudissements prolongés, qui recommencèrent lorsque M. Rouher eut résumé ainsi la politique impériale : « Attitude pacifique, neutralité loyale, liberté entière d'action. » Cette politique semblait trop modeste pour être sincère, et pour les gens clairvoyants

Fig. 35. — La loi du 9 juillet 1852 permettait au Préfet de police, d'expulser du département de la Seine, tout individu qui ne justifiait pas de ses moyens d'existence.

elle ne pouvait signifier que ceci : Napoléon III surveille les événements, et il attend son heure pour tirer l'épée.

Napoléon III, pendant qu'il poussait à l'alliance entre l'Italie et la Prusse de plus en plus rassurée sur sa neutralité, s'engageait en effet dans de secrètes négociations avec l'Autriche. Cette puissance, prévoyant l'impossibilité où elle serait bientôt de garder la Vénétie, cherchait un moyen de l'échanger ou de la vendre, mais après une bataille qui lui aurait permis de satisfaire aux lois de l'honneur militaire. Napoléon III lui proposait un arrangement aux dépens de la Prusse, qu'il supposait battue d'avance dans la lutte prochaine. Cet arrangement, auquel l'Autriche ne se montrait pas trop défavorable, consistait à prendre la Silésie en échange de la Vénétie. Mais, à défaut même du consentement préalable de l'Autriche, Napoléon III était bien sûr de faire prévaloir sa volonté après que les chances de la guerre auraient détruit une des puisssances en lutte, et affaibli l'autre de façon à lui rendre impossible la résistance à un médiateur à la tête de 500 000 hommes.

La déclaration de M. Rouher appela M. Thiers à la tribune. Il commença par flétrir les iniquités commises par la Prusse et par l'Autriche contre le Danemark et les duchés et par l'Italie contre le pape et les grands-ducs. La cause des petits États italiens ne présentait plus qu'un intérêt rétrospectif. Celle du Danemark s'imposait encore à tous les esprits. Ce petit royaume, chargé de défendre la liberté des mers, avait reçu de l'Europe la garde du Sund en récompense de son héroïque résistance à Nelson dans Copenhague même. Napoléon Iᵉʳ était déjà à l'île d'Elbe, et le Danemark, resté fidèle à sa fortune, soutenait encore Davoust enfermé dans Hambourg. La coalition le punit, ajouta M. Thiers, en lui enlevant la Norwège; elle lui donna, il est vrai, en compensation le Lauenbourg, que la Prusse et l'Autriche viennent de lui reprendre et que la seconde a revendu à la première.

On se rappelle, continua l'orateur, le cri de ce Romain du temps des proscriptions : « Maudite maison d'Albe! elle me coûtera la vie! » Le Danemark avait, lui aussi, sa maison d'Albe, c'est-à-dire les duchés. Ce royaume, formé d'un groupe d'îles, est uni au continent allemand par une langue de terre divisée en deux parties : le Holstein, confinant à l'Allemagne, et le Sleswig au Jutland. Le grand nombre d'Allemands qui habitent le Holstein en font presque une province allemande ; le Sleswig ne compte pas d'habitants allemands, il n'a jamais appartenu à la Confédération germanique, l'Allemagne n'a pas plus de droits sur lui qu'elle n'en aurait sur l'Alsace et sur la Lorraine. Le droit de l'Allemagne, dans le conflit soulevé entre cette puissance et le Danemark au sujet du Holstein, se bornait à l'exécution fédérale, c'est-à-dire à l'occupation du terrain contesté, jusqu'à ce qu'un tribunal eût vidé le conflit. La possession des duchés par le Danemark avait bien été troublée dès 1848; mais le prince prudent qui gouvernait la Prusse à cette époque, cédant aux représentations de l'Europe, renonça à ses prétentions. Tout semblait fini, lorsqu'en 1852 le roi de Danemark, voulant régler la question de succession, racheta pour 10 millions les droits de la maison d'Augustenbourg, droits fort contestables et fort contestés que le représentant de cette maison revendique aujourd'hui et que M. Thiers serait disposé à lui reconnaître, parce qu'il préfère la création d'un nouvel État dans la Confédération germanique à un bouleversement de l'Europe. Les puissances avaient sanctionné le choix du successeur du roi de Danemark et garanti l'intégrité de cette monarchie. Quels arguments met-on en avant pour annuler ces arrangements? On prétend que la Confédération germanique n'a pas été consultée. C'est vrai. Mais si cette consultation n'eut point lieu, ce fut uniquement par crainte d'exciter des troubles très graves en convoquant la Diète après la guerre de 1848, mais les puissances allemandes n'en furent pas moins consultées séparément. La mort du roi de Danemark étant survenue au moment de la création de l'unité italienne, l'influence de cet événement se fit sentir très vivement en Allemagne; le duc d'Augustenbourg renouvelle ses prétentions sur les duchés; la Diète, pour se rendre populaire, décrète l'exécution fédérale sous prétexte que le Holstein n'est pas constitué à son gré, comme si cette constitution la regardait et comme si elle avait à exercer sur ce duché un autre droit qu'un simple droit de juridiction. La Saxe et le Hanovre se chargent de l'exécution fédérale. Le Danemark, loin de résister, reconnaît la légalité de la procédure fédérale et retire ses troupes sur la ligne qui sépare le Holstein du Sleswig. La Diète possède donc le Holstein, mais à titre de dépôt.

L'Autriche et la Prusse, pendant ce temps-là, se croisaient les bras et regardaient faire la Diète. M. de Schmerling, alors premier ministre de François-Joseph, et M. de Bismarck, redoutaient, l'un les idées de nationalité, l'autre les idées de liberté qui pouvaient couver sous la question des duchés. M. Bismarck surtout répétait sur tous les tons qu'il n'y avait pas lieu de s'inquiéter de l'attitude de la Diète, qu'il serait facile de la mettre à la raison quand le moment viendrait. Le langage du ministre prussien change tout à coup; M. de Bismarck se transformant, comme tant d'autres, en démocrate pour se dispenser d'être libéral, crie aux patriotes allemands qu'il va prendre en main la cause de la Confédération. M. de Schmerling, auquel M. Thiers pardonne sa faute en faveur du motif qui la lui a fait commettre, se joint à M. de Bismarck pour modérer son ardeur, et quatre-vingt mille Autrichiens et Prussiens se jettent sur quinze mille Danois. M. Thiers constate le mouvement d'indignation éprouvé par l'Europe en apprenant que la petite armée danoise, réduite de moitié, était obligée de se retirer dans l'île d'Alsen. L'Angleterre proposa une conférence aux puissances. Le moment n'était malheureusement pas favorable à une réunion de ce genre. Le gouvernement impérial cherchait dans ce moment-là précisément à imprimer un caractère européen à la question polonaise. L'intention était bonne, sans doute, mais il fallait prévoir que l'Angleterre et l'Autriche se borneraient à donner à la Russie des conseils d'humanité, quittes à se taire le jour où cette puissance, se relevant fièrement de sa défaite de Crimée, les défierait ainsi que Napoléon III lui-même d'aller au delà de ces conseils. Fallait-il donc déclarer la guerre à la Russie? Non, répond M. Thiers; mais il fallait éviter de tomber dans l'erreur d'une pareille négociation. Le Congrès imaginé comme un moyen de réparer cette erreur et de sauvegarder la dignité du gouvernement impérial ne pouvait amener que la guerre. L'Angleterre, chargée par l'Europe de notifier le refus, s'acquitta de ce soin avec une rudesse que le gouvernement impérial parut avoir oubliée lorsqu'il accepta la conférence proposée par elle; mais, au lieu d'invoquer le traité de 1852 et de soutenir que la question de succession ne pouvait se soutenir nulle part mieux qu'en Danemark, Napoléon III mit en avant cette thèse que, l'entente ne paraissant pas exister à ce sujet entre les puissances, le moyen le plus simple de les mettre d'accord était de consulter les populations en vertu du principe des nationalités. C'était assurer d'avance la victoire à l'Allemagne. L'Angleterre, la Russie et les petits États allemands eux-mêmes, ne sachant trop que faire de ce principe des nationalités qu'on leur jetait, pour ainsi dire, dans les jambes, se retournent du côté de la Prusse et de l'Autriche, et leur demandent : « Que voulez-vous? — La séparation entre le Danemark et les duchés placés sous le sceptre d'un Augustenbourg, » répondent à la fois la Prusse et l'Autriche. Lord John Russel, faisant la part du feu, propose de laisser le Sleswig au Danemark et de lui prendre le Holstein, arrangement inique en lui-même, mais qu'on accepte pour en finir, en joignant au Holstein la rive gauche de l'Eider, c'est-à-dire le cours d'eau qui doit devenir le fameux canal par lequel les flottes allemandes passeront un jour de la mer Baltique dans la mer du Nord ; la Prusse ne paraissant pas entièrement satisfaite, on ajoute une partie de la rive droite à la rive gauche de l'Eider. Le Danemark aura pour frontière le Danewirke. Napoléon III, pendant que les diplomates se livrent sur ces divers points à une lutte des plus vives et des plus ardentes, répétait son refrain habituel : Consultons les populations.

La conférence échoue, la guerre recommence, dit M. Thiers, continuant son impitoyable exposé de la question ; les alliés viennent facilement à bout des restes de l'armée danoise, et la paix de Vienne, au mois d'octobre 1864, enlève au Danemark le Sleswig et le Holstein, grande iniquité dans le genre de celle qui avait été commise en Italie et qui du moins lui avait profité ; mais ici l'Allemagne, quel profit recueillait-elle ? Aucun ; la Prusse seule restait maîtresse du terrain, avec l'Autriche, sa fidèle suivante. Il s'agissait maintenant de se débarrasser du duc d'Augustenbourg, dont la Prusse avait semblé un moment épouser les prétentions ; elle le menaça, s'il continuait sa propagande, de le faire empoigner par quatre gendarmes et jeter à la frontière ; la Prusse adresse des menaces analogues aux journalistes, chasse les fonctionnaires récalcitrants, et répond aux conseils de modération que lui donne l'Autriche sur un ton de hauteur qui déjà l'année dernière permettait de se demander si les alliés n'allaient pas en venir aux mains. Les deux souverains de Prusse et d'Autriche furent assez sages pour empêcher la guerre en signant la convention de Gastein. L'Autriche garda provisoirement le Holstein, et la Prusse le Sleswig. L'Autriche laissait se produire dans le duché resté entre ses mains des manifestations en faveur du duc d'Augustenbourg ; la Prusse n'hésita pas à les interdire, en attendant la décision des syndics de la couronne, qui fut entièrement favorable au traité de 1852 et aux droits du Danemark sur les duchés ; seulement ces droits, le Danemark ne les possédait plus. Il avait été obligé par la force des armes de les céder à la Prusse, et la Prusse déclara nettement qu'elle les garderait en vertu de ce même principe. Le partage de la Pologne, s'écria M. Thiers, excite l'indignation ; mais, dans celui du Danemark, le bouffon se mêle à l'odieux, et l'on nous demande de sanctionner un pareil acte !

Voici, reprend-il, où en sont les rapports entre l'Autriche et la Prusse. L'Autriche veut que les duchés restent à la Confédération ; la Prusse, qui cherche à s'en emparer, accuse l'Autriche d'armer. L'Autriche garde le silence au lieu de répondre nettement : Oui, j'arme, parce qu'en ce moment vous nouez avec l'Italie des relations menaçantes pour moi, et, pendant que ces deux nations s'observent, l'Allemagne, soutenue par la Prusse, vise à supprimer la Diète et à s'unifier. M. Thiers comprend cette tendance, quoique le principe fondamental de la politique européenne à toutes les époques ait consisté à maintenir l'Allemagne dans l'état qu'elle présente aujourd'hui, celui d'un nombre déterminé d'États indépendants unis par un lien fédératif. Il faut défendre ce principe contre la Prusse. Si une guerre prochaine était favorable à cette puissance, elle ne chercherait sans doute pas à s'emparer tout de suite de l'Allemagne entière, car quatorze millions d'individus n'en absorbent pas trente-cinq millions du jour au lendemain, mais de certains États du Nord, dont la possession assurera son influence sur le reste de la Confédération ; l'Autriche deviendra ainsi la protégée de la Prusse ; le centre de l'Empire germanique passera de Vienne à Berlin, en s'appuyant, non plus comme autrefois sur l'Espagne, mais sur l'Italie. Le danger de l'unité italienne, selon M. Thiers, c'est de conduire à l'unité allemande ; consentir à l'unité allemande, au prix même d'une augmentation de territoire, c'est consentir à l'abaissement de la France ; il faut donc s'y opposer au nom de l'intérêt français, de l'intérêt allemand et de l'équilibre européen ; mais par quel moyen? Il y en a trois, répond M. Thiers : la guerre, l'avertissement, le silence. L'orateur ne propose pas de faire immédiatement appel aux armes, mais il croit que le moment est venu de sortir de la neutralité et de prévenir courtoisement, mais nettement, la Prusse que la France ne s'associe pas à sa politique ; mais le silence a parfois une éloquence supérieure à toutes les autres, et, pour tout faire comprendre à M. de Bismarck, il eût suffi d'interdire à l'Italie de devenir l'alliée de la Prusse, tandis que l'Europe, en voyant Victor-Emmanuel et Guillaume Ier marcher à côté l'un de l'autre, peut croire que Napoléon III ne tardera pas à se joindre à eux.

Ce discours, nourri de faits, de vues profondes, d'aperçus ingénieux et à la fois d'illusions et de préjugés tenaces, avait le double avantage d'expliquer de la façon la plus claire et la plus lucide à la majorité une question qu'elle ne connaissait guère que de nom et de répondre à son antipathie profonde pour l'Italie : aussi la droite salua-t-elle la fin de ce discours par des applaudissements enthousiastes qui retentissaient douloureusement au banc du ministre d'État [1].

---

1. La politique de M. Thiers, à laquelle la majorité venait de s'associer en quelque sorte par un élan unanime, reposait en effet sur le maintien des traités de 1815, et la

La discussion du projet de loi sur les conseils généraux rendit, le 17 mai, un certain intérêt aux séances du Corps législatif, devenues assez monotones, car les esprits du reste n'avaient d'attention que pour les événements extérieurs. La nouvelle loi, dans ses dispositions essentielles, tendait à accroître les dépenses et les dettes des départements en augmentant les attributions financières des préfets. Elle ne comblait aucune des lacunes laissées dans l'organisation des conseils généraux par l'absence du droit de nommer les membres de leur bureau, de vérifier leurs élections, et donner de la publicité à leurs séances.

Une vive discussion s'engagea sur l'article 13, qui conférait à la commission départementale de la Seine, nommée par le gouvernement, les droits attribués par l'article 2 aux conseils généraux électifs, c'est-à-dire d'aliéner les propriétés départementales, d'imposer des centimes extraordinaires et de contracter des emprunts remboursables en douze ans. Le renvoi de l'article 13 à la commission était demandé, et le rapporteur, M. Seneca, allait se voir obligé d'y consentir. Il est fort douteux qu'il eût été adopté, si M. Rouher n'était intervenu pour déclarer que le gouvernement n'avait aucune objection à soulever contre l'insertion dans la loi d'un article additionnel qui soumettrait les impôts extraordinaires et les emprunts du département de la Seine, au contrôle législatif. L'article 13 fut voté sous le bénéfice de cet article additionnel, et encore en soulevant contre lui une opposition de 60 voix.

Les articles 3, 5, 7 du Code d'instruction criminelle décident que le Français auteur d'un crime commis à l'étranger ne peut être puni dans son pays que si le crime est attentatoire à la sûreté de l'État, s'il consiste

---

majorité ne devait pas tarder à apprendre par le discours d'Auxerre la profonde répugnance que ces traités inspiraient à l'Empereur. Ce discours fut une leçon donnée à la majorité et une réponse au discours de M. Thiers. Le gouvernement impérial comprit cependant que tout ne devait pas se borner là, et qu'il se trouvait dans la nécessité de donner au pays des preuves de son désir de mettre un terme par un arrangement quelconque aux inquiétudes de l'Europe. Il obtint le concours de l'Angleterre et de la Russie pour proposer à la Prusse, à l'Autriche, à la Confédération germanique et à l'Italie une conférence (24 mai), pour résoudre à la fois la question des duchés de l'Elbe, fixer les modifications à introduire dans le pacte fédéral allemand de nature à intéresser l'Europe, et terminer le différend italien. La Prusse et l'Italie acceptèrent; l'Autriche subordonna son acquiescement à la condition qu'on exclurait d'avance des délibérations toute combinaison tendant à donner à l'un des États représentés à la conférence un agrandissement territorial quelconque. C'était rendre d'avance la conférence inutile. La Diète, du reste, en évoquant la question des duchés par une décision qui porte la même date que la réponse de l'Autriche, et qui fut prise sans doute à son instigation, enlevait elle-même à la conférence l'examen de la question la plus importante qu'elle eût à traiter. Napoléon III imprima dès lors une plus grande activité à ses négociations secrètes avec François-Joseph, et, environ quinze jours après l'abandon de la conférence, les deux empereurs signèrent le traité de cession de la Vénétie en échange de la Silésie.

Fig. 36. — Commencement de la guerre entre la Prusse et l'Autriche.

en contrefaçons du sceau de l'État ou de monnaies légales ayant cours, enfin s'il n'a pas été poursuivi à l'étranger. Les simples délits ne tombaient pas sous le coup des articles précédents jusqu'en 1852 : le gouvernement, voulant à cette époque s'assurer au dehors la protection exceptionnelle qu'il s'était assurée au dedans, appliqua ces dispositions du Code d'instruction criminelle à tout délit commis par un Français à l'étranger contre un autre Français, ou même contre un étranger, en ajoutant que l'étranger lui-même pourrait être poursuivi en France, s'il était saisi sur le territoire, pour les crimes et délits commis par lui à l'étranger contre la sûreté de l'État, ou contre un Français. Les tendances politiques de cette loi firent repousser par l'Angleterre les conventions d'extradition que le gouvernement impérial lui proposait à cette époque. Elle fut abandonnée par suite des réclamations qu'elle souleva de la part des autres puissances. Le gouvernement impérial n'aimait pas à se sentir désarmé sur ce terrain ; il déposa donc un nouveau projet de loi sur cette matière, qui n'était que la reproduction de la loi de 1852, moins la disposition relative aux crimes et délits commis par un étranger et avec certaines restrictions s'appliquant au crime ou délit commis par un Français sur un autre Français ou sur un étranger. Il y avait là une lacune intentionnelle signifiant que les crimes et délits commis à l'étranger contre la société, autrement dit les crimes et délits politiques, ne profiteraient pas de ces restrictions. Le Français voyageant hors de France pouvait être arrêté à son retour sur une simple dénonciation le signalant comme ayant mal parlé des autorités de son pays ou colporté une fausse nouvelle, et le Français résidant à l'étranger pouvait se voir fermer l'entrée de son pays.

Ce projet de loi n'était pas dirigé contre les correspondants des journaux étrangers, car le gouvernement, divers procès l'avaient prouvé, était suffisamment armé contre eux, ni contre les duellistes, ni contre les contrevenants aux lois forestières qui au moindre procès-verbal passent la frontière, ni contre les Français auteurs de crimes commis à l'étranger que les lois d'extradition peuvent venir prendre dans le pays qu'ils habitent. Pourquoi donc cette loi en vertu de laquelle Louis XIV aurait pu poursuivre jusque sur la terre étrangère les victimes de la révocation de l'édit de Nantes? C'est ce que M. Nogent Saint-Laurens, son rapporteur, ne parvint nullement à expliquer. Il se borna à vanter les améliorations que la commission y avait introduites, et qui étaient loin de suffire pour lui enlever le titre de *loi de sûreté générale à l'extérieur* que lui avait donné M. Picard. Elle fut votée par 212 voix contre 25 sur 237 votants.

La discussion de la loi sur la propriété littéraire, commencée le 4 juin, ne fut terminée que le 8. Les idées les plus opposées y furent soutenues avec une égale habileté, sinon avec une éloquence égale.

La discussion du projet de loi relatif aux suppléments de crédit de l'exercice 1866 était attendue avec une très vive impatience. M. Jules Favre avait annoncé qu'il profiterait de l'occasion pour revenir sur les affaires d'Allemagne. L'orateur de l'opposition se levait pour monter à la tribune, lorsque M. Rouher s'y dirigea de son côté pour donner lecture de cette lettre adressée par l'Empereur le 11 juin à son ministre des affaires étrangères, M. Drouyn de Lhuys :

« Palais des Tuileries, 11 juin 1866.

« Monsieur le Ministre,

« Au moment où semblent s'évanouir les espérances de paix que la réunion de la conférence nous avait fait concevoir, il est essentiel d'expliquer, par une circulaire aux agents diplomatiques à l'étranger, les idées que mon gouvernement se proposait d'apporter dans les conseils de l'Europe, et la conduite qu'il compte tenir en présence des événements qui se préparent.

« Cette communication placera notre politique dans son véritable jour.

« Si la conférence avait eu lieu, votre langage, vous le savez, devait être explicite : vous deviez déclarer en mon nom que je repoussais toute idée d'agrandissement territorial (*Très bien! très bien!*) tant que l'équilibre européen ne serait pas rompu. (*Mouvement.*)

« En effet, nous ne pourrions songer à l'extension de nos frontières que si la carte de l'Europe venait à être modifiée au profit exclusif d'une grande puissance, et si les provinces limitrophes demandaient, par des vœux librement exprimés, leur annexion à la France. (*Nouvelle approbation.*)

« En dehors de ces circonstances, je crois plus digne de notre pays de préférer à des acquisitions de territoire le précieux avantage de vivre en bonne intelligence avec nos voisins (*Très bien! très bien!*), en respectant leur indépendance et leur nationalité. (*Nouvelle approbation.*) Animé de ces sentiments et n'ayant en vue que le maintien de la paix, j'avais fait appel à l'Angleterre et à la Russie pour adresser ensemble aux parties intéressées des paroles de conciliation.

« L'accord établi entre les puissances neutres restera à lui seul un gage de sécurité pour l'Europe (*nouveau mouvement d'adhésion*) ; elles avaient montré leur haute impartialité en prenant la résolution de restreindre la discussion de la conférence aux questions pendantes. Pour les résoudre, je croyais qu'il fallait les aborder franchement, les dégager du voile diplomatique qui les couvrait et prendre en sérieuse considération les vœux légitimes des souverains et des peuples. (*Très bien! très bien!*)

« Le conflit qui s'est élevé a trois causes :

« La situation géographique de la Prusse mal délimitée ;

« Le vœu de l'Allemagne demandant une reconstitution politique plus conforme à ses besoins généraux ;

« La nécessité pour l'Italie d'assurer son indépendance nationale.

« Les puissances neutres ne pouvaient vouloir s'immiscer dans les affaires intérieures des pays étrangers; néanmoins, les cours qui ont participé aux actes constitutifs de la Confédération germanique avaient le droit d'examiner si les changements réclamés n'étaient pas de nature à compromettre l'ordre établi en Europe.

« Nous aurions, en ce qui nous concerne, désiré, pour les États secondaires de la Confédération, une union plus intime, une organisation plus puissante, un rôle plus important (*approbation*); pour la Prusse, plus d'homogénéité et de force dans le Nord; pour l'Autriche, le maintien de sa grande position en Allemagne. (*Très bien! très bien!*)

« Nous aurions voulu en outre que, moyennant une compensation équitable, l'Autriche pût céder la Vénétie à l'Italie (*Très bien! très bien!*); car si, de concert avec la Prusse et sans se préoccuper du traité de 1852, elle a fait au Danemark une guerre au nom de la nationalité allemande, il me paraissait juste qu'elle reconnût en Italie le même principe en complétant l'indépendance de la Péninsule. (*Approbation*.)

« Telles sont les idées que, dans l'intérêt du repos de l'Europe, nous aurions essayé de faire prévaloir. Aujourd'hui, il est à craindre que le sort des armes seul en décide.

« En face de ces éventualités, quelle est l'attitude qui convient à la France? Devons-nous manifester notre déplaisir parce que l'Allemagne trouve les traités de 1815 impuissants à satisfaire ses tendances nationales et à maintenir sa tranquillité?

« Dans la lutte qui est sur le point d'éclater, nous n'avons que deux intérêts : la conservation de l'équilibre européen et le maintien de l'œuvre que nous avons contribué à édifier en Italie. (*Très bien! très bien!*)

« Mais, pour sauvegarder ces deux intérêts, la force morale de la France ne suffit-elle pas? Pour que sa parole soit écoutée, sera-t-elle obligée de tirer l'épée? Je ne le pense pas. (*Nouvelles marques d'assentiment.*)

« Si, malgré nos efforts, les espérances de paix ne se réalisent pas, nous sommes néanmoins assurés par les déclarations des cours engagées dans le conflit que, quels que soient les résultats de la guerre, aucune des questions qui nous touchent ne sera résolue sans l'assentiment de la France. (*Très bien! très bien!*)

« Restons donc dans une neutralité attentive, et forts de notre désintéressement, animés du désir sincère de voir les peuples de l'Europe oublier leurs querelles et s'unir dans un but de civilisation, de liberté et de progrès, demeurons confiants dans notre droit et calmes dans notre force. (*Applaudissements prolongés. — Mouvement général.*)

« Sur ce, monsieur le Ministre, je prie Dieu qu'il vous ait en sa sainte garde !

« NAPOLÉON. »

M. Rouher ajouta : « En présence de déclarations aussi claires et aussi précises, le gouvernement pense que le Corps législatif ne voudra pas avoir une discussion sur les affaires d'Allemagne et d'Italie. Il considérera qu'un débat contradictoire sur ce sujet serait inopportun et non exempt d'inconvénients sérieux, à un moment où, malgré nos efforts, il semble que les conflits qui agitent l'Europe ne puissent plus trouver leurs solutions que par les armes. » (*Vives et nombreuses marques d'approbation.*) M. Jules Favre demanda si, sans sortir des bornes que conseillent le patriotisme et la prudence, une discussion sur la lettre impériale n'aurait pas son utilité, ne fût-ce que pour ne pas renoncer aux prérogatives du Corps législatif. « Il s'agit de savoir, dit M. Pelletan. si la Chambre donne sa démission. » La majorité crie : « La clôture! la clôture! » M. Thiers essaye en vain de parler contre la clôture; cette majorité, qui l'autre jour l'aurait volontiers porté en triomphe, étouffe aujourd'hui sa voix. La clôture est adoptée au scrutin par 239 voix contre 11 sur 250 votants [1].

Le 3 juillet commença la discussion des projets de loi portant fixation des budgets ordinaire et extraordinaire des dépenses et des recettes de l'exercice 1867 ; M. Jules Favre fit le tableau le plus exact et par conséquent le plus triste de la situation du Mexique. M. Jérôme David eut le courage de lui répondre que Maximilien se trouvait dans les conditions les plus favorables pour conserver le pouvoir. M. Rouher cette fois garda le silence.

Le gouvernement, dans une note insérée au *Moniteur* du 9 juin 1852, avait formellement déclaré qu'il n'appartenait au pouvoir que par l'exemple qu'il donne, d'intervenir dans une affaire de liberté de conscience. Les tribunaux n'en appliquaient pas moins la loi surannée du repos du dimanche. M. Ernest Picard, qui en demandait l'abrogation, put rappeler la condamnation prononcée récemment contre un journalier pour avoir charrié des planches le jour de la Toussaint. M. Rouher lui répondit que le gouvernement, sans abroger la loi, en userait avec ménagement ; c'est-à-dire, reprit M. Picard, que le gouvernement restera comme toujours dans l'arbitraire. M. Rouher reprocha vivement à l'orateur de l'opposition de se servir toujours d'expressions blessantes et d'appréciations odieuses « contre » le gouvernement. C'était une dénonciation en forme au président de la chambre ; M. Picard ne reçut cependant aucune admonestation. M. Glais-Bizoin, moins heureux, fut rappelé à l'ordre le lendemain. Il s'était permis de dire que les souverains qui s'apprêtaient à bouleverser l'Europe avaient dû, pour se rendre maîtres de la situation, commencer par supprimer le régime parlementaire et violer la constitution jurée par eux.

---

1. Napoléon III, comme l'a déjà fait remarquer M. de Sybel, se croyait tellement sûr du succès de ses plans qu'il ne craignait pas de les livrer à la publicité. La lettre qu'on vient de lire n'était que le résumé des arrangements qu'il comptait faire prévaloir quand les premiers résultats de la campagne auraient démontré la faiblesse et l'infériorité de l'armée prussienne, certaines pour lui d'avance : cession de la Vénétie à l'Italie, consolidation de l'Autriche dans sa grande position en Allemagne, afin de maintenir la rivalité des deux puissances, abandon par la Prusse de la Silésie à l'Autriche et des provinces rhénanes à la France en échange des duchés, du Hanovre et de la Hesse électorale, voilà ce que Napoléon III dans sa lettre appelait une meilleure délimitation de la situation géographique de la Prusse. Quant au rôle plus important réclamé pour les États secondaires de l'Allemagne, il consistait à se réunir en une sorte de confédération rhénane placée sous l'influence de l'empire français. Il ne manquait au succès de ce plan qu'une appréciation plus exacte de la force des deux nations prêtes à se battre. Napoléon III jouait sur la carte de l'Autriche, ce fut la Prusse qui gagna la partie.

La discussion du budget était pour l'opposition une occasion naturelle de passer ses griefs en revue. M. Eugène Pelletan, fidèle à la tradition, commença par demander une réduction sur le chiffre des fonds secrets. Les précédents gouvernements justifiaient en partie la demande de ces fonds appliqués en grande partie à la presse par cette singulière raison que, puisqu'il y avait des journaux qui attaquaient le gouvernement, il fallait qu'il y en eût pour le défendre : de là naissait la nécessité de subventionner ces derniers; mais M. Pelletan répondait avec raison à cet argument : « Aujourd'hui que la presse est entre les mains du gouvernement, celui-ci n'a nul besoin de journaux pour se défendre, et les fonds secrets n'ont plus leur raison d'être. »

La question de la liberté individuelle n'avait pas un rapport direct avec les fonds secrets; mais la Chambre n'ayant pas le droit d'initiative, l'opposition profitait de toutes les occasions pour y suppléer. C'est ainsi que M. Picard invoqua, pour refuser le crédit demandé, le maintien de la loi du 9 juillet 1852 relative aux interdictions de séjour dans le département de la Seine et dans l'agglomération lyonnaise et du décret du 8 décembre 1851. La première permettait au préfet de police à Paris et au préfet du Rhône à Lyon d'emprisonner tous ceux qui avaient subi une condamnation ou qui ne justifiaient pas de leurs moyens d'existence; le second mettait pendant dix ans, après l'expiration de sa peine, le condamné sous la main de la justice administrative, maîtresse de l'envoyer à Cayenne : cette violation du principe que nul ne doit être soustrait à ses juges naturels, cette mise en suspicion de la misère, trouvèrent des défenseurs dans M. de Benoist et le commissaire du gouvernement. Si cette législation entraînait de graves abus, dit ce dernier, la presse ne manquerait pas de les signaler. Mais la presse, répliqua M. Jules Favre, est dans la main du gouvernement, qui lui interdit, quand cela lui plaît, de rendre même compte d'un accident de chemin de fer. « Il y a des journalistes parmi nous, s'écria M. Granier de Cassagnac, feignant la plus vive indignation. Qu'ils disent si leur plume est libre. »

MM. Adolphe Guéroult et Havin crurent devoir se rendre à l'appel de M. Granier de Cassagnac et protester contre l'assertion de M. Jules Favre. M. Guéroult déclara fièrement qu'il s'était plus d'une fois attiré des avertissements pour avoir donné asile à des réclamations. Cela prouvait certainement son indépendance et en même temps le péril dans lequel il mettait sa propriété toutes les fois qu'il se livrait à un acte semblable de courage. M. Havin, directeur du *Siècle,* convint qu'on lui avait adressé quelquefois l'invitation de se taire, mais d'un ton qui ne permettait pas de supposer que le refus de s'y rendre pût attirer une peine quelconque à son journal; il ajouta qu'on ne lui avait jamais fait de défense qu'il ne fût pas libre d'enfreindre et qu'il braverait d'ailleurs toutes les menaces pour défendre l'intérêt général. MM. Guéroult et Havin croyaient sauvegarder la dignité de la presse en essayant de dissimuler une situation que tout le monde connaissait et qu'ils auraient fait accepter en l'avouant, car personne ne saurait nier qu'on ne puisse fort bien être indépendant sans être libre; ne pas dire ce que l'on pense, ce n'est pas dire ce qu'on ne pense pas. [1]

M. de Latour aurait bien voulu profiter de l'occasion pour examiner la situation intellectuelle et morale de la France, et inspecter en quelque sorte cette école de tout le monde qu'on nomme l'art et la littérature. D'où vient le mercantilisme littéraire, quels sentiments éprouvent les populations de Paris et de nos grandes villes au milieu du luxe de leurs transformations? Au débordement de licence, faut-il opposer une censure plus sévère et la force du principe conservateur et chrétien? L'orateur s'est à peine engagé dans ce vaste sujet, que le président, M. Alfred Leroux, le rappelle aux finances. Le budget du ministère de la maison de l'Empereur et des beaux-arts ne tarda pas à remettre la question littéraire sur le tapis. M. Glais Bizoin passa tous les théâtres en revue et trouva sur les bancs de la majorité de chauds défenseurs de la *Belle Hélène;* M. de Guilloutet attaqua toutes les subventions; M. de Tillancourt, celle du Théâtre Italien seulement; M. Jules Simon déplora éloquemment la décadence des arts, qui coïncide avec la décadence des mœurs, et flétrit les exploitations théâtrales qui demandent le succès aux mauvais instincts du public : heureusement l'année prochaine

---

1. Le rédacteur en chef de l'*Avenir national* fut mieux inspiré que ses collègues en convenant nettement qu'il n'était pas libre, et que M. Jules Favre était dans le vrai en parlant comme il l'avait fait. M. Jules Favre lui répondit :

« Mon cher monsieur Peyrat,

« Vous avez très exactement interprété ma pensée, et je croyais l'avoir expliquée nettement, de manière à ne froisser aucune honorable susceptibilité. Je n'ai point attaqué ceux qui, dans ces temps difficiles, tiennent courageusement la plume du journalisme, mais seulement la législation qui les régit. C'est sur elle seule que j'ai fait peser la responsabilité des faits que j'ai signalés, et je m'étonne qu'on ait donné à mes paroles un autre sens.

« Je vous prie, mon cher monsieur Peyrat, d'agréer l'expression de mes sentiments bien dévoués.

« Jules Favre. »

Fig. 37. — Dans toutes les fractions de la société en France, il est question du casque prussien et du fusil à aiguille.

l'Europe, dit l'orateur, en faisant allusion à l'Exposition universelle, n'ira pas seulement regarder le Louvre et les merveilles du présent, elle admirera également les gloires du passé, elle ira au Théâtre-Français et à l'Odéon demander les chefs-d'œuvre de Racine, de Molière, de Corneille. Ce ne sera pas la moins glorieuse de nos exhibitions.

La France avait besoin de la paix, et elle ne savait pas si elle aurait la paix ou la guerre ; M. Larrabure, un des membres les plus influents de la majorité, essaya d'appeler l'attention de la Chambre sur cette situation au moment où elle allait voter un budget de dépenses ordinaires s'élevant à la somme d'un milliard et demi, mais le président et ses collègues eux-mêmes lui imposèrent silence. M. Thiers eut beau s'écrier : « La Chambre ne peut abdiquer son droit, » M. Berryer eut beau venir à son aide et conjurer la majorité, au nom de sa dignité et du droit personnel que chacun de ses membres tient du suffrage universel, de laisser discuter les affaires présentes, la droite n'écouta personne et accueillit par des éclats de rire cette dernière apostrophe de M. Thiers : « La Chambre abdique ses droits et ses devoirs devant le pays. »

La discussion de l'article 23 du budget ordinaire des dépenses et des recettes de l'année 1867 fournit à l'opposition une nouvelle occasion de mettre M. Haussmann sur la sellette. Cet article était ainsi conçu : « Les bons que la caisse des travaux publics de la ville de Paris est autorisée à émettre, pendant l'année 1867, ne pourront excéder la somme de 100 millions de francs. » M. Jules Simon, qui prit le premier la parole, demanda lequel valait mieux en matière d'administration publique de faire beaucoup, vite et grandement, ou de faire bien, et s'il ne convenait pas en pareille matière de préférer le nécessaire à l'agréable. L'orateur répondit à cette question en étudiant l'emploi fait, dans les XIXe et XXe arrondissements, des fonds de l'emprunt récent de 250 millions contracté par la ville de Paris. Les buttes Chaumomt formeront sans doute, dit-il, un magnifique jardin d'où le promeneur jouira du merveilleux panorama de la capitale; la rue de Puebla, qui y conduit, sera une des plus belles du monde; mais, à côté de cela, que de quartiers manquent d'éclairage, d'eau, d'air et surtout d'écoles; à quoi le commissaire du gouvernement répondit : « L'administration ne saurait tout faire à la fois, il faut lui laisser le temps. » Il ne pouvait pas contester cependant que, sur les 62 millions dépensés dans l'ancienne banlieue, les promenades n'eussent pris 8 millions, les mairies 3 millions, les casernes de l'octroi près de 2 millions, les églises autant, et qu'on n'eût consacré que 778 000 francs, à peine un centième, aux établissements scolaires.

M. Ernest Picard, laissant la partie de la question si complètement traitée par M. Jules Simon, s'occupa de l'organisation financière de la ville de Paris par le côté où elle touche aux finances de l'État. La disposition sur laquelle la Chambre était appelée à voter l'appelait en effet à examiner la dette flottante de la ville et les émissions de la caisse des travaux de Paris. Les dernières publications de la Cour des comptes constataient entre elle et la ville un désaccord sur tous les points qui touchent à la régularité de la comptabilité multiple de Paris; la Cour, à côté des cinq budgets qui constituent cette comptabilité, signale un budget inconnu résultant de deux espèces d'opérations irrégulières : les opérations à terme et le règlement en annuités des entrepreneurs de la ville; mais, à quoi bon insister, la préfecture de Paris est une dictature, dit M. Picard, il faut la subir. M. Haussmann est-il préfet? est-il ministre? On l'ignore; ce qu'il y a de certain, c'est que Paris est entre ses mains comme une ville conquise; il est urgent que cela cesse et que le budget de Paris soit soumis au contrôle du Corps législatif. C'est la seule manière de mettre fin aux opérations financières extra-budgétaires qui constituent des emprunts déguisés.

M. Rouher essaya de répondre à M. Picard par un long discours qui ne pouvait rien contre ce dilemme : ou Paris est une municipalité comme une autre, et alors il a le droit de gérer ses affaires par des mandataires de son choix, ou il est avant tout la capitale de la France, et alors le vote et le contrôle de son budget appartiennent au Corps législatif.

La discussion du budget extraordinaire se ressentit un peu de la nécessité où se trouvait la Chambre de voter dans une seule séance la loi financière et le projet de loi relatif à la mutilation du jardin du Luxembourg, qui était une des grosses affaires du moment. MM. Pelletan, Guéroult et Picard parvinrent à force d'insistance à arracher cette déclaration importante au gouvernement, que le jardin serait respecté jusqu'à l'année prochaine.

M. Walewski clôtura, le même jour 30 juillet, par un discours sans signification, une session qui n'avait pas manqué d'importance et qui laissait la majorité, autrefois si compacte, fractionnée en trois partis : l'un, voulant purement et simplement revenir à la politique de 1852, formait l'extrême droite; l'autre, composant la droite, convaincu que le décret du 24 novembre atteignait la limite des concessions raisonnables, et qu'au delà il n'y avait plus que des abîmes, s'en tenait au *statu quo;* le troisième parti enfin, le tiers-parti, composé de ceux qui approuvaient le décret du 24 novembre et qui voulaient lui donner « tous les développements qu'il comporte, poussait le gouvernement à marcher en avant ». Le premier de ces partis, composé des théoriciens doctrinaires de l'Empire, persuadés que le décret du 24 novembre avait inauguré un régime contraire à l'esprit des institutions impériales, s'efforçait de ramener le gouvernement à la logique de son principe; les membres du second, quoique certains que le décret du 24 novembre n'avait été que le résultat d'un mouvement factice de l'opinion, ne croyaient pas cependant que l'on pût sans danger reprendre ce qui était donné. Le gouvernement, aux yeux de ces deux partis, était sur une pente dangereuse; mais l'un voulait aller en arrière, l'autre se fixer au point où l'on se trouvait. Le troisième parti pensait que l'Empire, après s'être fondé en donnant l'ordre à la France, devait s'affirmer en lui donnant certaines libertés favorables à son développement, et il croyait l'heure venue pour lui de faire des concessions nouvelles. Ce parti, quoique le plus faible de tous pour le moment, ne devait pas tarder à dominer, du moins en apparence, dans les conseils de l'Empereur.

CHAPITRE VIII

L'ANNÉE 1866

La Prusse et l'Autriche dans les premiers mois de 1866. — Situation difficile de M. de Bismarck. — Dépêche menaçante de la Prusse à l'Autriche. — Conseil de guerre à Berlin. — Attitude de Napoléon III. — Découragement des amis de la paix. — Les petits Etats de l'Allemagne sont sommés de prendre parti. — Ils se prononcent indirectement pour l'Autriche. — M. de Bismarck s'efforce de faire expliquer Napoléon III sur ses intentions. — Difficultés suscitées à M. de Bismarck par le roi de Prusse. — Position embarrassante de Guillaume Ier. — M. de Bismarck redoute l'intervention de Napoléon III. — Propositions du cabinet de Vienne à celui de Berlin. — Mise sur le pied de guerre de l'armée prussienne. — L'armée prussienne entre en Saxe, en Hanovre et dans la Hesse-Electorale. — Guillaume Ier se range du côté de son ministre. — Conseil de guerre du 7 mars, à Vienne. — Préparatifs militaires de l'Autriche. — Benedek est nommé général en chef. — Les conférences de Bamberg. — L'Autriche croit à tort pouvoir compter sur les petits Etats. — La décision de la Bavière. — Convention militaire entre l'Autriche et les Etats confédérés. — M. de Bismarck lance son plan de réforme fédérale. — Etat de l'armée prussienne. — L'armée autrichienne et sa composition hétérogène. — Le Hanovre et la Hesse sont entre les mains de la Prusse. — Etonnement de l'opinion devant les succès si rapides de la Prusse. — Les fautes de Benedek. — Position des forces autrichiennes. — Combat de Munchengraetz. — Supériorité constatée du fusil à aiguille. — Entrée en Bohême du Prince royal de Prusse. — Engagements dans la journée et jusque dans la nuit du 27 juin. — Clam-Gallaz abandonne la ligne de l'Iser. — Le Prince royal débouche sur le plateau de Nachod. — Le combat s'engage à huit heures du matin. — Les Autrichiens battent en retraite à trois heures. — Effet moral du combat de Nachod. — Guillaume Ier et M. de Bismarck rejoignent l'armée.

La convention de Gastein, considérée d'abord comme un grand avantage par l'opinion publique en Prusse, commençait à lui apparaître sous un jour moins favorable. L'Autriche, établie dans le Holstein, ne paraissait nullement disposée à céder à son alliée, comme on l'espérait à Berlin, ses droits sur ce territoire. Le sentiment national, froissé et mécontent, s'en prenait de ses mécomptes à M. de Bismarck, et lui imposait l'obligation de prendre en quelque sorte une revanche: aussi le premier ministre, au commencement de 1866, tout en continuant ses préparatifs et ses armements, cherchait-il à créer des embarras à l'Autriche dans les duchés, en Hongrie, partout en un mot où il pouvait espérer de l'atteindre. Amener l'Autriche à lui fournir un prétexte d'agir, décider le roi à en profiter, M. de Bismarck poursuivait ce double but avec passion et se croyait sur le point de l'atteindre[1].

Chaque mesure de l'Autriche dans les duchés était interprétée par la Prusse comme une violation de la convention de Gastein, comme une preuve de malveillance ou d'hostilité contre elle; les notes adressées de Berlin à Vienne insistaient principalement sur les encouragements donnés par l'Autriche au duc d'Augustenbourg, à un prétendant dont la Prusse repoussait les revendications, conduite d'autant plus singulière aux yeux de M. de Bismarck que, selon lui, les plénipotentiaires de l'Autriche à Gastein avaient admis en principe l'annexion des duchés à la Prusse. Une dépêche sur un ton presque comminatoire avait déjà été adressée le 11 février à Vienne par M. de Bismarck, et il ne dissimulait pas à l'ambassadeur de Napoléon III que, si la réponse n'était pas satisfaisante, il ferait venir M. de Goltz à Berlin pour être définitivement fixé sur les dispositions de l'Empereur dans le cas de complications sérieuses, et qu'après cela « on irait vite et loin ».

La célérité était en effet imposée à M. de Bismarck par ses dissentiments avec la Chambre, par la nécessité de calmer les inquiétudes de la nation et de faire cesser le doute qui planait sur le résultat de la convention de Gastein.

La réponse du cabinet de Vienne à la note du 11 février n'indiquait de la part de l'Autriche aucune intention de faire la moindre concession à la Prusse. Le gouvernement prussien prit dès lors des mesures pour s'assurer les ressources financières nécessaires en cas de guerre; le roi, dans l'intention d'éviter un contrôle hostile, avait mis fin le 19 à la session législative. Cependant les efforts tentés pour l'effrayer sur les conséquences d'une lutte avec l'Autriche eurent pour résultat de retarder l'envoi d'une nouvelle note comminatoire rédigée par M. de Bismarck et d'amener, le 28 février, la convocation d'un conseil de guerre auquel assistèrent le prince royal de Prusse, le général de Roon, ministre de la guerre, le général de Moltke, les membres du cabinet, plusieurs généraux, entre autres le général de Manteuffel, mandé tout exprès du

---

1. *Ma mission en Prusse*, par le comte Benedetti.

Sleswig, et M. de Goltz, ambassadeur prussien à Paris, qu'on avait fait venir de cette capitale. La politique de M. de Bismarck, énergiquement soutenue par M. de Manteuffel, dont l'opinion devait exercer sur le roi une influence d'autant plus considérable qu'il avait été jusqu'alors le représentant de l'alliance entre les deux principales cours de l'Allemagne, prévalut dans le conseil, malgré l'opposition, assez faible d'ailleurs, du Prince royal. Un conflit avec l'Autriche fut reconnu inévitable et nécessaire : il ne s'agissait plus que des moyens propres à le provoquer [1].

M. de Bismarck se mit à l'œuvre sans perdre de temps, et, conformément, sans doute, au programme tracé dans le conseil du 28 février, il adressa le 8 mars une circulaire à tous les agents diplomatiques du roi en Allemagne, en les invitant à signaler aux cours auprès desquelles ils étaient accrédités l'attitude de l'Autriche et le langage de ses journaux comme une agression permanente qui ne pouvait manquer d'amener un conflit armé. M. de Bismarck poussait les choses avec d'autant plus d'ardeur vers le dénouement que M. de Goltz, chargé, selon son expression, de tâter à son retour à Paris le pouls à Napoléon III, ne l'avait trouvé ni plus lent ni plus rapide qu'à l'ordinaire. M. de Bismarck, se croyant sûr des bonnes dispositions de celui dont il avait été l'hôte à Biarritz, manifestait sa prétention d'annexer les duchés avec une hardiesse chaque jour plus grande. L'Autriche, de son côté, se prononçait avec tant d'énergie contre l'annexion que, pour empêcher la guerre d'éclater, les partisans de la paix n'espéraient plus que dans les efforts combinés des trois princesses bavaroises, qui avaient occupé ou qui occupaient encore les trônes de Prusse, d'Autriche et de Saxe.

M. de Bismarck, ne pouvant, pour lutter contre ces influences de cour, compter sur l'opinion publique, qui, alarmée par ses antécédents, ne se rapprochait de lui qu'avec lenteur et méfiance, se préparait à une évolution qui, loin de le forcer de renoncer à ses vues sur les duchés, les fortifierait en quelque sorte, en les unissant à un projet de réforme générale de la Confédération allemande; les représentants prussiens accrédités auprès des cours de l'Allemagne du Nord et du Midi furent tout à coup chargés de leur notifier que le moment était venu de choisir entre la Prusse et l'Autriche. Le gouvernement autrichien, poussé à bout, se vit dans la nécessité de prendre quelques mesures de précaution. La Saxe en

---

1. Napoléon III, tenu exactement au courant de ces faits par M. Benedetti, son ambassadeur à Berlin, lui répondait rarement, et toujours dans les mêmes termes, qu'il n'avait rien à changer ni à ajouter à ses instructions, qui consistaient à observer et à rendre compte.

Fig. 38. — Vue d'Altona.

fit autant ; il n'en fallait pas davantage à M. de Bismarck pour signaler ces mesures à l'Allemagne et à l'Europe comme des actes d'agression.

Le 22 mars, M. de Bismarck lança une nouvelle circulaire aux agents prussiens, où, après avoir exposé l'état actuel des affaires et rejeté sur l'Autriche la responsabilité des effets qu'il pouvait avoir, il invitait les confédérés à déclarer s'ils étaient disposés à l'assister en cas de guerre. La tension des rapports entre les deux grandes cours avait pour cause, selon M. de Bismarck, les avantages injustes assurés par le pacte fédéral à l'Autriche, bien plus encore que la question des duchés ; la Prusse était donc décidée à saisir prochainement la Diète, d'une proposition destinée à doter l'Allemagne d'institutions plus conformes à ses vrais intérêts et aux exigences du temps. Le gouvernement prussien, en même temps, fit acheter des chevaux et appela les réserves de la garde, sous prétexte que l'Autriche avait déjà réuni en Bohême soixante-quatre bataillons, de l'artillerie, de la cavalerie, et que Berlin était exposé à une surprise.

Le trésor à Berlin contenait quatre-vingts millions de numéraire et quatre-vingts millions de valeurs en portefeuille qu'il importait de négocier sans attendre un accroissement des inquiétudes de la Bourse et une baisse plus prononcée des fonds publics ; les journaux officieux, avertis par le gouvernement, tinrent donc un langage plus modéré, les préparatifs de guerre furent ajournés, l'État put vendre ses valeurs et mettre cent soixante millions dans ses coffres comme entrée de jeu. Toutes les dispositions étaient prises pour que, sur un mot du roi, l'armée passât de l'état de paix à l'état de guerre.

M. de Bismarck demanda dans les premiers jours d'avril aux États secondaires de l'Allemagne, leur opinion sur la manière de mettre fin au conflit entre les deux grandes puissances. Ils répondirent qu'aux termes du pacte fédéral il devait être porté devant la Diète. C'était prendre parti pour l'Autriche. M. de Bismarck put se consoler de cet échec en signant le 6 avril le traité avec l'Italie.

M. de Bismarck, en rédigeant le programme de la future constitution, c'est-à-dire l'acte d'abdication de l'Allemagne entre les mains de la Prusse, n'était pas sans comprendre qu'un tel changement dans l'équilibre européen ne pouvait s'opérer, sans exciter au plus haut point la sollicitude des puissances et surtout du gouvernement impérial français ; aussi, en rappelant à M. Benedetti les ouvertures de M. de Goltz à M. Drouyn de Lhuys, insistait-il sur la nécessité où se trouvait l'Empereur de s'expliquer. M. Benedetti, laissé sans instruction à ce sujet, faisait la sourde oreille et laissait tomber ces ouvertures, le gouvernement impérial n'ayant d'ailleurs, selon lui, aucun intérêt à se lier par des engagements qui inspireraient plus de confiance au roi de Prusse sur le résultat de la lutte. M. de Bismarck pressait la solution fédérale, non pas qu'il crût que son projet serait accepté par la Diète, il savait d'avance à quoi s'en tenir, mais il lui suffisait que ce projet fût discuté, afin de montrer à l'Allemagne libérale ce qu'elle avait à attendre de la Prusse.

La grande difficulté pour M. de Bismarck était d'en finir avec les hésitations de son maître. Le roi de Prusse, assailli des sollicitations les plus vives et les plus opposées, ne savait quel parti prendre. Ferait-il des concessions au parti de la paix, ou se jetterait-il complètement dans le parti de la guerre? Le danger était grand des deux côtés. Le triomphe du parti de la paix avait pour conséquence nécessaire le renvoi de M. de Bismarck et un changement de ministère. Où prendre les membres du nouveau cabinet, sinon dans les rangs de l'opposition libérale, avec laquelle il n'était guère possible, dans ce moment, au roi de se réconcilier sans compromettre sa dignité. Guillaume Ier, d'autre part, ne pouvait guère se dissimuler qu'une réconciliation avec l'Autriche serait considérée par la Prusse comme une défaite morale qui froisserait le sentiment national au point de le mettre peut-être lui-même dans la nécessité d'abdiquer.

M. de Bismarck puisait sa force dans cette situation de la politique intérieure de Guillaume Ier, pour l'obliger à suivre sa politique extérieure; il était parvenu à déterminer un Hohenzollern à rompre les relations intimes de sa maison avec la maison impériale d'Autriche, à conclure un traité d'alliance avec l'Italie révolutionnaire, à accepter éventuellement des engagements avec la France impériale, et à proposer à Francfort le renouvellement du pacte fédéral et la création d'une assemblée populaire. « Le roi peut m'abandonner, disait un jour M. de Bismarck à M. Benedetti, mais un abîme sera creusé entre l'Autriche et la Prusse, et un autre recommencera mon œuvre. »

Le 9 avril, l'Autriche avait répondu avec une certaine aigreur à la dernière note de M. de Bismarck. C'était faire son jeu. Le ministre des affaires étrangères autrichien, M. de Mensdorf, après avoir pris acte de la déclaration par laquelle le cabinet de Berlin affirmait que « rien n'était plus loin de la pensée du roi que de faire la guerre à l'Autriche », exprimait la conviction que la Prusse de son côté, rassurée par la déclaration analogue dont le cabinet de Vienne avait pris l'initiative, arrêterait les ordres de mobilisation : tout cela dit du ton d'un empereur d'Allemagne s'adressant à un margrave de Brandebourg [1]. M. de Bismarck était au comble de ses vœux. On ne pouvait répondre à une pareille note que par un refus formel de désarmer. L'Autriche armerait-elle ostensiblement? M. de Bismarck l'espérait, et les deux armées, dans ce cas, ne pouvaient manquer d'être en présence avant deux mois.

L'attitude du gouvernement impérial de France préoccupait presque autant M. de Bismarck que celle du gouvernement autrichien. Averti par M. Benedetti du projet formé par la Prusse de réunir les États placés sous son influence dans une Confédération du Nord, M. Drouyn de Lhuys, dans un entretien qu'il eut avec M. de Goltz vers la fin de la seconde quinzaine d'avril, s'était borné à quelques réserves sur la réforme fédérale. Ce que M. de Bismarck redoutait surtout, c'était une intervention directe de Napoléon III ; il se souciait peu des simples réserves, sachant qu'il avait plus d'un moyen d'y satisfaire. Il travailla donc avec plus d'assurance et d'entrain que jamais à l'exécution de ses projets : guerre avec l'Autriche, dissolution de la Confédération germanique, ce n'est que le prologue du drame politique qu'il prépare. Il ne reculera pour le réaliser, ni devant le péril des batailles, ni devant ceux d'un parlement national, élu par le suffrage universel ; si des incidents surviennent, il est sûr d'avance de les faire servir à ses vues ; ce n'est plus un homme d'État, c'est presque un illuminé, un monomane. Vive le Roi ! s'écriera-t-il, en faisant un saut devant l'ambassadeur de Napoléon III, le jour où il recevra l'avis officiel que l'Autriche rend la conférence impossible.

L'Autriche, avant d'en venir là, avait consenti, pour forcer la Prusse à suivre son exemple, à disséminer les forces concentrées par elle en Bohême. La Prusse s'était bien gardée de l'imiter, et M. de Bismarck comptait bien, à la fin d'avril, que l'Autriche, obligée au moins à se tenir sur la défensive, ne pourrait ramener ses troupes sur le pied où elles étaient avant leur concentration en Bohême, et qu'il ne serait pas par conséquent obligé de désarmer. L'alliance avec l'Italie lui fournissait d'ailleurs un prétexte plausible de maintenir ses armements ; il déclarait à l'ambassadeur de Napoléon III que la Prusse ne resterait pas indifférente à une attaque de l'Autriche contre l'Italie, et à l'Autriche que du moment où elle se croyait obligée de donner un plus grand dévelop-

---

1. *Ma mission en Prusse*, par le comte Benedetti.

pement à ses forces militaires, quel que fût le point de son territoire vers lequel elle les dirigerait, la Prusse ne désarmerait pas.

Deux nouvelles communications du cabinet de Vienne arrivèrent en même temps à Berlin. L'Autriche, dans la première, persistait à exiger un désarmement simultané, et, dans la seconde, elle proposait de remettre la question des duchés à la décision de la Diète de Francfort. M. de Bismarck répondit qu'il ne consentirait à un désarmement que s'il s'opérait dans l'ordre dans lequel les souverains avaient armé. Il repoussa encore plus nettement un appel à la Diète qui n'était qu'une protestation anticipée contre l'annexion du Holstein et du Sleswig à la Prusse.

Les choses marchaient rapidement pendant ce temps-là de l'autre côté des Alpes; les troupes autrichiennes et italiennes se mettaient en mouvement. M. de Bismarck choisit précisément ce moment pour proposer à l'Autriche la mise sur pied de paix, sans réserve et sans retard, de leurs forces respectives. Le refus était forcé. A peine fut-il connu le 30 avril, que les ministres déclarèrent au roi de Prusse que, par suite de nouvelles concentrations de troupes autrichiennes en Bohême, le corps d'armée stationnant en Silésie n'était plus de force à la couvrir, et qu'ils ne voulaient pas accepter la responsabilité d'un état de choses qui rendait une invasion possible. Le roi, très vivement appuyé cette fois par le Prince royal, décida la mise de l'armée sur le pied de guerre. La reine régnante et la reine douairière de Prusse, désespérant du maintien de la paix, s'apprêtèrent à quitter Berlin.

Le gouvernement impérial de France, non moins ému, en apparence, que les autres puissances de l'imminence d'une lutte armée, entama dans le milieu de la seconde quinzaine de mai des pourparlers avec l'Angleterre et la Russie pour proposer à la Prusse et à l'Autriche d'ouvrir à Paris une conférence des grandes puissances, auxquelles on soumettrait les questions menaçant la tranquillité de l'Europe. Le roi de Prusse, toujours assailli d'incertitudes et de craintes, inclinait fort à accepter cette proposition. M. de Bismarck put craindre un moment de perdre le fruit de son habileté et de ses patients efforts. L'Autriche lui vint heureusement en aide, en subordonnant son adhésion à la conférence, à la double condition qu'on n'y débattrait aucune question territoriale et que les puissances présentes renonceraient à tout agrandissement.

M. de Bismarck acquit dans les premiers jours du mois de juin la certitude que la conférence ne se réunirait pas. Le cabinet de Vienne avait invité la Diète à statuer sur le sort des duchés de l'Elbe; le cabinet de Berlin vit dans cette motion la négation complète des droits souverains du roi de Prusse sur ces territoires. Le général de Manteuffel reçoit l'ordre d'entrer dans le Holstein, occupé par les Autrichiens sous les ordres du général de Gablentz. L'Autriche proteste, rappelle son ambassadeur et demande à la Diète la mobilisation de l'armée fédérale. La Prusse accepte le vote de cette mobilisation, qui a lieu le 14, comme une déclaration de guerre, et, le 16, ses armées envahissent la Saxe, le Hanovre et la Hesse-Electorale. La guerre a commencé. M. de Bismarck semble avoir atteint son but.

Le premier ministre de Guillaume Ier, les yeux toujours tournés sur Paris, soupirant après une dépêche dans laquelle M. de Goltz lui fournirait quelques indices sur les intentions secrètes de l'oracle des Tuileries, aurait bien voulu en attendant trouver chez le représentant de Napoléon III à Berlin quelques éclaircissements; mais M. Benedetti, laissé sans informations et sans intructions, gardait un silence forcé qui inquiétait M. de Bismarck, d'autant plus que les ministres de Napoléon III en Allemagne ne se gênaient pas en général pour tenir ouvertement un langage hostile à la Prusse. Les alarmes de M. de Bismarck devinrent plus vives vers le milieu du mois de mai. M. de Goltz lui signalait, en effet, de nouvelles tentatives faites de Paris pour déterminer l'Autriche à s'entendre avec l'Italie au sujet de la Vénétie; les appréciations de M. de Goltz sur les dispositions particulières de Napoléon III variaient d'heure en heure, au point que le président du conseil se décida à envoyer à Paris un émissaire qui, sous prétexte de remettre à l'Empereur une lettre du roi, tâcherait de retirer de la conversation de Napoléon III des indications plus nettes et plus certaines. Cet émissaire ne put obtenir une audience; M. de Bismarck restait donc en proie à des doutes d'autant plus pénibles que les dépêches reçues de M. d'Usedom, ministre de Prusse à Florence, lui faisaient craindre une trahison de l'Italie, et que le bruit de pourparlers entre Napoléon III et l'Angleterre, pour combiner une action commune avec la Russie, en vue de résoudre la question de la Vénétie et des duchés, venait de lui être confirmé par une lettre d'Alexandre II à Guillaume Ier, dans laquelle le czar pressentait son oncle sur l'accueil qu'il ferait à une proposition tendant à réunir les puissances en congrès.

M. de Bismarck, découragé, parlait tantôt de quitter le ministère et de laisser la Prusse désarmer l'Autriche par sa soumission; tantôt de conseiller au roi de se mettre à la tête de l'armée, plus belle, plus nombreuse qu'elle n'avait jamais été, et sûre, sinon de vaincre entièrement l'ennemi, du moins de remporter des avantages suffisants pour assurer à la Prusse une paix honorable. M. de Bismarck n'aurait pas même reculé au besoin devant un appel à la révolution, c'est-à-dire devant la proclamation de la constitution de 1849, qui, de la Baltique au Rhin, eût entraîné le sentiment national vers la guerre, jusqu'ici fort peu populaire en Prusse; on l'avait vu au moment de la mobilisation de la landwehr; les principales villes du royaume, Cologne, Stettin, Magdebourg, etc., envoyaient au roi des adresses contre « la politique funeste » du ministère. Kœnigsberg refusa d'illuminer le jour de la fête du roi. Les parents, à Berlin, accompagnaient leurs enfants aux gares, en pleurant et en maudissant « la guerre fratricide »; les familles étaient dans la désolation; les affaires cessaient, les usines se fermaient, les valeurs se dépréciaient, les ouvriers mendiaient déjà dans les rues. L'alliance italienne et surtout garibaldienne répugnait au parti féodal; l'ambition prussienne se sentait percée à jour par le discours de M. Thiers, et le discours d'Auxerre se dressait devant elle comme une énigme menaçante. M. de Bismarck était-il bien sûr de la neutralité de Napoléon III, et de quel prix la payerait-il? Jamais il n'y eut de responsabilité plus terrible que celle qui pesa un moment sur lui; le bras d'un assassin s'arma contre lui; mais il parvint enfin à se rendre maître des scrupules du roi, et il se mit en mesure de presser les événements.

La Prusse acceptait le congrès, mais à la condition d'une entente préalable entre Guillaume Ier et Napoléon III; M. de Bismarck aurait vivement souhaité se rendre de nouveau en France pour reprendre avec l'Empereur cette question des compensations qui avait fait l'objet de leurs conversations à Biarritz; réduit à traiter ce sujet avec l'ambassadeur de Napoléon III à Berlin, il lui déclarait nettement que jamais il n'amènerait son maître à céder une portion quelconque du territoire de son royaume; tout au plus parviendrait-il peut-être à le décider à céder à son voisin les bords de la Moselle, qui, joints au Luxembourg, redresseraient parfaitement la frontière française [1]. Napoléon III restait libre d'ailleurs de prendre ses compensations « là où l'on parle français sur sa frontière ».

La lettre du 11 juin de l'Empereur à M. Drouyn de Lhuys [2] vint porter au comble les appréhensions de M. de Bismarck. Les idées exprimées dans cette lettre avaient-elles pour corollaires des projets formellement

---

1. *Ma mission en Prusse*, par le comte Benedetti.
2. Voir la lettre, à la séance du 11 juin de la session de 1866.

Fig. 39. — Les paysans de la Bohême fuient devant l'armée prussienne et se réfugient dans les bois.

arrêtés dans l'esprit de Napoléon III et à la réalisation desquels il comptait consacrer son influence morale et ses forces ? De quelle façon entendait-il refaire la carte de la Prusse, qu'il trouvait mal délimitée ? en quoi consistait la grande position qu'il entendait maintenir à l'Autriche ? quel était le rôle nouveau et plus important qu'il assignait aux provinces rhénanes dans le remaniement de la Confédération germanique régénérée ? Il comptait, paraît-il, résoudre la première question en permettant à la Prusse de s'agrandir et de s'arrondir sur l'Elbe et sur la Baltique, et de se rendre ainsi plus forte et plus homogène dans le nord : la restitution de la Silésie à l'Autriche en échange de la Vénétie cédée à l'Italie répondait à la seconde question ; quant à la troisième, elle trouvait sa solution dans l'adjonction à la Confédération germanique des provinces rhénanes formant un Etat nouveau et indépendant.

Ce plan aurait voulu être nettement formulé et complété par la désignation formelle des compensations auxquelles la France avait droit par suite de ce remaniement de l'Europe. Qu'il s'agît de prendre la Belgique ou de se contenter d'une rectification de frontières du côté de la Sarre et du Palatinat et d'une neutralisation des forteresses allemandes sur le Rhin, il fallait parler net et clair. La France, qui ne voulait pas la guerre, se serait contentée de ces résultats, qui assuraient pour longtemps la paix, par suite de l'arrangement des affaires d'Allemagne et d'Italie.

Napoléon III, au lieu de poser franchement les conditions de sa neutralité avant la guerre, crut plus facile de les imposer à la lassitude et à l'épuisement des puissances belligérantes qu'il supposait de force égale. Le roi de Prusse, poussé à grand'peine par M. de Bismarck à se mesurer avec l'Autriche, pouvait, en présence des conditions imposées par la France, se décourager et renoncer à la lutte. Ne valait-il pas mieux l'amener peu à peu sur le terrain et lui ménager, pour le rassurer, l'alliance de l'Italie ? Un homme d'Etat plus positif ne se serait pas contenté de ce raisonnement à longue échéance ; ce qu'il voulait et ce qu'il pouvait faire, il l'eût fait tout de suite ; il aurait craint surtout de donner à la partie adversaire le temps de découvrir les mobiles de sa politique [1]. Aux Tuileries, il est vrai, on ne craignait pas trop la perspicacité de M. de Bismarck. On n'avait vu en lui qu'un original, un excentrique [2],

---

1. M. de Bismarck n'avait pas été bien long à la pénétrer. « Le cabinet de Berlin, écrit le 8 août 1865 M. Nigra au général La Marmora, ne voudrait pas que, une fois la guerre déclarée et commencée, la France vînt, comme le Neptune de Virgile, dicter la paix, poser des conditions, ou réunir un congrès à Paris. » (La Marmora, p. 43.)

3. « Il est fou, » disait à voix basse Napoléon III à M. Mérimée, sur le bras duquel il s'ap-

pendant qu'il développait ses vues sur l'annexion de la Belgique et d'une partie de la Suisse à la France comme complément indispensable de son unité, sur la nécessité de rappeler la Russie et l'Autriche au sentiment de la mission de civilisation qu'elles ont à remplir l'une en Asie, l'autre sur les bords du Danube, et enfin sur la physionomie nouvelle que pouvait donner à l'Europe l'entente entre Paris, Florence et Berlin.

Où en était l'Autriche depuis le moment où une solution pacifique du différend entre elle et la Prusse ne semblait déjà plus possible, c'est-à-dire depuis la fin de février? L'Autriche acheta des chevaux et rapprocha de leurs dépôts les corps de troupes de la frontière du Nord; ces mesures servirent de prétexte aux réclamations de M. de Bismarck. Un premier conseil de guerre fut tenu le 7 mars à Vienne, sous la présidence de l'empereur [1]. L'avis de ses membres fut de diviser les troupes impériales en deux armées : l'armée d'Italie ou *armée du Sud*, et l'*armée du Nord*. La question de la mobilisation ne pouvait être résolue à un point de vue purement militaire; il fallait tenir compte de très graves considérations diplomatiques et financières; la déclaration de la plupart des États confédérés allemands, qu'ils se prononceraient contre celui des deux adversaires qui serait l'agresseur, l'épuisement du trésor public, la situation intérieure, l'état morale de l'armée, pesaient singulièrement sur les déterminations de l'Autriche. Le conseil décida donc que les armements n'auraient lieu que dans la proportion de ceux de la Prusse et de l'Italie. Quoique la rapidité avec laquelle l'armée prussienne pouvait entrer en campagne rendît toute lenteur bien dangereuse, le conseil, en prescrivant les préparatifs pour mettre l'armée sur le pied de guerre, n'en retarda pas moins la mobilisation. Les dispositions pour la concentration de l'armée sur les points indiqués par le plan de campagne dont il sera question tout à l'heure ne furent prises que quelques semaines après.

Les armements de l'Italie devenaient si menaçants, que l'Autriche dut cependant se décider à mobiliser l'armée du Sud; l'ordre en fut donné le 21 avril. La nécessité de mobiliser l'armée du Nord ne devait pas tarder à se faire sentir également. Où se réunirait-elle? Les opi-

puyait dans sa promenade sur la terrasse de Biarritz, pendant que M. de Bismarck lui exposait ses vues sur le présent et sur l'avenir de l'Europe.

M. Benedetti ne le traitait pas tout à fait de fou. Il se contentait de dire au général Govone : « C'est un diplomate pour ainsi dire maniaque. Je le suis depuis tantôt quinze ans. »

1. *Les luttes de l'Autriche en 1866*, traduit de l'allemand par F. Crousse, capitaine au corps royal d'état-major belge. (Documents.)

nions des membres du conseil de guerre variaient beaucoup à ce sujet : les uns désignaient Olmütz, les autres la Bohême. Le feld-maréchal lieutenant de Kenikstein, chef d'état-major général, en opinant pour Olmütz, fit valoir ce motif que, la Prusse étant sûre de terminer sa mobilisation avant celle de l'Autriche, elle profiterait de cet avantage pour entrer soit en Bohême, soit en Moravie, et pour rendre impossible la concentration de l'armée impériale. Dans un autre conseil tenu le 15 mai, on s'occupa de l'organisation des troupes des États du Sud, alliés de l'Autriche. Il y fut décidé que l'armée bavaroise s'avancerait vers Hof et Erfurt, afin de se réunir pendant le cours des opérations à l'armée autrichienne sur l'Elbe. Le huitième corps d'armée fédéral devait se concentrer à Mayence et, prenant ce point pour base d'opérations, défendre la ligne de Francfort-Mayence.

Le choix du général en chef de l'armée du Nord était pour François-Joseph un grave sujet de préoccupation et de tristesse en même temps. C'est à lui, monarque militaire, que revenait ce poste, mais l'invincible répugnance de l'opinion publique l'en écartait ; non pas qu'on doutât de son courage ou de sa docilité à suivre la direction d'un guide qui, en lui laissant l'honneur du commandement, en assumerait la responsabilité réelle, mais on se rappelait qu'il était à la tête de l'armée en 1859, et l'on craignait qu'il ne lui portât malheur encore une fois.

Le parti de la noblesse voulait mettre un archiduc à la tête de l'armée du Nord. L'opinion publique désignait un roturier, le général Benedeck, fils d'un médecin, parvenu du rang de cadet aux plus hauts grades de l'armée, brave soldat à qui sa brillante conduite dans la guerre d'Italie en 1859 avait fait une si grande popularité, qu'elle força la main à l'empereur. L'armée du Sud eut pour commandant l'archiduc Albert, fils de ce prince Charles qui fut l'adversaire le plus tenace, sinon le plus heureux de Napoléon Ier. L'archiduc Albert avait donné des preuves de sa capacité militaire sur le champ de bataille de Novare.

Les dispositions prises au ministère de la guerre pour effectuer la mobilisation de l'armée ne purent, par suite des nécessités politiques dont il a été question, être appliquées que successivement. L'armée prussienne et l'armée italienne se réunissaient sur les frontières de l'empire, et le gouvernement autrichien, au lieu de pousser ses préparatifs de guerre, semblait se bercer encore de l'espoir de conserver la paix. Le général-major von Krismanick, chef de la chancellerie des opérations militaires, voyant que cette hésitation réduisait l'armée autrichienne à la défensive, et que l'attitude défensive exige qu'une armée s'appuie sur une grande place forte, se rallia à la proposition qu'il avait jusque-là repoussée de concentrer l'armée dans une position au nord d'Olmütz qui offrait l'avantage de couvrir Vienne en maintenant sa ligne de retraite sur la capitale et ses communications avec Comorn. On attendrait donc en avant d'Olmütz les Prussiens, libres d'entrer en Bohême par les trois lignes de Glatz, de Neisse et de Ratibor.

Les troupes se massaient aux frontières ; les ministres des États secondaires, réunis à Bamberg pour parer aux dangers de la situation, présentèrent à la Diète, le 19 mai, une motion invitant les membres de la Confédération à dire à quelles conditions ils se remettraient sur le pied de paix ; mais chaque gouvernement armant, disait-il, pour sa propre défense, aucun ne pouvait désarmer avant son voisin. La Prusse montra un très vif mécontentement envers les instigateurs de cette motion, surtout envers le Hanovre, avec lequel elle avait noué des relations qui lui permettaient d'espérer sa neutralité ; elle fit des avances à la Bavière, dont elle avait besoin, et elle promit aux villes hanséatiques de garantir leur indépendance si elles s'alliaient à elle. Les députés allemands réunis à Francfort demandaient la neutralité des États secondaires et la formation d'un parlement d'après la loi de 1849. La Prusse appuya cette demande et lança ouvertement son appel au parti unitaire, dont un mois auparavant elle accusait l'Autriche de se faire la complice.

Napoléon III crut que le moment d'intervenir était venu et offrit à la Russie de s'entendre avec elle et avec l'Angleterre pour proposer aux puissances prêtes à en venir aux mains une conférence où seraient débattues toutes les questions en litige. Les représentants des trois puissances remirent, le 24 mai, à Vienne, à Berlin, à Francfort et à Florence des invitations identiques à la conférence. La Diète répondit le 1ᵉʳ juin qu'elle s'y ferait représenter, sous cette double réserve que la question du Holstein et celle de la Réforme fédérale garderaient, dans la réunion projeter leur caractère allemand ; quant à l'Autriche, elle mit, comme on l'a vu, pour condition à son acceptation que toute combinaison tendant à donner à une des puissances convoquées une augmentation de territoire serait d'avance exclue des délibérations. La conférence n'avait plus dès lors de raison d'être.

Quelle était, au début des hostilités, la nature des rapports politiques et militaires entre l'Autriche et les États confédérés de l'Allemagne centrale ? La Bavière, la Saxe, le Hanovre, le Wurtemberg, les deux

Hesse, les duchés de Bade et de Nassau ayant voté à la Diète dans le sens des propositions de l'Autriche, celle-ci était naturellement en droit d'espérer que leur coopération active ne lui ferait pas défaut[1]. L'armée saxonne, dans presque toutes les guerres entre la Prusse et l'Autriche, avait formé l'avant-garde de l'armée impériale, et, dans le conflit actuel, elle ne pouvait manquer d'être fidèle à son rôle historique. La Saxe se conforma loyalement à ses devoirs fédéraux, mais il n'en fut pas de même des gouvernements que l'on vient de citer. M. de Bismarck avait espéré un moment d'entraîner la Bavière vers lui : M. de Pfordten ne niait pas la nécessité de remanier le pacte fédéral, mais avec l'agrément de l'Autriche, qu'il aurait voulu dès lors associer aux négociations préliminaires engagées à ce sujet entre la Bavière et la Prusse. M. de Bismarck déclara que tout serait rompu si une troisième puissance était mise seulement dans la confidence de ces pourparlers. M. de Pfordten ne put se résoudre à prendre un parti, et le gouvernement bavarois, en proie à une irrésolution perpétuelle, crut faire un grand pas en avant en déclarant que, si la Bavière n'était pas décidée encore à entrer en campagne avec l'Autriche, elle ne marcherait certainement pas contre elle. C'est là tout ce que l'Autriche put obtenir, elle qui comptait que la Bavière lui fournirait une armée de 80 000 hommes.

La mise sur pied de guerre de l'armée bavaroise formant le septième corps fédéral fut ordonnée le 16 mai, sans que cette mesure modifiât sensiblement l'attitude du cabinet de Munich. Le septième corps fédéral, organisé avec une fâcheuse lenteur, eut pour commandant en chef le prince Charles, feld-maréchal de Bavière. Le Wurtemberg, les duchés de Hesse-Darmstadt et de Bade se décidèrent à suivre l'exemple de la Bavière et mobilisèrent enfin les contingents destinés à former le huitième corps fédéral ; encore ces États, Baden surtout, mirent-ils bien des retards calculés dans leurs préparatifs. Lorsque l'empereur François-Joseph, désireux de hâter la réunion des contingents destinés à former le huitième corps fédéral, eut, sur la demande qui lui avait été faite par ces États de leur indiquer un général pour les commander, désigné le prince Alexandre de Hesse, feld-maréchal, lieutenant dans l'armée impériale, le cabinet de Carlsruhe poussa le prince Guillaume de Baden et le prince Frédéric de Wurtemberg à élever des prétentions à cet emploi.

---

1. *La situation militaire des alliés de l'Autriche et les stipulations militaires entre l'Autriche et ses alliés.*

On perdit beaucoup de temps à calmer ces rivalités, qui empêchèrent le prince de Hesse d'entrer en fonctions avant le 18 juin.

La réunion des délégués militaires de la Bavière, de la Saxe, du Wurtemberg, des grands-duchés de Bade, de Hesse et de Nassau, présidée à Munich le 1er juin par le lieutenant général von der Tann, décida que le 15 juin les forces de ces États seraient mobilisées et concentrées [1] : double mesure qui pouvait fournir au bout de quinze jours près de 100 000 hommes, destinés à former les septième et huitième corps fédéraux.

Le prince Charles de Bavière prit le commandement du septième corps le 28 juin. Les contingents destinés à former le huitième corps n'arrivèrent que très lentement à leur point de concentration. Ces deux corps devaient composer l'armée de l'Ouest, sous les ordres du prince Charles de Bavière. Les contingents de la Hesse électorale et de Nassau, qui, d'après la constitution fédérale, devaient avec ceux de la Saxe ducale représenter le neuvième corps, se réunirent le 22 juin à Hanau, sous les ordres du prince Alexandre de Hesse. Les Hessois entrèrent le 29 juin à Mayence pour y tenir garnison. Le huitième corps, c'est-à-dire une armée de 50 000 hommes, ayant son quartier général à Friedberg, se borna jusqu'aux premiers jours de juillet à des marches et à des contre-marches autour de Francfort. Les troupes autrichiennes en garnison à Rastadt et à Mayence se retirèrent en exécution de la décision diétale du 9 juin et formèrent une brigade sous les ordres du général-major Hahn. Cette brigade, ramenée en Autriche pour être mise sur pied de guerre, revint le 23 juin à Darmstadt complètement mobilisée et forte de huit bataillons et de deux batteries. Elle fut réunie à la brigade nassauvienne pour constituer la division du feld-maréchal, lieutenant autrichien, comte Neiperg, qui se joignit à l'armée fédérale.

Le moment était venu de s'entendre avec le chef d'état-major de l'armée impériale, sur le plan d'opérations que l'armée du Nord et l'armée fédérale allaient exécuter en commun. Le général von der Tann, chef d'état-major de l'armée bavaroise, se rendit à Vienne le 9 juin et signa à Olmütz, le 14 juin, avec l'Autriche, une convention militaire en vertu de laquelle la Bavière s'engageait à envoyer ses troupes en Bohême ; mais dès le 18 juin on savait à Vienne que le gouvernement bavarois n'était pas disposé à les faire marcher si loin. Le délégué militaire

---

1. Annexe 6, protocole de la conférence du 1er juin.

Fig. 40. — Les tirailleurs prussiens pénètrent dans le village de Nachod.

autrichien au quartier général bavarois essaya vainement de convaincre le cabinet de Munich de la nécessité de rapprocher son armée de la frontière septentrionale de la Bohême, afin de prêter un concours indirect aux opérations de l'armée du Nord; le cabinet de Munich, malgré la déclaration de guerre simultanée adressée par la Prusse au roi de Hanovre, à l'électeur de Hesse et au roi de Saxe, persévéra dans son irrésolution. Les États confédérés, si pauvres en hommes d'État, n'étaient pas plus riches en hommes de guerre [1].

Si la Saxe et la Bavière surtout avaient eu des généraux à la hauteur de la situation à l'ouverture des hostilités, si la capitale de la Saxe avait été protégée par un camp retranché, et si les armées des États du centre et du Hanovre s'étaient réunies à l'est de Bayreuth avant qu'on eût tiré un coup de canon, le prince Frédéric-Charles de Prusse et le général Vogel de Falkenstein se seraient trouvés en présence de deux armées parfaitement appuyées et prêtes à prendre l'offensive. La face des événements eût peut-être changé. Dresde, dans tous les cas, ne pouvant être enlevée d'emblée, serait devenue entre les mains de l'Autriche une position très menaçante pour la Prusse, et le général Vogel de Falkenstein n'aurait point battu avec une armée de 50 000 hommes les armées du prince de Bavière et du prince de Hesse, plus fortes presque du triple en y comprenant les Hanovriens.

Les négociations engagées par M. de Birmarck avec l'Autriche et avec la Diète n'ayant pas eu de résultat, M. de Bismarck ne songea plus qu'à atteindre son triple but : réunir la démocratie prussienne autour de la réforme proposée par la Prusse, pousser l'Autriche à refuser le désarmement et à rompre la convention de Gastein. La Prusse, cependant, s'était déclarée prête à résoudre à la fois la question des duchés et celle de la réforme : l'Autriche repoussa cette ouverture. M. de Bismarck, se plaignant alors de la lenteur préméditée que la commission des Neuf, chargée par la Diète de préparer une réorganisation de l'Allemagne, mettait à donner son plan, lança le sien le 10 juin : l'Autriche et les territoires appartenant au roi des Pays-Bas exclus de la Confédération; convocation d'un parlement; création d'un pouvoir fédéral dirigeant en ce qui concerne les questions économiques, investi du droit de représen-

---

[1]. Le prince Charles de Bavière, depuis longtemps déshabitué de la guerre, ne sut pas tirer parti d'une armée brave; le Prince royal de Saxe commandait des troupes plus solides et plus homogènes que les Wurtembergeois, Hessois, Nassauviens, Badois, Autrichiens péniblement placés sous les ordres du prince Alexandre de Hesse, qui du reste s'était montré bon officier en Italie.

tation diplomatique et du droit de paix et de guerre; formation d'une armée commune commandée dans le nord par le roi de Prusse, dans le midi par le roi de Bavière : telles étaient les bases de la nouvelle organisation soumise par la Prusse aux cabinets allemands.

L'Autriche et ses alliés n'avaient point su s'entendre pour combiner un plan d'opérations. La Prusse, au contraire, était prête de longue main à cette terrible guerre, que M. de Moltke appelle « une nécessité historique »[1]. Le 24 avril, à peine le refus de l'Autriche de désarmer en Italie comme en Allemagne fut-il connu, que cinq corps d'armée se trouvèrent sur le pied de guerre. La mobilisation de ces troupes fut décrétée dans la première quinzaine de mai; leur transport, commencé le 16 mai, était fini le 6 juin. 197 000 hommes, 55 000 chevaux et 3500 voitures avaient été amenés des points les plus extrêmes du royaume en Silésie, sur la frontière de Bohême, en Lusace et en Thuringe, sans compter d'autres forces considérables en formation.

La grande armée prussienne de l'Est, placée sous les ordres du roi, avec le général de Moltke pour chef d'état-major général, comprenait trois armées :

L'armée du centre, ou 1re armée, commandée par le prince Frédéric-Charles, général de cavalerie, et rassemblée vers Gœrlitz, se composait de trois corps d'armée : le 1er (Poméranie), le 3e et le 4e (Brandebourg, Magdebourg, Thuringe); ces deux derniers corps avaient été détachés pour leur permettre d'agir séparément. La 1re armée, avec le corps de cavalerie sous les ordres du prince Albert de Prusse et la réserve d'artillerie de la grande armée, comptait un effectif de 90 000 hommes.

L'armée de gauche, ou 2e armée, ou armée de Silésie, rassemblée vers Neisse en Silésie, sous les ordres du prince royal de Prusse, général d'infanterie, formait trois corps d'armée : 1er corps (Prusse orientale), 5e corps (Prusse occidentale : Brandebourg, Posen et Silésie), commandé par le général Steinmetz; 6e corps (Silésie), et le corps de la garde, commandé par le prince Auguste de Wurtemberg; ce corps comprenait deux divisions, une brigade de grosse cavalerie et une réserve d'artillerie. La 2e armée avait une division de cavalerie : deux petits corps en étaient détachés pour faire des démonstrations à l'extrême gauche prussienne, entre Oswiecim et le comté de Glatz. Elle comptait en tout environ 115 000 hommes.

---

1. Compte rendu de l'état-major prussien.

La 3ᵉ armée, dite armée de l'Elbe, rassemblée à Torgau, sous le général Herwarth de Bittenfeld, général d'infanterie, comprenait une division du 7ᵉ corps (Westphalie), les deux divisions du 8ᵉ corps (Rhin), la réserve d'artillerie de ces deux corps et deux brigades de cavalerie, environ 40 000 hommes en tout.

La 1ʳᵉ armée et l'armée de l'Elbe formaient alors l'aile droite, et l'armée de Silésie l'aile gauche, et ces trois masses réunies représentaient un effectif de 250 000 hommes avec 924 bouches à feu. Leur front stratégique, de Torgau, Gœrlitz, à Neisse, avait une étendue de près de cent lieues. L'effort de la Prusse s'était porté là tout entier. Un corps de réserve s'organisait à Berlin sous les ordres du général Mulbe et comptait deux divisions d'infanterie et une divison de cavalerie de la landwehr, soit 24 bataillons et 24 escadrons avec 54 pièces de campagne, réserve qui, attachée à l'armée de l'Elbe dès le 24 juin, la suivit en Saxe et en Bohême.

Deux divisions, dont l'une formée des garnisons retirées des places fédérales, restaient en Westphalie et dans l'enclave de Wetzlar. Le général Vogel de Falkenstein eut le commandement de ces deux corps formant l'armée du Mein. La division Manteuffel, alors dans le Holstein, rejoignit bientôt l'armée du Mein, portée ainsi à 54 000 hommes.

L'armée prussienne n'avait paru depuis cinquante ans sur aucun grand champ de bataille [1]; ses exploits s'étaient bornés à réprimer les émeutes de Bade et de Dresde en 1849. Ses chefs étaient ignorés en Europe [2] : personne n'avait jamais entendu parler du général de Moltke; le prince Frédéric-Charles était un peu plus connu par sa campagne contre le Danemark et par une brochure : *De la manière de combattre des Français*, dont la presse parisienne s'était fort moquée; le prince royal de Prusse n'était, aux yeux des journalistes, qu'un général de parade faisant de la stratégie de fantaisie. L'impuissance de la Prusse à répondre

1. « L'armée prussienne, dans laquelle le service est très court, n'est en quelque sorte qu'une école de *Landwehr*. C'est une organisation magnifique sur le papier, mais un instrument douteux pour la défensive et qui serait très imparfait pendant la première période d'une guerre offensive. L'Autriche, dont la population est d'environ trente-sept millions d'habitants, a une grande et belle armée qui laisse loin derrière elle, comme organisation, les armées prussienne et russe. Après la France, elle occupe le premier rang comme puissance militaire. » Voilà ce qu'on enseignait en 1864.

2. Le général de Moltke n'avait fait que deux campagnes, celle de Syrie, entre les Turcs et les Egyptiens, en 1840; la seconde, en 1864, contre son propre pays, le Danemark. Il n'avait exercé aucun commandement dans la première; le ministre de la guerre, général connu par de bons livres sur la géographie, n'avait vu la guerre que dans les rangs d'un corps d'observation qui regardait les Français faire le siège d'Anvers en 1832.

aux provocations de l'Autriche en 1850 avait, il faut le reconnaître, jeté sur son armée une sorte de défaveur. La campagne récente des duchés, contre un État aussi faible que le Danemark, ne lui avait pas rendu son prestige. On avait beaucoup fait cependant pour la perfectionner. A l'organisation de 1813, devenue insuffisante, on avait substitué une organisation plus capable de lui assurer les avantages de la rapidité dans une entrée en campagne. Le temps de service dans la réserve avait été augmenté sans accroître celui dans l'armée active, qui était de trois ans ; les cadres agrandis n'eurent plus qu'à se remplir au moment d'entrer en campagne et rendirent inutile une fusion, toujours longue et laborieuse, entre l'armée active et la landwehr. Une grande émulation régnait dans cette armée depuis l'officier jusqu'au soldat. L'officier, appartenant en général à la noblesse, cherchait à mettre son instruction au niveau de sa naissance ; le soldat, pris dans toutes les classes de la société, apportait dans les rangs une instruction inconnue dans toutes les autres armées. L'esprit de progrès régnait à tous les degrés de la hiérarchie ; la routine ne s'opposait pas à l'étude des perfectionnements de l'art de la guerre : l'armée prussienne avait emprunté aux Américains l'application des chemins de fer et de la télégraphie électrique aux opérations militaires. L'opinion publique en France, selon son habitude d'ignorer tout ce qui se passe chez ses voisins, ne voyait dans ce haut point d'instruction où était parvenue l'armée prussienne, dans son équipement, dans son armement, que des sujets de raillerie : le casque pointu, le fusil à aiguille, prêtaient surtout aux sarcasmes des journaux. L'armée prussienne, commandée par de petits nobles raides, pédants et pointilleux, composée de soldats de trois ans et de landwehriens arrachés à leur famille, à leur profession et à leur métier, semblait, aux yeux du public, n'être qu'une espèce de garde nationale qui ne tiendrait pas une heure devant ces vieilles bandes de l'Autriche qui avaient un instant balancé la fortune des armes françaises à Magenta et à Solferino.

L'Autriche opposait à l'armement de la Prusse un armement non moins formidable. La grande armée du Nord formait en effet une masse de 271 000 combattants, comprenant sept corps, dont la concentration était loin d'être achevée vers le milieu de juin, quoique l'Autriche eût commencé ses armements avant la Prusse ; mais elle ne s'était pas préparée depuis de longues années à cette guerre, et elle n'avait pas, comme la Prusse, pour le transport des troupes aux frontières, plusieurs lignes ferrées à double voie. Elle n'en possédait qu'une de Vienne à Lundenbourg ; les deux lignes vers Brunn et Olmütz n'avaient qu'une seule voie. Le 16 juin cependant, le 1ᵉʳ corps, le plus considérable des sept, occupait le nord-est de la Bohême vers Reichenberg, sous les ordres de Clam-Gallaz, et comptait 36 000 hommes, auxquels se joignirent les 24 000 hommes de l'armée saxonne. Le 2ᵉ corps, commandé par le général Thun, se trouvait à une grande distance au sud-est, vers Wildenschwerdt et Bœmish-Trubau ; le 3ᵉ corps, sous l'archiduc Ernest, plus en arrière encore autour de Brunn en Moravie ; le 4ᵉ corps du général Festetics à la droite, vers Teschen et Troppau ; Ramming avec le 5ᵉ corps à Olmütz ; l'archiduc Léopold avec le 6ᵉ corps, plus à gauche et très en arrière au sud, vers Austerlitz, Selowitz et Auspitz ; enfin Gablenz et le 7ᵉ corps plus vers le nord-ouest, entre Brunn et Meseritsch. La brillante cavalerie de l'Autriche formait deux divisions de cavalerie légère, hussards et dragons, alors échelonnées au nord de la Bohême et à l'est du comté de Glatz, le long de la frontière de Silésie, et trois divisions de grosse cavalerie de réserve, uhlans et cuirassiers ; en tout, 128 escadrons et 20 000 cavaliers d'élite, sans compter 30 autres escadrons répartis entre tous les corps d'armée. L'artillerie autrichienne pouvait servir 752 pièces.

L'armée autrichienne peut sans contredit passer pour l'un des plus brillants produits de l'art militaire. Réunir des hommes de nationalité différente et quelquefois hostiles, ne parlant pas la même langue, n'ayant pas les mêmes instincts, Germains, Slaves, Latins, les fondre, les amalgamer, en former un tout compact et homogène : tel est le problème que les généraux autrichiens sont parvenus à résoudre en remplaçant dans le cœur du soldat le sentiment du dévouement à la patrie par celui du dévouement à l'empereur et au drapeau. Ce sentiment fit pendant longtemps, de l'armée la plus disparate, une des armées les plus solides de l'Europe. Le soldat autrichien, habitué à considérer l'Empereur comme une espèce de divinité lointaine, obéissait à ses chefs comme on obéit aux représentants d'un dieu. L'officier, de race noble, cherchait encore à accroître par l'éloignement le prestige qu'il tenait de l'empereur et de sa naissance, et laissait tous les détails du service au sous-officier. Ce dernier ne passait presque jamais officier ; mais si, par une exception des plus rares, il parvenait à franchir ce degré, toutes les précautions étaient prises d'avance pour effacer les traces de son origine dans l'éclat d'une cérémonie à laquelle tous les officiers du régiment assistaient. Le général ou le colonel, en passant la dragonne à l'épée de l'élu, le transformait non seulement en officier, mais encore en noble.

L'empereur et le drapeau ! l'armée autrichienne, sous l'influence de ce double sentiment, avait fait preuve, dans toutes les grandes guerres depuis le XVII° siècle jusqu'à nos jours, des qualités les plus fortes et les plus solides ; sa ténacité dans la défaite était surtout proverbiale. La vigueur de cette armée semblait cependant s'être altérée depuis 1848 sous l'action de deux causes, l'une politique, l'autre militaire. La révolution de 1848, en réveillant au cœur du soldat autrichien l'idée de la nationalité, avait créé une concurrence en quelque sorte à l'ancien culte de l'empereur et du drapeau. Les régiments hongrois, dans lesquels étaient entrés les *honveds* et les autres soldats de l'insurrection, n'étaient plus les Hongrois d'autrefois. Les Italiens se souvenaient que leurs compatriotes avaient lutté contre l'Autriche sur les champs de bataille de Novare et de San-Martino. Les Croates eux-mêmes avaient changé. Toutes les nationalités composant l'armée autrichienne nourrissaient des griefs contre l'Autriche. C'est juste le moment où cette armée, qui se tenait encore debout par la force de l'habitude, avait le plus besoin d'être ménagée, qu'on choisit pour lui imposer une transformation qui faisait violence à ses instincts plus propres à la défensive qu'à l'offensive : on voulait à tout prix remplacer sa force de résistance par ces élans impétueux qui distinguent les troupes françaises et dont on avait vu de si brillants exemples à Magenta et à Solferino [1]. L'armée autrichienne, au moment de se mesurer avec l'armée prussienne, était donc encore en voie de transformation ; mais, loin de se rendre compte des diverses causes qui pouvaient la rendre inférieure à l'ennemi, elle se croyait sûre d'avoir l'avantage. Jamais armée n'eut plus confiance en elle-même ; ses officiers parlaient de la campagne sur le point de s'ouvrir comme d'une promenade de la frontière à Berlin [2], et à peu près tout le monde en France et ailleurs partageaient leur confiance.

Les premières combinaisons stratégiques adoptées à Olmütz le 14 juin, la position des corps d'armée autour de cette place forte, l'isolement de Clam-Gallaz avec le 1er corps à l'extrême gauche, permettent de supposer que le plan de Benedeck était celui-ci : réunir les Saxons et les Bavarois au corps de Clam-Gallaz ; opposer cette armée de plus de 100 000 hommes aux Prussiens dans le nord de la Saxe ; les contraindre à diviser leurs forces ; marcher lui-même à l'ennemi avec le gros de son armée, envahir la Silésie à gauche ou à droite du comté de Glatz par Gœrlitz ou

---

1. *Encore un mot sur Sadova* (*Revue des Deux Mondes*, t. LXXIII, 1868).
2. *L'œuvre de M. de Bismarck*, par J. Vilbort.

Fig. 41. — Des officiers prussiens en reconnaissance constatent la présence des masses autrichiennes autour de Sadowa.

Breslau ; battre la deuxième armée prussienne séparée de la première, refouler l'ennemi vers l'ouest, tandis que Clam-Gallaz, les Bavarois et les Saxons le rejetteraient vers le nord ; l'attaquer de nouveau en front et en flanc, et le ramener tambour battant jusqu'à Berlin. Il ne manquait au succès de ce plan que la présence des Bavarois dans le nord de la Saxe, la jonction de Clam-Gallaz avec les Saxons et les Bavarois devant Dresde, la concentration des six corps d'armée autrichiens sur la frontière prussienne. Or les Bavarois ne faisaient aucun mouvement, Clam-Gallaz restait cantonné en Bohême, et les corps d'armée autrichiens s'éparpillaient sur une ligne immense allant de la Bohême à Vienne [1].

L'occupation de la Saxe semblait entrer d'avance dans le plan de Benedeck. La Prusse comprit donc qu'il fallait agir de ce côté avec vigueur. L'armée de l'Elbe franchit la frontière saxonne le 6, sans trouver de résistance, et entra le 18 dans Dresde, que le roi de Saxe venait de quitter avec son armée, ne pouvant la défendre, faute d'avoir pris la précaution de la couvrir par des travaux de campagne et par un camp retranché. La Saxe tout entière était le 20 juin aux mains de la Prusse, et l'armée de l'Elbe put continuer sa marche.

Le général Manteuffel avait passé l'Eider le 7 juin et occupé le Holstein. Le général Gablenz, trop faible pour résister, se retira devant lui et sortit de Rendsbourg, accompagné des hurrahs ironiques des soldats prussiens en l'honneur de l'empereur d'Autriche. Concentré à Altona, il dut abandonner bientôt le Holstein pour éviter une collision que l'infériorité numérique de ses troupes aurait rendue fatale, et pour se replier sur la grande armée du nord en Bohême, en traversant le Hanovre. C'était pour l'Autriche un premier échec, qui ne laissa pas les esprits indifférents en Allemagne.

Le général Manteuffel, laissant audacieusement les duchés à la garde de quelques détachements de l'armée active et de deux régiments de la landwehr westphalienne, pénétra dans le Hanovre au moment où les Autrichiens évacuaient le Holstein. La Prusse n'avait alors dans l'ouest de l'Allemagne que la 13e division du 7e corps d'armée ; le corps d'occupation des duchés de l'Elbe du général Manteuffel, et une division formée à Wetzlar avec une brigade du 8e corps et quelques régiments tirés des garnisons des forteresses du Rhin, vinrent la rejoindre. Ces forces, formant à peine un total de 48 000 hommes, devaient se trouver opposées

---

[1]. *La guerre austro-prussienne*, par le major Vandevelde.

aux 119 000 hommes qu'allaient bientôt mettre en ligne les États secondaires, grâce aux contingents de la Bavière, du Wurtemberg, du Hanovre, des deux Hesse, de Nassau, de Baden et des autres États alliés de l'Autriche : il était urgent de les disperser d'avance ; le général Vogel de Falkenstein, à la tête de l'armée du Mein, fut chargé de cette tâche.

La Prusse n'avait sur la rive gauche du Rhin que la landwher pour garder Cologne et Coblentz, ainsi que Luxembourg. De ce côté, aucun danger ne lui paraissait à craindre ; mais, du côté de la Saxe et de la Bohême, elle aurait pu avoir 80 000 Bavarois et Saxons sur son flanc droit, avec toute l'armée de Benedeck sur son front, si la Bavière eût agi conformément au plan de campagne arrêté à Olmütz, du 10 au 15 juin, entre l'Autriche et ses alliés. Mais, avant que l'ordre de mettre un régiment en marche fût parti de Munich, Dresde et la Saxe étaient au pouvoir de la Prusse, l'armée saxonne se trouvait rejetée sur l'armée autrichienne en Bohême, et le général de Moltke commençait l'audacieuse tentative d'une marche concentrique de trois armées en territoire ennemi, sous les yeux de l'armée ennemie elle-même.

Le général Vogel de Falkenstein, agissant avec la rapidité exigée par les circonstances, avait pénétré le 16 juin en Hanovre avec la division Gœben, pendant que la division Beyer, qui se trouvait dans l'enclave de Wetzlar, entrait dans la Hesse électorale. Le roi de Hanovre ne s'attendait pas à une attaque ; sa petite armée de 18 000 hommes, qui fit si bravement son devoir, mais qui manquait des objets indispensables à la guerre, reçut l'ordre de se concentrer à Gœttingue, où le roi, quoique aveugle, vint partager ses périls. La Hesse électorale était encore moins préparée à la résistance que le Hanovre. Le grand-duc Frédéric-Guillaume se hâta de faire filer, c'est le mot, ses 4500 hommes vers la frontière méridionale du duché, pour les réunir au 5ᵉ corps fédéral alors en formation, sous le commandement du prince Alexandre de Hesse.

Les Hanovriens et les Hessois avaient coupé le chemin de fer ; les Prussiens s'avançaient pourtant avec rapidité dans ces plaines brûlées par le soleil de juin. Le général Vogel de Falkenstein entra le 17 dans la capitale du Hanovre, où il s'empara de nombreux approvisionnements et où il constitua un gouvernement au nom du roi de Prusse. Il n'oublia pas de mettre la main sur le grand matériel de guerre réuni à Stade. Cassel fut occupé deux jours après, et les Prussiens y installèrent comme à Hanovre un gouvernement. L'électeur, enlevé de son palais de Willemshohe, fut transporté à Stettin.

La Prusse en trois jours avait conquis le Hanovre et la Hesse électorale ; ses communications avec son territoire rhénan étaient assurées ; elle n'avait plus, de ce côté, d'ennemis sur ses flancs ni sur ses derrières. En face de son armée seulement, la petite armée hanovrienne se concentrait à Gœttingue pour tâcher de gagner la Bavière par Gotha, gardé uniquement par deux bataillons. Une grande promptitude des Hanovriens, une pointe des Bavarois sur Cobourg, auraient pu assurer le succès de cette manœuvre ; mais les Hanovriens, au lieu de se porter en avant, attendirent les Bavarois, et le prince Charles de Bavière, au lieu de marcher à la rencontre des Hanovriens sur la route de Gœttingue, attendit tranquillement dans son quartier général à Bamberg l'achèvement de la mobilisation des troupes.

Le roi de Hanovre errait de Gœttingue à Langensalza, tantôt résolu à combattre, tantôt à négocier. Sommé de capituler, il répondit par un refus ; mais, au lieu d'agir, il reprit les négociations, s'engageant, si on le laissait libre de gagner la Bavière, à s'abstenir pendant un mois de tout acte d'hostilité contre la Prusse. Le cabinet de Berlin exigeait des garanties, et, pendant que les diplomates discutaient à ce sujet, le généra Vogel de Falkenstein, soit qu'il n'espérât rien de ces négociations soit qu'il ne désirât pas les voir aboutir, mettait le temps à profit pour lui couper la retraite. Le 20 juin, toutes les routes étaient fermées aux Hanovriens, excepté celle du sud-est entre Eisenach et Gotha. Le gros des troupes prussiennes était encore à une journée en arrière au nord. Le roi de Hanovre, n'ayant devant lui que l'avant-garde prussienne de 9000 hommes de landwehr, et croyant avoir le temps de se dérober avant l'arrivée de l'armée, ne tenta pas de s'ouvrir un passage et se trouva bientôt investi de tous côtés. Le général Flies attaque son avantgarde entre Langensalza et Mexleben. Les Hanovriens, après un combat sanglant, se retirent dans le premier de ces villages, où ils prirent position. Le général Flies est repoussé en essayant de les déloger ; mais il a atteint son but en arrêtant l'armée ennemie, trop épuisée pour se remettre en route. Le lendemain, il était trop tard ; les Hanovriens, enveloppés par les corps prussiens s'avançant de tous les côtés, n'avaient plus qu'à capituler. Le roi s'y résigna le 29 juin, à ces deux conditions qu'il serait libre de se retirer où bon lui semblerait en dehors du Hanovre, et que ses troupes désarmées regagneraient leurs foyers, après avoir juré de ne pas porter les armes contre la Prusse. Ces conditions furent acceptées. Le royaume de Hanovre n'existait plus ; les Bavarois et les corps fédéraux de l'ouest étaient coupés des Autrichiens, et la coalition se trouvait disloquée.

Les premiers résultats de la campagne déroutèrent l'opinion si confiante dans la supériorité des Autrichiens, sans cependant l'ébranler encore. L'inaction de Benedeck laissant écraser les alliés de l'Autriche n'était pas sans étonner quelque peu, mais on l'attribuait à des combinaisons profondes dont on ne tarderait pas à voir l'effet. La vérité est que Benedeck s'était non seulement laissé surprendre par l'offensive des Prussiens, mais encore qu'il s'était trompé sur leur plan, et qu'il leur avait à tort prêté le dessein de marcher sur Vienne par Olmütz, et de diriger leur principale attaque sur la frontière de Silésie en se bornant à une démonstration du côté de la Saxe. Il avait en outre fort mal à propos compté sur les Bavarois pour empêcher la marche des Prussiens et pour les prendre à revers. Revenu de ses erreurs, qu'allait il faire? Il semble qu'en face de trois armées ennemies, marchant séparées l'une de l'autre par des obstacles considérables avec la pensée de se rejoindre, le meilleur plan pour Benedeck consistait à empêcher cette jonction en accablant de ses forces réunies l'armée qui se présenterait la première à ses coups, et à l'accabler sous le nombre; il aima mieux diviser ses forces pour attaquer séparément, à la sortie des défilés, un ennemi à qui chaque journée amenait de nouveaux renforts, dans l'espoir de l'empêcher de se déployer, de le refouler et d'entrer à sa suite dans son territoire.

Les armées prussiennes se trouvaient vers le 20 juin : l'armée de l'Elbe en Saxe, la 1re armée en Lusace et en arrière de Gœrlitz, la 2e en Silésie, autour de Neisse. Ces trois armées se rapprochèrent de la Bohême les 20 et 21 juin, celle de Frédéric-Charles et celle du général Herwarth pour y entrer par les défilés de Zittau, celle du prince de Prusse par les défilés de Glatz. La 1re armée était séparée de la 2e par un massif de montagnes d'environ quarante lieues d'étendue. L'armée de l'Elbe et la 1re armée reçurent, le 22, l'ordre d'entrer en Bohême et de se concentrer dans la direction de Gitschin, situé à l'axe de l'éventail des voies de communication qui descendent des montagnes dans les plaines de la Bohême.

L'armée de l'Elbe et la 1re armée s'avancèrent, les 23 et 24 juin, sans rencontrer de résistance, jusqu'à Gabel et Reichenberg, le général Herwarth venant de Saxe, le prince Frédéric-Charles arrivant de Zittau.

La 2e armée, ou armée de Silésie, se trouvait, quoique la plus faible, chargée de la tâche la plus difficile, celle de franchir les défilés du comté de Glatz et de déboucher dans la plaine en présence de l'armée autrichienne tout entière, moins le corps saxon, sans avoir plus de 150 000 hommes à lui opposer et sans espoir de secours. Aussi les ordres les plus pressants de Moltke prescrivirent-ils à la 1re armée, une fois sa jonction faite avec l'armée de l'Elbe, de redoubler d'efforts pour hâter son mouvement en avant et pour abréger la crise; car entre Gablenz, extrême gauche de la 1re armée autrichienne, et Liebau, extrême droite de l'armée de Silésie, s'ouvrait sur la Prusse une immense brèche qu'il fallait fermer à tout prix.

Benedeck avait établi son quartier général à Josephstadt; il y concentra le gros de ses forces, composées du 4e corps (Festetics), du 8e (archiduc Léopold). Le 3e corps (archiduc Ernest) observait la route d'Olmütz; le 10e corps (Gablenz), le 6e (Ramming), le 2e (Thun) et une division de cavalerie légère, s'échelonnèrent le long de la frontière de Silésie. Clam-Gallaz, à la tête du 1er corps, devait défendre les passages du nord-ouest, arrêter les Prussiens sur la ligne de l'Iser, donner le temps à Benedeck de les battre et de revenir à lui pour accabler l'armée de l'Elbe. Clam-Gallaz réunit ses troupes sur l'Iser, autour de Munchengratz, ne laissant au nord que la brigade, à qui sa conduite dans les duchés avait valu le nom *Brigade de fer*, pour garder la route de Reichenberg. Il se trouvait isolé avec 60 000 hommes, en face de deux armées représentant un effectif de 140 000 hommes.

Benedeck avait commis une grande faute en rassemblant d'abord son armée autour d'Olmütz; il pouvait cependant arriver à temps pour combattre les deux princes prussiens séparément. Mais, au lieu de tenir ses forces réunies le long de la voie ferrée, prêt à les jeter, soit à droite, soit à gauche, pour tomber avec ses masses réunies sur l'ennemi à mesure qu'il sortirait des défilés dans la plaine, il lança en toute hâte une partie de son armée par petits paquets dans les montagnes, afin de retarder la marche de l'ennemi, opération pénible, qui ne pouvait servir qu'à fatiguer inutilement ses soldats.

Le prince Frédéric-Charles et le prince royal de Prusse traversèrent les montagnes du 25 au 29 juin, se dirigeant sur Munchengratz, l'un par Gabel, l'autre par Reichenberg. L'avant-garde de Frédéric-Charles rencontra le 25, à Liebenau, les Autrichiens, qui se retirèrent sur Podol, après un combat d'artillerie. La *brigade de fer* défendait seule le passage de l'Iser; attaquée dans la nuit du 26 au 27, dans le village où elle s'était barricadée, par des troupes nombreuses, exposée aux terribles effets du fusil à aiguille, qui triplait la force des Prussiens, elle fut obligée de battre en retraite sur Munchengratz, après une lutte de trois heures qui fit le plus grand honneur à son courage, mais dont l'effet moral en sens inverse fut considérable sur les deux armées : les Prussiens prirent confiance dans la supériorité de leur armement, et les Autrichiens sentirent diminuer l'assurance dont ils avaient fait preuve jusqu'à ce jour.

L'armée de l'Elbe communiquait dès le 26 juin avec la 1re armée, et toutes deux s'avancèrent sur Munchengratz, où se trouvait, comme on l'a vu, Clam-Gallaz avec son corps d'armée, se bornant, selon ses instructions, à contenir l'ennemi. Il venait de recevoir l'ordre d'abandonner l'Iser, et il se préparait à l'exécuter, lorsque Benedeck, mieux instruit, le 26, des mouvements des armées prussiennes, changea d'avis et résolut de marcher sur la Bohême et de reconquérir la ligne de l'Iser. Clam-Gallaz, formant dans cette nouvelle combinaison l'avant-garde de la grande armée autrichienne, devait se contenter de résister en attendant qu'on vînt l'appuyer pour reprendre l'offensive.

Le prince royal de Prusse, débouchant du comté de Glatz, était entré en Bohême le 26 juin. Les villages sont déserts, les maisons vides; les habitants se sont réfugiés dans les bois. Quelques vieilles femmes regardent défiler les soldats. Braunau est la première ville sur le passage des Prussiens, sa population s'est enfuie. L'ennemi ne se montre pas de toute la journée du 26, pendant que l'armée prussienne exécute sa marche de flanc sur Gitschin. L'avant-garde du 5e corps, sous les ordres de Steinmetz, s'avance jusqu'à Nachod; l'ennemi, en abandonnant cette ville, fait sauter un pont sur la Metau; les pionniers prussiens le rétablissent dans la nuit. Le 6e corps, suivant le 5e corps dans sa marche rapide vers l'ouest, est arrivé à Glatz. Une brigade en a été détachée pour renforcer les deux divisions du général Steinmetz. La garde, au centre de la 2e armée, s'est portée jusqu'à Politz et Braunau. Le 1er corps d'armée, marchant vers Trautenau sous les ordres du général Bonnin, s'établit à Liebau et à Schomberg, avec sa division de cavalerie à Valdenburg.

La marche de flanc de l'armée de Silésie vers Gitschin, si périlleuse dans les montagnes, s'accomplissait donc sans le moindre obstacle, à la grande surprise et à la grande satisfaction des généraux prussiens, qui ne s'étaient pas engagés sans crainte dans ces gorges, que l'Autriche aurait pu défendre en armant les paysans; les patriotes tchèques le lui proposaient : mais, soit méfiance, soit impéritie, elle repoussa ces offres.

Fig. 12. — Les Autrichiens occupaient Venise.

Benedeck n'avait-il pu arriver à temps pour fortifier ces défilés, ou bien, comme semblent le prouver la translation de son quartier général à Josephstadt et la marche de plusieurs de ses corps au nord-ouest vers Kœniggratz, Josephstadt, Lanzow et Gitschin, loin de s'attendre à l'irruption de l'armée de Silésie, ne se doutait-il même pas de la concentration de la 2ᵉ armée prussienne autour de Neisse ? Ce qu'il y a de certain, c'est qu'il n'eut connaissance de la marche de flanc des Prussiens que vers le milieu de la journée du 27, alors que la frontière était franchie sur plusieurs points. Au lieu de se porter alors avec des forces supérieures contre le prince royal, il dirigea le corps d'armée du général Gablenz (7ᵉ) sur Trautenau, et celui du général Ramming (6ᵉ), avec la 1ʳᵉ division de cavalerie de réserve, sur Skalitz et Nachod, contre le 1ʳᵉ corps prussien (général Bonnin) et le 5ᵉ corps (général Steinmetz). Il réservait probablement la masse de ses forces pour une action décisive, sans songer que la garde s'avançait entre le 1ᵉʳ et le 5ᵉ corps prussiens, et qu'à sa gauche le 1ᵉʳ corps de Clam-Gallaz et les Saxons, 60 000 hommes en tout, allaient subir le choc des 150 000 hommes du prince Frédéric-Charles et du général Herwarth, sans qu'on pût les secourir.

L'armée de l'Elbe, dans la journée du 27, se portant sur Niemes et Munchengratz, occupa Huhnerwasser après deux combats assez sanglants. L'avant-garde de la première armée, formée par la 8ᵉ division commandée par le général Horn, s'empara de Podol et des ponts sur l'Iser, après des engagements meurtriers que le clair de lune permit de prolonger jusqu'à une heure du matin. Le général Fransecky, à la tête de la 7ᵉ division, occupa de son côté Turnau sans résistance.

Clam-Gallaz et le prince royal de Saxe avaient reçu l'ordre de conserver à tout prix Turnau et Munchengratz. Ne pouvant défendre ces deux localités sans diviser ses forces, Clam-Gallaz avait résolu de reprendre Turnau le 28 au matin et d'occuper la hauteur de Swigau. Mais, se voyant en présence de forces plus de deux fois supérieures aux siennes, et reconnaissant qu'il n'avait aucun secours à attendre, il se décida à battre en retraite sur Gitschin en abandonnant la ligne de l'Iser aux Prussiens.

La position des armées ennemies, le 27 juin, peut donc se résumer ainsi : les Prussiens de la 1ʳᵉ armée et de l'armée de l'Elbe s'avançaient par Turnau et Munchengratz sur Gitschin, pendant que Clam-Gallaz et les Austro-Saxons se retiraient sur le même point en laissant à Munchengratz de forts détachements pour couvrir leur retraite. Le 10ᵉ corps autrichien marchait de l'autre côté sur Trautenau à la rencontre du 1er corps prussien; le 6e corps autrichien sur Skalitz et Nachod à la rencontre du 5e corps prussien. La garde prussienne était à Braunau et à Politz, prête à venir en aide soit à l'aile droite, soit à l'aile gauche de l'armée de Silésie.

Le 8e corps autrichien, dirigé sur Dolan, devait soutenir le 6e; le 4e corps, ramené de Lanzow à Jacomir, se rapprochait aussi du comté de Glatz; le 3e corps était à Kœniggratz; le 2e à la droite autrichienne vers l'est, au delà de Pardubitz, tandis que les Prussiens le croyaient réuni aux Austro-Saxons sur la ligne de l'Iser. La réserve de cavalerie, sauf la première division, et la réserve d'artillerie, étaient encore à une journée de marche en arrière vers Wildenschwerdt, Hohenmauth et Lietomischel.

Le quartier général de l'armée de Silésie avait quitté Braunau le 27 juin dans la matinée.

Le prince royal de Prusse et son état-major, après avoir suivi un long défilé boisé, débouchèrent vers onze heures sur le plateau de Nachod, village situé au fond d'un ravin sur le bord de la Métau, au point de jonction de deux routes, celle de Braunau par Hronow qu'ils venaient de suivre, et celle de Glatz par Reinerz sur laquelle s'avançait le général Steinmetz avec le 5e corps. Le défilé monte au delà de Nachod, vers le plateau où la route, se bifurquant de nouveau, court à l'ouest vers Skalitz par Kleny, au sud vers Neustadt par Wichowin.

Le général Steinmetz devait occuper Nachod ce jour-là même avec son corps d'armée et la brigade Hoffmann du 6e corps. La brigade commandée par le général Lœwenfeld se mit en marche le 27, à six heures du matin, pour gravir le plateau, et atteignit vers huit heures au delà d'Alstadt le point de bifurcation des deux routes de Skalitz et de Neustadt. L'avant-garde bivaqua sur le plateau, et tout fut disposé pour le campement du corps d'armée en marche depuis l'aube. L'ennemi ne s'était montré jusqu'alors nulle part, lorsque des éclaireurs signalèrent de fortes colonnes autrichiennes sur la route de Neustadt : c'était la brigade Hartweck, qui occupa bientôt Wenzelsberg et Provodow ainsi que les bois autour de ces deux villages; la brigade Jonak s'avançait sur la gauche à Domkow, et en arrière, à Schonow, la brigade Rosenweiz. La brigade Waldstetten se dirigeait sur Wisochow et Branka, c'est-à-dire vers le point où le défilé de Nachod débouche sur le plateau.

L'avant-garde prussienne, formée de cinq bataillons et demi de ligne et de deux pelotons de chasseurs, avait donc en face d'elle, vers dix heures du matin, tout le 6ᵉ corps autrichien, plus la brigade de cavalerie Solms que Ramming avait fait marcher de Kleny sur Wisochow. La situation de cette avant-garde, obligée de se maintenir sur le plateau pour permettre au 5ᵉ corps d'y déboucher, était fort critique. Les troupes prussiennes, marchant sur une seule ligne dans un défilé, devaient mettre un temps d'autant plus considérable à en sortir, qu'elles étaient obligées de passer par Nachod avant d'atteindre à Alstadt, Branka et Wisochow, le plateau qui se termine à l'est par des pentes descendant vers Brazetz et la Métau, pentes assez rapides pour être difficiles à l'infanterie et impraticables à l'artillerie ; ainsi donc, pas de retraite possible pour les Prussiens, sinon par le défilé de Nachod, que les Autrichiens avaient négligé d'occuper.

L'avant-garde du 5ᵉ corps se maintint sur le plateau, dans l'angle des deux routes entre Wisochow, Branka, Alstadt et Wenzelsberg de huit heures du matin à midi contre un ennemi quatre fois plus nombreux. Le général Lœwenfeld avait, pendant ce temps-là, fait occuper Wisochow et garder la route de Skalitz à Nachod, et envoyé au-devant des Autrichiens son extrême avant-garde, en déployant ses autres bataillons sur le plateau, le long de la route de Neustadt et dans les bois à gauche de cette route. Les Prussiens n'avaient, au moment où s'engageait le combat, que 12 pièces pour répondre au feu de 42 pièces autrichiennes.

Le régiment des fusiliers de Westphalie (37ᵉ) ouvre le feu vers neuf heures sur la brigade Hartweck, qu'il rejette au sud de Wenzelsberg, épouvantée par l'effet du fusil à aiguille. Les Prussiens repoussent en même temps l'ennemi à leur gauche dans le ravin de Brazetz, et à leur droite, au nord et à l'ouest de Wenzelsberg, où la brigade Jonak vient d'entrer en ligne : ils restent maîtres des bois de Wenzelsberg. La lutte cesse un moment vers dix heures et demie pour recommencer plus ardente et plus acharnée. Ramming rassemble ses forces pour une attaque générale et décisive. Steinmetz, de son côté, presse la marche de ses régiments, surtout de son artillerie, toujours engagée dans les défilés de Nachod. La brigade de cavalerie Wnuck a seule atteint le plateau vers onze heures. Les Autrichiens se jettent sur la ligne prussienne, la brigade Rosenweig à gauche, la brigade Jonak au centre, et la brigade Hartweck à droite. La brigade Rosenweig déloge des bois au nord de Wenzelsberg le faible détachement prussien qui les occupe et le contraint à se retirer vers Alstadt ; la brigade Jonak, un moment arrêtée et même repoussée, revient à la charge et accule les Prussiens à la lisière orientale du plateau ; la gauche prussienne fléchit également, et toute l'avant-garde du 5ᵉ corps est ramenée vers la route de Neustadt, poursuivie, attaquée ou menacée sur son front et sur ses deux flancs, car la brigade Waldstetten s'avance, elle aussi, venant de Skalitz par Kleny. Il est midi, le sort de la bataille va se décider. Les Prussiens font un suprême effort, et, pendant qu'ils luttent sur ce point, la brigade de cavalerie autrichienne Solms, hussards et cuirassiers, et la brigade prussienne Wnuck, uhlans et dragons, se rencontrent près de Wisochow, marchent l'une sur l'autre au pas, puis au trot, comme à la parade, et finissent par se confondre dans une sorte de tourbillon d'où l'on voit sortir les cuirassiers et les hussards autrichiens qui s'enfuient à bride abattue. Le 5ᵉ corps débouche au même instant sur le plateau défendu par son avant-garde. Les bois de Wenzelsberg sont repris en moins d'une heure et fortement occupés, ainsi que Wisochow. L'artillerie prussienne prend position sur le plateau balayé jusqu'ici des hauteurs de Kleny par quatre-vingts pièces autrichiennes.

La seconde attaque des trois brigades autrichiennes a donc échoué, comme la première : ces trois brigades se retirent vers Kleny ; la brigade Waldstetten, la seule à peu près intacte du 6ᵉ corps, y arrive à une heure. Ramming essaye vainement à deux reprises d'enlever Wisochow ; un combat acharné engagé dans les rues de ce village se termine à trois heures par la retraite des Autrichiens, qui laissent sept canons, un drapeau, de nombreux prisonniers aux mains de l'ennemi. Un mouvement tournant tenté par eux au nord de Wisochow a échoué. Le 6ᵉ corps autrichien est obligé de battre en retraite sous le feu de quatre-vingt-quatorze pièces prussiennes ; Ramming, rassemblant ses quatre brigades mutilées à Skalitz, place son arrière-garde à Dubno et à Kleny. Le vainqueur, harassé de fatigue et hors d'état de poursuivre l'ennemi, compte ses pertes et les siennes ; les Autrichiens ont laissé sur le champ de bataille 225 officiers et 7275 soldats, dont 2500 prisonniers ; les Prussiens 62 officiers et 1060 soldats tués ou blessés.

Le quartier général de l'armée de Silésie s'établit à Hronow, près de Nachod, le 27 au soir.

Le combat de Nachod produisit un grand effet non seulement en Allemagne, mais encore en Europe et surtout à Paris, où les télégrammes de Francfort annonçaient tous les jours une nouvelle défaite des Prussiens : habileté du commandement, rapidité des mouvements, bon usage de la cavalerie, bravoure des cavaliers, solidité de jeunes troupes au feu, puissance du fusil à aiguille, toutes les qualités et tous les avantages dont l'armée prussienne était douée et dont elle venait de faire preuve, modifièrent singulièrement l'opinion sur les mérites respectifs des deux armées en présence et sur le résultat possible de la lutte. Les officiers autrichiens prisonniers laissaient eux-mêmes percer le sentiment de leur infériorité, et ils comprenaient instinctivement que le fusil à aiguille n'en était pas l'unique cause.

Le bulletin de la bataille de Nachod fut affiché le matin du 29 sur les murs de Berlin. Les maisons se pavoisent aussitôt, les travaux cessent, la population se précipite vers la résidence royale; cent mille voix appellent le roi au balcon; Guillaume Ier s'y montre et harangue ses sujets en versant des larmes. La foule se dirige ensuite en chantant l'air national vers la Wilhemstrasse, où est situé le ministère des affaires étrangères; M. de Bismarck reçoit une ovation semblable à celle du roi; un orateur de la rue lui crie que l'Autriche n'a plus de rôle à jouer en Allemagne, que son règne est désormais dans l'Est, et que c'est à la Prusse à faire la grande patrie allemande. M. de Bismarck répond qu'il accepte cette mission pour son pays, et il profite de l'occasion pour glisser dans son discours la nouvelle de la bataille de Langensalza, qui avait fait de nombreuses victimes dans beaucoup de familles de Berlin.

Le roi partit le lendemain pour se rendre à l'armée; il traversa Berlin, ayant à ses côtés dans sa voiture M. de Bismarck, rayonnant, en petite tenue de chef d'escadron des cuirassiers de la landwher.

CHAPITRE IX

SADOWA

Benedeck veut reprendre la ligne de l'Iser. — Clam-Gallaz, avec le 1er corps et les Saxons, s'établit à Gitschin. — L'attaque de Gitschin. — Clam-Gallaz reçoit l'ordre de rejoindre l'armée principale. — Echec de l'armée de Silésie. — Situation critique des Prussiens. — Benedeck livre des combats partiels au lieu d'engager une action générale. — Il se replie sur Kœniggrätz. — Les armées du prince royal et du prince Frédéric-Charles font leur jonction. — Benedeck ramène son armée en arrière. — M. Benedetti vient rejoindre le roi de Prusse à l'armée. — Le quartier général de Prusse donne l'ordre d'attaquer. — Benedeck forme son armée en bataille. — Les Prussiens fléchissent. — Anxiétés du roi de Prusse. — Apparition de la garde royale. — Prise de Chlum par la garde. — Le mouvement général offensif de Benedeck échoue. — Le prince Frédéric-Charles se porte en avant et refoule l'armée autrichienne à Sadowa. — Retraite en désordre de Benedeck sur Kœniggrätz. — L'armée prussienne est obligée d'arrêter pendant un jour son mouvement en avant. — La bataille de Sadowa est une des plus meurtrières du siècle.

L'armée de l'Elbe communiquait, comme on l'a vu, dès le 26 juin, avec la 1re armée. Les deux armées marchaient sur Munchengratz, où se trouvait Clam-Gallaz, se bornant, selon ses instructions, à contenir l'ennemi. L'ordre d'abandonner l'Iser venait de lui être donné, lorsque les mouvements des deux armées prussiennes avertirent Benedeck de son erreur; la Bohême étant le but principal des efforts des Prussiens, il résolut de porter toutes ses forces de ce côté et de reconquérir la ligne presque perdue de l'Iser. Son plan, ou plutôt celui qu'on lui attribue, car on ne sait pas s'il en a jamais eu véritablement un, consistait à refouler la 2e armée dans les défilés de la Bohême, à empêcher sa jonction avec la première, et à écraser cette dernière avec toutes ses forces. Il ne pouvait pas certainement se flatter que Clam-Gallaz, avec ses 60 000 hommes, fût capable de repousser ou même d'arrêter les 150 000 hommes du prince Frédéric-Charles:

Fig. 43. — Les places fortes de la Silésie sont mises en état de défense.

mais il espérait que du moins en sacrifiant le corps placé sous ses ordres, Clam-Gallaz parviendrait à arrêter l'ennemi assez longtemps pour lui permettre d'en finir avec l'armée de Silésie et de se jeter ensuite sur la première armée et sur l'armée de l'Elbe. La grande armée prussienne se trouverait ainsi coupée en deux, et la route de Berlin ouverte aux Autrichiens.

Clam-Gallaz devait donc former l'avant-garde de la grande armée autrichienne et résister en attendant qu'on vînt l'appuyer pour reprendre l'offensive. Attaqué le 27 à Munchengrätz par des forces supérieures, il se retira, on s'en souvient, sur Gitschin, où il s'établit avec le 1er corps autrichien et les Saxons dans une bonne position défensive pour recevoir le choc de la 1re armée et de l'armée de l'Elbe poursuivant leur marche à l'est, pour opérer leur jonction avec l'armée de Silésie débouchant des défilés de Glatz et de la montagne des Géants.

La grande armée prussienne avait opéré du 27 juin au 1er juillet les mouvements suivants sur son aile droite : la première armée et l'armée de l'Elbe, établies le 26 au soir sur la ligne de l'Iser après les combats de Podol et de Huhnerwasser, employèrent la journée du 27 à s'y concentrer. Le prince Frédéric-Charles, croyant le 1er corps autrichien et les Saxons rejoints par le 2e corps, résolut d'enlever Munchengratz où Clam-Gallaz, pensait-il, défendrait la ligne de l'Iser. L'armée de l'Elbe reçut l'ordre d'attaquer Munchengratz à l'est le 28 au matin en venant de Bœmisch-Aicha, Niemes et Huhnerwasser ; le général Fransecky et le général Horn, à la tête de la 7e et de la 8e division de la première armée, devaient, en se dirigeant du nord au sud, prendre en flanc les Autrichiens et les Saxons et leur couper la retraite derrière Munchengratz à Bossin sur la route de Furstenbruck. Une forte réserve appuierait ce mouvement, qui livrerait passage à toute l'aile droite prussienne. Mais Clam-Gallaz, ne laissant à Munchengratz que la brigade Leiningen pour masquer sa retraite, se retirait sur Gitschin avec le gros de ses forces. Le 2e corps autrichien était à l'extrême droite de l'armée du Nord ; les corps les plus rapprochés de Gitschin se trouvaient à deux journées de marche ; Clam-Gallaz et ses troupes n'avaient rien à espérer que d'eux-mêmes.

Herwarth sur la route d'Huhnerwasser enlève successivement Nieder-Gruppey, Weissleim, Haber et Kloster, pendant qu'une autre attaque est dirigée sur Ober-Bukowine et Mankowitz. Des détachements des divisions Canstein et Etzel pénètrent dans Munchengratz vers onze heures et demie, et ils y trouvent l'avant-garde de la division Munster déjà établie.

L'infanterie autrichienne, trop inférieure en nombre, ne pouvait pas lutter contre l'ennemi; l'artillerie seule avait fait une résistance sérieuse et protégé la marche des Autrichiens et des Saxons sur Gitschin.

La division Fransecky bivaqua vers le soir à Bossin, la division Horn à Dobrawoda, entre Bossin et Munchengratz. L'armée de l'Elbe s'établit autour de cette dernière bourgade. Les autres divisions et les réserves de l'aile droite s'étaient avancées d'une journée de marche vers l'aile gauche, et les Prussiens restaient entièrement maîtres de la ligne de l'Iser.

La 1re armée et l'armée de l'Elbe marchaient au sud-est en se concentrant et en se rapprochant d'heure en heure; il devenait donc de plus en plus difficile de régler leur marche et de les nourrir. La Bohême de ce côté n'était pas plus hospitalière aux Prussiens que de l'autre; les populations avaient fui, emmenant leur bétail et comblant les puits; la soif causait au soldat une souffrance cruelle dans ses marches rapides sous ce ciel d'été, car il fallait se hâter de prendre Gitschin et de fermer la brèche entre la droite du prince royal et la gauche du prince Frédéric-Charles. Ce dernier reçut en effet, le 29 juin au matin, ce télégramme pressant: « La 2e armée, malgré une série de combats victorieux, se trouve dans une situation difficile. Le roi compte que la 1re armée se portera promptement en avant pour la dégager. »

Le prince Frédéric-Charles résolut de prendre Gitschin à tout prix ce jour-là et de s'avancer autant que possible au sud-est, entreprise peu aisée, vu l'extrême concentration des corps d'armée le long de l'Iser, de Podol à Munchengratz, par suite de la nécessité de se servir des deux seules routes allant de ces deux points sur Gitschin, l'une par Podkost, l'autre par Furstenbruck, pour se rejoindre à Sobotka en avant de Gitschin. Une troisième route partant de Turnau et passant à Libun aboutit à Gitschin même. La 1re armée s'échelonna sur ces trois routes, et l'armée de l'Elbe appuya plus à droite, c'est-à-dire plus au sud, vers Jung-Bunzlau. Le général Tumpling, chargé avec la 5e division d'enlever Gitschin par la route de Turnau, devait y être rejoint par le général Werder, suivant la route de Sobotka avec la 3e division : les autres divisions de la 1re armée et les réserves venaient derrière. Entre les deux divisions en marche l'une sur Libung, l'autre par Sobotka, dans l'angle formé par les deux routes de Turnau et de Munchengratz se joignant au faubourg de Hobin devant Gitschin, se dresse le Priwicin, énorme rocher couvert d'arbres et de taillis.

Clam-Gallaz et les Austro-Saxons marchaient dès le point du jour sur

Gistchin. Les bivacs étaient établis vers midi au nord-ouest de cette ville. La brigade de fer commandée par Poschacher, au centre, sur la hauteur de Brada qui touche au Priwicin, la brigade Leiningen derrière elle, la brigade Piret à Markt-Eisenstadt à droite, la brigade Abele à gauche à Prachow, et la brigade Ringelsheim du même côté. La 1re division de cavalerie légère restait à Diletz entre Brada et Mark-Eisenstadt. Les Saxons venant d'Unter-Bautzen bivaquaient au sud-est de Gitschin à Brezina, à Wokschitz, et leur cavalerie à Staremjesto. Le meilleur parti à prendre pour Clam-Gallaz et pour le prince royal de Saxe était de se replier sur l'armée du Nord en voyant l'ennemi si supérieur en nombre. Ils allaient s'y résoudre, lorsque Benedeck leur annonça qu'il prenait l'offensive sur Turnau avec le gros de ses forces, et que le jour même le 3e corps d'armée les rejoindrait à Gistchin. Il ne leur restait plus dès lors qu'à tenter d'arrêter l'ennemi sur la route de Turnau et de Libun. Le 1er corps autrichien et deux divisions saxonnes se dirigèrent en conséquence vers midi sur Diletz. L'action ne s'engagea cependant de ce côté que vers trois heures et demie.

Le général prussien Tumpling, ayant traversé Krisnitz sous une grêle d'obus, et reconnu que le Priwicin était fortement occupé ainsi que Podulsch et Klein-Ginolitz, et qu'une artillerie formidable battait tout le plateau qui s'étend en montant vers Gitschin, réussit à enlever la position par un mouvement tournant, malgré le ravage causé par les batteries autrichiennes ; mais, si les brigades Poschacher et Abele faisaient un mouvement offensif par Klein-Ginolitz et Jawornitz, il était menacé d'être coupé en deux ou tourné par sa droite. Il porta donc sur ces deux points une partie de ses forces. Ses troupes, aux prises avec un ennemi supérieur en nombre et retranché dans une forteresse naturelle, se trouvaient vers six heures en grand péril.

La division Werder engageait à la même heure le combat de Priwicin sur la route de Sobotka, tandis que la division Tumpling, n'ayant plus que deux bataillons de réserve, allait se trouver à Diletz en face de la division saxonne Stieglitz. La position de Tumpling était terrible. Les Prussiens, après avoir emporté Zames, s'avançaient sur Diletz, et leurs tirailleurs pénétraient dans ce village quand parurent les Saxons. Une lutte acharnée s'engagea dans ce village et se termina vers sept heures et demie par la retraite des Saxons. La bataille continuait à la baïonnette à Klein-Ginolitz et dans les rochers du Priwicin. Les Prussiens, épuisés, n'avaient plus de réserves, et les Austro-Saxons comptaient encore dix-neuf bataillons intacts, et pourtant ils battaient en retraite. C'est que Clam-Gallaz, après avoir attendu le 3ᵉ corps pendant toute la journée, venait de recevoir cet ordre : « Éviter toute rencontre avec des forces supérieures, et opérer sa jonction avec l'armée principale à Horsitz et à Miletin. Une nouvelle destination a été donnée aux quatre corps d'armée. » Cet inutile combat coûtait 7000 tués, blessés ou prisonniers aux Autrichiens. Les Prussiens étaient le soir maîtres de Gitschin, et le prince Charles et Herwarth reprenaient leur marche vers l'est.

L'armée de Silésie subissait pendant ce temps-là un échec qui pouvait compromettre le succès de la campagne. Le 27 juin, à l'heure même où Steinmetz battait les Autrichiens à Nachod, le général Gablentz, avec le 10ᵉ corps autrichien, rejetait le général Bonin dans les défilés de la montagne des Géants. Les Prussiens, négligeant d'occuper les hauteurs qui se dressent au-dessus de Trautenau, à la sortie du défilé, n'avaient pu déployer à temps des forces suffisantes pour soutenir leur avant-garde et les premiers détachements aux prises, vers la fin de la journée, avec le 10ᵉ corps tout entier. Les Autrichiens étaient rentrés le soir en possession de Trautenau ; mais Gablentz, obéissant, heureusement pour les Prussiens, aux ordres de « courir sus à l'ennemi sans dépasser la frontière », permit, le lendemain 28, à la garde de dégager le 1ᵉʳ corps, de reprendre avec lui la marche concentrique vers la ligne de l'Elbe, et d'arriver le 3 juillet sur le champ de bataille de Sadowa à temps pour frapper le coup décisif à Chlum.

Le prince royal de Prusse reçut au quartier général de la 2ᵉ armée, établie à Hronow, dans la nuit du 27 au 28 juin, avis de l'échec subi la veille à Trautenau ; ignorant que cet échec avait ramené le 1ᵉʳ corps à la frontière, il fit remonter la garde vers Trautenau pour y dégager le 1ᵉʳ corps. L'armée prussienne se trouvait, malgré la victoire de Nachod, dans une position fort peu assurée le 27 au soir. Les deux armées de l'ouest, contenues d'ailleurs par Clam-Gallaz, étaient encore à deux journées de marche ; l'une à la droite au pied des montagnes, incomplètement déployée, n'ayant que 67 000 hommes en ligne et point de communication entre ses trois corps, offrait à Benedeck une occasion de vaincre dont il ne sut pas profiter. Steinmetz victorieux, mais fatigué, pouvait être rejeté dans les défilés ; Gablentz, renforcé à Trautenau, aurait pu couper le centre des deux autres colonnes ennemies. Benedeck se contenta de rappeler le 3ᵉ corps resté vers Olmütz et d'envoyer l'archiduc Léopold rejoindre, avec le 8ᵉ corps, Ramming à Skalitz. Gablentz dut quitter son excellente position, rétrograder vers l'Aupra pour empêcher la garde prussienne, qui y était déjà campée, de soutenir Steinmetz. Gablentz rencontra la garde le 28 au matin à Bugerdorf; comptant que le 4° corps qui était à Kœniginhof, non loin de là, l'appuyerait, il accepta le combat contre des troupes fraîches. Secouru, mais trop tard, il se retira, perdant 5000 prisonniers, trois drapeaux et dix canons. C'est dans ces deux journées des 27 et 28 juin que le sort de la campagne fut fixé.

L'armée du prince royal de Prusse sortait des défilés de la Silésie et entrait en Bohême sur deux colonnes. Gablentz avait arrêté devant Trautenau la colonne de droite. Celle de gauche débouchait par des passages étroits devant Skalitz, autour duquel campaient six corps autrichiens. Le prince Frédéric-Charles était au moins à deux journées de marche, devant rencontrer Clam-Gallaz sur la route. Les forces autrichiennes réunies à Skalitz pouvaient au moins faire une démonstration contre les forces prussiennes débouchant des montagnes de Silésie. Benedeck avait alors sous la main 150 000 hommes. Au lieu d'engager une action générale avec cette masse de troupes, il envoya Ramming se faire battre le 27, l'archiduc Léopold le 28, le comte Festeticz le 29 ; Gablentz, laissé sans secours à Trautenau, avait également été battu, comme on l'a vu, le 28. Les corps du comte de Thun et de l'archiduc Ernest ne furent pas engagés. Benedeck explique cette suite de fautes en disant qu'il avait reconnu à Kœniginhof, à une étape de Skalitz, une position excellente où il se proposait d'attirer l'ennemi et de lui livrer bataille ; mais ce sont là des conceptions qu'un Napoléon ou un César sont seuls capables d'exécuter. L'ennemi refusa donc de se laisser contenir ; il occupa lui-même Kœniginhof, et Benedeck dut replier sur Kœniggratz toutes les masses de l'armée autrichienne tour à tour mal engagées, fort éprouvées par le fusil à aiguille, et affectées par la perte d'un grand nombre de canons et de drapeaux.

Le 8° et le 6° corps réunis avaient cédé au choc de Steinmetz renforcé par le 6° corps. Les Prussiens continuèrent d'avancer, et les premiers bataillons de la garde emportèrent Kœniginhof, malgré l'héroïsme de sa faible garnison. Steinmetz, trois fois vainqueur depuis trois jours, y rejoignit la garde. L'armée du prince royal était réunie le jour même où Clam-Gallaz abandonnait Gitschin. Les avant-gardes du prince royal et du prince Frédéric-Charles communiquèrent le soir même sur l'Elbe. La concentration des armées prussiennes était assurée. Les pertes éprouvées par les Autrichiens dans les diverses rencontres qui viennent d'être décrites dépassaient le chiffre de 40 000 hommes.

Clam-Gallaz et les Saxons avaient continué, le 30, leur mouvement de retraite sur Négenitz, le premier par la grande route qui passe à Sadowa, les Saxons par Smidar. Benedeck, avec les six autres corps, était resté à Dubenitz, sur la berge droite de l'Elbe, dans la position qu'il occupait la veille.

La première armée prussienne continua son mouvement en avant : Frédéric-Charles suivit la même route que Clam-Gallaz. Herwarth prit à droite la même direction que les Saxons. Benedeck se décida dans la nuit du 30 juin au 1er juillet à ramener son armée en arrière. Il en informa l'empereur par cette dépêche : « Le 1er corps et les Saxons ont été refoulés ; cet échec m'oblige moi-même à reculer dans la direction de Kœniggrätz. »

Les deux armées prussiennes, à partir de ce moment, étaient entièrement libres d'opérer leur jonction immédiate, si les circonstances faisaient juger cette mesure nécessaire. On préféra les laisser séparées.

Le roi de Prusse, arrivé le 1er juillet à l'armée, avait établi son quartier général au château de Sichrow, où M. Benedetti, ministre de l'empereur des Français à Berlin, vint le rejoindre. L'arrivée de ce diplomate était une raison pour pousser la guerre à outrance. Le prince Frédéric-Charles ne se porta cependant ce jour-là en avant que d'une demi marche, et encore avec la plus grande circonspection ; le prince royal resta dans la vallée de l'Elbe, autour de Kœniginhof. L'armée autrichienne quitta Daubenitz et alla bivaquer entre l'Elbe et la Bistritz : sa droite appuyée au confluent de la Trotina, son centre sur les hauteurs de Chlum et de Lipa, sa gauche appuyée aux Saxons établis à Nechanitz, gros village situé sur les deux rives de la Bistritz, ruisseau marécageux. Nechanitz bien défendu pouvait opposer une très longue résistance, même à des forces très supérieures.

Les armées prussiennes, le 2 juillet, restèrent à peu près dans les mêmes positions ; la première armée se rapprocha de la Bistritz, et Herwarth occupa Smidar. Les Autrichiens, de leur côté, se bornèrent à faire passer les bagages sur la rive gauche de l'Elbe et à élever des retranchements autour de Chlum et de Lipa.

Les avant-gardes des deux armées étaient à moins d'un mille l'une de l'autre, sans qu'aucune des deux s'en doutât. Les Prussiens ne connaissaient ni la marche de l'armée autrichienne sur Daubenitz, ni sa retraite

Fig. 44. — L'armée de Victor Emmanuel passe le Mincio.

pendant la nuit ; ils croyaient, au contraire, que la plus grande partie de l'armée ennemie occupait, en arrière de l'Elbe, une position dont les ailes s'appuyaient aux places fortes de Josephstadt et de Kœniggrätz.

Les Prussiens, en raisonnant dans cette hypothèse, se trouvaient dans cette alternative : attaquer les Autrichiens dans la position qui vient d'être décrite, ou manœuvrer de manière à les obliger d'en sortir. La 2ᵉ armée aurait dû, dans le premier cas, marcher sur le flanc droit de la position, pendant que la 1ʳᵉ armée l'attaquerait de front. La 2ᵉ armée, dans l'autre cas, se serait trouvée dans la nécessité d'exécuter sous les yeux de l'ennemi une grande marche par le flanc droit pour gagner Pardubitz, d'où elle menacerait toutes les communications des Autrichiens. Une pareille opération exigeait les plus grandes précautions. La 2ᵉ armée, dans le premier cas, resterait sur la rive gauche de l'Elbe ; dans le second, elle passerait sur la rive droite ; mais il était indispensable d'avoir une connaissance plus exacte de la situation de l'ennemi, de la nature du terrain et surtout des difficultés que pouvaient opposer à une attaque l'Elbe sur le front, l'Aupa sur le flanc de la position, avant de se résoudre à prendre une détermination [1].

La véritable situation de l'armée autrichienne ne tarda pas à être connue. Le prince Frédéric-Charles apprit par le rapport d'un colonel chargé d'occuper le château de Cerekwitz qu'il y avait un camp autrichien à Lipa. Des petits détachements furent envoyés dans la direction de Kœniggrätz, pour avoir des renseignements plus complets. Un officier de l'état-major de la 1ʳᵉ armée, étant allé de Milowtiz à Dub, trouva la hauteur de Dub occupée par la brigade Prohaska. Des prisonniers apprirent en outre à l'état-major prussien qu'il y avait environ quatre corps d'armée sur la Bistritz, le 3ᵉ à Sadowa, le 10ᵉ à Langenhof, le 1ᵉʳ en arrière de celui-ci, les Saxons à Problus, et dix régiments de cavalerie avec beaucoup d'artillerie à Lipa. Des officiers prussiens avaient vu de leur côté de grands bivacs en avant et en arrière de Benatek. La présence du 3ᵉ corps à Sadowa fut également connue. Les Prussiens savaient désormais qu'ils étaient en présence de l'ennemi ; la présence de masses autrichiennes aussi considérables près de Sadowa fut interprétée par les uns, non comme une halte en retraite, mais comme un mouvement en avant pour attaquer. Le prince Frédéric-Charles prit immédiatement des dispositions pour concentrer ses forces. Il expédia le 2, à neuf heures du soir, l'ordre de

---

[1]. Relation de l'état-major prussien.

former la 1ʳᵉ armée en bataille le lendemain matin, pour attaquer la position de la Bistritz à Sadowa sur la route de Horsitz à Kœniggrätz.

Le prince Frédéric-Charles expédia en même temps au prince royal une lettre pour le prier de couvrir son flanc gauche en faisant avancer la garde et autant de troupes qu'il pourrait sur la rive droite de l'Elbe, par Kœniginhof dans la direction de Josephstadt.

Au grand quartier général averti le soir même de ces dispositions, on résolut d'attaquer l'ennemi en avant de l'Elbe, sans se préoccuper de savoir si l'on avait devant soi l'armée autrichienne tout entière ou seulement une partie considérable de cette armée. La 2ᵉ armée prussienne fut prévenue que l'ennemi s'était avancé jusqu'à Sadowa, sur la Bistritz; qu'il avait réuni sur ce point une force d'environ trois corps pouvant encore recevoir des renforts, et qu'il était probable qu'une rencontre aurait lieu le lendemain matin, de bonne heure, entre ces forces et la 1ʳᵉ armée.

Le prince royal de Prusse reçut l'ordre de prendre les dispositions nécessaires pour venir au secours de la 1ʳᵉ armée avec toutes ses forces, en se dirigeant sur le flanc droit de l'ennemi qu'il trouverait probablement en marche et qu'il attaquerait immédiatement.

Le roi avait son quartier général à Gitschin, le prince Frédéric-Charles à Kemenitz, le prince royal à Kœniginhof, le général Herwarth à Hœhwesely en face des Saxons. Les armées prussiennes conservaient donc volontairement un front de 5 milles environ d'étendue. Les avant-gardes de la 7ᵉ et de la 8ᵉ division à Milowitz, Gross-Jeritz et Cerekwitz, étaient les troupes les plus rapprochées de l'ennemi.

Le général Benedeck avait transféré son quartier général à Kœniggrätz. Son armée, réunie tout entière en arrière de Bistritz, ayant à dos la place de Kœniggrätz et l'Elbe, n'occupait guère plus d'un mille de long. Cette armée, concentrée déjà depuis cinq jours, difficile par conséquent à nourrir, obligée de bivaquer, voyait ses forces diminuer tous les jours; il fallait donc hâter le dénouement.

Les commandants des corps d'armée et les chefs d'état-major convoqués au grand quartier général autrichien le 1ᵉʳ juillet avaient affirmé à l'unanimité, ou peu s'en faut, que leurs troupes étaient animées du meilleur esprit et qu'elles avaient le désir le plus vif de livrer tout de suite une grande bataille. L'armée autrichienne, quoique fortement éprouvée dans les montagnes, gardait donc assez de ressort pour percer le centre ennemi si elle avait eu le 3, à quatre heures du matin, à sa tête un général hardi et entreprenant. Si Benedeck, au lieu d'attendre que les deux princes prussiens vinssent avec toutes leurs forces réunies foudroyer ses troupes sur place par un feu convergent, d'autant plus meurtrier qu'elles étaient concentrées, s'était lui-même jeté avec le gros de ses forces sur la 1re armée, il eût pu la battre avant l'arrivée de la 2e armée, encore échelonnée derrière l'Elbe. Les instructions données par Benedeck pour la bataille prouvent malheureusement qu'il était décidé à attendre l'ennemi, et qu'il n'acceptait la bataille qu'à regret, avec la préoccupation de savoir de quelle manière il opérerait sa retraite le plus sûrement. L'armée autrichienne, composée de six nations différentes, commandée par des officiers généraux si peu d'accord que, la veille et l'avant-veille de la bataille, il fallut destituer deux chefs de corps d'armée, l'archiduc Léopold et le malheureux Clam-Gallaz, ainsi que le chef et le sous-chef de l'état-major, pouvait, il est vrai, inspirer quelques doutes à son chef, non pas sur sa bravoure, mais sur son homogénéité.

L'armée de Benedeck s'était formée en bataille en avant de Kœnig grätz, sur le plateau qui sépare la vallée de l'Elbe de celle de la Bistritz. Le front de sa position formait un angle dont le sommet se trouvait en avant de Chlum et de Lipa et dont les extrémités s'appuyaient l'une à l'Elbe, à hauteur de Loshenitz, l'autre à la Bistritz, à hauteur de Néchanitz; celle de droite faisait face à l'armée du prince royal, celle de gauche à l'armée du prince Frédéric-Charles. Les villages de Chlum et de Lipa, situés au sommet de l'angle que présentaient les deux faces du front de défense, formaient, dans le saillant de la position, la partie la plus vulnérable, et par conséquent le point d'attaque.

Le génie, pour rendre cette partie du front plus forte, avait construit des retranchements et des batteries sur les collines qui relient Lipa à Chlum et à Nedelist, en vue sans doute de contenir les attaques de l'armée venant de Silésie. En avant de Chlum surtout, sur le saillant de la position exposé aux feux convergents, on avait accumulé batteries sur batteries ; pendant que le matin du 3, on discutait encore sur la méthode à employer pour renforcer l'aile gauche faisant face à la première armée prussienne, six bataillons de pionniers et les troupes du génie continuèrent à construire autour de Chlum et de Lipa des ouvrages mal conditionnés et placés surtout contrairement aux règles de la tactique [1].

L'armée du prince royal de Prusse se trouvait, comme on l'a vu encore,

---

1. Le major Vandevelde.

au delà de Kœniginhof, sur la gauche de l'Elbe, c'est-à-dire à une journée de marche du champ de bataille. L'armée du prince Frédéric-Charles et celle d'Herwarth étaient échelonnées des deux côtés de la route de Gitschin à Sadowa sur une grande profondeur et sur un front de plus de six lieues de largeur.

Le roi de Prusse voulait donner un peu de repos aux troupes fatiguées par tant de combats; mais la nouvelle de la concentration dans la journée du 2 entre Josephstadt et Kœniggratz étant arrivée au quartier général prussien, la résolution fut arrêtée d'offrir immédiatement la bataille à l'ennemi. Les dernières mesures ne furent prises qu'à minuit. Le roi de Prusse ayant décidé de livrer bataille le lendemain, des ordres furent donnés pour y faire participer les trois armées. Le prince Frédéric-Charles à la tête de ses six divisions se porta en avant dès deux heures du matin; les quatre premières divisions arrivèrent de grand matin à Psanek, Bristau, Milowitz et Cerekwitz ; les deux dernières restèrent en réserve plus en arrière sur Horsitz; la cavalerie ne quitta pas son bivac. Herwarth, qui ne reçut les instructions du grand quartier général qu'à deux heures du matin, n'arriva à sa destination à Néchanitz que vers neuf heures. Celles qui furent adressées au prince royal ne lui parvinrent que vers quatre heures du matin; il ordonna à ses quatre corps de se mettre immédiatetement en marche vers la Trotinka. Herwarth et le prince Frédéric-Charles pouvaient arriver à temps sur le Bistritz, un peu décousus et à une assez grande distance l'un de l'autre, il est vrai ; mais l'arrivée du prince de Prusse, qui avait une étape à faire pour atteindre le champ de bataille, était encore douteuse; il ne lui était possible en tout cas d'arriver en face de Chlum qu'assez tard dans la journée.

Les trois armées prussiennes se trouvaient donc dans un véritable état de crise, le 3, à 4 heures du matin, alors que Benedeck avait sous la main ses sept corps d'armée et les Saxons, non loin de lui, observant à Néchanitz le passage de la Bistritz; Benedeck aurait pu prendre l'offensive pendant que l'armée d'Herwarth marchait sur Néchanitz, que celle de Frédéric-Charles était répartie en six fractions sur un front de plus de trois lieues, et que celle du prince royal encore derrière l'Elbe se trouvait à une journée de marche de la Bistritz. La fortune offrit encore une fois à Benedeck l'occasion de vaincre, et cette fois encore il ne sut pas la saisir ; laissant les Saxons devant Herwarth et deux de ses sept corps en face du prince royal, marchant ensuite avec ses cinq autres corps contre le prince Frédéric-Charles, il aurait pu combattre deux contre un, mais il semble que le général autrichien n'avait par foi en lui et qu'il n'acceptait la bataille que pour sauver l'honneur des armes. Au lieu de s'avancer pour percer le centre de l'ennemi, il replia ses avant-postes derrière la Bistritz et il laissa les trois armées prussiennes opérer leur marche enveloppante.

La 1re armée et l'armée de l'Elbe étaient rassemblées vers six heures du matin devant la Bistritz; l'armée de l'Elbe, en arrière de Néchanitz. La 2e armée passait l'Elbe à Kœniginhof pour se porter au secours du prince Frédéric-Charles, dont la tâche consistait à occuper l'ennemi sur son front de manière à favoriser les manœuvres tournantes des deux armées opérant sur ses deux ailes.

Le prince Frédéric-Charles, pendant que l'armée du prince royal opérait le passage de l'Elbe à Kœniginhof, à 20 kilomètres de Sadowa, et que celle de Herwarth se portait de Smidar vers Néchanitz, amena ses six divisions d'infanterie vers la Bistritz, en formant les échelons par la gauche. L'échelon le plus avancé de la 7e division, celle de Fransecky, et deux bataillons de la 8e division Horn, passèrent la Bistritz, près de Sadowa, et occupèrent les bois situés au delà du ruisseau, à droite et à gauche de la route de Kœniggratz. Le gros de la 8e division resta derrière le pont de Sadowa, à hauteur de ce village, couvert par la Bistritz. Les 3e et 4e divisions s'établirent plus à droite en avant de Mzan et de Zwadilka. La 5e et la 6e restèrent en réserve derrière la 8e, prêtes à repousser les Autrichiens s'ils tentaient de forcer le centre. La cavalerie et une partie de l'artillerie se trouvaient encore très en arrière.

La 7e division Fransecky et les deux bataillons de la 8e se trouvaient donc seuls sur la rive ennemie de la Bistritz en présence de presque toutes les forces autrichiennes. Ces quatorze bataillons jugèrent prudent de s'arrêter dans les bois situés à droite et à gauche de la route. La 7e division se jeta dans le bois de gauche; les deux bataillons occupèrent celui de droite. Ces deux bois allaient être le théâtre des combats les plus acharnés; c'est là, autant qu'à Chlum, que se décida le sort de la journée.

Les Autrichiens descendirent vers neuf heures du matin des hauteurs de Cistowa et de Lipa pour attaquer les Prussiens dans les bois. Les troupes de Fransecky, malgré leur infériorité numérique, se défendent bravement, mais ici leurs avantages ne sont plus les mêmes : l'ennemi, embusqué derrière les arbres, brave les effets du fusil à aiguille; l'artillerie autrichienne, à l'absence de laquelle les Autrichiens attribuent la perte de la bataille de Solferino, appuie l'infanterie qui se bat avec une bravoure admirable. Les Prussiens, obligés de céder devant le nombre toujours croissant des ennemis, reculent, mais lentement, en disputant chaque arbre; des deux côtés on essuie de grandes pertes; les Prussiens sur plusieurs points sont refoulés hors du bois dans la direction de Benatek; le mouvement en avant du prince Charles va-t-il être arrêté? L'armée tout entière sera-t-elle obligée de rétrograder, comme les troupes épuisées par la lutte terrible soutenue dans les bois de Sadowa? On se le demandait avec inquiétude au quartier général; le mot de retraite y fut même prononcé, s'il faut s'en rapporter à des récits contestés par les Prussiens.

Fransecky était à Benatek avec les derniers bataillons de sa division; il ramène les Prussiens au combat, réussit à prolonger l'action et permet ainsi aux avant-gardes du prince royal, composées des premières colonnes de la garde, de faire sur Racitz et sur Horenowes des démonstrations qui, en attirant une partie des troupes autrichiennes engagées dans les bois, le dégagent un peu, lui permettent de tenir dans sa position et de donner au prince royal et à Herwarth le temps d'arriver sur les deux ailes. Le roi de Prusse ayant à ses côtés les deux hommes qui l'ont engagé dans la terrible partie qui se joue en ce moment, le général de Moltke et M. de Bismarck, assiste à la bataille sur la colline de Dub, au nord-ouest de Sadowa. Le regard, en se dirigeant vers l'est en ligne droite, rencontre la hauteur d'Horenowes que surmontent deux énormes tilleuls. Ils indiquent la route par laquelle la garde accourt; roi, ministre, généraux, officiers, soldats ont le regard fixé sur cette hauteur, que le brouillard leur cache. Une anxiété poignante étreint tous les cœurs[1]. Vers onze heures, le brouillard se dissipe, et, si l'on ne voit pas encore briller à l'horizon la pointe des casques derrière les Autrichiens, on entend tonner le canon prussien.

L'armée du prince royal suivait de près son avant-garde; sa droite, le 1er corps, avait pris la direction de Cerekwitz; son centre, la garde, celle de Horenowes; sa gauche, le 6e corps, était en train de passer la Trotinka à Racitz; le 5e corps suivait son centre derrière la garde. La 1re division de la garde, la plus avancée du front d'attaque de la 2e armée, arrivée vers midi à Horenowes, s'apprête à enlever le village de Chlum, situé en arrière de l'angle que formaient, comme on l'a vu, les deux côtés

---

1. *L'Œuvre de M. de Bismarck*, par J. Vilbort.

Fig. 45. — Les Italiens sont battus à Custozza.

du front de défense des Autrichiens. Des batteries étagées, plusieurs brigades déployées en avant de Chlum, deux bataillons, l'un dans le village, l'autre en réserve derrière, semblaient rendre cette position inabordable. Les quatre batteries divisionnaires de la garde prussienne et ses quatre batteries de réserve se déploient sur les hauteurs en avant de Horenowes; les Autrichiens ont un plus grand nombre de canons, mais leur feu divergent est moins efficace que le feu des 48 pièces prussiennes convergeant sur leurs masses. Benedeck, préoccupé de l'attaque du prince Frédéric-Charles, inquiété surtout par le mouvement tournant du 6º corps qui descend le long de l'Elbe vers Lochenitz pour prévenir les Autrichiens sur leur ligne de retraite, ne prend aucune mesure pour préserver son centre, qu'il croit invulnérable, et pour prévenir l'attaque de la 1ʳᵉ division de la garde prussienne contre Chlum. Cette division évite le feu de plus de 100 bouches à feu établies sur les hauteurs en avant de Chlum, en suivant à couvert les anfractuosités du terrain jusque près de la ligne des batteries; son avant-garde y pénètre et y porte le désordre. Les ingénieurs autrichiens, en fortifiant Chlum de manière à en faire un réduit pour leur armée en cas de revers, avaient travaillé au profit de l'ennemi, qui, du haut de cette position, allait prendre à dos toute l'aile droite autrichienne faisant face au prince Frédéric-Charles [1].

Il était alors trois heures; la 1ʳᵉ division de la garde se trouvait toujours isolée et fractionnée au milieu de l'armée autrichienne; deux bataillons de cette division couvrirent au sud le village de Chlum, qu'elles venaient d'emporter, et s'étendirent le long des hauteurs dans la direction de Nedelist, où ils enlevèrent un grand nombre de canons. Une division de cavalerie ennemie, suivie de ses deux batteries, s'élance sur l'infanterie prussienne, qui l'accueille, à deux cents pas, par le feu terrible de sa mousqueterie. Le fusil à aiguille montre encore une fois ici sa terrible puissance. Un escadron de cuirassiers est détruit, et les escadrons de la division dispersée s'enfuient vers Langenhof [2].

Benedeck, ne se doutant pas des dangers que les progrès de la 2ᵉ armée lui font courir, reste à son poste entre Chlum et Lipa et concentre toute son attention sur la lutte engagée sur le front de sa ligne, quand on vient, à deux heures trois quarts, lui apprendre que les Prussiens sont maîtres de Chlum. Il n'en veut rien croire, et il court au galop vers ce village, où il est accueilli par une fusillade fatale à plusieurs officiers de

1. *Encore un mot sur Sadowa* (*Revue des Deux-Mondes*).
2. Relation de l'état-major prussien.

son escorte. Il cherche alors à gagner sa réserve en passant près de Rosberitz ; mais ce village est également tombé au pouvoir de l'ennemi, qui le reçoit, lui et son état-major, par une décharge presque à bout portant ; l'archiduc Guillaume est blessé.

Benedeck regagne par la droite les nombreuses réserves dont il dispose encore, car, suivant la vieille tradition des généraux autrichiens qui gardent des troupes pour protéger la retraite au lieu de s'en servir pour vaincre, il a encore sous la main son 1er et son 6e corps, toute sa cavalerie, soixante-dix escadrons, et une partie de son artillerie. A la tête de ces forces, placées entre Sweti et Wsestar, il tente un retour offensif sur Rosberitz, défendu seulement par un demi-bataillon prussien ; trois fortes colonnes du 6e corps l'enlèvent ; mais quand les Autrichiens veulent sortir du village pour se jeter sur les premières compagnies de la garde prussienne, réunies autour du drapeau du régiment planté en terre devant le village, ces troupes, soutenues par deux batteries de la 1re division de la garde, accablent les Autrichiens d'un feu convergent et les refoulent dans le village : le sort de la journée était fixé, les réserves de Benedeck ne devaient plus lui servir qu'à préparer sa retraite. Un succès partiel en avant de son centre ne pouvait lui rendre la victoire.

La division Fransecky et deux bataillons de la 8e division, deux escadrons, deux batteries, une douzaine de mille hommes en tout, ont tenu tête sur la rive gauche de la Bistritz pendant huit longues heures, de six heures du matin à deux heures, devant le gros des forces autrichiennes, et 180 000 Autrichiens avec environ 800 canons ont laissé prendre Chlum par la tête de colonne d'une division de la garde prussienne, non par faute de bravoure, mais par suite de l'habitude fatale aux généraux autrichiens de réserver la masse de leurs forces et de n'engager que des têtes de colonne [1]. Quand Benedeck voulut se servir de tout ce qu'il avait sous la main, il était trop tard. Son armée, contenue sur son front et débordée sur ses deux ailes, ne pouvait plus se déployer : une brigade du 6e corps prussien avait gagné le village de Lochenitz, sur sa droite, et s'était emparé des ponts par où les 2e et 4e corps autrichiens opéraient leur retraite, et leur avait enlevé 52 canons et 5000 prisonniers. Herwarth sur sa gauche était parvenu à passer la Bistritz au village de Nechanitz, défendu avec la plus grande bravoure par les Saxons et par le 8e corps autrichien. Le retour offensif de Benedeck avait échoué vers

---

1. Le major Vandevelde.

quatre heures, et les Prussiens menaçaient le village de Briza, situé sur le derrière des réserves autrichiennes, à cheval sur la route de Kœniggratz.

L'armée du prince Frédéric-Charles, qui jusqu'alors s'était tenue sur la défensive, à la hauteur de Sadowa, au centre, s'est portée en avant, de sorte que l'armée autrichienne, refoulée sur un espace très restreint, subit le feu convergent des trois armées prussiennes, dont les projectiles, ricochant dans tous les sens, produisent un terrible ravage sur ses masses accumulées. Il ne reste plus à Benedeck d'autres issues que les ponts de l'Elbe : heureusement le gros de la cavalerie autrichienne, qui n'a pas été engagé jusqu'alors, et l'artillerie, qui, trop accumulée autour de Chlum, n'a joué qu'un rôle secondaire, vont, conduites par des officiers intelligents et braves, se sacrifier pour sauver l'armée.

Benedeck, bien que pressé de front et sur ses deux flancs, avec un fleuve à dos, ramène son armée en assez bon ordre sur la rive de l'Elbe ; sa gauche, les Saxons et le 8ᵉ corps, emmenant les blessés dans leurs rangs, se replient en très bon ordre sur Pardubitz et Kœniggratz ; son centre, couvert par une formidable ligne de batteries élevées entre les villages de Placitz et de Kukelma et soutenu par des masses de cavalerie, passe l'Elbe sur des ponts jetés en avant de la forteresse. La droite de l'armée doit franchir l'Elbe sous la forteresse et sur les ponts de Placka et de Lochenitz; mais ces deux ponts sont tombés au pouvoir du 6ᵉ corps prussien, une partie de cette aile droite n'a donc plus d'autre passage que Kœniggratz : les chemins longs et étroits qui traversent les fortifications de cette place s'encombrent bientôt; le commandant fait fermer les portes. Un désordre indescriptible suit cette mesure, et il ne fait que s'accroître lorsque, vers le soir, l'artillerie et la cavalerie, qui ont protégé la retraite, se rabattant en partie sur la forteresse, en trouvent les portes fermées et sont obligées de chercher un passage plus bas, en arrière de Placitz.

La retraite coûta d'immenses pertes aux Autrichiens et aux Prussiens, car le courage fut égal des deux côtés; l'aspect du champ de bataille suffit le lendemain à le prouver. Partout où quelque abri avait compensé l'avantage du fusil à aiguille, on trouva sur le terrain autant d'habits bleus que d'habits blancs; mais autour de Chlum et de Rosberitz, que les Autrichiens essayèrent de reprendre sur les troupes du prince royal de Prusse, le sol était jonché d'habits blancs. Les généraux autrichiens se battirent comme de simples soldats; l'archiduc Joseph eut trois chevaux tués sous lui et disputa pied à pied, au milieu de quelques fantassins, le terrain à l'ennemi. Ce noble exemple, la ferme contenance de quelques régiments d'infanterie, surtout des Saxons, qui se retirèrent fièrement avec tous leurs canons et la plupart des blessés dans le rang, la protection de la cavalerie et de l'artillerie, la fatigue de l'ennemi et le trouble apporté dans ses rangs par une journée de lutte, ralentirent heureusement sa poursuite.

Le mouvement en avant de trois armées convergeant vers un même point n'avait pu s'accomplir sans amener un certain désordre dans les rangs prussiens; les deux armées des ailes, par suite de leur mouvement de conversion, s'étaient croisées sur un espace assez restreint, en avant de l'armée du centre; il en résulta un tel mélange des trois armées, qu'il devint difficile de les porter immédiatement en avant : les trois armées prussiennes, confondues l'une dans l'autre, passèrent donc la nuit du 3 au 4 sur le champ de bataille. Un ordre signé : de Moltke, 3 juillet 1866, six heures et demie du soir, porte : « Demain, repos pour tout le monde. Les troupes ne feront que les mouvements nécessaires pour s'établir plus commodément et pour rejoindre les corps auxquels elles appartiennent [1]. »

Le télégraphe répandit dans la nuit même, sur tous les points de l'Europe, la nouvelle de la victoire des Prussiens; elle causa partout une sensation profonde. La bataille du 3 juillet est une des plus terribles, en effet, qui se soient livrées dans les temps modernes, par le nombre des combattants et par la grandeur des résultats. La bataille de la Moskowa, en 1812, ne mit en présence que 255 000 hommes, dont 125 000 Russes et 130 000 Français. Le nombre de gens hors de combat fut de 69 000, dont 47 000 Russes et 22 000 Français. A la bataille de Dresde, 375 000 combattants, dont 205 000 alliés et 170 000 Français, furent engagés : 33 000 alliés et 9000 Français, en tout 42 000 hommes, furent mis hors de combat. A Leipzig enfin, 480 000 soldats, dont 300 000 alliés et 180 000 Français, entrèrent en ligne; les pertes s'élevèrent à 110 000 hommes, y compris les prisonniers.

La Prusse avait sur le champ de bataille de Sadowa ses trois armées au complet, sauf une brigade du 6° corps, qui tira toutefois quelques coups de canon contre la place de Josephstadt. L'effectif de ses troupes engagées peut être évalué à un total d'environ 215 000 hommes.

---

1. *Encore un mot sur Sadowa.*

REMARQUABLE ORGANISATION DE L'ARMÉE PRUSSIENNE 339

Les Autrichiens mirent huit corps d'armée en ligne, y compris celui des Saxons, ce qui, avec les réserves et les garnisons des places de Kœniggratz et de Josephstadt, donnait un chiffre d'environ 205 000 hommes. Les Prussiens et les Autrichiens représentaient donc un total d'environ 420 000 combattants. Les généraux de l'ère napoléonienne, Napoléon lui-même, n'avaient jamais manié de telles masses; la direction des grandes armées, déjà difficile pour eux, dut l'être encore plus pour les généraux relativement novices de 1866. Ni le roi de Prusse ni aucun de ses commandants d'armée et de corps d'armée n'avait fait la grande guerre comme officier général. Les généraux autrichiens avaient puisé un peu plus d'expérience dans les campagnes d'Italie, mais Benedeck commandait en chef pour la première fois devant l'ennemi. On prétend, il est vrai, que le génie du commandement est beaucoup moins nécessaire aux généraux depuis que la science et l'industrie modernes créent des armes si redoutables et fournissent de si grandes facilités pour opérer rapidement d'énormes concentrations de troupes; mais, pour faire agir ces masses, ni les chemins de fer, ni les armes de précision ne sauraient suppléer le génie humain. La stratégie a pu se simplifier en s'élevant, mais la tactique s'est compliquée par suite de la rapide formation de ces armées qui rappellent les gigantesques cohues de l'antiquité et du moyen âge. La guerre d'Italie avait déjà montré que la faculté de concevoir et d'opérer des manœuvres militaires s'était singulièrement amoindrie chez les généraux modernes. L'instinctive concentration des troupes françaises vers le centre qui, à Solferino, leur donna la victoire, fut due au nombre des soldats sacrifiés, à leur bravoure, plutôt qu'à la volonté réfléchie du commandement, et elle n'eut point tous les résultats que d'habiles tacticiens auraient pu en recueillir. Les résultats de la bataille de Sadowa furent plus considérables pour le vainqueur que ceux de la bataille de Solferino, sans qu'il fût mieux en droit de les attribuer à sa supériorité de tacticien sur le vaincu.

La bataille fut gagnée, du côté des Prussiens, par les officiers supérieurs et surtout par les capitaines plus que par les généraux. L'unité de tactique est, en effet, représentée dans l'armée prussienne par la compagnie. L'instruction de détails y acquiert donc une perfection inconnue dans les autres armées. Chaque soldat prussien sait non seulement lire, écrire et calculer, mais il a encore des notions suffisamment étendues sur les petites opérations de guerre. L'émulation qui règne parmi les officiers se communique au soldat et développe chez lui les facultés intellectuelles et morales en même temps que l'esprit de corps. La victoire de la Prusse aurait donc moins surpris l'opinion publique en France, si notre pays n'était pas celui où l'on étudie le moins les institutions des nations étrangères [1] ; la diplomatie française, recrutée à peu près uniquement dans une classe de la société et presque dans un parti, n'étudie les faits que dans une idée préconçue, elle les arrange d'avance au lieu de les juger. Combien la diplomatie impériale comptait-elle d'ambassadeurs et de ministres plénipotentiaires capables de se rendre compte de la situation politique des gouvernements auprès desquels ils étaient accrédités? L'Empereur et le public français en général souhaitaient vivement le triomphe de l'Autriche, et ils le crurent certain. Quelques écrivains essayèrent vainement de faire remarquer que la Prusse était une nation solide, guerrière, qui s'était relevée après Iéna, en appelant tout le monde aux armes et à l'instruction, et dont l'armée, réorganisée d'après les principes de la Révolution française, valait toutes les armées européennes; on répondit avec dédain à ces « Prussiens de l'intérieur » que les Autrichiens seraient à Berlin en trois jours. La guerre contre le petit royaume de Danemark avait nui à l'armée prussienne. Les esprits généreux, indignés de cet abus de la force, ne voulaient s'apercevoir ni de la régularité de sa discipline, ni de l'ordre de son administration, ni de la supériorité de son armement, ni des qualités dont elle avait fait preuve en le commettant; l'indifférence n'était plus permise au lendemain de Sadowa, et l'opinion publique, arrachée à son apathie et à ses préjugés ordinaires, parut vouloir à tout prix se rendre raison de ce miracle de la grande Autriche mise en sept jours à deux doigts de sa ruine par la petite Prusse.

La Prusse avait vaincu. Était-il vrai, comme on le disait de tous côtés, que sa manière de faire la guerre eût bouleversé de fond en comble le régime des armées, la tactique, la stratégie, etc.? Non, sans doute; mais on ne pouvait s'empêcher de reconnaître que, sans rien changer aux grands principes, elle avait pourtant apporté de sérieuses modifications à l'art militaire.

---

1. Voici ce qu'on lisait dans le *Cours d'artillerie à l'école d'application de l'artillerie et du génie à Metz* : « L'armée prussienne, dans laquelle le service militaire est très court, n'est en quelque sorte qu'une école de *landwehr*. C'est une organisation magnifique sur le papier, mais un instrument douteux pour la défensive, et qui serait fort imparfaite pendant la première période d'une guerre offensive... L'Autriche, dont la population est d'environ 37 millions d'habitants, a une grande et belle armée qui laisse bien loin derrière elle comme organisation les armées prussienne et russe. Après la France, elle occupe le premier rang comme puissance militaire. »

Fig. 46. — Quelques volontaires se levèrent seuls dans le Tyrol.

Les grandes voies de communication étaient encore si rares sous Louis XIV, que Vauban en France, Cohorn dans les Pays-Bas parvinrent à les barrer toutes par des forteresses. Il fallait donc, pour envahir un pays, prendre des places, faire des sièges; aujourd'hui, les forteresses-frontières, et même les positions fortifiées dans l'intérieur du pays en dehors des grandes directions stratégiques, n'ont plus qu'une valeur relative pour sa défense générale; la difficulté des transports obligeait autrefois à n'ouvrir les campagnes qu'au printemps et à les interrompre à l'approche de l'hiver : c'était le temps des guerres de trente ans; à mesure que les grandes voies de communication se multiplient, les forteresses perdent de leur importance, et la longueur des guerres diminue. La plus longue guerre du xviii siècle dure sept ans. Les nouveaux progrès accomplis dans les voies de communication au commencement de ce siècle permirent à Napoléon I de porter la guerre sur l'Oder et sur la Vistule avec autant de facilité que Louis XIV la portait sur le Rhin et modifièrent le caractère de la guerre; depuis, la vapeur changea complètement les conditions de la guerre. La guerre d'Italie fut terminée en deux mois, la guerre de Bohême au bout d'un mois et sept jours. Il fallait autrefois six mois pour transporter des armées bien moins considérables que celle d'un quart de million que la Prusse jeta en un mois dans le pays ennemi. Il était évident que désormais l'organisation d'une armée devait être combinée de façon à passer avec la plus extrême rapidité du pied de paix au pied de guerre; que, par suite de la nécessité pour presque toutes les nations d'adopter le service militaire obligatoire, la guerre ferait sentir ses inconvénients même pendant la paix, et que les invasions seraient à l'avenir plus faciles et en même temps plus terribles à supporter, quoique accompagnées de moins de désordres apparents. Ce qui semblait devoir surtout changer, c'est le caractère de la guerre. Les armées, composées d'hommes appartenant à toutes les classes de la société, exigeraient plus de bien-être et imposeraient des charges beaucoup plus lourdes aux vaincus. Le soldat d'autrefois, né presque toujours dans les basses classes de la société, brûlait, volait, pillait, mais on pouvait entrer en composition avec lui : il gaspillait, mais avec un peu d'argent on arrêtait quelquefois son gaspillage; il ne demandait pas plus de bien-être dans la maison de l'étranger qu'il n'en avait dans la sienne. Le soldat bourgeois recherche partout ses aises et veut que l'ennemi les lui fournisse. Les journaux se récriaient sur le nombre de plats qui composaient le menu obligatoire des conquérants de Francfort; mais n'était-ce pas là le menu ordinaire des avocats, des médecins, des notaires, des artistes, des professeurs, dont se compose en partie l'armée prussienne? Le nombre des cigares à fournir au soldat prussien ne dépasse pas celui qu'un honnête Allemand fume dans un jour de fête. Il était donc fort à craindre que la guerre, malgré les progrès généraux du sentiment moral, ne se montrât à l'avenir ni plus généreuse ni plus humaine que par le passé. La composition des armées modernes jetant brusquement dans leurs rangs des hommes dont la fortune est faite ou sur le point de se faire, ces hommes, incapables dans les temps ordinaires du moindre acte de cruauté, ne deviendront-ils pas féroces quand on les arrachera à leurs occupations pour les placer au devant du canon? Le père de famille, l'homme éclairé, tiennent plus à la vie que l'homme isolé et insouciant des guerres d'autrefois. N'était-il pas à craindre qu'une cruauté froide et méthodique ne fît place à la férocité bon enfant, si l'on peut s'exprimer ainsi, des anciennes armées?

Une réponse terrible devait être faite dans peu d'années à ces questions.

CHÁPITRE X

CUSTOZZA

Rapports de la Prusse et du Piémont. — L'Italie se joint à la Prusse pour demander à Napoléon III de rester neutre. — Convention de Gastein. — La question de la Vénétie. — M. de Bismarck et l'Italie. — Embarras du gouvernement italien. — Rupture entre la Prusse et l'Autriche. — Grand conseil tenu à Berlin. — Mission du général Govone à Berlin. — Méfiance de l'Italie. — Traité proposé par la Prusse. — Mission du comte Arèse à Paris. — Mécontentement de Napoléon III. — Proposition inutile d'un congrès. — Ouverture des hostilités. — Formation des deux armées. — L'archiduc Albert concentre son armée sur l'Adige. — Entrée de Victor-Emmanuel dans le quadrilatère. — Attaque subite des Autrichiens. — Le général La Marmora dirige ses renforts sur Custozza, où est le centre de la bataille. — Défaite des Italiens. — Retraite de l'armée italienne.

La Prusse cherchait à mettre l'Autriche hors de l'Allemagne, de même que le Piémont à l'expulser de l'Italie. La Prusse et le Piémont, poursuivant un but analogue au détriment du même ennemi, devaient être un jour amenés à s'allier par la force même des choses. M. de Cavour entrevoyait déjà cette alliance, le jour où il envoya le général La Marmora comme ambassadeur pour complimenter le prince de Prusse à l'occasion de son avènement au trône. Les annexions à l'Italie ne pouvaient guère être du goût d'un souverain aussi attaché aux principes de la légitimité que le nouveau roi de Prusse. Les souvenirs de 1850, la faiblesse que la Prusse montra devant l'Autriche à cette époque, inspiraient aux hommes les plus dévoués à la monarchie de Savoie une certaine répugnance pour une alliance avec la Prusse, puissance de carton, disaient-ils, toujours prête à s'aplatir sous la main de l'Autriche.

Les rapports entre la Prusse et l'Italie restèrent donc assez froids, quoique la fraction libérale du parlement de Berlin manifestât hautement sa sympathie pour l'unité italienne. Il est vrai que l'entente entre la Prusse et l'Autriche dans l'affaire des duchés ne permettait pas de tenter un rapprochement plus intime. La Prusse poussait la répugnance contre l'alliance avec l'Italie jusqu'à opposer des difficultés à la conclusion d'un traité de commerce avec cette puissance. L'Autriche, par contre, au dire de M. Drouyn de Lhuys, qui en avait averti M. Nigra, montrait en 1864 quelque velléité de s'entendre avec le royaume d'Italie sur le terrain commercial, ce qui était en quelque sorte le reconnaître. Les soucis de la translation de la capitale de Turin à Florence, servirent au général La Marmora, président du conseil, de prétexte pour éluder sa réponse aux ouvertures de M. Drouyn de Lhuys. C'était juste le moment où M. d'Usedom, ministre de Prusse, lui parlait de la nécessité où serait bientôt peut-être son gouvernement de déclarer la guerre à l'Autriche et lui demandait ce que ferait l'Italie si cette hypothèse se réalisait. A quoi le général de La Marmora répondait avec raison : « Que le gou-
« vernement Prussien nous fasse une proposition formelle, nous la discu-
« terons; mais, s'il s'agit de tirer de nous une déclaration que la Prusse
« puisse utiliser pour exercer une pression sur l'Autriche, il est inutile
« d'y compter; nous ne ferons rien d'ailleurs que de l'aveu de l'Empe-
« reur des Français. »

L'Italie ne désespérait pas de voir l'Autriche peu à peu réduite, par son état financier et politique, à accepter une transaction au sujet de la Vénétie. Elle comprenait du reste, et elle le disait hautement, que, si la guerre éclatait entre l'Autriche et la Prusse, rien ne pourrait l'empêcher d'y prendre part; mais était-elle maîtresse de choisir ses alliés? Napoléon III, le moment venu, ne lui imposerait-il pas les siens? C'est ce que la Prusse aurait bien voulu savoir et ce que l'Italie ne savait pas elle-même. L'Italie et la Prusse se trouvaient dans une position des plus délicates en présence l'une de l'autre ; elles sentaient très bien qu'une alliance entre elles était dans les nécessités de la situation; mais la Prusse, avant de la conclure, aurait voulu que l'Italie lui assurât la neutralité de Napoléon III, tandis que l'incertitude d'obtenir cet engagement de l'Empereur des Français retenait l'Italie. M. Nigra, son représentant à Paris, pouvait induire de certaines conversations avec M. Drouyn de Lhuys, que Napoléon III n'empêcherait pas l'Italie de conclure une alliance avec la Prusse, mais à ses *risques et périls;* dans le cas où les événements de la guerre amèneraient l'Autriche sur le Tessin, sur la Stura ou sur les Alpes, Napoléon III se croirait obligé de l'empêcher de regagner en Italie le terrain perdu. M. Drouyn de Lhuys, d'un autre côté, conseillait fort à l'Italie de ne pas se presser. « Qui sait, disait-il à M. Nigra, si l'Autriche n'essayera pas de s'arranger avec vous? » Le prince de Metternich lui avait en effet renouvelé ses ouvertures pour le prier de servir d'intermédiaire à la négociation d'une convention purement commerciale, afin de régler les rapports entre la Vénétie et la frontière italienne, mais qui pourrait, dans le courant des négociations, changer de caractère. La signature de la convention de Gastein rendait tous ces pourparlers inutiles. La Prusse et l'Autriche avaient fait la paix le 14 août 1865. Un tel arrangement avait de quoi donner à réfléchir à l'Italie.

Le mois d'août s'était à peine écoulé, et déjà il n'y avait pas un diplomate en Europe qui ne considérât la convention de Gastein comme une mystification. La Prusse fermait l'entrée du Sleswig au duc d'Augustenbourg, dont l'Autriche soutenait la candidature dans les duchés. La chute du prince Couza, due à l'influence de M. de Bismarck, la part qu'il prit au choix de son successeur, témoignaient de son ardeur à susciter des embarras à son allié ; le langage des journaux prussiens devenait de plus en plus vif contre l'Autriche : la *Gazette de la Croix*, naguère si dévouée à l'alliance austro-prussienne, s'y montrait moins favorable. Les deux grandes puissances allemandes étaient donc à peu près brouillées au début de 1866. Les Etats secondaires, alarmés, songèrent à prévenir un conflit en évoquant l'affaire des duchés devant l'assemblée fédérale; mais M. de Bismarck, qui ne voyait dans la constitution intérieure de l'Allemagne qu' « une maladie qu'il faudrait tôt ou tard guérir *ferro et igni* », n'était guère disposé à accepter le jugement de la diète. L'Italie, voyant la guerre encore plus inévitable, voulut se rendre compte de la réalité des velléités d'abord manifestées par l'Autriche. Un noble personnage, Italien de naissance, ayant trois fils au service de l'Italie, mais resté personnellement attaché à l'Autriche par d'anciens liens, et jouissant d'une égale considération dans les deux cours, se chargea de sonder le gouvernement autrichien sur la possibilité d'une cession de la Vénétie à l'Italie et de faire valoir les avantages économiques, financiers et politiques de cette cession. Les hommes d'Etat autrichiens ne méconnaissaient pas ces avantages ; mais l'empereur restait ferme, à ne considérer la question qu'au point de vue de l'honneur militaire. Le négociateur remit donc ses pouvoirs désormais inutiles, au général La

Marmora. Si tout espoir semblait pour le moment perdu du côté de l'Autriche, il n'en était pas de même du côté de la Prusse. L'Italie avait pris des proportions énormes aux yeux de M. de Bismarck, depuis que revenu de Biarritz, et toujours disposé à annoncer comme faites, les choses qu'il désirait, il affirmait que Napoléon III le laisserait faire.

Le gouvernement italien, quelque intérêt qu'il attachât aux questions de politique extérieure, obligé de dissoudre la Chambre et de former un cabinet au milieu de l'irritation et de la confusion des partis produites par la convention du 15 septembre, était forcé d'accorder une attention non moins grande à ses affaires intérieures. Le général La Marmora, chargé de reconstituer le cabinet, ne trouvait aucun homme politique qui ne fît d'une diminution du budget de la guerre la condition de son acceptation du ministère des finances. Diminuer l'armée, c'était décourager l'allié qu'on cherchait et assumer une grande responsabilité à la veille d'une guerre probable. La preuve en était dans la communication faite dans les premiers jours de janvier 1866 au général La Marmora, président du conseil, par M. de Malaret, ministre de Napoléon III à Florence. Il s'agissait d'une dépêche adressée par le duc de Gramont, ambassadeur près Sa Majesté Apostolique, à M Drouyn de Luys. M. de Gramont faisait part à son chef, d'une conversation qu'il avait eue avec le ministre autrichien de Bensdork, dans laquelle ce dernier était revenu sur l'opportunité de reprendre les négociations commerciales avec l'Italie. Il était difficile de le faire, sans reprendre les relations diplomatiques. Napoléon III ne semblait pas trop vouloir se prêter à servir d'intermédiaire, soit qu'il voulût avoir le temps de résoudre la question romaine avant la question vénitienne, soit par tout autre motif resté inconnu. Napoléon III, en attendant, répétait son refrain bien connu : « L'Italie peut, si cela lui plaît, faire la guerre à l'Autriche, mais à ses risques et périls. » Une rupture entre l'Autriche et la Prusse pouvait seule servir de prétexte à l'Italie.

La tenue à Berlin d'un grand conseil auquel assistaient tous les ministres, le chef d'état-major général de Moltke, le chef du cabinet militaire du roi et M. de Goltz, mandé de Paris à la hâte, l'arrivée au commencement de mars du général Govone, chargé, disait-on, d'une mission purement militaire de la part du gouvernement italien, le langage des journaux berlinois dénonçant les armements de l'Autriche et de la Saxe comme des menaces qui forceraient la Prusse à mobiliser son armée, la fameuse circulaire de M. de Bismarck adressée le 24 mars aux agents

Fig. 17. — Les Prussiens quittèrent le territoire autrichien.

de la Prusse en Allemagne, et dans laquelle l'Autriche était ouvertement accusée de ne pas tenir ses engagements et de rassembler des forces considérables près de la frontière prussienne, étaient les symptômes évidents d'une crise prochaine. L'Autriche prétendrait en vain que ces mesures sont purement défensives, la Prusse ne saurait s'exposer à voir, comme en 1850, une armée autrichienne prête à franchir sa frontière sans défense. La Prusse, ajoutait M. de Bismarck, ne pouvant plus compter sur l'alliance avec l'Autriche, est obligée de chercher ses alliés dans l'Allemagne, mais dans une Allemagne profondément réformée dans son organisation civile et militaire, capable de prendre l'allure prompte et décidée que de grandes crises pouvaient exiger.

La Prusse, en mettant ainsi l'Allemagne en demeure de se prononcer, continuait à sommer l'Autriche de s'expliquer au sujet de ses mouvements de troupes en Bohême. Deux notes parurent le 28 et le 29 mars à ce sujet; les journaux de Berlin, dans leurs feintes alarmes, allèrent jusqu'à se plaindre qu'on laissât cette ville exposée à une surprise. Les places fortes de la Silésie furent mises en état de défense et leurs garnisons augmentées. M. de Bismarck entrait résolument en action contre l'Autriche, et aussi contre la cour et l'opinion publique d'une partie de son pays. L'alliance autrichienne était chère par tradition et par conviction légitimiste au parti féodal; l'opinion redoutait une lutte déjà fort douteuse et qui cesserait de l'être s'il prenait fantaisie à Napoléon III de s'en mêler ; le roi dévot et légitimiste reculait autant devant la réforme que devant la guerre. Laisser crier le parti féodal, changer la direction de l'opinion en surexcitant le sentiment national, en lui montrant la patrie menacée et son avenir en jeu, rappeler au roi qu'il ne pouvait se dérober à la mission providentielle des Hohenzollern : telle fut la tâche à laquelle M. de Bismarck dut se consacrer sans négliger de s'assurer la neutralité de Napoléon III et l'alliance de l'Italie qui, en attaquant l'Autriche au sud, paralyserait une partie de ses forces. Des pourparlers étaient même engagés entre la Prusse et l'Italie au moment de la signature de la convention de Gastein.

Le roi d'Italie avait reçu au mois de février le grand cordon de l'Aigle-Noir, que le roi de Prusse lui fit remettre avec un certain apparat; les négociations entre le Zollverein et l'Italie furent reprises et menées rapidement à bonne fin.

La signature du traité eut lieu le 3 mars; on venait d'échanger les ratifications, lorsque le général La Marmora reçut, le 13, la visite d'un envoyé spécial de M. de Bismarck, chargé de lui demander en dehors de la légation prussienne d'envoyer à Berlin, dans le plus grand secret, un général qui eût sa confiance, et de lui annoncer l'arrivée d'un général prussien à Florence pour s'entendre avec lui sur les mesures à prendre dans le cas d'une guerre avec l'Autriche.

Ce n'était pas la première fois que la Prusse promenait l'Italie sur une route de questions et de suppositions n'aboutissant jamais à rien de sérieux et de praticable. Le cabinet de Florence, à peu près sûr que l'Autriche serait amenée un jour à lui céder la Vénétie, résolut d'en finir avec les tergiversations de la Prusse, en lui proposant de conclure avec l'Italie un traité offensif et défensif. Tel est le sens des instructions données le 9 mars 1866 par le général *La Marmora* au général Govone, qui, conformément à la demande du gouvernement prussien, se rendait à Berlin, où il arriva le 14 mars. Reçu le même jour par le président du conseil, M. de Bismarck ne lui cacha pas le besoin qu'il éprouvait d'amener une guerre en Allemagne et l'impossibilité de la faire naître de la question des duchés. Malheureusement, ajouta-t-il, si l'Autriche est considérée en Allemagne comme l'ennemie naturelle de la Prusse, il n'en est pas moins vrai qu'une guerre contre cette puissance avec l'aide de la France et de l'Italie passerait aux yeux d'un grand nombre d'Allemands comme une espèce d'acte impie et de sacrilège. Ce n'est pas Victor-Emmanuel qui personnifie l'Italie aux yeux des Allemands et surtout du Roi de Prusse, mais Garibaldi et Mazzini; M. de Bismarck, obligé de lutter contre ces préjugés de la nation et du roi, croyait néanmoins pouvoir les dominer et remettre dans trois ou quatre mois sur le tapis la question de la réforme de l'Allemagne « assaisonnée d'un parlement allemand », et soulever par là des complications qui placeraient la guerre sur le terrain d'une question nationale, au sujet de laquelle l'Europe n'aurait aucun droit d'intervenir. Soulever une question nationale n'est chose facile en aucun temps ni dans aucun pays. L'Allemagne n'éprouvait pas ce désir d'unité par lequel l'Italie exprimait son besoin d'indépendance; jouissant d'une certaine liberté constitutionnelle sous le sceptre de dynasties nationales, rien ne la poussait à déclarer à l'Autriche une guerre dont le résultat était pour elle de se fondre dans la monarchie prussienne, pour laquelle en général elle éprouvait plus d'estime que de sympathie. Il fallait, pour nourrir l'espoir de tirer de ces éléments un mouvement national en faveur de la Prusse, être en proie à ce qu'on appelle une idée fixe. « C'est un diplomate pour ainsi dire *maniaque*, disait M. Benedetti en parlant de lui; je le connais, je le suis depuis bientôt quinze ans. » L'Empire est aux phlegmatiques, avait-on dit au début de son règne en parlant de Napoléon III. M. de Bismarck allait prouver le contraire. Ce maniaque, qui, dans ses moments lucides, sentait fort bien qu'il allait peut-être au devant d'un second Olmutz, et qui trahissait ses appréhensions par ces mots significatifs : « La mort sur l'échafaud n'est pas toujours la plus déshonorante de toutes, » ce monomane, cet halluciné jouera le phlegmatique Empereur des Français. Que fallait-il pour gagner la partie contre lui? Frapper un grand coup qui l'empêche d'intervenir une fois la guerre commencée et de dicter les conditions de la paix, triompher des préjugés légitimistes du roi de Prusse, changer l'opinion publique en Allemagne. Nous allons lui voir faire tout cela avec une armée et des généraux qui n'ont jamais fait la guerre, en ayant contre lui le roi, l'armée et la nation.

Une alliance avec l'Italie lui offrait le double avantage d'affaiblir l'Autriche et de le rapprocher de Napoléon III, toujours si favorable aux intérêts de l'Italie.

L'Italie savait à qui elle avait affaire, et elle ne se prêtait pas sans méfiance aux ouvertures de la Prusse, craignant qu'elles ne fussent un expédient pour l'amener à prendre des engagements qu'elle utiliserait pour exercer une pression sur l'Autriche dans la question des duchés. Elle voulait bien s'entendre avec la Prusse en vue de la solution immédiate et simultanée de la question de la Vénétie et de la question allemande, mais non engager son action pour des éventualités lointaines, qui pourraient fort bien se réaliser précisément au moment où sa situation se trouverait complètement modifiée.

Les défiances de l'Italie n'échappaient pas à M. de Bismarck; mais, loin de s'en plaindre, il trouvait naturel, il l'avouait lui-même, qu'elle doutât de la sincérité de la Prusse. Désireux de calmer cette méfiance, il offrait à l'Italie comme gage et garantie de ses intentions de lui fixer le moment précis où la Prusse se trouverait définitivement engagée, et par conséquent l'Italie avec elle. Ce moment, c'était la convocation du parlement allemand.

Le général Govone répondit qu'il manquait des instructions nécessaires pour traiter de pareils sujets. Il savait fort bien d'ailleurs que son gouvernement ne prendrait pas des arrangements dans de telles conditions, à moins qu'il ne fût convenu qu'aucune question, y compris celle des duchés, ne serait résolue entre la Prusse et l'Autriche, sans que la question de la Vénétie reçût elle-même sa solution ; mais M. de Bismarck trouvait la question des duchés trop peu importante pour figurer dans un traité. Convaincu d'ailleurs que Napoléon III le laisserait agir librement dans la question des duchés, il s'effrayait de le trouver très froid sur les autres affaires, et il espérait le gagner en alliant la Prusse à l'Italie. Si celle-ci n'était pas disposée à signer une convention dans les données précédemment indiquées, M. de Bismarck se rabattrait à demander un simple traité général d'amitié et d'alliance perpétuelles, qui, bien que dépourvu d'importance pratique, lui servirait à pousser le roi Guillaume Ier dans la voie où il l'avait engagé sans qu'il s'en doutât.

Le roi de Prusse, très décidé à garder les duchés malgré l'Autriche, n'entendait pas lui déclarer la guerre avant d'avoir épuisé tous les moyens de transaction. Une alliance avec l'Italie pouvait donner à réfléchir à l'Autriche, mais une alliance en quelque sorte platonique C'était ainsi qu'on l'avait fait envisager au roi. Quant à une alliance véritable avec Victor-Emmanuel l'usurpateur, l'âme de Garibaldi, il ne fallait pas compter que Sa Majesté Prussienne consentît jamais. M. de Bismarck en attendant de triompher de ces scrupules, ne parlait guère que d'éventualités lointaines, et l'Italie se confirmait davantage dans cette crainte que la Prusse, ne voulant pas encore faire la guerre, ne cherchât à utiliser les arrangements qu'elle pourrait prendre avec l'Italie dans l'intérêt de ses négociations avec l'Autriche au sujet des duchés. L'Italie pouvait-elle d'un autre côté enchaîner sa politique jusqu'au dénouement de la question allemande, et s'interdire tout arrangement avec l'Autriche, tandis que la Prusse resterait maîtresse de traiter avec cette puissance? Evidemment non ; aussi le général Govone, devinant très bien, au milieu des propositions embrouillées de M. de Bismarck, le but où il tendait, se flattait d'avoir raison de ses finesses. Rompre immédiatement toute négociation et quitter Berlin, si sa mission consistait à conclure un traité sérieux, ou accepter les propositions prussiennes *ad referendum*, signer même à la rigueur le traité d'ailliance et d'amitié perpétuelles, si on voulait intimider l'Autriche par la menace d'une entente avec la Prusse, le général Govone ne voyait que ces deux partis à prendre [1]. En adoptant le second, ajoutait-il, « la vipère aura mordu le charlatan. » Ces expressions donnent une idée de la confiance que l'Italie et la Prusse s'inspiraient l'une à l'autre.

---

1. *Post-scriptum* du rapport du général Govone, Berlin, 14 mars 1866.

Il fallait cependant tirer la négociation du cercle où elle était renfermée. M de Bismarck présenta donc à l'Italie un projet de traité en trois articles : « 1° La Prusse entreprendra la réforme allemande conformément aux besoins des temps modernes. Si cette réforme altère la bonne harmonie dans la confédération et fait naître un conflit entre la Prusse et l'Autriche, l'Italie en recevra avis et déclarera la guerre à l'Autriche et à ses alliés. 2° Les deux puissances emploieront pour le triomphe de leur juste cause toutes les forces que la divine providence a mises dans leurs mains ; aucune des deux parties ne déposera les armes et ne conclura de paix ou d'armistice sans le consentement de l'autre. 3° Le consentement ne pourra être refusé quand l'Autriche aura évacué le royaume lombardo-vénétien et quand, d'un autre côté, la Prusse aura entre les mains un territoire équivalent au royaume lombardo-vénétien. »

La Prusse, en vertu de ce traité, ne se trouvait nullement obligée de défendre l'Italie si l'Autriche l'attaquait, tandis que l'Italie était forcée de prendre les armes pour secourir la Prusse, si l'Autriche lui déclarait la guerre. La question n'avait donc pas fait un pas. Le terrain devenait même chaque jour plus difficile pour l'Italie. La Prusse avait bien refusé la médiation de l'Angleterre ; mais la reine douairière, la reine, la princesse et le prince royal de Prusse suppliaient le roi de s'entendre avec l'Autriche ; à cette demande : « Dans le cas où l'Italie prendrait l'offensive, la Prusse s'engagerait-elle par un traité formel à la prendre le lendemain ? » M. de Bismarck répondit en hésitant qu'il fallait qu'il consultât le roi à ce sujet et que, si Sa Majesté refusait de signer le traité, il lui offrait sa démission. La démission de M. de Bismarck était une assez mince garantie. Il fallait pourtant en finir : M. de Bismarck le comprit, et il proposa le 20 mars de signer immédiatement un traité *d'alliance et d'amitié* portant que, « certaines éventualités belliqueuses venant à se réaliser, on procéderait sans retard à la signature d'un traité d'alliance *offensive et défensive*, stipulant action commune et engagement réciproque de ne pas déposer les armes sans consentement mutuel et but atteint de part et d'autre. » Restait, comme toujours, à savoir qui de la Prusse ou de l'Italie attaquerait la première l'Autriche. La Prusse voulait imposer cette initiative à l'Italie, qui reculait avec raison devant le double péril de prendre la responsabilité d'une agression désapprouvée par tous les cabinets de l'Europe et de se trouver, tout à coup, seule en présence d'un ennemi en position de l'écraser sous la supériorité de ses forces. Le traité qu'on lui soumettait était d'ailleurs plutôt la promesse de signer un traité, qu'un traité véritable, et cette promesse de traité n'en liait pas moins l'Italie à la Prusse, en laissant celle-ci complètement libre. Le lendemain 21 mars, ce traité n'existait plus, et M. de Bismarck proposait de signer un traité éventuel valable pour deux ou trois mois, qui lui donnerait le temps de trouver son *casus belli* et d'entraîner le roi. Le cabinet de Florence, entre ces traités d'alliance et d'amitié, offensifs et défensifs, éventuels, etc., avait de la peine à se reconnaître, lorsqu'il reçut le 27 mars le texte complet en 6 articles d'un *projet d'alliance offensive et défensive* valable pour trois mois. Ce projet ne diffère de celui en trois articles que par cette stipulation de l'article 2 : « Sa Majesté Italienne, après l'initiative des hostilités prise par la Prusse, déclarera la guerre à l'Autriche et aux gouvernements allemands qui seraient alliés à l'Autriche contre la Prusse, » et par l'article 6 : « Si la flotte autrichienne quitte l'Adriatique avant la déclaration de guerre, Sa Majesté Italienne enverra dans la Baltique des vaisseaux suffisants, qui y séjourneront pour s'unir à la flotte prussienne quand les hostilités éclateront. »

Pendant que le charlatan avance, recule et que la vipère cherche à le mordre, une lutte diplomatique des plus ardentes s'était engagée entre l'Autriche et la Prusse pour obtenir l'appui de Napoléon III et pour obtenir de lui qu'il ne vînt pas après la bataille arrêter le vainqueur et exiger qu'il partageât avec lui le fruit de sa victoire. L'Autriche et la Prusse poussèrent la générosité aussi loin que possible : elles offrirent ce qu'elles avaient et ce qu'elles n'avaient pas, et forcèrent l'Empereur de leur rappeler le proverbe qui conseille de « ne pas vendre la peau de l'ours avant de l'avoir mis par terre [1] ». Cependant, en attendant qu'il fixât lui-même sa part du butin, il était tout simple qu'il ne cherchât pas à empêcher une guerre qui pouvait la lui assurer, et qu'un accord direct entre l'Italie et l'Autriche, empêchant la Prusse d'engager toute seule le combat, lui sourît médiocrement. Pourtant, lorsque M. Nigra lui parla de l'échange des principautés danubiennes contre la Vénétie, il parut frappé de cette idée [2] ; il en parla même au cabinet anglais, qui la

---

1. « Il s'agissait en effet d'un ours qui n'était ni dans les Alpes, ni dans les Carpathes, qui se portait fort bien et n'avait envie ni de mourir ni d'aller en cage, et c'est ce qui lui assurait l'existence. » (*Un peu plus de lumière sur les événements politiques et militaires de 1866*, par le général La Marmora.)

2. Comment favorisa-t-il plus tard l'avènement d'un Hohenzollern au trône de Roumanie?

repoussa. Quant à la possibilité d'obtenir directement la Vénétie de l'Autriche, l'Empereur n'y croyait pas, et il le déclara formellement à M. Nigra. Restait donc la route de Venise par Berlin ; mais jusqu'à quel point Napoléon III permettrait-il à l'Italie de s'y engager? Le comte Arese, parti pour Paris avec la mission d'éclairer le cabinet de Florence à ce sujet, lui manda que l'Empereur se refusait à prendre aucun engagement, et que, tout en trouvant utile la signature du traité avec la Prusse, il parlait en ami qui ne veut encourir aucune responsabilité.

Les pleins pouvoirs et l'autorisation de signer le traité arrivèrent le 5 avril de Florence. Cette formalité fut remplie le 8 à Berlin. Victor-Emmanuel ratifia le 14 et Guillaume Ier le 20 [1]. « Tout cela, bien entendu, si la France le veut, dit M. de Bismarck au général Govone, car, si elle montrait la moindre mauvaise volonté, rien ne pourrait se faire. » M. de Bismarck sentait en effet la faiblesse de sa position en Allemagne [2], où la guerre n'était populaire ni dans l'aristocratie, ni dans les classes moyennes [3], ni dans le peuple, ni dans l'armée.

Le traité fut signé [4] le 8 avril, après beaucoup d'incidents, dont le plus

1. La reine Augusta affirmait deux mois après, dans une lettre à l'empereur d'Autriche, qu'il n'y avait aucun traité de signé avec l'Italie, que son mari lui en avait donné sa parole d'honneur.

2. La prétention de la Prusse de confisquer à son profit la conquête sur le Danemark soulevait toutes les consciences. Il n'y avait que la presse de France et d'Italie qui parlât de « la mission piémontaise du Hohenzollern; sur les bords de l'Elbe et du Mein tout le monde repoussait cette prétendue mission, et il n'est pas jusqu'au *National Verein*, bien déconsidéré d'ailleurs, qui, tout en réclamant une Allemagne unie avec une pointe prussienne », n'en répudiât pas moins M. de Bismarck et ne le déclarât indigne de prendre en main une si sainte cause. Quant au danger de voir la Prusse succomber dans la lutte et rendre par là le Habsbourg tout-puissant en Germanie, il y avait un moyen bien simple d'empêcher une pareille éventualité, c'était de refuser au gouvernement de Berlin tout concours dans l'entreprise qu'il méditait. Si téméraire que fût M. de Bismarck, il n'était point douteux qu'il n'oserait pas attaquer l'Autriche et ses alliés devant un veto de la France qui lui ôterait en même temps tout espoir du côté de l'Italie. Sans se mêler des affaires allemandes, on pouvait opposer ainsi une digue infranchissable à l'ambition prussienne ; on n'avait qu'à maintenir le *statu quo*. Une telle politique aurait inévitablement pour elle l'appui de l'Angleterre et encouragerait la résistance de l'Autriche et des États secondaires. Sans doute la question vénitienne se trouverait écartée ; mais, outre que la paix de l'Europe et la grandeur de la France valaient bien « la perle de l'Adriatique, » il n'était pas interdit d'espérer beaucoup, pour la cité des lagunes, du progrès du temps et des bons rapports conservés et augmentés entre la France et l'Autriche. (*Deux chanceliers*, par M. Julian Klaczko.)

3. Les chambres de commerce des villes les plus industrielles de la Prusse suppliaient le Roi, à la veille de la guerre, de ne pas la déclarer. Kœnigsberg, cette capitale de l'ancienne Prusse, refusa d'illuminer le jour de la fête du roi.

4. Le général La Marmora avait demandé la cession du Trentin. Le comte Barral lui répondit : « M. de Bismarck m'a dit que, le Trentin faisant partie de la confédération germanique, il était impossible de stipuler à l'avance sa cession à l'Italie; mais ce qui ne pourrait pas se faire avant la guerre pourrait parfaitement s'effectuer avant ou après, surtout en adressant un appel aux populations. (*Un peu plus de lumière*, par le général La Marmora.)

considérable consiste dans la substitution du titre *Traité d'amitié* à celui de *Traité d'alliance offensive et défensive*. L'échange des ratifications eut lieu néanmoins le 20, au moment même où l'Autriche proposait à la Prusse une sorte de désarmement commun que celle-ci était bien forcée d'accepter, pour ne pas se trahir aux yeux de l'Europe. La paix était donc faite. Cependant l'Autriche suspendait le 25 avril le désarmement en présence des rassemblements de troupes à Bologne, rassemblements purement illusoires. Les divers cabinets en furent avertis; celui des Tuileries conseillait à l'Italie de ne pas armer pour mettre l'Autriche dans son tort. Il y avait sans doute derrière ce conseil l'assurance que la France ne laisserait pas impunément l'Autriche attaquer l'Italie; mais l'honneur permettait-il au nouveau royaume de compter uniquement comme le Piémont sur le secours de la France, depuis qu'il représentait une nation de plus de vingt millions d'âmes? Non; il fallait donc qu'elle se mît en mesure de résister seule à l'Autriche. Une note du comte de Mensdort, en date du 26, annonçant à son représentant à Berlin que l'Autriche faisait des préparatifs en vue d'une lutte avec l'Italie, permit au cabinet de Florence de donner des ordres pour mobiliser et pour concentrer l'armée et armer la flotte.

« C'était bien la peine de me demander conseil pour faire tout le contraire de ce que je conseillais, » dit Napoléon III à M. Nigra à la réception du 1er mai, en lui recommandant du moins la prudence. Le cabinet de Florence, inquiet de cette désapprobation, fit demander à la Prusse si elle serait prête à tirer l'épée dans le cas où l'Autriche déclarerait la guerre à l'Italie. M. de Bismarck répondit que le roi ne donnait pas au traité cette portée, et qu'il ne croyait pas que cette obligation fût réciproque d'après le texte littéral, mais que, convaincu personnellement que l'intérêt de son pays était de diviser les forces de l'Autriche, il faisait de l'intervention une question de cabinet. Réponse peu rassurante; mais, toutes les tentatives pour en obtenir une plus satisfaisante et pour obtenir d'autres garanties étant demeurées vaines, il ne restait plus à l'Italie qu'à accepter la situation qui lui était faite et de se garder de toute résolution suggérée par son ressentiment légitime. Elle ne tarda pas à pouvoir le satisfaire, car le 5 mai M. Nigra apprit de la bouche de l'Empereur que l'Autriche offrait de céder la Vénétie à l'Italie, à condition qu'elle serait libre de se dédommager sur la Prusse. La tentation était grande, mais le gouvernement italien la repoussa. Ce fut un acte de loyauté et de bonne politique, car l'Italie, même au prix de la Vénétie, n'avait aucun intérêt à l'écrasement de la Prusse par l'Autriche, redevenue prépondérante en Allemagne. Les hostilités allaient donc commencer, lorsque les cabinets de Londres et de Paris mirent en avant la proposition d'un congrès pour régler les trois questions suivantes : organisation des duchés; réforme de la Confédération germanique; position de l'Autriche en Italie. La Prusse accepta le Congrès ; la Confédération germanique mit à son adhésion la condition qu'on laisserait de côté les deux premières questions, qui n'étaient pas, à ses yeux, des questions européennes. La Russie était trop amie de la Prusse pour ne pas douter d'avance de l'utilité du congrès. L'Italie avait donné son consentement, en faisant quelques réserves. L'Autriche mit à son acceptation des conditions qui équivalaient à un refus.

Le congrès devenu impossible, les deux grandes puissances allemandes n'étaient éloignées de la lutte que par le temps nécessaire pour en terminer les préparatifs. La Prusse fut prête la première; le général Manteuffel, commandant les troupes prussiennes dans le Sleswig, passa l'Eider le 7 juin. Il entra le 12 à Altona, d'où le général autrichien de Gablentz était parti la veille. Le gouvernement de Florence reçut la nouvelle officielle de l'ouverture des hostilités et se mit en mesure d'y prendre part. Bientôt l'armée italienne et l'armée autrichienne ne furent plus séparées que par le Mincio, et l'Italie put braver la menace de M. Rouher de lui laisser supporter les conséquences de sa conduite si elle commençait la guerre. Elle était protégée par l'article de son traité avec la Prusse qui interdisait à cette dernière de faire une paix séparée et par l'intérêt de Napoléon III à ne pas compromettre les résultats de la campagne de 1859.

La Prusse ayant refusé de signer une convention militaire avec l'Italie, il s'agissait non de choisir un plan de campagne, mais de fixer l'objectif commun vers lequel devaient tendre les deux armées alliées. On convint d'abord que ce serait Lintz, choix conforme aux vues du général la Marmora, qui, en admettant l'utilité d'une diversion en Croatie ou en Hongrie quand on serait maître de l'Adriatique, était d'avis que le principal effort pour donner la main aux Prussiens devait être fait par le Tyrol. Un télégramme, en date du 12 juin au matin, apprit au général La Marmora qu'il fallait remplacer Lintz par un plan reposant sur l'insurrection de la Hongrie et la défection des régiments hongrois au service de l'Autriche. Le gouvernement prussien proposait en même temps à l'Italie de fournir en commun la somme de trois millions pour parer aux premiers frais de l'insurrection. Kossuth et Klapka avaient surggéré ce plan à la Prusse [1] et l'avaient fait accepter à beaucoup d'Italiens. Le général La Marmora partit le 17 juin pour l'armée [2], sans répondre à ces communications, lorsque le 19 juin, au moment où l'armée s'apprêtait à envahir la Vénétie du côté du Mincio et du Pô inférieur, et que les volontaires de Garibaldi allaient entrer dans le Tyrol, M. d'Usedom, ministre de Prusse à Florence, adressait au général La Marmora une note contenant un plan nouveau.

Offensive partout et toujours, pas de sièges, marche sur Vienne, diversion sur la Hongrie, telles étaient les conditions générales de l'exécution de ce plan, qui imposait à l'armée italienne la triple tâche de traverser ou de tourner le quadrilatère, en laissant des corps considérables d'observation devant les forteresses, puis de battre l'armée autrichienne, de la poursuivre pour l'empêcher de renforcer les Bavarois, et enfin de se joindre aux Prussiens sur le Danube, et d'appuyer la concentration de leurs trois armées sur Vienne, en opérant sur les côtes de la Croatie une forte diversion de Garibaldiens destinés à se réunir au corps prussien dirigé sur la Hongrie par la haute Silésie.

Le général La Marmora ne voulut pas même discuter ce plan. Il a

---

1. La fin du mémoire adressé par le comité hongrois peut donner une idée des illusions des réfugiés :

« Le comité, outre les secours matériels, demande quelques garanties, savoir :

« La reconnaissance du gouvernement provisoire et du souverain élu ;

« L'envoi d'un ministre auprès du gouvernement hongrois, et réception d'un ministre hongrois ;

« L'engagement du gouvernement italien d'accorder au souverain élu, agréé par l'Italie et par la Prusse, la garantie d'un emprunt à déterminer sitôt que ce souverain lui en fera la demande ;

« Enfin l'engagement réciproque de ne pas poser les armes avant d'avoir assuré d'un côté l'intégrité et l'unité de l'Italie, de l'autre l'indépendance de la Hongrie fondée sur le rétablissement intégral de la constitution de 1848. »

On connaît l'attitude de la Hongrie et de la Croatie pendant la guerre et l'énergie avec laquelle les régiments hongrois et croates se sont battus à Custozza. M. de Bismarck a prétendu que ce n'est qu'après Sadowa, au moment où l'on pouvait craindre l'intervention de Napoléon III, qu'il avait toléré la formation d'une légion hongroise ; mais pourquoi M. de Bismarck, qui menaçait M. Benedetti de faire la guerre à Napoléon III, aurait-il reculé devant l'emploi des mêmes moyens contre François-Joseph ? D'ailleurs les dates, ainsi que l'a fait remarquer M. Julian Klaczko dans son livre *Les deux chanceliers*, ne sont pas d'accord avec l'assertion de M. de Bismarck : la bataille de Sadowa a eu lieu en effet le 3 juillet, et c'est le 12 juin qu'il annonce au gouvernement italien qu'il s'est définitivement entendu avec les révolutionnaires hongrois et slaves. « On sait, ajoute le même auteur, que les rapports de M. de Bismarck avec Mazzini furent continués après Sadowa, et les engagements contractés en 1866 envers la Prusse par les chefs madgyars ont pesé depuis, et pèsent encore à l'heure qu'il est, et beaucoup plus qu'on ne le soupçonne généralement, sur la politique extérieure de l'empire des Habsbourg. »

2. Le roi devait l'y rejoindre deux jours après.

donné lui-même les motifs de ce refus [1]. Les dispositions prises par l'état-major italien coïncidaient cependant si bien avec son exécution, que l'archiduc Albert put croire un moment que l'armée de Victor-Emmanuel avait passé le Mincio pour bloquer les forteresses du quadrilatère, tandis que celle de Cialdini le tournerait en traversant le bas Pô à Ferrare, et en passant entre Vérone et Venise pour prendre l'offensive sur Vienne par la Styrie et la Carinthie. L'armée italienne ne pouvait réussir dans cette difficile opération de traverser les Alpes occupées par l'ennemi en laissant derrière elle 100 000 hommes dans le quadrilatère, qu'en suivant deux routes : l'une prenant Brescia et Bergame comme base des opérations, remontant la rive droite du lac de Garde et la vallée du Chiese, entrant dans la vallée de l'Adige à Trente, continuant jusqu'à Botzen, et pénétrant de là dans la vallée du Fisach jusqu'à Brixen, pour passer par un affluent de l'Inn dans le Tyrol allemand, et atteindre Munich ou Salzbourg. L'autre route, au lieu de quitter le Fisach à Brixen, permettait de le remonter jusqu'à sa source et de passer dans la vallée de la Drave pour suivre ce cours d'eau jusqu'à Vienne. L'armée française, victorieuse en 1859, avait reculé devant une telle entreprise; il est vrai qu'alors toute l'Allemagne se serait levée contre Napoléon III à son premier pas pour franchir les Alpes Noriques.

La prudence conseillait de porter l'armée tout entière sur le Mincio, afin d'écraser l'ennemi sous la supériorité du nombre. Il aurait fallu dans ce cas jeter un corps de volontaires dans la vallée du Chiese pour assurer les communications avec la Lombardie, et placer la portion la plus considérable de ce corps, soutenue par un fort détachement de troupes régulières et par de l'artillerie sur le bas Pô, pour opérer une diversion dans la Polésine, pendant que la flotte menacerait la côte orientale de l'Adriatique.

Faire la guerre méthodique des sièges ou opérer dans le quadrilatère même, en suivant soit la ligne qui se dirige des rives du Pô sur les environs du Rovigo, soit celle du Mincio, chacun de ces systèmes comptait des partisans convaincus et se présentait à peu près avec les mêmes inconvénients, les mêmes avantages et le même dénouement, c'est-à-dire une grande bataille à livrer dans le quadrilatère ou dans les environs. Les généraux Fanti et Cialdini étaient pour le premier. Les souvenirs de 1848, 1849 et 1859, l'idée de reprendre l'œuvre des vain-

---

1. Discours de La Marmora au Parlement, séance du 21 juillet 1866.

queurs de Solferino et de San-Martino aux lieux mêmes où ils l'avaient interrompue, faisaient pencher le général La Marmora pour la ligne du Mincio. Il eut tort de ne pas s'y tenir exclusivement et de chercher à contenter le parti qui voulait tourner le quadrilatère en prenant pour ligne d'opération la rive droite du Pô et pour objectif Padoue. La masse des troupes fut donc partagée en deux armées : l'une dite du Mincio, commandée par le roi ; l'autre dite du Pô, sous les ordres de Cialdini. Ces deux armées, séparées par de grandes distances et par de grands obstacles, devaient agir indépendamment l'une de l'autre et suivre deux lignes d'opération différentes. Leurs objectifs étaient, pour l'armée du Mincio, Villafranca, et, pour celle du Pô, Rovigo. L'Italie s'affaiblit ainsi sur le Mincio de plus de 80 000 hommes qui firent cruellement défaut sur le champ de bataille de Custozza.

Le mal aurait été moins grand si toutes les précautions nécessaires à l'exécution de ce plan avaient été prises ; mais on entra en campagne sans établir aucune entente préalable entre les deux armées et sans prévoir aucune éventualité de guerre. On s'était borné à choisir les deux échiquiers sur lesquels les troupes manœuvreraient au hasard. L'état-major s'était laissé gagner à la fièvre patriotique qui égarait les esprits ; l'Italie n'avait qu'un cri : En avant !

L'armée italienne, forte de 219 719 combattants avec 36 850 chevaux et 456 canons, était donc partagée en deux armées : la plus considérable, commandée par le roi et formant trois corps d'armée, forte de 136 602 combattants avec 23 677 chevaux et 282 canons, était concentrée le 22 juin sur la rive droite du Mincio ; la seconde, forte de 83 117 hommes, 12 873 chevaux et 174 canons, sous les ordres de Cialdini, se massait sur la rive droite du bas Pô. Enfin le général Garibaldi, avec 22 000 volontaires, était à Laio, prêt à pénétrer dans le Tyrol par la ligne de Ceffaro. Il devait être renforcé par 18 000 volontaires qui s'avançaient du sud de l'Italie.

L'archiduc Albert, à ces 260 000 soldats et volontaires, ne pouvait opposer qu'environ 35 000 hommes avec 168 pièces, formant trois corps d'armée, 5°, 7°, 9°, avec une division de cavalerie de réserve ; mais, outre cette armée d'opération, il disposait d'environ 50 000 hommes, destinés à tenir garnison dans les places fortes du littoral. L'archiduc, laissant un corps de troupes dans le Tyrol et une brigade dans le camp retranché de Rovigo en observation sur le bas Pô, concentra tout le reste de ses forces sur la rive gauche de l'Adige. L'archiduc, on le voit,

Fig. 49. — L'Impératrice du Mexique passa la nuit dans une fiévreuse impatience.

avait concentré son attention sur les mouvements de l'armée du Mincio, sans se soucier de celle du Pô. En effet, et dès qu'il se fut assuré le 22 juin de la marche du roi sur le Mincio, il fit rapidement passer son armée sur la rive droite de ce fleuve et occuper la ligne de Custozza à Castelnuovo.

L'armée autrichienne était le 23 autour de Vérone : le 5ᵉ corps à Chievo, deux brigades du 7ᵉ avec le quartier général à San-Massimo, le 9ᵉ corps à Santa-Lucia, la division de réserve à Pastrengo. L'archiduc Albert, apprenant que l'ennemi avait franchi le Mincio dans la matinée du 23 sans occuper les importantes positions de Castelnuovo, Santa-Giustina et Sono, donna l'ordre occuper à l'aube du 24 la ligne de Castelnuovo, San-Giorgio en Salice, Casazza, Sommacampagna, et ensuite, par un changement de front à gauche, déborder la gauche de la ligne de front de l'ennemi.

L'état-major italien, sans se douter de la présence de l'ennemi sur la rive droite de l'Adige, se berçait de l'idée que l'archiduc, réduit par son extrême infériorité numérique à la défensive, se contenterait de se maintenir sur la rive gauche de l'Adige dans les fameuses positions de Caldiero. L'état-major italien résolut donc de franchir le Mincio dans la journée du 23, en prenant Villafranca pour objectif. On se réglerait ensuite, selon les circonstances, pour attaquer l'ennemi, le réduire à l'inaction ou le forcer à la retraite, et selon les succès on concentrerait les deux armées ou l'on renforcerait l'armée du Pô dans le cas où elle parviendrait à s'emparer de Rovigo.

Le jour même où les Autrichiens se concentraient autour de Vérone sur la rive droite de l'Adige, Victor-Emmanuel entrait donc de son côté dans le quadrilatère en traversant le Mincio entre Goïto et Salionze.

Le 24 au matin, lorsque les Autrichiens attaquèrent subitement l'avant-garde italienne, l'armée royale occupait les positions suivantes : la 5ᵉ division, commandée par Sirtori, se trouvait dans les collines du côté d'Ogliosi ; la 3ᵉ, commandée par Brignone, à Custozza ; la 2ᵉ, commandée par Pianelli, devant Peschiera, à droite du Mincio ; la 1ʳᵉ division, commandée par Cérale, se mettait en marche pour se placer à la gauche de la 5ᵉ division. Ces quatre divisions formaient le 1ᵉʳ corps, sous les ordres de Durando.

Le 3ᵉ corps, commandé par Della Rocca, comprenait la 7ᵉ division (Bixio), qui se trouvait dans la plaine près de Villafranca ; la 9ᵉ division (prince Humbert), en avant de Villafranca ; la 8ᵉ division (Cugia) s'avançait vers les collines d'Ogliosi et de Custozza ; la 16ᵉ division (Govone) se dirigeait : une brigade vers Custozza, l'autre sur Villafranca, point derrière lequel se tenait la cavalerie du général de Sonnaz. Le 4ᵉ corps, ayant à sa tête Cucchiari, avait deux de ses divisions, la 4ᵉ et la 6ᵉ (Brignone et Cosenz), devant Mantoue à droite du Mincio, et les deux autres, la 10ᵉ et la 19ᵉ (Angioletti et Longoni), à Roverbella. Cialdini, avec le 4ᵉ corps, se tenait sur la rive droite du Pô, ayant son quartier général à Ferrare.

Les 3ᵉ, 5ᵉ, 7ᵉ et 9ᵉ divisions, formant entre Ogliosi et Villafranca un front de 10 kilomètres, se trouvèrent les premières en ligne au début de l'action. Les 1ʳᵉ, 8ᵉ et 16ᵉ divisions se portèrent bientôt au secours de cette première ligne, attaquée sur toute son étendue. Les autres divisions, placées : la 8ᵉ sur la rive droite du Pô, la 4ᵉ et la 6ᵉ, la 10ᵉ et la 9ᵉ à la hauteur de Roverbella, la 2ᵉ devant Peschiera, à droite du Mincio, étaient trop éloignées du champ de bataille pour essayer même de s'y rendre.

La 5ᵉ division, égarée par son avant-garde, errait au milieu des collines de la rive droite de la Tiene ; laissée à découvert sur son front, elle dut subir le choc de la division de réserve et d'une partie du 5ᵉ corps autrichien. Le général Sirtori, commandant la 5ᵉ division, essaya de la reformer à droite de la Tiene, mais elle fut culbutée dans le Mincio en laissant de nombreux prisonniers et des canons aux mains de l'ennemi.

Le général Cérale, à la tête de la 1ʳᵉ division du 1ᵉʳ corps de l'armée royale, s'était mis en marche, pour se rallier à la 5ᵉ division. Sa position allait devenir critique. Il était temps que le général Durando, commandant le 1ᵉʳ corps, amenât sa réserve au secours de Sirtori et de Cérale. Cette réserve, une brigade de la division Pianelli et trois bataillons de bersagliers arrêtèrent la poursuite des Autrichiens et sauvèrent les deux divisions d'une destruction complète.

Le général La Marmora, chef d'état-major général, qui venait de quitter Cerlungo vers quatre heures du matin, rencontre sur la route de Valeggio à Villafranca Brignone avec la 3ᵉ division du 1ᵉʳ corps, et il le dirige sur Custozza, centre du champ de bataille et clef de la position. Le général La Marmora, remarquant ensuite qu'en avant de sa droite s'élèvent des nuages de poussière, accourt à Villafranca, où le prince Humbert, à la tête de la 9ᵉ division, tient tête à l'ennemi. La Marmora, revenant sur ses pas, se heurte aux divisions Cugia (8ᵉ) et Govone (16ᵉ), qu'il se hâte d'envoyer au secours de Brignone, déjà fortement engagé à Custozza, où le sort de la journée va probablement se décider. Il se porte de sa personne vers les hauteurs en avant de Custozza, où Brignone est cerné. Le prince Amédée, commandant une des brigades de la 3ᵉ division, est blessé ; ses troupes plient devant le nombre ; l'autre brigade de la même division, accablée par le feu de 40 pièces et chargée par l'infanterie autrichienne, est culbutée à son tour. Deux bataillons de grenadiers de la division Govone (16ᵉ), bien postés à Custozza, tiennent ferme ; mais réduits à leurs propres forces, entourés d'ennemis, ils vont être forcés d'abandonner le village, lorsqu'une des brigades de la division Govone, arrivant heureusement, les aide à se maintenir sur la hauteur en arrière de Custozza.

La bataille prenait une tournure défavorable pour les Italiens ; La Marmora se rend en toute hâte sur le Mincio, afin d'y dégager les ponts pour faciliter la retraite si elle devient nécessaire. Conservant sans doute encore quelque espoir de se maintenir sur les hauteurs de Custozza et sur la rive gauche du Mincio, il avait ordonné au commandant du 3ᵉ corps de reprendre les hauteurs occupées en partie par les grenadiers de Brignone et par une partie de la division Govone. La division Cugia déployée d'abord sur deux lignes dans la plaine, et une brigade de la division Govone dirigée sur Villafranca faisant alors tête de colonne, s'élancent dans les ravins à droite de Custozza et escaladent les hauteurs occupées par l'ennemi. Monte-Torre et Monte-Croce sont enlevés ; une forte canonnade est dirigée sur Custozza, repris par un retour offensif des grenadiers de Brignone soutenus par une des brigades de la 16ᵉ division. Les Autrichiens reviennent à la charge, un terrible combat s'engage, les réserves de Cugia et de Govone s'y jettent, et les Autrichiens, refoulés en désordre, ne parviennent à se rallier que derrière leurs réserves. Il est environ trois heures. Les Italiens reprennent confiance.

L'archiduc Albert vient de rapprocher son quartier général du centre de l'action. Il est à San-Rocco. Les colonnes autrichiennes se reforment sous ses yeux ; les réserves sont mises en ligne ; le 5ᵉ corps, n'ayant plus guère d'ennemis devant lui à la droite, vient se joindre à l'attaque du centre. Les 5ᵉ, 7ᵉ et 9ᵉ corps sont maîtres de leurs mouvements, et l'on peut dire que l'armée autrichienne tout entière se précipite sur Custozza sous les yeux de son chef. Les tirailleurs autrichiens disputent déjà aux bersagliers les mamelons qui les séparent et les forcent à se replier sur le gros de l'armée et à abandonner leurs positions, qu'ils couronnent immédiatement de batteries dont le feu convergent démonte les batteries italiennes qui défendent les hauteurs et le village de Custozza. Cugia et

Govone refoulent à plusieurs reprises les têtes de colonnes ennemies ; les masses autrichiennes n'en continuent pas moins d'avancer. Cugia est obligé de mettre ses réserves en ligne ; les chances de la lutte se balancent, mais les munitions sont sur le point de manquer aux Italiens ; une partie de leur artillerie va être obligée de quitter le champ de bataille. L'archiduc Albert lance alors une partie de ses réserves contre l'infanterie italienne, qui, privée de l'appui d'une partie de ses canons, fait cependant bonne contenance. Les attaques se succèdent contre Custozza : défenseurs et assaillants font des efforts désespérés ; mais les assaillants amènent sans cesse de nouvelles réserves en ligne. Custozza est enfin pris. Les Italiens ont perdu la bataille.

Il ne restait plus qu'à opérer la retraite. Les divisions de Bixio et du prince Humbert, talonnées de près sur la droite dans la plaine par la cavalerie autrichienne, gagnent le Mincio sans subir de trop grandes pertes ; mais au centre, dans la région montagneuse où Cugia et Govone ont engagé jusqu'à leur dernier homme, des canons et un grand nombre de prisonniers restent aux mains de l'ennemi.

Un tacticien capable de faire concourir les différents corps présents sur le champ de bataille à une action commune avait manqué à l'armée italienne pendant le combat ; il lui manqua dans la retraite. Le chef d'état-major général ne prescrivit aucun ordre aux chefs de corps ; ceux-ci s'en remirent du soin de diriger la retraite aux généraux de division, qui s'acquittèrent en général, il faut le reconnaître, avec sang-froid de cette tâche ; mais si les généraux de division et de brigade, les officiers et les soldats s'étaient bien battus, et si quelques généraux de division, privés de direction soit du côté du commandant de leur corps, soit du côté de l'état-major général, avaient su prendre une initiative utile, le commandement en chef ne se fit sentir nulle part. Le jour de la bataille, les troupes se mirent en marche sans avoir pris leur repas du matin ; des divisions du 1er corps mêlèrent leurs rangs aux rangs du 8e corps en passant le Mincio ; les bagages de ce dernier, obstruant les ponts et les routes, empêchèrent le 2e corps d'atteindre le champ de bataille, où, sur vingt divisions dont se composaient les forces italiennes, cinq seulement arrivèrent l'une après l'autre. Point d'ensemble, point de plan ; les avant gardes se trompent de chemin et découvrent le corps qu'elles précèdent ; Sirtori, réduit à ses propres forces, est battu avant que Cérale soit entré en ligne ; et Brignone, qui devait combattre à la droite de Sirtori, est attaqué de tous côtés et refoulé en désordre avant que Cugia et Govone viennent le soutenir. Le chef d'état-major général La Marmora va, vient d'un lieu à un autre, donnant des ordres aux corps qu'il rencontre par hasard; loin de diriger la bataille, il la considère comme perdue dès l'instant où la division Brignone bat en retraite; il engage Victor-Emmanuel, qui assiste au combat dans la région de Villafranca, à se porter à Valeggio, et de là sur la rive droite du Mincio. Accourant lui-même à Goïto pour faire avancer les divisions Angioletti et Longoni, et n'y trouvant d'abord qu'une faible avant-garde du corps de Cucchiari, il l'envoie sur Villafranca, où elle prit part aux combats de la retraite, qui durèrent jusqu'à sept heures du soir. Le gros des divisions Angioletti et Longoni, empêtré dans les bagages, ne bougea pas de Castellucchio, sur la rive droite du Mincio, en face de Mantoue; quelques détachements franchirent le Mincio, mais en s'arrêtant à Roverbella, circonstance fâcheuse qui engagea sans doute La Marmora à ne plus songer qu'à la retraite : un de ses aides de camp courut s'assurer d'un point de passage à Valeggio, pendant qu'un autre de ses officiers se rendait de Goïto à Custozza pour recueillir des nouvelles de la bataille.

Nulle précaution pour éclairer l'armée italienne : elle marcha les yeux fermés. L'action de la cavalerie se borna le 23 à une promenade vers Villafranca, tandis qu'elle aurait dû se mettre en contact avec l'ennemi et ne plus le perdre de vue. L'armée italienne montra de la bravoure; c'est tout ce que l'on peut dire d'elle. Les pertes étaient grandes des deux côtés : les deux corps italiens et la division de cavalerie de réserve avaient perdu 347 officiers et environ 8000 hommes, sur lesquels 4000 prisonniers et 16 canons. C'était beaucoup sans doute, mais il ne semblait pas que Victor-Emmanuel en fût réduit à interrompre la campagne. Les pertes énormes subies par l'armée prussienne en 1815 à Ligny ne l'empêchèrent pas de reparaître le lendemain sur le champ de bataille; le roi d'Italie reporta cependant son armée tout entière sur l'Oglio et établit son quartier général à Torre-Malimberti, près de Pescarole. Cialdini, qui devait franchir le Mincio dans la nuit du 25 au 26 juin, transféra son quartier général à Modène pour se rapprocher de l'armée principale.

La défaite des Italiens fut plus tôt connue en France et en Suisse qu'à Milan. Les journaux italiens gardèrent le silence pendant deux jours, et les premiers rapports officiels laissèrent planer des doutes sur l'issue de la bataille, qui n'avait, à les en croire, été ni perdue ni gagnée; les opérations militaires devaient, disait-on, recommencer bientôt sur d'autres plans, mais les illusions à ce sujet ne furent pas de longue durée. Le soldat italien, avec sa vivacité d'imagination, subit sans réfléchir les impressions du moment et grossit facilement les revers et les avantages ; jugeant ses chefs avec une très grande mobilité d'esprit, il passe aisément de la confiance à la défiance, et de l'admiration à l'accusation de trahison. L'attitude découragée et méfiante du soldat, les récriminations des chefs les uns contre les autres après la bataille justifièrent l'inaction à laquelle Victor-Emmanuel se condamna.

Les Autrichiens n'ayant pas de motif pour reprendre l'offensive au delà du Mincio, un temps d'arrêt de quatorze jours eut lieu sur le théâtre de la guerre de ce côté des Alpes, et, quand les opérations reprirent le 7 juillet, le sort de la Vénétie avait été décidé à Sadowa.

Fig. 50. — L'Impératrice du Mexique se lève pâle d'indignation et dit à l'Empereur : « J'ai ce que je mérite ; la petite-fille de Louis-Philippe d'Orléans n'aurait pas dû confier son avenir à un Bonaparte ! »

CHAPITRE XI

LE TRAITÉ DE PRAGUE

Benedeck se retire sur Olmütz. — François-Joseph accepte la médiation de Napoléon III. — La Prusse presse la marche de ses armées sur Vienne. — M. Benedetti au quartier général du roi de Prusse. — Les Prussiens sont à deux lieues de Vienne. — Trêve de cinq jours. — La Prusse et l'armée fédérale. — Mission du général Vogel de Falkenstein. — Combat de Kissingen. — Prise de Francfort. — Le général Manteuffel conclut une suspension d'armes avec les Etats secondaires. — Fin de la guerre. — M. de Bismarck se préoccupe des compensations que peut demander Napoléon III. — L'Autriche fait de la double intégrité de son territoire et de celui de la Saxe la condition *sine qua non* de la paix. — Signature des préliminaires de Nickolsburg. — Retour du roi de Prusse à Berlin. — Signature de la paix à Prague. — Résultats politiques de la guerre.

Benedeck, après la bataille, avait à choisir deux points de ralliement pour son armée : Olmütz, situé à six journées de marche de l'Elbe, et Vienne, qui en est à dix journées. Olmütz, ville de 20 000 habitants, offrait peu de ressources à une armée en désarroi ; sa forteresse était à peine munie des choses nécessaires à sa garnison, tandis qu'on pouvait trouver dans la population de Vienne, dans ses richesses, les approvisionnements de toute espèce renfermés dans ses arsenaux, de quoi refaire l'armée en hommes, en chevaux et en matériel de guerre. Ce ravitaillement lui était indispensable. L'armée se trouvait, il est vrai, à Olmütz, sur les flancs des lignes d'invasion, mais trop en dehors de leur direction pour menacer efficacement les communications des Prussiens, marchant sur la capitale ; à Vienne, elle couvrait le foyer même de la puissance autrichienne défendu par un fleuve considérable qu'on ne passe pas aisément et dont un camp retranché protégeait les ponts. Il était plus facile de se mettre en communication avec l'armée d'Italie, de Vienne que d'Olmütz, et de rappeler les bataillons de dépôt de toutes les contrées de l'empire pour refaire l'armée.

L'empereur François-Joseph ayant fait le sacrifice de la Vénétie, l'archiduc Albert pouvait ramener, par la voie ferrée, une grande partie de l'infanterie de l'armée du Sud à Vienne, avant l'arrivée des Prussiens devant le camp de Florisdorff; ce puissant renfort et celui des bataillons de dépôt eût permis à l'Autriche d'entreprendre une nouvelle campagne avec un nouveau général et une nouvelle armée; mais Benedeck, optant pour une retraite divergente, dirigea son 10ᵉ corps et quatre de ses cinq divisions de cavalerie sur Vienne, et se replia lui-même avec le gros de son infanterie et de son artillerie sur Olmütz. Il commit ensuite, dans l'après-midi du 4, la faute d'envoyer le baron de Gablentz à Horsitz demander au roi de Prusse un armistice sans préliminaires de paix, comme si sa demande, uniquement appuyée sur des raisons militaires, n'était pas d'avance repoussée. Guillaume Iᵉʳ n'ignorait pas que l'Autriche montrait surtout sa force dans les revers, et que l'armée victorieuse à Custozza brûlait du désir de venger les défaites de l'armée du Nord. La nouvelle de la cession de la Vénétie par l'empereur d'Autriche à l'empereur des Français, et de son acceptation de la méditation offerte par Napoléon III aux belligérants, parvint le 5 au château d'Horsitz, où le roi de Prusse avait établi son quartier général. La médiation devait s'exercer d'abord en vue d'un armistice.

Le prince de Reuss partit le 5 juillet pour Paris, porteur d'une lettre autographe du roi de Prusse, où Guillaume Iᵉʳ déclarait à Napoléon III que la situation militaire ne permettait pas de conclure un armistice, sans obtenir des garanties pour la teneur éventuelle d'un traité de paix.

Le baron de Gablentz arrive le 8 à Pardubitz, muni, au lieu de pleins pouvoirs pour traiter, d'une « instruction » adressée à lui personnellement par le ministre des affaires étrangères, le comte Mensdorff, et l'autorisant à conclure immédiatement un armistice, s'étendant non pas seulement aux armées prussiennes et austro-saxonnes opérant en Bohême, mais à tous les alliés de l'Autriche. L'armistice devait être dénoncé quatorze jours à l'avance, et durer huit semaines au moins et trois mois au plus. L'Autriche, pendant sa durée, remettrait en gage les places fortes de Josephstadt et de Kœniggrätz, dont les garnisons sortiraient avec les honneurs de la guerre; dans le cas où la paix viendrait à se conclure, on lui rendrait intacts tout le matériel de guerre et d'habillement contenu dans ces places, ainsi que toutes les fortifications.

Il aurait fallu pour faire accepter de telles conditions à la Prusse que Napoléon III prît en faveur de l'Autriche le rôle de médiateur armé, et rien n'indiquait une telle résolution de sa part; l'Italie, sans repousser l'armistice, faisait dépendre son consentement de celui de la Prusse; sa longue inaction après Custozza, objet de tant de commentaires dans les armées prussiennes, allait cesser; on savait qu'elle refusait d'accepter la Vénétie sans le consentement de la Prusse. Le baron de Gablentz ne put obtenir une audience du roi, et à peine eut-il quitté le quartier général prussien que de nouveaux ordres précipitèrent la marche de l'invasion.

L'empereur d'Autriche avait fait le 7 juillet appel « aux peuples fidèles de son royaume de Hongrie »; mais la Hongrie de Marie-Thérèse n'existait plus. Il publia, le 10 juillet, un nouveau manifeste où il déclarait à ses peuples que jamais il n'accepterait une paix qui ébranlerait les bases de sa puissance : « Je suis plutôt résolu à une guerre à outrance avec la certitude de l'appui de mes peuples. » Sa voix ne fut pas mieux entendue; quelques volontaires se levèrent seuls dans le Tyrol.

Benedeck se retirait pendant ce temps-là sur Olmütz, serré de près par les Prussiens, qui avaient trouvé dans les papiers saisis à la poste de Tresbau, en Moravie, un ordre adressé par Benedeck à l'intendant de l'armée, contenant la position des différents corps, avec indication des routes qu'ils avaient à suivre. Le paquet contenait également un grand nombre de lettres d'officiers qui constataient la grandeur du désastre de l'Autriche. Le général de Moltke savait donc, à un homme près, le nombre des Autrichiens qui devaient se réunir à Olmütz et de ceux qui avaient pris la direction de Vienne, et il pouvait impunément diviser ses trois armées, en autant de colonnes qu'il le jugeait convenable, pour arriver le plus promptement possible devant le camp retranché de Florisdorff. Le quartier général du roi de Prusse était le 13 à Brünn. M. Benedetti vint l'y rejoindre dans la nuit du 11 au 12.

Le vainqueur de Custozza, nommé au commandement général des forces de l'Autriche, adressa ce jour-là même une proclamation aux Saxons et aux soldats de l'armée du Nord et du Sud, leur annonçant que les uns, avec le désir de réparer un désastre immérité, les autres, forts d'une grande victoire, ne tarderaient pas à châtier l'arrogance de l'ennemi.

M. Benedetti insista pour la conclusion d'un armistice. M. de Bismarck refusait de le signer sans le consentement de l'Italie; mais, pour donner une preuve de ses bons sentiments à Napoléon III, il consentait à une trêve de trois jours, pendant laquelle on consulterait le gouvernement italien. La trêve ne put être acceptée à Vienne, à cause des conditions militaires.

L'armée de Benedeck était rentrée le 11 à Olmütz ; mais le gouvernement autrichien, s'apercevant du danger auquel l'armée, entassée dans un camp retranché, sans moyens pour se refaire, allait être exposée, donna l'ordre à Benedeck de la ramener le plus promptement possible sur Vienne par la Hongrie et Presbourg.

L'armée autrichienne se dirigea le 15 d'Olmütz vers le Danube ; les 1er et 8e corps, la division de cavalerie et le grand quartier général marchèrent par les routes passant par Prérau et Tobitschau, petites villes situées sur la rive droite de la March, à 30 kilomètres d'Olmütz. Un véritable combat s'engagea en amont de ces deux localités, entre la cavalerie prussienne et l'artillerie autrichienne, qui y laissa 18 canons. D'autres rencontres autour de Tobitschau et l'occupation de cette petite ville, espèce de défilé, situé au point où plusieurs cours d'eau viennent se jeter dans la March, forcèrent Benedeck à traverser par d'affreux chemins un contrefort des Carpathes et l'empêchèrent de ramener à temps 100 000 hommes sur Vienne, où l'archiduc Albert formait à la hâte une nouvelle armée.

Les têtes de colonnes prussiennes, le 19, n'étaient plus qu'à deux heures de marche de Vienne, mais une partie considérable de l'armée elle-même se trouvait encore en arrière ; l'archiduc Albert, avec ses 100 000 hommes dans le camp retranché de Florisdorff, demandait à en sortir pour attaquer l'ennemi, dont il connaissait la position difficile ; mais le 22, des courriers, arrivés à neuf heures du matin, apprirent aux deux armées, que les hostilités devaient être suspendues à midi, pour être reprises le 27.

Pendant que l'Autriche se faisait écraser, ses alliés n'étaient pas plus heureux qu'elle. L'armée prussienne dite armée du Mein, après avoir brisé le Hanovre à Langensalza, le 29 juin, se trouvait en présence du 7e corps fédéral, formé par le contingent bavarois, et du 8e corps, comprenant les contingents wurtembergeois, hessois, badois, nassauviens, et une brigade autrichienne tirée des garnisons des places fédérales. Chacun de ces corps, séparément aussi fort que l'armée prussienne, ne comptait malheureusement que des soldats rassemblés au hasard, sans fraternité d'armes, et dont les chefs, n'obéissant à aucun plan d'ensemble, cherchaient avant tout à employer les forces fédérales à couvrir leur propre pays. Le prince Charles de Bavière et le prince Alexandre de Hesse cherchèrent à opérer leur jonction le 7 juillet dans la Hesse électorale; mais l'entente sur les opérations ultérieures était difficile entre les deux généraux en chef, car l'un entendait placer son armée entre la Bavière et l'ennemi, tandis que l'autre voulait interposer la sienne entre la Hesse et les Prussiens. Le général Vogel de Falkenstein avait pour mission d'écraser la coalition des petits États contre la Prusse dans son centre même, c'est-à-dire à Francfort. Battre le 7ᵉ corps, empêcher ensuite le prince Alexandre de se renfermer dans Mayence avec les Hessois, et enfin arrêter ces derniers devant cette forteresse avec les Bavarois à dos, telle était sa tâche. Le général prussien, au lieu de se porter directement sur Francfort, était obligé de marcher par Fulde à la rencontre du prince Charles de Bavière en route pour rejoindre le prince Alexandre de Hesse. Le mouvement tardif des Bavarois dans l'Est servit fort bien ses projets. Une rencontre sanglante eut lieu le 4, entre les Bavarois et les Prussiens, à Dermbach; les Prussiens y perdirent 300 tués, blessés ou prisonniers; les Bavarois le double. Le prince Charles de Bavière dut se replier au sud-est. Vogel de Falkenstein, en apprenant sa retraite, marcha sur Fulde, où il se trouva posté entre le 7ᵉ et 8ᵉ corps. Les généraux alliés auraient dû réunir leurs forces pour l'attaquer; mais le prince Charles, au lieu de venir en aide au prince Alexandre, le livra seul aux coups de Vogel de Falkenstein, en marche sur Francfort; il suffisait d'un échec du 8ᵉ corps, pour livrer aux Prussiens la ligne du Mein et le siège de la Confédération. Le prince Charles ne pouvait en douter; il sacrifia tout, néanmoins, à l'idée de protéger la Bavière, et c'est sur la frontière septentrionale de ce pays qu'il donna rendez-vous aux alliés, le 7 juillet, vers Brückenau et Kissingen.

Le prince Alexandre de Hesse s'apprêtait à prendre cette route avec son corps d'armée enfin au complet, lorsque le 5 il apprit le désastre de Sadowa. Il ne voulut plus dès lors conduire en Bavière les contingents de Bade, des deux Hesse, du Wurtemberg, de Nassau et de Francfort. Il regagna la ligne du Mein, de Hanau à Mayence, en faisant savoir au prince Charles qu'il opérerait sa jonction avec lui non pas en Franconie, mais sur le Mein entre Hanau et Aschaffenbourg, et il reprit le chemin de Francfort. Vogel de Falkenstein, trompant pendant ce temps-là le prince Charles de Bavière par une feinte, concentre son armée, le 9, à Brückenau et à Géroda, et la tourne tout entière contre les Bavarois, qui, affaiblis par des marches continuelles sur un sol détrempé, mal vêtus, mal nourris, mal couchés, ont péniblement gagné les rives de la Saale. Le prince Charles livre sur les bords de cette rivière, notamment à Kissingen, quelques combats dans lesquels ses troupes montrent de la bravoure; mais il n'en a pas moins perdu, le 10 juillet, la ligne de la Saale. Le prince Charles est obligé de rétrograder jusqu'au Mein par une marche excentrique, de sorte que, vingt-quatre heures après le combat de Kissingen, l'armée bavaroise est éparpillée sur une étendue de près de quatorze lieues.

Les États secondaires ne faisaient du reste la guerre qu'avec une répugnance évidente et avec l'arrière-pensée de s'entendre le plus tôt possible avec la Prusse. Quelques-uns de ces États, la Hesse électorale entre autres, semblaient attendre à ce sujet un mot d'ordre du cabinet des Tuileries. Le prince de Hesse écrivait dès le 7 juillet à Napoléon III : « Une paix séparée pourrait bien passer sous silence les intérêts des États « secondaires. Cela m'autorise à demander à Votre Majesté si je ne « ferais pas bien d'engager mon cousin l'électeur à s'entendre à l'amiable « avec la cour de Berlin, auprès de laquelle le très haut appui que Votre « Majesté daignerait peut-être nous prêter deviendrait sans doute con- « cluant [1]. » Si les États secondaires comptaient encore sur l'appui du gouvernement impérial, ils ne devaient pas tarder à être désabusés; en attendant, leurs généraux conduisaient les opérations militaires sans élan et comme pour l'acquit de leur conscience. Le prince Alexandre de Hesse ne fit aucun effort sérieux pour défendre Francfort, où les Prussiens entrèrent en vainqueurs dans la soirée du 19 juillet.

Francfort, l'une des capitales de la banque européenne, ardent foyer de l'agitation anti-prussienne et d'une presse hostile à M. de Bismark jusqu'à la violence, n'était pas très rassuré. Les banquiers et les journalistes de l'ancienne cité impériale allaient se trouver en face de ces hobereaux prussiens qu'ils affectaient tant de dédaigner. Francfort en fut quitte pour payer 25 millions de florins; quant à l'hospitalité que les Francfortois durent exercer envers les soldats pussiens, le général Vogel de Falkenstein se chargea d'en régler les devoirs.

Le bruit courut à Paris, quelques jours après l'occupation, que Francfort venait d'être frappé d'une nouvelle contribution de 6 millions de florins, et que, si cette ville ne s'acquittait pas en vingt-quatre heures

---

1. Papiers des Tuileries.

Fig. 51. — Maximilien, découragé, était tombé dans une sorte de torpeur dont sa femme essayait vainement de le tirer

d'une contribution égale, elle serait livrée au pillage. Napoléon III crut devoir adresser à ce sujet quelques observations à M. de Goltz; l'ambassadeur de Prusse à Paris lui répondit : « C'est la totalité de la contribu« tion qui s'élève à 25 millions de florins (54 millions de francs), somme « qui pour la ville des Rothschild peut être considérée comme extrême« ment modérée; le gérant du ministère des affaires étrangères m'a « répondu qu'il ignorait le mode adopté pour faire rentrer la contribu« tion, mais qu'il n'avait pas besoin de me dire qu'on n'avait nullement « menacé de piller la ville. M. de Bismarck me mande qu'il ignore si « l'on a menacé de piller, mais que pareil ordre n'avait aucune chance « d'être exécuté, attendu que des soldats prussiens refuseraient de se « servir d'une pareille permission [1]. »

L'armée du Mein, sans s'oublier dans les délices de Francfort, reprit tout de suite l'offensive; l'armée fédérale, après une série d'opérations dans lesquelles les alliés montrèrent les mêmes hésitations, les mêmes divergences de vues et d'intérêts, le même esprit de désunion, s'était retirée derrière les forteresses de Wurtzbourg et de Marienberg, où le général Manteuffel l'atteignit le 27. La convention de Nikolsburg, signée la veille, entre la Prusse et l'Autriche, portait qu'un armistice serait conclu avec la Bavière et qu'il daterait du 2 août. Les Prussiens mirent ce temps à profit pour attaquer Marienberg et pour s'emparer de sa citadelle. Le général Manteuffel, muni des pleins pouvoirs nécessaires pour conclure des suspensions d'armes avec les États secondaires, n'eut pas grand'peine à s'entendre avec eux. Le 4 août, la guerre prit fin.

M. de Bismarck ne déclina pas la médiation que Napoléon III, au lieu de soumettre la question à l'Europe, offrait aux belligérants; il tâcha seulement de pousser secrètement l'Autriche à traiter avec lui. Ses conditions de paix étaient dures; il subordonna la conclusion de l'armistice à leur acceptation : exclusion de l'Autriche de l'Allemagne, annexion de la plus grande partie des Etats allemands occupés par l'armée prussienne, voilà les exigences de la Prusse. On était loin du programme de la lettre impériale du 14 juin qui, tout en demandant pour la Prusse plus de force et d'homogénéité dans le Nord, réclamait pour l'Autriche le maintien de sa grande position en Allemagne. M. Benedetti protesta contre des exigences qui ne pouvaient, dit-il, manquer d'être blâmées par l'Europe entière. M. de Bismarck se préoccupait peu de l'Europe. L'essentiel pour

---

[1]. Papiers des Tuileries, lettre du 25 juillet.

lui était de s'entendre avec Napoléon III. Les revers de l'Autriche permettaient, selon lui, à la France et à la Prusse de modifier leur état territorial, et de résoudre entre elles toutes les difficultés européennes. Napoléon III crut devoir repousser ces ouvertures et présenter une contre-proposition empruntée à la lettre du 11 juin : les États allemands formeraient une nouvelle confédération avec laquelle l'Autriche et la Prusse concluraient des traités séparés. Le Hanovre, la Saxe, les duchés de la Thuringe passeraient sous l'hégémonie de la Prusse, à laquelle on annexerait les duchés de l'Elbe, la Hesse, le Brunswick et le Mecklembourg en échange des provinces du Rhin qui indemniseraient les princes dépossédés. Enfin la France reprendrait sa frontière de 1814. Cette contre-proposition fut repoussée. La Prusse exigeait la sortie de l'Autriche de l'Allemagne, en laissant une certaine indépendance à la Saxe, et la faculté aux États au sud du Mein de former une confédération entièrement séparée de celle du Nord.

La médiation de Napoléon III avait été complètement inutile à l'Autriche. La Saxe et les États du Sud y avaient seuls trouvé quelque avantage. Quant à la ligne de démarcation du Mein, tracée par Napoléon III, M. de Bismarck avait l'air de ne la considérer que comme un moyen adopté par l'Empereur pour donner à l'opinion publique une haute idée de son influence et pour prouver sa satisfaction du résultat obtenu. Les précautions de Napoléon III pour s'ôter à lui-même le caractère d'arbitre imposant des solutions aux parties, son soin constant de ne garder que le rôle d'intermédiaire amical pour amener les puissances belligérantes sur un terrain commun, suffisaient-ils pour enlever à la ligne du Mein, tracée de sa main comme barrière à la Prusse, son caractère de séparation imposé par l'étranger aux Allemands du Nord et du Sud? M. de Bismarck savait d'avance que le patriotisme pousserait des deux côtés à la franchir. L'union des États du Sud recommandée par Napoléon III n'inquiétait pas non plus beaucoup M. de Bismarck; ces États, qui n'étaient pas grand'chose avec l'Autriche, n'étaient plus rien sans elle. Ils pouvaient bien à la rigueur, et dans les questions de détail, solliciter isolément l'appui du gouvernement impérial ; mais s'allier avec lui contre la Prusse, l'opinion publique ne l'eût point permis. M. de Bismarck comptait d'ailleurs prendre ses précautions contre les petits États, en les obligeant à signer des traités secrets d'alliance offensive et défensive, en vertu desquels leurs armées passeraient en temps de guerre sous le commandement du roi de Prusse.

Le comte Karolyi, le général comte de Dengenfeld et le baron Brenner, plénipotentiaires de l'Autriche, arrivèrent à Nickolsburg le 22, et les conférences commencèrent le lendemain : M. de Bismarck, certain, le 23, que Napoléon III appuyait les annexions de la Prusse dans le nord de l'Allemagne jusqu'au chiffre de 4 millions d'habitants, et que l'Autriche se résignait à sortir de l'Allemagne, se hâta de transformer les clauses pour un armistice en clauses pour la paix, et d'aborder sans plus de retard la question des frais de guerre et des avantages territoriaux. La Prusse laissait à l'Autriche le choix de payer 40 millions de thalers ou de céder une portion de territoire de chaque côté du comté de Glatz. L'Autriche opta pour le payement en faisant ses réserves sur la somme fixée par la Prusse, qu'elle était hors d'état de payer. Le prince royal la fit diminuer de 5 millions de thalers, et M. de Bismarck consentit à en appliquer quinze autres aux dépenses de l'Autriche dans la guerre du Sleswig-Holstein; l'indemnité fut donc réduite de moitié. L'Autriche n'éleva aucune objection aux agrandissements territoriaux de la Prusse, elle se borna à faire de l'intégrité de la Saxe comme de la sienne propre la condition *sine qua non* de la paix.

Les préliminaires de paix et l'armistice furent signés ensemble le 27 juillet sans la participation de l'Italie. L'armée italienne était désormais sans utilité pour la Prusse. M. de Bismarck fit cependant à son alliée la concession de laisser en suspens les engagements pris jusqu'à ce que la Prusse fût en mesure de déclarer à l'Italie que la Vénétie lui appartenait, et que le but de leur traité fût atteint.

Les ratifications des préliminaires de paix échangées le 28 juillet à Nikolsburg, le roi fit sa rentrée le 2 août à Berlin. L'enthousiasme avec lequel il fut reçu par les habitants de sa capitale, n'était pas exempt de quelque inquiétude. Guillaume Ier, dans son discours d'ouverture de la Chambre nouvellement élue, chercherait-il à mettre fin au conflit existant depuis 1860 entre la seconde Chambre et le gouvernement, au sujet de l'armée? Cette question préoccupait tous les esprits; le roi Guillaume y répondit le 5 août; debout devant son trône dans la salle blanche du château, il reconnut que les dépenses publiques manquaient depuis quelques années de base légale : il invoqua la raison d'État pour excuse, et il demanda un bill d'indemnité que les peuples refusent rarement au succès. Le roi ne dit rien des résultats de la guerre : il avait pour cela de bonnes raisons. Napoléon III s'était enfin expliqué, et Guillaume Ier n'aurait pas pu parler des annexions sans mentionner en même temps les compensations réclamées par Napoléon III avec une persistance qui faisait croire au gouvernement prussien que la guerre était inévitable [1].

Les préliminaires de Nikolsburg ne laissaient plus que quelques points de détail à régler ; la paix fut signée à Prague le 23 août. L'empereur d'Autriche consentit par le traité à la réunion de la Vénétie à l'Italie, à la dissolution de la Confédération germanique, à la création, sans sa participation, d'une nouvelle organisation de l'Allemagne, à la reconnaissance anticipée de l'union plus étroite qui serait fondée par le roi de Prusse au nord de la ligne du Mein, et à l'union internationale et indépendante des États au sud de cette ligne, dont les liens avec la Confédération du Nord feraient l'objet d'une entente ultérieure entre les deux parties. L'empereur d'Autriche transféra en outre au roi de Prusse les droits que la paix de Vienne du 30 octobre 1864 lui reconnaissait sur les duchés du Sleswig et du Holstein, avec cette réserve que les populations du nord du Sleswig seraient de nouveau réunies au Danemark, si elles en manifestaient la volonté par un vote libre. Le roi de Prusse, sur le désir exprimé par l'empereur d'Autriche, se déclara prêt à maintenir la Saxe dans son étendue actuelle, en se réservant de régler par un traité spécial, la position de ce royaume dans la Confédération du Nord. L'Autriche payait à la Prusse une indemnité de 20 millions de thalers versés en deux fois dans un délai de trois semaines, à l'expiration duquel les Prussiens quitteraient le territoire de l'empire. Le dernier traité de commerce entre la Prusse et l'Autriche était maintenu [2].

Les négociations avec les États secondaires commencées à Nikolsburg se poursuivirent à Berlin. La Bavière, admise à accéder à l'armistice, s'était portée garante de l'accession des autres États du Midi. La Prusse refusa néanmoins d'entamer une négociation collective ; ils furent obligés de

---

[1]. On lit dans l'ouvrage de M. Benedetti, *Ma mission en Prusse* : « Des bruits de guerre avec la France circulaient alors à Berlin : « Monsieur le ministre, dis-je, voulez-vous me « permettre de vous adresser une demande singulièrement indiscrète? Est-ce la paix ou « la guerre que j'emporte à Paris? » M. de Bismarck me répondit vivement : « L'amitié, « l'amitié durable avec la France! J'ai l'espoir que la France et la Prusse formeront désor « mais le dualisme de l'intelligence et du progrès. » Cependant il m'avait paru surprendre un sourire sur les lèvres d'un homme, destiné à marquer grandement sa place dans la politique prussienne, le baron de Kendell. J'allai chez lui le lendemain et lui avouai combien son sourire m'avait intrigué. « Vous partez ce soir pour la France, me dit il ; eh bien, « engagez-vous sur l'honneur à garder jusqu'à Paris le secret que je vais vous confier : « Avant quinze jours, nous aurons la guerre sur le Rhin si la France persiste dans ses « revendications territoriales. Elle nous demande ce que nous ne pouvons ni ne voulons « lui donner : la Prusse ne cédera pas un pouce du sol germanique ; nous ne le pourrions « pas sans soulever contre nous l'Allemagne tout entière, et, s'il le faut, nous la soulève-« rons contre la France plutôt que contre nous. »

[2]. *Annuaire des Deux-Mondes*.

s'entendre séparément avec elle. La Prusse manifestait de terribles exigences territoriales et pécuniaires : 20 millions de thalers et deux districts renfermant 500 000 habitants, voilà ce qu'elle demandait à la Bavière. Celle-ci invoqua l'appui du gouvernement impérial de France. La Saxe avait aussi besoin d'un auxiliaire, car son existence, quoique garantie par le traité de Prague, dépendait des conditions qu'y mettrait M. de Bismarck; elle furent exorbitantes; la Saxe, en les subissant, n'aurait plus existé que de nom. Napoléon III eut de la peine à la tirer des griffes de la Prusse.

Deux négociations distinctes, l'une, dont il vient d'être question, ayant pour objet de conclure la paix avec les États belligéeants, l'autre de régler les conditions de l'alliance entre les États de la Confédération nouvelle, furent ouvertes à Berlin et poussées, toutes les deux, avec une égale vigueur par M. de Bismarck. Il signa le 4 août avec les États un traité d'alliance offensive et défensive pour le maintien réciproque de leur sûreté intérieure et extérieure; la Prusse, impatiente de franchir moralement la ligne du Mein, ne tarda pas à proposer aux États du Sud des traités d'alliance offensive et défensive pour la garantie des territoires, sur le modèle de ceux qu'elle avait déjà signés avec les États du Nord. Les États du Sud, peu désireux de se laisser absorber par la Prusse, comptaient sur l'appui désintéressé du gouvernement impérial de France; mais M. de Bismarck avait habilement semé en Allemagne le bruit des revendications de Napoléon III; l'opinion publique s'en indigna; les gouvernements allemands, craignant pour leur popularité et pour leur indépendance, se jetèrent dans les bras de la Prusse.

CHAPITRE XII

LES SUITES DE LA BATAILLE DE SADOWA.

Note du *Moniteur* annonçant la médiation. — Enthousiasme de boursiers et de journalistes. — Les journaux démocratiques demandent la neutralisation des provinces du Rhin. — Les amis de l'Empereur ne lui cachent pas que son prestige est atteint. — L'Empire n'est pas prêt pour la guerre. Première ouverture au sujet de la Belgique. — Double jeu de Napoléon III. M. Drouyn de Lhuys est obligé de donner sa démission et est remplacé par M. de Moustier. — Projet de traité dont M. Benedetti laisse imprudemment le brouillon entre les mains de M. de Bismarck. M. de Bismarck se retourne du côté de la Russie. Circulaire optimiste de M. de La Valette. — L'Allemagne est rassurée par cette circulaire. — Napoléon III à Vichy. — La question du Luxembourg. — Arrivée de l'impératrice du Mexique à Paris. — Elle se rend à Rome. Ratification du traité entre l'Autriche et la France pour la cession de la Vénétie. — Le congrès de Genève. — La nouvelle organisation militaire. Rapport de M. Fould sur la situation financière. — Manifeste du comte de Chambord.

Le Corps législatif, en refusant d'aborder dans le cours de la discussion du budget, l'examen de la situation politique de l'Europe, avait prouvé sa résolution formelle de laisser au gouvernement l'entière liberté de ses déterminations relativement aux affaires d'Allemagne. La guerre avait déjà commencé en Italie; l'Autriche, satisfaite d'avoir repoussé victorieusement l'attaque des Italiens sur le quadrilatère, et maintenu l'honneur de ses armes à Custozza, proposa à Napoléon III de lui céder la Vénétie, en invoquant sa médiation pour conclure avec l'Italie une paix séparée. La bataille de Sadowa ne permit bientôt plus de songer à cet arrangement, et le gouvernement impérial se vit forcé d'offrir une médiation plus étendue.

On lut le 5 juillet en tête du *Moniteur* :

« Un fait important vient de se produire.

« Après avoir sauvegardé l'honneur de ses armes en Italie, l'empereur d'Autriche, accédant aux idées émises par l'empereur Napoléon à son ministre des affaires étran-

Fig. 32. — Maximilien reçoit les conseils du Père Fisher.

gères, cède la Vénétie à l'empereur des Français et accepte sa médiation pour amener la paix entre les belligérants.

« L'empereur Napoléon s'est empressé de se rendre à cet appel et s'est immédiatement adressé aux rois de Prusse et d'Italie pour amener un armistice. »

Cette note fut un coup de théâtre. Les préfets reçurent l'ordre de la faire publier dans toutes les communes. Une hausse plus considérable que celle de Villafranca eut lieu à la Bourse; transparents, drapeaux, lampions, tout l'outillage de l'enthousiasme parisien fut mis en œuvre aussitôt : les cafés, les restaurants, les théâtres, les lieux publics, se pavoisèrent comme par enchantement; le soir, ils illuminèrent. Les journaux officieux entonnèrent un hymne en l'honneur de Napoléon III; la France, à les entendre, allait exercer sur l'Europe transformée un arbitrage de force, de justice et de modération.

L'examen attentif de la situation justifiait-il cet enthousiasme?

La France, au lieu de la vieille et inerte Confédération germanique, allait avoir pour voisine, sous le titre de Confédération de l'Allemagne du Nord, une agglomération de 29 millions d'hommes remise aux mains jeunes et vigoureuses de la Prusse. La haine de Napoléon III contre les traités de Vienne était satisfaite; mais l'opinion publique trouvait cette satisfaction un peu trop chèrement payée. La lettre du 11 juin souhaitait plus de force et d'homogénéité à la Prusse dans le nord, et en même temps le maintien de la grande position de l'Autriche en Allemagne, et un accroissement d'importance pour les États secondaires. Le contraire se réalisait. La Prusse avait-elle fait des promesses et laissé entrevoir des compensations territoriales? Les organes de la presse démocratique qui n'avaient vu dans les derniers événements que le triomphe des grands principes de nationalité semblaient n'en pas douter. « La cour de France, dit le *Siècle* dans un article placé très en vue dans sa première page, en prévision d'un agrandissement considérable de la Prusse, a ouvert avec la cour de Berlin des pourparlers au sujet des frontières du Rhin. » Il ajoutait, il est vrai, que la Prusse n'avait point cru devoir jusqu'ici accueillir les propositions de Napoléon III. Le *Constitutionnel* traita ces informations de suppositions gratuites. Il peut se faire, dit-il, que la France ait droit à des compensations; mais croire à un programme, c'est méconnaître le caractère ordinaire des démarches diplomatiques; c'est ne pas tenir compte des relations très amicales qui existent entre les deux puissances, et enfin « c'est oublier que le véritable intérêt « de la France n'est pas d'obtenir quelque agrandissement insignifiant

« de territoire, mais d'aider l'Allemagne à se constituer de la manière
« la plus favorable à ses propres intérêts et à ceux de l'Europe. »

La presse étrangère paraissait convaincue que Napoléon III demandait tout au moins la restitution des forteresses qui appartenaient à la France avant 1789, et qui complètent la ceinture de fer de Vauban : Philippeville, Marienbourg, Sarrelouis, Landau et peut-être aussi Luxembourg. L'arrivée subite du maréchal de Mac-Mahon à Paris donna une nouvelle activité à ces bruits. Les journaux officieux furent obligés de déclarer que le gouverneur de l'Algérie n'était venu en France que pour des affaires particulières, et qu'il n'avait pas été reçu par l'Empereur. La question des compensations n'en continuait pas moins à être l'objet des préoccupations de la presse. Le *Siècle* ne consentait à tolérer les annexions de la Prusse que si elle se résignait à faire des provinces rhénanes, un État neutre et indépendant de l'hégémonie prussienne. L'Allemagne, grâce à cette idée, ne céderait pas à la France un pays qu'elle considère comme allemand, mais elle renoncerait à la possibilité de s'en servir contre elle ; la question de la frontière de 1814 disparaîtrait ainsi dans la solution de la grande question du Rhin. Luxembourg, Sarrelouis, Landau, forteresses offensives, ne pouvaient pas rester entre les mains d'une grande puissance militaire. Landau et les forteresses de la Sarre étaient d'ailleurs françaises depuis un siècle et demi lorsqu'on en dépouilla la France. Pourquoi ne consulterait-on pas les populations pour savoir si elles consentent à cette spoliation? Il est certain, ajoutaient les partisans des compensations, que le système d'organisation militaire prussien, si fort pour une courte campagne, ne peut être mis en mouvement sans arracher, pour ainsi dire, la société tout entière à ses fondements; la Prusse doit éprouver le besoin de reprendre son calme; le moment est bien choisi pour mettre fin à une situation qui pourrait rendre la guerre inévitable. Une rectification des frontières de l'Est n'était-elle pas d'ailleurs la moindre des concessions que le gouvernement impérial pût obtenir pour relever son prestige? Le bruit se répandit qu'une demande dans ce sens avait été présentée au cabinet de Berlin, au moment de la réunion du Parlement prussien. Il aurait fallu, pour qu'elle eût quelque chance d'être adoptée, la présenter à la Prusse à la pointe de l'épée. Mais le maréchal Randon, ministre de la guerre, avait déclaré à l'Empereur qu'il n'avait pas d'armée à envoyer sur le Rhin.

Napoléon III était atteint dans son prestige; ses amis ne le lui cachaient pas. « Vous vous faites d'étranges illusions, écrit la reine de Hollande,

« le 18 juillet 1866, à M. d'André, ministre de Napoléon III à La Haye.
« Votre prestige a plus diminué dans la dernière quinzaine que pendant
« toute la durée du règne. Vous permettez de détruire les faibles, vous
« acceptez un cadeau, et vous ne savez pas adresser une bonne parole à
« celui qui vous le fait. Je regrette que vous ne voyez pas le danger d'une
« puissante Allemagne et d'une puissante Italie. C'est la dynastie qui est
« menacée. La Vénétie cédée, vous deviez marcher sur le Rhin, imposer
« vos conditions; laisser égorger l'Autriche, c'est plus qu'un crime, c'est
« une faute. » L'Empereur sentait bien qu'il fallait faire quelque chose
pour se relever, mais quoi ? Obtenir des compensations pour les agrandissements territoriaux de la Prusse, fût-ce au prix d'une guerre. Le conseil
privé et le conseil de régence discutèrent la question à ce point de vue
et reconnurent qu'on n'était pas prêt. Il fallait se contenter de négocier.

M. Drouyn de Lhuys, après avoir rappelé le 23 juillet à M. Benedetti
que les changements territoriaux en faveur de la Prusse ne pouvaient
être sanctionnés par l'Empereur sans qu'elle reconnût l'équité et la convenance de lui accorder des compensations, chargea son représentant à
Berlin de pressentir M. de Bismarck à ce sujet. M. de Bismarck répondit
que le roi consentirait difficilement à céder une partie quelconque du
territoire prussien, mais qu'il ne s'opposerait pas à ce qu'on cherchât
dans le Palatinat un point à rattacher à la frontière française. Ne vaudrait-il pas mieux, ajouta-t-il, unir la Belgique à la France? Napoléon III,
sans répondre d'abord à cette ouverture, insistait pour obtenir la cession
du pays entre le Rhin et la Moselle. « Je n'ai jamais pensé, a dit
M. de Bismarck[1], qu'il fût possible d'accepter des offres de cette nature.
Mais j e croyais utile, dans l'intérêt de la paix, de laisser autant que
possible aux diplomates français les illusions qui leur sont propres. En
conséquence, je négociai dilatoirement, sans jamais faire de promesses[1]. »
Celui qui suit attentivement la marche de ces négociations peut difficilement souscrire à la prétention de M. de Bismarck et considérer la
proposition d'annexer la Belgique à la France comme un moyen d'amuser
le tapis. La vérité est qu'il pressait très vivement en ce moment le
gouvernement impérial, au milieu de ces négociations dilatoires, de
reconnaître les annexions. L'Empereur et M. Drouyn de Lhuys étaient
à Vichy. M. de Goltz s'adressa donc le 3 août à M. Rouher, qui lui fit
observer que la reconnaissance des annexions dépendait de la rectification

---

1. Circulaire du 29 juillet.

des frontières; que l'Empereur, voulant les résoudre simultanément, attendait la réponse de M. Benedetti, chargé de traiter la question à Berlin. M. de Goltz ne niait pas la justesse de cette observation; il se montrait un peu blessé seulement que le gouvernement impérial ne lui fît que des communications vagues et le laissât dans une ignorance presque absolue des conditions de son consentement aux annexions. M. Rouher écrivit à l'Empereur et lui demanda de lui tracer un programme. Quant à lui, sera-t-il dans son rôle de négociateur officieux explicite ou non? Ne demandera-t-il que les frontières de 1814 ou aura-t-il de plus vastes prétentions? « L'opinion publique, ajoute-t-il, égarée, entraînée par les
« habiletés des hommes de parti, se prononce de plus en plus dans le sens
« d'un agrandissement à notre profit; la presse officieuse ne peut
« modérer ce sentiment, parce qu'elle n'ose le partager à un degré
« quelconque. C'est là une mauvaise position, qu'il faut faire cesser le
« plus vite possible. Si demain nous pouvions dire : La Prusse consent à
« ce que nous reprenions les frontières de 1814 et à effacer aussi les
« conséquences de Waterloo, l'opinion publique aurait un aliment et
« une direction; on ne se débattrait plus que sur une question de quotité
« à laquelle les masses resteraient indifférentes. Je ne crois pas que cette
« rectificaton obtenue vaille quittance pour l'avenir. Sans doute, il
« faudra que de nouveaux faits se produisent pour que de nouvelles pré-
« tentions s'élèvent, mais ces faits se produiront certainement; l'Alle-
« magne n'en est qu'à la première des oscillations nombreuses qu'elle
« subira avant de trouver sa véritable assiette. Tenons-nous plus prêts,
« à l'avenir, à mieux profiter des événements. »

M. Rouher expliquait le silence de l'Empereur sur ses relations personnelles par la convenance qu'il y avait à attendre, pour les traiter avec la Prusse, la fin de son rôle de médiateur. M. Rouher pensait d'ailleurs que les occasions de profiter des événements ne manqueraient pas; il comptait sur la ligne du Mein « comme matière à transaction », d'autant plus que M. de Goltz ne lui dissimulait pas les convoitises de son gouvernement à ce sujet. L'Impératrice avait voix au chapitre; quelle était son opinion? Elle aurait voulu demander beaucoup ou rien, pour ne pas compromettre les prétentions définitives; cet avis ne signifiait pas grand'chose : pour demander beaucoup, il était nécessaire d'avoir une armée, et, pour ne demander rien, il fallait pouvoir se passer entièrement de compter avec le sentiment public.

Les vues de l'Empereur furent précisées et transmises le 29 juillet à M. Benedetti. Il demandait la rive gauche du Rhin jusques et y compris Mayence. M. Benedetti savait mieux que personne l'impossibilité d'une telle proposition. Il la soumit cependant le 5 août à M. de Bismarck, et, comme il insistait avec une énergie presque menaçante pour la faire accepter : « Soit, répondit le ministre prussien, nous aurons la guerre, et, s'il le faut, *une guerre à coups de révolution*, dans laquelle les dynasties allemandes feront preuve de plus de solidité que celle des Bonaparte. »

M. Drouyn de Lhuys avait proposé le 8 août l'expédient de la formation d'un État neutre sur le Rhin. Le ministre des affaires étrangères adressait des mémoires à l'Empereur pour lui démontrer, ce qui n'était pas bien difficile, le danger des annexions prussiennes, lorsque Napoléon III, par un de ses revirements habituels, abandonna la position que son ministre venait de prendre avec son assentiment. M. Drouyn de Lhuys fut obligé de donner sa démission. Il quitta le ministère des affaires étrangères avec une lettre de satisfaction de l'Empereur, le titre de membre du conseil privé et les appointements de 100 000 francs qui y étaient affectés. M. de Moustier, ambassadeur à Constantinople, lui succéda. Le public attribua sa retraite à l'insuccès des négociations entamées pour les compensations, insuccès trahi par le langage de certains journaux étrangers, bien connus pour être les organes du gouvernement impérial, et qui accusaient hautement M. de Bismarck de félonie et de trahison ; M. de Bismarck oublie, répétaient-ils, tout ce qui s'est dit à Biarritz, et ne répond pas même aux observations confidentielles de M. Benedetti. Ces plaintes inquiétaient fort l'opinion publique, surtout depuis la démission de M. Drouyn de Lhuys. Napoléon III allait, disait-on, par l'intermédiaire du nouveau ministre des affaires étrangères, poser ses conditions à la Prusse ; on annonçait chaque jour pour le lendemain l'apparition d'un manifeste à l'Europe. Ce manifeste était une lettre adressée le 12 août à M. de La Valette. « Le véritable intérêt de la France, disait l'Empereur, n'est pas d'obtenir un agrandissement de territoire insignifiant, mais d'aider l'Allemagne à se constituer de la façon la plus favorable à ses intérêts et à ceux de l'Europe. » La politique des compensations était remplacée par celle des agglomérations.

M. de Bismarck, voyant que Napoléon III renonçait au Rhin, crut alors pouvoir en revenir au traité d'alliance dont il avait parlé à Brünn et à Nickolsburg. Napoléon III formula sa pensée de la façon suivante : « traité ostensible, qui au minimum nous attribue le Luxemburg ; traité secret stipulant une alliance offensive et défensive ; faculté pour la France de s'annexer la Belgique au moment où elle le jugera opportun, promesse de concours même par les armes de la part de la Prusse. » M. Benedetti reçut le 16 août ces nouvelles instructions et discuta avec M. de Bismarck les combinaisons qui pourraient en résulter ; il alla même jusqu'à les transcrire sous sa dictée pour mieux s'en rendre compte. M. Benedetti connaissait M. de Bismarck et se méfiait de lui. La prudence la plus vulgaire lui commandait de ne pas laisser ce projet écrit par lui aux mains de son interlocuteur. Le conseil des ministres à Paris délibéra plusieurs fois sur ce traité, dont rien ne semblait devoir entraver la conclusion, lorsque tout à coup M. de Bismarck mit dans les négociations une lenteur qui parut suspecte à M. Benedetti. La Prusse avait-elle trouvé ailleurs qu'à Paris l'alliance qu'elle cherchait ? Cela paraissait fort vraisemblable, lorsqu'on se rappelait que M. de Manteuffel avait brusquement quitté le 7 août, c'est-à-dire deux jours après la demande de Mayence, le commandement de son corps d'armée pour se rendre à Saint-Pétersbourg. L'alliance avec Napoléon III associait Guillaume Ier à l'exécution d'un projet assez téméraire, si l'on songe aux relations de l'Angleterre avec la Belgique ; tandis que l'alliance avec Alexandre II ne l'obligeait qu'à lui prêter en Pologne un concours utile à elle-même et à seconder sa politique en Orient. Il opta donc pour l'alliance russe, plus conforme d'ailleurs à son penchant.

Les négociations entre Napoléon III et Guillaume Ier n'avaient abouti qu'à fournir à M. de Bismarck une arme redoutable, l'original écrit par M. Benedetti du traité d'annexion de la Belgique. M. de Bismarck pouvait en attendant montrer aux Etats du Sud, qui dans la conclusion de leurs arrangements particuliers avec la Prusse invoquaient l'appui de Napoléon III, d'autres documents prouvant que leur prétendu protecteur cherchait à trafiquer de leur indépendance avec la Prusse. M. de Bismarck, profitant habilement de l'impression produite par ces révélations, et usant d'adroites concessions, conclut avec les petits Etats du Sud des traités d'alliance offensive qui assuraient la prépondérance de la Prusse au midi comme au nord. Les plénipotentiaires de l'Autriche et de la Prusse négociaient encore à Prague, pendant que celle-ci franchissait moralement le Mein. La paix fut signée à Prague le 24 août. Napoléon III y perdait en quelque sorte autant que l'Autriche. Il fit cependant contre mauvaise fortune bon cœur, et M. de La Valette, ministre de l'intérieur, chargé par intérim du portefeuille des affaires étrangères jusqu'à l'arrivée de M. de Moustier, adressa le 14 septembre une circulaire à

Fig. 53. — Les délégués du clergé lyonnais, au nom de 1 400 prêtres, viennent à Rome pour obtenir le maintien de leur liturgie; ils sont brutalement congédiés par le secrétaire de la congrégation des rites, Mgr Bartoloni.

tous les agents diplomatiques du gouvernement impérial, dans laquelle le ministre, impassible au milieu de l'écroulement de la vieille Europe, reconnaît qu'une force irrésistible pousse les peuples à se rejoindre et à former de puissantes unités.

Le ministre de Napoléon III en convient, « l'existence de l'Italie modifie profondément les conditions politiques de l'Europe ; mais, malgré des susceptibilités irréfléchies et des injustices passagères, ses idées, ses principes, ses intérêts la rapprocheront de la nation qui a versé son sang pour l'aider à conquérir son indépendance. Quant à l'Autriche, dégagée de ses préoccupations italiennes et germaniques, concentrant ses forces à l'est de l'Europe, elle représente encore une puissance de 35 millions d'âmes qu'aucun intérêt ne sépare de la France.

« La coalition des trois cours du Nord brisée, la Baltique et la Méditerranée sillonnées par des marines secondaires favorables à la liberté des mers, l'Europe transformée n'offre que des garanties à la France et à la paix du monde. En résumé, du point de vue élevé d'où le gouvernement impérial considère les destinées de l'Europe, l'horizon lui paraît dégagé d'éventualités menaçantes. Les problèmes redoutables, qui devaient être résolus parce qu'on ne les supprime pas, pesaient sur les destinées des peuples ; ils auraient pu s'imposer dans des temps plus difficiles ; ils ont reçu leur solution naturelle sans de trop violentes secousses et sans le concours dangereux des passions révolutionnaires.

« Une paix qui reposera sur de pareilles bases sera une paix durable. »

L'isolement de l'Empire français transformé en « liberté des alliances », l'agrandissement de la Prusse en garantie de paix, l'auteur de la circulaire pouvait ajouter : « La France, de quelque côté qu'elle porte ses regards, n'aperçoit rien qui puisse entraver sa marche et troubler sa prospérité. » Cette circulaire, qui n'était autre chose que la théorie du laisser faire et du laisser parler érigée en dogme politique, surprit l'opinion plus qu'elle ne la rassura, quelque envie qu'elle eût de croire au maintien de la paix ; elle se terminait par l'annonce de la formation prochaine d'une commission chargée de rechercher ce qu'il y aurait à faire pour mettre nos forces nationales en situation d'assurer la défense de notre territoire et le maintien de notre influence politique.

Un ministre intérimaire ne se serait pas permis autrefois de prendre la moindre mesure qui pût engager la responsabilité du collège qu'il remplaçait provisoirement. Il eût paru étrange que le ministre des affaires étrangères chargé de l'intérim du ministère de l'intérieur adressât une circulaire politique importante aux préfets. La surprise fut donc grande en voyant le ministre de l'intérieur enlever à M. de Moustier le soin d'expliquer lui-même une politique qu'il était chargé d'appliquer. Les journaux officieux n'en couvrirent pas moins de fleurs la circulaire et son auteur. « Le ministre, dit la *Patrie*, a parlé le langage qui convient « à la grandeur de la France, à la loyauté de sa politique, aux principes « de civilisation qu'elle représente, au but élevé qu'elle doit poursuivre. » Le *Constitutionnel* admira la circulaire, comme « l'exposé complet « d'une politique qui, tout en respectant ce qu'il y a de noble et de glo- « rieux dans le passé, comprend et devance l'avenir, et qui a toujours « sacrifié les vieux ressentiments et les petits calculs aux intérêts de la « justice et de la civilisation. Elle fait admirablement connaître les vues « larges et patriotiques dont s'inspire le gouvernement impérial et aux- « quelles notre pays doit la grande position qu'il occupe dans le monde. »

L'optimisme de M. de La Valette ne fut pas cependant sans causer quelque surprise aux personnes habituées à réfléchir. Quoi ! des remaniements territoriaux changeant toutes les conditions de l'équilibre européen s'accomplissent sans la participation de la France, de l'Angleterre et de la Russie, et la circulaire présente ces remaniements comme définitifs ! La simple annexion de la Toscane au Piémont avait été pour Napoléon III une raison suffisante pour demander Nice et la Savoie à l'Italie, et il laisse une partie de l'Allemagne passer dans les mains de la Prusse sans demander ni garantie ni compensation ; il impose à l'Italie la théorie des frontières naturelles, et il ne l'applique pas à la Prusse, bien plus forte aujourd'hui que l'Italie en 1860 ! Comment expliquer ensuite l'énorme contradiction entre la lettre du 11 juin à M. Drouyn de Lhuys et la circulaire de M. de La Valette, l'une demandant pour l'Autriche le maintien de sa grande position en Allemagne, l'autre constatant avec satisfaction que l'Autriche n'existe plus comme puissance allemande ; la lettre de l'Empereur déclarait que « nous pourrions songer à l'extension de nos frontières si la carte de l'Europe venait à être modifiée au profit exclusif d'une puissance », et la circulaire déclare que la France ne demande aucun agrandissement au moment où la carte de l'Europe est profondément modifiée au profit de la Prusse. La satisfaction de la France est immense, selon la circulaire, en voyant les traités de 1815 détruits. Il en reste cependant la partie la plus humiliante, le traité du 20 novembre 1815, annulant ou affaiblissant nos défenses naturelles ou artificielles de la Meuse au Rhin, des Vosges et des Ardennes. « L'horizon est dégagé d'éventualités menaçantes, » dit la circulaire, et en même temps elle proclame la nécessité « pour la défense de notre territoire de perfectionner sans délai notre organisation militaire » ; la politique actuelle et les alliances qui doivent en résulter ont pour but principal « d'enlever à la Révolution le prestige du patronage dont elle prétend couvrir la cause de la liberté des peuples » ; ne peut-on craindre au contraire que la politique du gouvernement impérial ne l'augmente?

Comment ne pas remarquer en outre que le nom de l'Angleterre n'était pas prononcé dans la circulaire? M. de La Valette avait-il voulu consacrer la doctrine si souvent professée par l'Angleterre elle-même, qu'elle n'était nullement intéressée dans les affaires politiques du continent? La presse anglaise en tout cas ne témoigna nul mécontentement de ce silence ; quant à la presse allemande, elle ne pouvait ressentir qu'une satisfaction sans mélange : le 14 juillet, après le vote de la Diète, tous les regards en Allemagne s'étaient tournés du côté de Napoléon III. Son intervention dans les affaires de l'Allemagne planait comme une menace sur le présent et sur l'avenir. L'opinion commença pourtant à se rassurer un peu en voyant M. de Bismarck, comme si un engagement avec le gouvernement impérial l'y eût autorisé, dégarnir la frontière du Rhin. La lettre de Napoléon III à M. Drouyn de Lhuys et le discours d'Auxerre avaient confirmé plutôt que démenti cette impression ; l'Allemagne n'était pas cependant sans ressentir encore de vagues inquiétudes. La circulaire de M. de La Valette la rassura complètement.

Une visite inattendue vint fort désagréablement rappeler à Napoléon III une affaire qui avait exercé une grande et désastreuse influence sur les événements passés et dont le poids ne pesait encore que trop lourdement sur la situation présente. L'impératrice Charlotte avait quitté Mexico le 8 juillet. Le bruit de son arrivée circulait à Paris avec assez de persistance dès les premiers jours du mois d'août pour que le général Almonte, alors en mission auprès du gouvernement impérial, se crût obligé de se rendre à Saint-Nazaire. L'impératrice y arriva en effet avec le premier paquebot ; elle accueillit le représentant diplomatique de son mari avec une certaine froideur, produit de l'irritation nerveuse occasionnée par une longue traversée, pendant laquelle un changement s'était accompli dans ses habitudes ; à de fréquentes somnolences succédaient des réveils brusques et impétueux, suivis d'une agitation vague et permanente. L'impératrice Charlotte, à peine arrivée, fit connaître à l'Empereur son débarquement sur le sol français. Napoléon III, alors à Saint-Cloud, lui répondit immédiatement que son état de maladie l'empêcherait d'aller la recevoir, mais qu'il espérait la voir lorsqu'elle reviendrait de Bruxelles. Or, la dépêche de l'impératrice ne parlant nullement d'un voyage dans cette ville, l'impératrice Charlotte vit dans ces mots un prétexte pour colorer le refus de la recevoir ; elle fit partir immédiatement une personne de sa suite chargée de s'assurer si elle ne se trompait pas dans ses prévisions, et elle passa la nuit dans une fiévreuse impatience. Informée le lendemain par une dépêche, que Napoléon III était réellement indisposé, elle se mit immédiatement en route pour Paris. La cour avait été informée de son départ ; cependant elle ne trouva personne pour la recevoir à son arrivée ; profondément humiliée par cette négligence, elle se rendit en fiacre au Grand-Hôtel. Ce manque de convenance à son égard n'était dû, à ce qu'on a prétendu plus tard, qu'à un hasard fâcheux. Les trains de Nantes arrivent dans deux gares différentes ; l'aide de camp envoyé par Napoléon III se rendit justement à celle où l'impératrice ne devait pas débarquer. C'est du moins ce que l'Empereur lui fit dire ; elle accepta cette excuse sans y croire.

L'impératrice Eugénie se rendit le surlendemain au Grand-Hôtel. Aucune question politique ne fut traitée dans cette entrevue entre elle et l'impératrice Charlotte, qui s'empressa de lui rendre à Saint-Cloud sa visite ; mais c'était surtout l'Empereur qu'elle voulait voir, et Napoléon III, prétextant toujours sa maladie, ne pouvait, disait-on, par ordre des médecins, recevoir personne. L'impératrice du Mexique n'avait pas affronté les fatigues de ce grand voyage pour manquer une entrevue d'où dépendaient son avenir et celui de son mari ; elle insista pour être admise auprès de l'Empereur, en mêlant à ses instances des récriminations, et des menaces qui forcèrent l'entrée du cabinet de Napoléon III ; elle put enfin lui remettre un mémoire qui lui avait été confié par son mari. L'Empereur promit de lui donner une réponse le 24. Lorsque l'impératrice Charlotte revint à Saint-Cloud, le mémoire de Maximilien était sur la table de l'Empereur, qui le prit et le lui remit sans rien ajouter. L'impératrice lui demanda impétueusement quelle résolution il comptait prendre à l'égard du Mexique. Elle était en présence d'un interlocuteur qu'il n'était pas toujours facile de faire parler, mais le silence seul était une réponse. L'impératrice recourut aux larmes et aux prières ; n'obtenant rien, elle somma Napoléon III de tenir ses engagements d'honneur pris avec son mari. Napoléon III, en effet, pour décider Maximilien à accepter la couronne, lui avait écrit en 1864 deux lettres qui contenaient la promesse de ne pas abandonner le futur empereur jusqu'à l'achèvement de son œuvre. L'impératrice, qui en avait les copies, obligea en quelque sorte Napoléon III à les lire; celui-ci les parcourut d'un œil distrait et les rendit à Charlotte en disant : « J'ai fait pour votre mari tout ce que je pouvais faire, je n'irai pas plus loin. » La jeune femme, se levant pâle d'indignation, lui lança ces mots en partant : « J'ai ce que je mérite; la petite-fille de Louis-Philippe d'Orléans n'aurait pas dû confier son avenir à un Bonaparte ! »

Le lendemain de cette entrevue, on lut la note suivante dans le *Moniteur* :

« L'impératrice du Mexique ayant, à la suite d'un entretien avec l'empereur Napoléon, jugé opportun d'envoyer un courrier à Mexico, a résolu, en en attendant le retour, d'aller séjourner au château de Miramar. »

L'impératrice Charlotte comprit qu'on voulait hâter son départ ; mais elle resta encore deux jours à Paris, montrant à tous ses amis une profonde irritation de l'accueil qu'elle avait reçu à Saint-Cloud, et en même temps un ferme espoir de réussir dans la seconde partie de la mission qu'elle était venue remplir en Europe, et qui consistait à obtenir enfin du pape un traité pour régler la question capitale des biens ecclésiastiques. L'impératrice avait donc hâte de se rendre à Rome, où l'attendait une seconde et plus cruelle déception. Pie IX eut le courage de résister aux supplications de cette jeune femme qui se traînait à ses genoux. Le désespoir arracha, dit-on, à l'infortunée princesse, dans sa dernière entrevue avec le pape, les premières marques de l'affreuse maladie qui allait s'emparer d'elle. On avait seulement remarqué, pendant son séjour à Paris, qu'elle passa les deux dernières nuits, dans sa chambre au Grand-Hôtel, sans se coucher, sans dormir, en se promenant, comme absorbée dans une idée fixe.

Quelques jours après le départ de l'impératrice Charlotte eut lieu, le 1er septembre, l'échange des ratifications du traité entre la France et l'Autriche pour régulariser la cession de la Vénétie. La remise des forteresses et du territoire lombardo-vénitien devait être effectuée par un commissaire autrichien aux mains d'un commissaire français, lequel s'entendrait avec les autorités vénitiennes pour leur transmettre ses droits de possession ; les populations seraient appelées à prononcer elles-mêmes sur le sort de leur pays, car c'est, comme on le pense bien, sous cette réserve expresse que Napoléon III consentait à la réunion à l'Italie des provinces cédées par l'Autriche. Tout cela n'était plus qu'une question de forme. Les stipulations du traité s'accomplirent pour ainsi dire à huis clos, entre un aide de camp de l'Empereur, le général Lebœuf et les commissaires autrichiens.

Une question plus importante allait se poser. Le terme fixé par la convention du 15 septembre pour l'évacuation de Rome par les troupes françaises approchait. Le gouvernement impérial affecta de profiter de la prochaine expiration du délai pour rappeler solennellement ses engagements au gouvernement italien; il l'amena en même temps à prendre à sa charge une portion de la dette pontificale. Le gouvernement impérial donna au Saint-Siège une marque encore plus directe de sa sollicitude, en lui permettant de former à Antibes une légion commandée par des officiers français, composée d'anciens militaires et même de jeunes soldats faisant partie du contingent. Le ministre de la guerre écrivit au colonel de cette légion, le 21 septembre, en lui envoyant une épée : « Je « veux que vous emportiez une preuve de mon souvenir. La légion que « vous commandez est appelée à une haute mission ; les éléments qui la « composent sont dignes maintenant d'avoir l'honneur de défendre la « personne et l'autorité du Saint-Père comme l'a fait la division d'occu- « pation. » Le départ de la légion d'Antibes pour Rome eut lieu le 20 septembre avec le plus grand éclat.

Les illusions sur un revirement dans un sens libéral avaient fait place à des craintes d'un autre genre. On parlait vaguement de prochains changements dans les institutions impériales. La persistance des journaux officieux à demander que la clôture de la session prochaine eût lieu avant l'ouverture de l'Exposition était considérée comme la preuve de la malveillance secrète du pouvoir pour le régime parlementaire; on annonçait même comme un fait certain la suppression de la discussion de l'Adresse.

Le gouvernement, sentant, dès le lendemain de Sadowa, la nécessité de réorganiser l'armée, avait, on se le rappelle, formé une haute commission, présidée par l'Empereur et chargée de préparer le plan d'une réforme des institutions militaires de la France. C'est au milieu des appréhensions causées par la menace d'une réaction imminente que le *Moniteur* du 12 décembre publia le résultat des travaux de cette commission : la France devait être en mesure de mettre sur pied une armée de 800 000 hommes et d'organiser une force sédentaire capable d'assurer l'ordre à l'intérieur et la défense des côtes et des places fortes. Ses forces militaires seraient donc désormais divisées en trois catégories : une

Fig. 54. — L'Encyclique, insérée dans tous les journaux, lue par tous les membres du clergé aux fidèles, était connue de tout le monde.

armée active de 400 000 hommes, une réserve de nombre égal, et une garde nationale mobile à peu près de même force. Les jeunes gens de la classe, sauf les cas d'exemption, seraient répartis chaque année par un tirage au sort entre l'armée et la réserve; après un service de six ans, ils serviraient pendant trois ans encore dans la garde nationale mobile. La réserve formerait deux bans, le premier pouvant être appelé par un décret du ministre de la guerre, le second par un décret de l'Empereur.

Le rapport de M. Fould sur la situation financière n'était pas des plus encourageants. Ce document parlait de « mécomptes » dans les exercices de 1865 et 1866 et prévoyait de fortes augmentations de dépenses introduites dans les bilans de 1867 par le budget rectificatif. M. Fould espérait cependant obtenir l'équilibre budgétaire pour ces trois exercices par des annulations équivalentes de crédits et par l'accroissement des revenus directs. Quant au budget de 1868, qui allait être présenté au Corps législatif, le rapport ne pouvait fournir aucun renseignement positif avant de connaître les charges qu'entraînerait la réorganisation de l'armée, et il était impossible de les évaluer avant le début de la session de 1868. M. Fould n'en paraissait pas moins convaincu d'avance que, grâce à de simples excédents de recettes, qui figurent toujours dans les prévisions budgétaires, on ferait face aisément non seulement aux dépenses de la réorganisation militaire, mais encore à celles du dégrèvement des contribuables et de l'augmentation de la dotation de l'instruction publique; il se flattait en outre de pouvoir donner une impulsion plus vigoureuse que jamais aux grands travaux publics.

L'année sur le point de finir n'avait été heureuse ni pour la France ni pour les autres nations, excepté la Prusse; les événements, déjouant tous les calculs, toutes les prévisions, avaient détruit l'équilibre européen. Le comte de Chambord jugea le moment favorable pour faire connaître ses vues sur la situation dans une lettre adressée à M. de Saint-Priest. Retour au principe d'hérédité, restauration complète du pouvoir temporel du pape, le comte de Chambord ne voyait pas d'autres remèdes à « la profondeur du mal qui arrête chez nous la grandeur de nos destinées ». Ce manifeste ne pouvait pas exercer une bien grande influence sur les esprits. La France avait depuis longtemps perdu sa foi dans la légitimité; les intérêts continuèrent à s'alarmer, et les regards se fixèrent plus que jamais sur tous les points de l'horizon où l'on apercevait des nuages menaçants, et par conséquent sur le Mexique.

CHAPITRE XIII

FIN DE L'EXPÉDITION DU MEXIQUE

Plaintes unanimes de la presse contre la prolongation de l'intervention. — Les Etats-Unis donnent à Napoléon III un an pour évacuer le Mexique. — Le départ des troupes est annoncé officiellement par l'Empereur. — Arrivée du baron Saillard à Mexico, porteur d'une lettre de M. Drouyn de Lhuys. — Maximilien refuse de le recevoir. — Fâcheuse situation de l'empire mexicain et découragement de Maximilien. — Défaut d'entente entre Maximilien et le maréchal Bazaine, dont il demande le rappel. Prise de Matamoros par les républicains. Mission inutile d'Almonte auprès de Napoléon III. — Maximilien veut abdiquer; sa femme l'en empêche et part pour Paris. — Complot clérical découvert à Mexico. Progrès des troupes républicaines. — Les Etats-Unis insistent pour la nécessité du départ de l'armée française. Envoi du général Castelnau au Mexique. — Maximilien et le Père Fisher. Conduite extraordinaire du maréchal Bazaine. — Rapport confidentiel de M. Fould. — Entrevue de Maximilien et du général Castelnau. — Double jeu du maréchal Bazaine dévoilé.

L'année 1866 s'ouvrit sous d'assez fâcheux auspices pour le Mexique. Le *Journal des Débats* et la *Revue des Deux-Mondes*, qui jusqu'alors avaient gardé une certaine réserve sur tout ce qui touchait à cette question, s'élevèrent avec énergie contre la prolongation de l'intervention. L'Empereur était résolu d'y mettre un terme depuis l'arrivée à Paris du général Shofield, chargé par le gouvernement de Washington de lui déclarer qu'il n'accordait pas plus d'une année à l'évacuation. Napoléon III aurait souhaité qu'on lui laissât plus de temps pour se retirer, mais ses observations à ce sujet furent vaines ; on savait à Washington « que, tout en désirant un délai plus long, il se conformerait cependant à celui qu'on lui fixerait [1]. » Le gouvernement américain désirait « faciliter à Napo-

---

[1]. Paroles du général Schofield à M. José Teran, agent de Juarez à Paris, citées dans sa dépêche du 10 janvier 1866 à M. Lerdo de Tejada (Papiers de Maximilien).

léon III les moyens de sortir du Mexique le plus décemment possible, et l'aider à soutenir *cette imposture* qui consistait à prétendre que son armée ne rentrait en France que parce que l'empire n'avait plus rien à craindre [1]; » mais il fallait qu'il se hâtât.

L'Empereur annonça donc le départ des troupes du Mexique dans son discours d'ouverture de la session, le 22 janvier :

« Au Mexique, le gouvernement, fondé sur la volonté du peuple, se consolide. L'opposition vaincue et dispersée n'a plus de chef. Les troupes nationales ont déployé de la valeur, et le pays a trouvé des garanties d'ordre et de sécurité qui ont développé ses ressources et élevé son commerce, avec la France seule, de vingt et un à soixante-dix millions.

« Comme j'ai exprimé l'année dernière l'espoir que notre expédition touchait à son terme, je suis en voie d'arriver à une entente avec l'empereur Maximilien pour fixer l'époque du rappel de nos troupes, de manière que leur retour soit effectué sans compromettre les intérêts français que nous avons défendus dans cette contrée lointaine. »

L'opposition n'était ni vaincue ni dispersée ; l'armée nationale ne formait qu'un ramassis de bandes sur lesquelles personne ne pouvait compter ; Napoléon III n'était nullement en voie d'arrangement avec Maximilien pour fixer le départ de ses troupes, puisque M. Saillard, chargé de notifier à Maximilien le départ des troupes françaises, n'était parti que le 16 pour Mexico et se trouvait par conséquent encore fort loin de sa destination. Le retour du corps expéditionnaire était la seule vérité contenue dans ce paragraphe du discours impérial.

Le passage du discours de Napoléon III relatif aux affaires mexicaines produisit sur l'esprit public à Mexico une impression singulière, si l'on s'en fie au rapport de quinzaine, adressé à Maximilien par le chef de la police impériale.

« L'opinion générale aux États-Unis est que le départ de Votre Majesté sera la conséquence naturelle du départ des troupes françaises. Les journaux de ce pays disent que *pour sauver les apparences* on vous laissera exercer encore vos fonctions pendant quelque temps avec le consentement des États-Unis.

« Au Mexique, on est loin d'attribuer ce sens au discours ; on suppose que l'empereur Napoléon a dit tout le contraire de ce qu'il pensait, et que, s'il a l'apparence de reculer vis-à-vis des États-Unis dans la question mexicaine, c'est un piège qu'il leur tend ; et qu'il compte sur l'ignorance et sur l'orgueil de ce peuple pour s'y laisser prendre.

« Cette politique de la dynastie napoléonienne a, du reste, des précédents, et elle a toujours été mise en pratique par elle : accaparer le droit devant l'histoire, proposer des paix impossibles, agir alors, et user de la victoire pour faire prévaloir son idée quand même.

1. *Ibid.*

« On dit que Napoléon joue aujourd'hui ce rôle avec les Yankees, que leur orgueil les empêchera d'y croire, et que cette politique napoléonienne ne recevra pas de démenti au Mexique. »

Tout le monde ne se faisait cependant pas la même idée que le chef de la police mexicaine de la profondeur de la politique napoléonienne et de l'ignorance des Yankees. Les partisans de Maximilien ne dissimulaient pas leurs craintes, et divers articles publiés par l'*Ère nouvelle*, journal officieux de l'intervention, ne firent que les augmenter. Cependant le maréchal Bazaine, ne se sentant pas encore en mesure de substituer un gouvernement à son gré, soit le sien, à celui de Maximilien, crut prudent d'atténuer l'effet de ces articles. L'*Ère nouvelle*, après avoir cité la phrase du discours de Napoléon III sur les mesures prises « afin que le retour des troupes s'effectue sans compromettre les intérêts français qu'elles sont allées défendre dans ces contrées lointaines », ajoutait :

« Or ces intérêts, dans quelle situation les laisserait notre départ? Il suffit de poser la question pour la résoudre ; et, comme l'intérêt mexicain est sur ce point le même que l'intérêt français, il se trouvera, lui aussi, protégé et défendu jusqu'à l'heure où l'un et l'autre ne pourront plus être compromis par notre départ.
« Cela est bien clair. Les uns se sont trop hâtés de craindre, les autres de se réjouir. Ce que nous sommes venus faire ici sera fait, et, grâce au ciel, pas un mot n'est tombé des lèvres du souverain de la France qui autorise à en douter. »

Si dans les sphères de l'intervention on se flattait que le départ des troupes françaises restait livré au bon plaisir du gouvernement impérial, le public en général ne se faisait pas de bien grandes illusions à ce sujet ; Maximilien d'ailleurs savait à quoi s'en tenir. Le baron Saillard était arrivé à Mexico porteur de deux lettres de M. Drouyn de Lhuys à M. Dano. Dans la première [1], le ministre des affaires étrangères, après avoir constaté que « la cour de Mexico, malgré la droiture de ses intentions, se trouvait dans l'impossibilité reconnue de remplir désormais les conditions du traité de Miramar, et que l'Empereur avait pris la résolution de commencer l'évacuation dans les premiers jours de l'automne » mandait à son représentant de s'entendre avec Maximilien et le maréchal Bazaine pour rapatrier l'armée le plus promptement possible. Le ministre s'expliquait plus nettement dans la seconde lettre, destinée à rester secrète ; il déclarait à M. Dano que Napoléon III profiterait de l'impossibilité où se trouvait Maximilien de solder les troupes françaises pour rompre la con-

---

1. En date du 14 janvier.

vention du 10 avril 1864 dans l'intérêt même de Maximilien; « le reproche le plus dangereux pour un gouvernement qui se fonde est celui de n'être soutenu que par des forces étrangères. » Cette maxime, si singulière dans la bouche d'un homme parlant au souverain du Mexique au nom de Napoléon III, terminait la lettre.

L'arrivée du baron Saillard surprit cependant Maximilien, qui, emporté par un mouvement de colère en apprenant l'objet de sa mission, refusa d'abord de le recevoir; le baron Saillard, grâce aux instances de l'impératrice, finit par obtenir plusieurs audiences; mais, ne parvenant pas à décider l'empereur à fixer lui-même la date de l'évacuation, et par conséquent de sa chute, il revint à Paris. Le lendemain de son retour, le *Moniteur* annonça que les troupes françaises quitteraient le Mexique en trois détachements, et que l'armée entière aurait opéré son retour au printemps de l'année 1867.

A Mexico, les décrets succédaient aux décrets, sans qu'un seul fût exécuté. M. Langlais, conseiller d'État, envoyé au Mexique pour mettre un peu d'ordre dans les finances, ne pouvait pas faire que les recettes ne fussent inférieures aux dépenses. Il mourut d'ailleurs dans les premiers jours de février. L'incurie dans les travaux publics était telle, qu'on ne faisait rien pour préserver Mexico d'une inondation à peu près certaine au prochain hivernage. Maximilien, tombé dans une espèce de torpeur d'où sa femme essayait vainement de le tirer, abandonnait la direction des affaires. Les étrangers vendaient leurs propriétés, les commerçants se défaisaient à la hâte de leurs marchandises. Les indemnités dues aux Français, pour lesquelles l'expédition avait eu lieu, n'étaient pas plus réglées qu'il y a trois ans [1]. Les fonctionnaires cherchaient à se prémunir contre les conséquences d'un changement de gouvernement inévitable à leurs yeux; les uns trahissaient secrètement, les autres donnaient ouvertement leur démission, et il n'était pas facile de les remplacer. Le vide se faisait autour de l'empereur.

La confiance que Maximilien avait d'abord témoignée au maréchal Bazaine n'existait plus depuis longtemps. L'empereur avait, l'année précédente, envoyé le général Wall, son aide de camp, en France avec la mission secrète d'obtenir son rappel [2]. Napoléon III, sans vouloir rap-

---

[1]. La dette française ne fut garantie que le 30 juillet suivant par la convention qui livrait aux agents de Napoléon III la moitié des revenus des douanes de Vera-Cruz et de Tampico à partir du 1er décembre 1866, convention qui ne fut pas exécutée.

[2]. L'impératrice Charlotte devait renouveler cette demande avec plus d'instance et sans plus de succès.

peler le maréchal Bazaine, dont il commençait à suspecter la conduite, lui avait plusieurs fois donné l'autorisation de revenir ; les chimères ambitieuses caressées par le maréchal et surtout par sa famille mexicaine l'empêchèrent d'en profiter et le poussèrent à assumer la responsabilité d'une catastrophe inévitable, mais qui eût pu être atténuée.

Si dans ses rapports avec Maximilien le maréchal Bazaine suivit les conseils d'une ambition sans intelligence, s'il fit preuve d'entêtement, de hauteur et d'égoïsme, la conduite de Maximilien à l'égard du maréchal Bazaine ne fut le plus souvent qu'une suite de faiblesses et de contradictions ; au moment où il demande son rappel, il lui donne un palais avec le mobilier acheté par la municipalité pour le général Forey [1] ; le maréchal Bazaine refuse, mais la maréchale accepte, et le mari devient ainsi le locataire de la femme ; la municipalité paye ce loyer 60 000 francs par an régulièrement jusqu'au dernier jour de l'occupation [2].

La réorganisation de l'armée était une des causes les plus fréquentes de mésintelligence entre l'empereur et le maréchal. Maximilien accusait ce dernier de mauvaise volonté à ce sujet. Le fait est que l'armée mexicaine, depuis le mois de février, réclamait vainement sa paye ; la division Mejia vivait péniblement dans le nord, en consommant les faibles ressources de la localité, en faisant des emprunts forcés et en tirant sur Vera-Cruz des traites importantes. Les troupes de Quiroga manquaient de vivres ; il se voyait forcé d'exiger d'avance les contributions d'une année. Les troupes placées sous les ordres de Franco, dans le sud, ne pouvaient sortir de Oajaca, faute de fourrage pour les chevaux. Les troupes austro-belges avaient près d'un demi-million de piastres de dettes ; la garnison de Mexico [3] elle-même n'était pas payée. Les soldats, pour ne pas mourir de faim, se changeaient en bandes de maraudeurs. La *Leva*, presse militaire, quoique abolie officiellement, s'exerçait toujours d'ailleurs et ne fournissait aux régiments que des Indiens pris de force ou des gens sans aveu, souvent tirés des prisons publiques. Ces misérables, mêlés dans les rangs à des volontaires honnêtes, n'y apportaient que le vol et l'insubordination.

Maximilien, à la veille du départ des Français, ne pouvait pas cependant rester sans une force militaire. Il provoqua des conférences entre lui, le maréchal Bazaine, le ministre de la guerre, l'intendant Friant et le

---

1. Le palais a été vendu par le gouvernement de Juarez au profit du Trésor public.
2. La maréchale mit en vente le mobilier du palais avant son départ. Elle en tira 18 000 piastres (85 000 francs).
3. Lettre de M. Lacunza, président du conseil, au maréchal Bazaine.

Fig. 53. — Les discussions religieuses avaient pris une importance exceptionnelle dans le monde.

général Uraga. Le maréchal Bazaine, non content de développer des plans qui n'offraient rien de pratique dans les circonstances présentes, en changeait à chaque instant, selon qu'il croyait utile ou dangereux pour ses vues personnelles de soutenir Maximilien. Il s'en tint enfin à la formation de neuf bataillons de *cazadores* (chasseurs), avec des cadres français, et comptant un nombre égal de Français et de Mexicains, système dangereux, qui plaçait dans les mêmes rangs des gens de races diverses, animés les uns contre les autres de sentiments de mépris et de haine, incapables de comprendre la fraternité du drapeau et la honte d'une trahison.

Les débuts de l'année 1866 avaient été marqués, assurait-on, par un grand succès obtenu par le général impérialiste Mendez sur un chef de partisans républicains qu'on disait anéanti ; ce chef avait reparu le mois suivant à la tête de forces plus considérables. Il en était de même partout. Le général Douay, à la fin de l'année précédente, ne croyait-il pas avoir détruit toutes les bandes du Michoagan ? L'ennemi y rentra tout de suite après son départ. Les attaques devenaient fréquentes, même sur la route de la capitale à Vera-Cruz ; l'obscurité des victimes empêchait de les signaler, mais il fallut bien convenir que l'ambassade belge chargée de porter à l'impératrice Charlotte la nouvelle de la mort de son père avait été dévalisée à dix lieues de Mexico. Dans le courant du mois de mai, deux bataillons et 600 chevaux mexicains de Meja et 400 Autrichiens, qui escortent le convoi de Matamoros composé de 200 voitures de marchandises, sont surpris par les républicains. L'infanterie mexicaine tourne casaque dès le début de l'action, la cavalerie la suit ; les Autrichiens se conduisent en braves, mais les deux bataillons de Meja font feu sur eux, et en une heure leur destruction est complète. La colonne sortie de Monterey avec une *conducta* de 500 000 piastres, en apprenant le sort du convoi, revient d'autant plus vite sur ses pas que déjà une centaine de soldats de l'escorte appartenant à la légion étrangère désertent en apercevant la frontière américaine. Les républicains se portent sur Matamoros et s'emparent de cette ville, un des principaux ports de l'empire, qui va désormais fournir à l'ennemi une base d'opérations et une communication aisée avec les Américains du Sud. La côte de Matamoros à Vera-Cruz se soulève ; Tampico est menacé en même temps.

Des lettres adressées de Paris à Mexico à des officiers de l'armée française attachés à la personne de l'empereur parlaient du rappel du maréchal Bazaine ; mais cette nouvelle ne rencontrait que des incrédules, bien que l'opinion de l'armée fût peu favorable à la direction imprimée à ses opérations, dont elle ne pouvait se rendre compte [1]; mais on sentait que la difficulté de le remplacer dans les circonstances actuelles le mettait à l'abri d'une disgrâce.

L'empereur Maximilien, résolu à faire une tentative à Paris pour modifier certains articles du projet de traité apporté par M. Saillard, confia cette mission au général Almonte, auquel M. Drouyn de Lhuys déclara qu'il fallait en passer par l'ultimatum Saillard, et que M. Dano venait de recevoir l'ordre d'annoncer à Maximilien que, s'il refusait de l'accepter, le gouvernement impérial « se considérerait comme libéré de tout engage-
« ment et prescrirait au maréchal Bazaine de procéder avec toute la dili-
« gence possible au rapatriement de l'armée, en ne tenant compte que
« des convenances militaires et des considérations techniques dont il serait
« le seul juge. »

Maximilien reçut cette nouvelle comme un coup de foudre. « Je suis
« joué! s'écria-t-il. Il y avait une convention formelle entre Napoléon III
« et moi, sans laquelle je n'aurais pas accepté le trône, qui me garantis-
« sait le secours des troupes françaises jusqu'à la fin de l'année 1868 [2]. »

---

[1]. « Je voudrais bien savoir ce que nous faisons dans ce trou de Patzenaros (occupé par un régiment de zouaves et deux escadrons de hussards). On nous dit que notre présence a une influence morale sur le pays. Je voudrais le croire, mais cependant je ne puis oublier que nous avons eu un homme enlevé dernièrement, qu'une bande de 400 chevaux est à dix lieues de nous à peine, et que, pas plus tard que ce matin, un convoi de bœufs a été pillé à moins d'un kilomètre de la ville. Je ne sache pas que tous ces faits indiquent une grande influence morale de notre part sur le pays. En peut-il être autrement, du reste, lorsque les ordres de Mexico sont de ne faire aucun mouvement sans qu'il soit ordonné, et surtout de ne point se diviser en petites colonnes, seul moyen d'en finir avec les guérillas. On a vraiment l'air de favoriser ces gens-là.

« Je veux bien qu'on soit économe de sang français et qu'on mette en avant les Mexicains, qui, en somme, travaillent pour eux; mais lorsqu'il est reconnu que ces derniers ne sont pas de force à lutter, désertent, ou n'osent pas tenir la campagne, il semble que ce serait le moment de faire avancer les pantalons rouges, qu'on prodigue parfois et que, d'autres fois, on soigne comme des convalescents. Il y a dans tout cela une confusion d'idées que je ne puis m'expliquer et qui donne lieu aux plus singulières interprétations. Je ne juge, du reste, que mon coin : car, à part des bruits qui nous arrivent de loin en loin, je ne sais pas plus ce qui se passe à cinquante lieues d'ici que dans le département de la Nièvre. Ce que je puis affirmer, c'est que, depuis deux mois que nous sommes en expéditions, nous faisons de la mauvaise besogne. Voilà soixante-dix jours que nous courons, puis que nous nous arrêtons, tout cela sur des ordres de Mexico qui mettent de quatre à six jours pour nous arriver. Or le pays n'est pas plus pacifié qu'à notre départ. et tout cela par la faute du maréchal, qui veut toujours commander à 150 lieues de distance, et qui veut que les Mexicains et le général Mendez qu'il a inventés se battent : ces malheureux n'en veulent pas, c'est connu; pourquoi s'obstiner ainsi? Vraiment, c'est écœurant de voir les bêtises que nous faisons ici et la singulière position que nous y avons. » (Lettres de M. d'Espeuilles, adressées à M. Franceschini Pietri [*Papiers des Tuileries*]).

[2]. *L'empereur Maximilien, son élévation et sa chute*, par le comte Émile de Kératry.

Il voulut abdiquer le 7 juillet, jour de sa fête ; l'impératrice lui arracha la plume des mains. Elle avait pris la résolution de tenter un dernier effort auprès de Napoléon III et de Pie IX, pour obtenir de l'un la continuation de l'occupation, et de l'autre un concordat. Le journal officiel de Mexico annonça le 8 juillet son départ pour l'Europe, où elle allait, disait-il, régler diverses questions internationales. Le Trésor était si peu épuisé qu'il fallut prendre à la caisse des eaux, qui contient les impôts prélevés pour les travaux destinés à préserver Mexico des inondations, 30 000 piastres pour les frais de son voyage. Le port de Vera-Cruz ne possédait même pas une embarcation pour la conduire au paquebot qui chauffait à quelque distance du môle ; elle attendait sur le rivage, fébrile, impatiente, lorsqu'un canot français se présenta pour la recevoir ; elle refusa d'y entrer et se fit conduire à bord dans une barque de pêcheur.

L'impératrice à peine partie, Maximilien eut vent d'un complot tramé dans l'intérieur même du palais pour l'obliger sinon à quitter le Mexique, du moins à donner le pouvoir au parti clérical. Santa-Anna, l'âme du complot, n'était pas au Mexique ; l'empereur dut se contenter de faire arrêter le président du conseil, plusieurs ministres, des généraux, des prélats, des personnes appartenant à tous les rangs de la société. Il fallait après cela former une nouvelle administration. Maximilien, forcé de recourir aux Français, nomma le général Osmont ministre de la guerre et l'intendant Friant ministre des finances.

Les symptômes d'une dissolution prochaine de l'empire ne faisaient que s'accroître. « Tâchons de nous en aller avant que la maison nous tombe sur le dos ; car la faire tenir, il n'y faut pas songer [1], » c'est le cri général parmi les officiers de l'armée française. La gravité des événements sur le point de surgir en Europe redoublait encore l'impatience de l'armée à quitter le Mexique. Les dépêches des Etats-Unis annonçaient l'ouverture des hostilités entre la Prusse, l'Italie et l'Autriche. « Nous tendons
« tous l'oreille du côté de l'Allemagne pour voir si l'on n'entend pas le
« canon, écrit un officier à un de ses amis. Quoique tu me dises que
« nous resterons neutres, c'est dur de se sentir si loin du Rhin. Chacun
« ici voudrait faire sa malle et aller voir un peu ce qui se passe du côté
« de Baden-Baden.... Ça m'a fait du bien de lire le discours de l'Empe-
« reur à Auxerre, et j'ai senti un vieil élan chauvin. Le petit Thiers est
« touché en plein : quel dommage de voir un si grand talent au service
« d'un si petit patriotisme ! »

1. Lettres de M. d'Espeuilles adressées à M. Franceschini Pietri (*Papiers des Tuileries*).

Le mois d'août fut marqué par la chute de Tampico ; les républicains, maîtres de ses recettes de douanes, détournèrent à leur profit une des dernières sources pouvant encore alimenter un peu le trésor impérial. La prise d'Alvarado les rendit bientôt presque entièrement maîtres dans le sud-est des Terres chaudes et de la route de Vera-Cruz à Mexico. Ils gagnaient du terrain dans les autres États. L'armée mexicaine fondait à vue d'œil et passait en détail à l'ennemi. La fameuse contre-guérilla était elle-même en pleine dissolution, « tous ces hommes qui touchent « des soldes extraordinaires ne veulent plus se donner le moindre mal. « Depuis deux ans, l'infanterie n'a pas tiré un coup de fusil, et les deux « dernières affaires de cavalerie engagées mal à propos sont deux échecs « où son moral a été détruit » [1].

Maximilien perd Oajaca, occupé par 150 Autrichiens et par un bataillon de *cazadores*. Les Mexicains, au lieu de tirer sur l'ennemi, font feu sur les Autrichiens et sur les Français. Les Mexicains qui ne trahissent pas sur le champ de bataille s'enfuient après avoir touché leur prime d'engagement. La ligne de retraite de l'armée d'intervention est en partie découverte dans le sud-est. L'insurrection se fortifie et s'organise, elle s'approche de la vallée de Mexico.

Napoléon III avait certainement le droit de modifier l'effectif de son armée au Mexique ; mais pouvait-il brusquer l'évacuation et exiger l'exécution du traité de Miramar sans l'exécuter lui-même ? Non ; mais l'Empereur était bien forcé de se rendre aux sommations de plus en plus pressantes des États-Unis [2]. La question mexicaine se transformait ainsi en question américaine, et Maximilien voyait diminuer de jour en jour le nombre de ses partisans. Le malheureux empereur, ménageant le clergé et flattant les libéraux, éloignant les étrangers et n'inspirant aucune sympathie aux Mexicains, ne sachant ni régner ni administrer, ne croyant plus en lui-même et n'inspirant aucune confiance aux autres, ne pouvait

1. Lettre de M. de Galiffet (*Papiers des Tuileries*).
2. M. Seward avait fait remettre, le 6 décembre de l'année précédente, au cabinet des Tuileries une note dans laquelle il exprimait la ferme résolution de ne tolérer aucune intervention européenne sur le continent américain. M. Drouy de Lhuys répondit à cette note que le gouvernement impérial « était disposé à hâter autant que possible le retour de ses troupes du Mexique ». Cette réponse n'avait pas entièrement satisfait le gouvernement des États-Unis. Ce dernier voulait bien, comme on l'a vu, aider le gouvernement impérial « à jouer la comédie et à soutenir l'imposture » d'un abandon volontaire du Mexique, mais il lui fallait des sûretés, et M. Seward demanda, dans une nouvelle note du 12 février 1866, la fixation d'une date pour le départ des troupes étrangères du Mexique, afin de calmer les susceptibilités américaines. La note se terminait de cette façon cavalière : « J'ajouterai à ces explications que, dans l'opinion du Président, la France n'a que faire de retarder d'un instant le départ promis. »

plus rendre qu'un service au Mexique, celui de le quitter. Les Français qui avaient à liquider leurs affaires, les Mexicains compromis avec l'intervention, l'armée, quoiqu'elle sentît bien tout ce qu'il y avait d'humiliant pour elle aux yeux de l'Amérique et du monde entier à quitter le Mexique sans y avoir rien fait, souhaitaient ardemment l'abdication de Maximilien.

Quel gouvernement pouvait créer l'intervention après avoir échoué dans sa tentative d'établir l'empire? La république fonctionnait régulièrement au Mexique, avant l'arrivée des étrangers, sous la présidence de M. Juarez. C'est avec lui qu'il fallait traiter, puisqu'on n'avait pu l'abattre. On lui rendait d'ailleurs justice dans l'armée : « Juarez n'est pas l'homme qu'on a tant décrié en France; il est Mexicain et a beaucoup des défauts de sa race, mais peu de ses compatriotes ont autant de qualités. Il est désintéressé, prêt à s'effacer si l'intérêt de son pays l'exige; il n'est rien moins que sanguinaire. Il cherche à rétablir l'ordre, ses instructions ne sont pas toujours suivies, mais il ne peut en être responsable dans l'état d'anarchie où se trouve le Mexique. Un autre obtiendrait moins encore des nombreux chefs que guide un intérêt personnel [1]. » La sotte vanité qui faisait repousser à Napoléon III, comme une insulte, l'idée de traiter avec Juarez, allait le jeter dans des démarches bien plus compromettantes pour sa dignité. Ce qu'il y a de sûr, c'est que le président Johnson, taxé par l'opinion publique de son pays de mollesse dans la question mexicaine, n'aurait toléré la continuation de l'intervention de Napoléon III sous aucune forme directe ou indirecte. Ses agents à Paris ne cessaient d'insister auprès de l'Empereur sur la nécessité d'une prompte évacuation. Un journal de Paris ayant annoncé que l'impératrice Charlotte avait obtenu de Napoléon III certains changements dans ses résolutions qui permettraient à son mari de continuer son règne au Mexique, le secrétaire de la légation des États-Unis se rendit immédiatement, en l'absence de son ministre, à l'hôtel du quai d'Orsay, et demanda d'un ton ferme à M. Drouyn de Lhuys si quelque changement avait été apporté à la politique du gouvernement impérial à l'égard du Mexique. M. Drouyn de Lhuys repoussa bien loin de lui toute supposition de ce genre : « Ce que nous avons été jusqu'ici dans l'intention de faire, nous « le ferons. Nous avons reçu l'impératrice Charlotte avec courtoisie et « cordialité [2], mais le plan arrêté par le gouvernement de l'Empereur « sera exécuté comme il a été convenu. »

1. Lettres du commandant Bressonnet (*Papiers des Tuileries*).
2. On a vu ce qu'il faut en penser.

Maximilien avait, comme on l'a vu, appelé deux Français, le général Osmont et l'intendant Friant, aux ministères de la guerre et des finances. M. Seward s'empressa d'écrire à ce sujet à M. de Montholon, ministre plénipotentiaire de Napoléon III :

« Washington, 16 août 1866.

« Monsieur,

« J'ai l'honneur d'appeler votre attention sur deux ordres ou décrets que l'on dit avoir été lancés, le 26 juillet dernier, par le prince Maximilien, *lequel prétend être empereur du Mexique*. Dans ces ordres, il déclare qu'il a remis la direction du département de la guerre au général Osmont, chef d'état-major du corps expéditionnaire français, et celle du département du Trésor à M. Friant, intendant en chef du même corps.

« Le président croit nécessaire de faire savoir à l'empereur des Français que la nomination à des fonctions administratives desdits officiers du corps expéditionnaire français, par le prince Maximilien, *est de nature à porter atteinte aux bonnes relations entre les États-Unis et la France*, parce que le congrès et le peuple des États-Unis pourront voir dans ce fait un indice incompatible avec l'engagement conclu pour le rappel du corps expéditionnaire français du Mexique.

« WILLIAM H. SEWARD. »

M. de La Valette, ministre des affaires étrangères par intérim, s'inclina devant cette note, et le 13 septembre le *Moniteur* publia la déclaration suivante :

« Par décret du 26 juillet, S. M. l'empereur du Mexique a confié le portefeuille de la guerre à M. le général Osmont, chef d'état-major général du corps expéditionnaire, et celui des finances à M. l'intendant militaire Friant. Les devoirs militaires de ces deux chefs de service attachés à une armée en campagne étant incompatibles avec la responsabilité de leurs nouvelles fonctions, ils n'ont pas été autorisés à les accepter. »

Maximilien était libre de s'obstiner à rester au Mexique, mais le ton des dépêches de M. Seward ne permettait plus à Napoléon III d'hésiter. Il fallait mettre un terme à l'occupation. C'était une affaire d'autant plus délicate à régler que des rapports particuliers du Mexique, des copies de lettres prises au cabinet noir avaient donné l'éveil à l'Empereur sur la conduite ambiguë du commandant en chef de l'expédition. Napoléon III, incertain s'il pouvait compter sur le maréchal Bazaine soit pour obtenir par la persuasion l'abdication de Maximilien, soit pour la lui arracher par la force, résolut d'envoyer au Mexique un homme investi de toute sa confiance, le général Castelnau, son aide de camp, qui, muni de ses pleins pouvoirs, partit de Saint-Nazaire le 17 septembre.

Le jour même où le général Castelnau s'embarquait, M. Éloin, alors

Fig. 56. — Ce n'était plus l'austère Vierge du moyen âge.

en mission en Europe, écrivait à Maximilien une lettre[1] qui, en lui ouvrant de nouvelles perspectives en Europe et lui conseillant une politique plus hardie au Mexique, était bien faite pour troubler un esprit comme le sien. Rester bravement sur le trône jusqu'au moment où il pourrait le quitter en faisant reposer sur Napoléon III la responsabilité de l'avortement de leur œuvre commune, revenir en Europe sans avoir rien perdu de son prestige pour profiter des événements, il semble que ce fut le parti auquel il s'arrêta. Il ne lui était pas très facile de le suivre, car le but de la mission du général Castelnau était connu avant son arrivée au Mexique. Un journal républicain publia même cette note :

« Castelnau ne fait pas mystère de son importante mission; il dit apporter l'ordre de faire abdiquer Maximilien. On prétend qu'à la chute du prince autrichien surgira

---

[1]. « Sire,

« L'article du *Moniteur français*, désavouant l'entrée aux ministères de la guerre et des finances des généraux français Osmont et Friant, prouve que, désormais et sans pudeur, le masque est jeté. La mission du général Castelnau, aide de camp et homme de confiance de l'Empereur, bien que secrète, ne peut avoir d'autre but, selon moi, que de chercher à provoquer au plus tôt une solution. Pour chercher à expliquer sa conduite que l'histoire jugera, le gouvernement français voudrait qu'une abdication précédât le retour de l'armée, et qu'ainsi il lui fût possible de procéder *seul* à réorganiser un nouvel état de choses capable d'assurer ses intérêts et ceux de ses nationaux. J'ai l'intime conviction que Votre Majesté ne voudra pas donner cette satisfaction à une politique qui doit répondre, tôt ou tard, de l'odieux de ses actes et des conséquences fatales qui en seront la suite.

« Le discours de M. Seward, le toast à Romero, l'attitude du président, résultat de la couardise du cabinet français, sont des faits graves destinés à accroître les difficultés et à décourager les plus braves. Cependant j'ai l'intime conviction que l'abandon de la partie avant le retour de l'armée française serait interprété comme un acte de faiblesse, et l'empereur tenant son mandat d'un vote populaire, c'est au peuple mexicain, *dégagé de la pression d'une intervention étrangère*, qu'il doit faire un nouvel appel. C'est à lui qu'il faut demander l'appui matériel et indispensable pour subsister et grandir.

« Si cet appel n'est pas entendu, alors Votre Majesté, ayant accompli sa noble mission, reviendra en Europe avec tout le prestige qui l'accompagnait au départ, *et, au milieu des événements importants qui ne manqueront pas de surgir, elle pourra jouer le rôle qui lui appartient à tous égards.*

« En traversant l'Autriche, j'ai pu constater le mécontentement général qui y règne. Rien n'est encore fait, l'empereur est *découragé*, le peuple s'impatiente et demande publiquement son abdication, — ses sympathies pour Votre Majesté se communiquent ostensiblement à tout le territoire de l'empire. En Vénétie, tout un parti veut acclamer son ancien gouverneur; *mais, quand un gouvernement dispose des élections sous l'empire du suffrage universel, il est facile de prévoir les résultats.*

« L'état de santé de l'empereur N.... préoccupe vivement l'Europe entière. Son départ pour Biarritz semble définitivement ajourné ; on assure qu'un diabète sucré vient compliquer l'inflammation de vessie qui le fait souffrir!!! Quant à S. M. l'impératrice Charlotte, au milieu de ses fleurs qui font de Miramar un jardin enchanteur, elle brille de tout l'éclat d'une santé parfaite.

« J'ai l'honneur d'être, Sire, de Votre Majesté, le très humble, très dévoué et très fidèle serviteur et sujet.
                              « F. ÉLOIN.

« Bruxelles, 17 septembre 1866*. »

* L'original de cette lettre, intercepté par les libéraux, a été déposé aux archives de Washington (*Documents officiels recueillis dans la chancellerie de Maximilien; Histoire de l'intervention française au Mexique*, par H. Lefèvre).

une convention conclue d'avance entre les cabinets de Washington et des Tuileries sur la dette française. On comprendra que l'abdication volontaire ou *forcée* de Maximilien est inévitable; les démarches de la France sont bien connues, et le soleil de la nouvelle année verra briller les armes triomphantes de la république sur tout le territoire mexicain. »

Le vapeur *la Sonora*, arrivé dans les premiers jours du mois de septembre au Mexique, y répandit la nouvelle de l'insuccès du voyage de l'impératrice; le journal officiel *el Diario del imperio* [1] se chargea de la démentir. Non content de publier une dépêche de la légation mexicaine à Paris contenant le récit de la réception faite à l'impératrice du Mexique à Saint-Cloud, au milieu des cris de : Vivent l'empereur et l'impératrice du Mexique! poussés par les cent-gardes, le *Journal officiel* lança le 2 octobre cette note :

« Par le courrier arrivé hier au soir, on sait que S. M. l'impératrice doit avoir terminé les diverses affaires de sa mission.

« Sa Majesté doit s'embarquer sur le bateau qui partira de Saint-Nazaire le 16 octobre; elle arrivera, par conséquent, du 8 au 10 novembre.

« Sa Majesté se trouve à Rome en ce moment. »

Maximilien prenait en ce moment presque uniquement conseil du Père Fisher, son confesseur, espèce d'aventurier. Successivement colon au Texas, clerc de notaire, chercheur d'or en Californie, protestant converti, prêtre catholique, secrétaire de l'évêque de Durango, etc., Fisher cumulait, avec la charge de confesseur, celle de secrétaire de l'empereur. Maximilien, bien décidé à ne pas voir le général Castelnau et confirmé dans cette résolution par le Père Fisher, quitta Mexico le 21 octobre et se dirigea sur Orizaba, suivi de son confesseur, du ministre Arroyo et de quelques serviteurs. De la ferme où il s'arrêta pour passer la nuit, il écrivit au maréchal Bazaine une lettre habile dictée par le Père Fisher. « Trois choses, disait-il, me préoccupent, dont je veux dégager ma « responsabilité : les cours martiales, la loi du 3 octobre, les représailles. « Les cours martiales cesseront immédiatement de fonctionner en ma« tière politique; la loi du 3 octobre sera révoquée; on interrompra les « poursuites judiciaires et les hostilités militaires. Le maréchal Bazaine « s'entendra directement avec les ministres Lares, Marin et Tavera, afin « d'assurer l'exécution de ces mesures. » L'empereur ajoutait : « Je « compte déposer entre vos mains les documents nécessaires pour mettre « un terme à la situation violente dans laquelle se trouvent ma personne

---

[1]. Numéro du 7 septembre.

« et le Mexique. » Ces documents, parmi lesquels figurait son acte d'abdication, devaient rester secrets jusqu'au jour où il donnerait l'ordre de les livrer à la publicité.

Le général Castelnau, instruit de ces circonstances pendant son voyage de Vera-Cruz à Mexico, et se sentant allégé du souci de forcer un empereur à abdiquer, cheminait assez gaiement sur la route de Mexico. Maximilien avait fait disposer ses relais de façon à ne pouvoir rencontrer le général Castelnau. Le hasard en ordonna autrement : l'empereur et l'aide de camp de Napoléon III se trouvèrent ensemble au village d'Ayotla. Le général Castelnau demanda une audience à l'empereur, qui la lui refusa, sous prétexte qu'il ne pouvait recevoir un envoyé non accrédité auprès de lui. Le général Castelnau continua sa route sans se préoccuper de ce refus. Il savait que la frégate autrichienne *Dandolo*, mouillée dans le port de Vera-Cruz, avait reçu les bagages de Maximilien, et qu'il était déchargé de la partie la plus délicate de sa mission.

La lettre de Maximilien au maréchal Bazaine semblait impliquer cependant une sorte de remise du pouvoir à ce dernier ; mais, soit qu'il hésitât à l'accepter maintenant que la présence du général Castelnau allait changer la face des choses, soit que les ministres refusassent de se prêter à son abdication, il était impossible de savoir au juste entre les mains de qui se trouvait le pouvoir. L'arrivée du général Castelnau mettrait sans doute fin à cette incertitude.

L'armée la saluait en outre d'avance comme l'heureux présage de son prochain départ. Elle sentait instinctivement qu'un séjour plus long au Mexique la jetterait peu à peu dans un état voisin de la démoralisation. L'armée n'avait plus d'ailleurs depuis longtemps confiance dans son chef [1].

---

1. « Le public éclairé du corps expéditionnaire s'accorde à penser que le maréchal a travaillé depuis près de deux ans à faire échouer le navire de l'empereur Maximilien pour se substituer à son pouvoir.... »

Le même officier écrit : « Mexico est un foyer d'intrigues dont je ne me charge pas de « faire l'analyse. Il y court les bruits les plus.... les moins avantageux pour l'honneur de « l'armée française. On a fait ici des spéculations scandaleuses. Je ne te dirai pas le nom « des masques, cela irait trop loin et trop haut. »

Quelques pages plus loin :

« Il s'est produit depuis quelque temps dans le corps d'armée et dans le public un tel mouvement d'indignation, qu'il en est résulté un véritable *tolle*. Il n'est pas possible de t'imaginer les énormités qui se crient partout. Sans entrer dans plus d'explications, je te dirai seulement qu'on est exaspéré de savoir que, de toute cette désastreuse affaire de l'expédition du Mexique, un seul homme a su retirer une fortune, et qu'à présent c'est afin de pouvoir la liquider qu'il n'hésite pas à compromettre les intérêts les plus sacrés de notre pays et de nos soldats. Quelle discipline pouvait exister dans une armée où l'on faisait peser des accusations du genre des précédentes sur la tête du général en chef et

Les dilapidations s'exerçaient sur une grande échelle. Un officier supérieur écrit en prenant le commandement des contre-guérillas des Terres chaudes : « Je passe par-dessus toutes les difficultés d'argent que j'ai ren-
« contrées ici, je ne vous citerai qu'un fait : depuis que la contre-guérilla
« existe, on y a volé plus de 750 000 francs [1]. »

Comment s'étonner qu'un militaire honnête écrive en rentrant en France : « Je suis enchanté de quitter Mexico, c'est un capharnaüm mili-
« taire. On y entend des conversations impossibles. L'indiscipline et le
« manque de respect de tout et de tous sont poussés dans cette armée au
« dernier point. Il y a beaucoup de coupables et des haut placés [2]. » Les soldats sous de tels chefs perdaient leurs meilleures qualités :

« Je croyais mes hommes indisciplinés et ivrognes. Je ne les savais pas lâches. J'ai eu la chance de tomber au petit jour sur un ennemi retranché de tous côtés ; ma troupe, accueillie par un feu plus violent que meurtrier, a commencé par lâcher prise, et ce n'est que quand tous les officiers se sont mis en avant que j'ai chassé l'ennemi et lui ai tué du monde. Les hommes, après ce combat, n'avaient pas même la satisfaction du résultat obtenu. J'ai eu la chance de n'avoir que deux hommes tués et deux chevaux, et, malgré cette perte insignifiante, quelques-uns ont été entendus disant : *Ah! bon! s'il faut maintenant se faire casser la tête, je n'en veux plus* [3]. »

Le maréchal Bazaine, dépourvu d'élévation d'esprit, n'apercevant rien au delà de son cercle d'action, et ne discernant pas toujours bien ce qui s'y passait, plein d'ambition sans avoir aucune des qualités de l'ambitieux, subissant en outre, disait-on, l'influence de sa femme, plus ambitieuse et

où l'on disait de lui : « Il a vendu mobilier, palais, etc., s'est fait payer jusqu'au dernier
« jour le loyer de ce même palais, alors que la caisse faisait banqueroute aux officiers
« pour les loyers de décembre. » Tout ce que je pourrais te raconter en fait d'anecdotes sanglantes ne serait encore que l'orgeat en comparaison de ce qui se dit tout haut dans les petites comme dans les grandes réunions d'officiers. On donne la piastre pour 5 fr. 20 aux officiers, et, quand ils prennent des traites au Trésor, on la leur prend au même taux. Chaque officier prend sa solde en piastres pour ne pas perdre 20 centimes par piastre, car, dans le commerce, on leur prend leur traite de 100 francs pour 20 piastres. Il n'y a là rien que de très légitime ; mais ceux qui, au lieu de recevoir l'échange de leurs deniers du Trésor, y apportent celui des négociants pour bénéficier des 20 centimes par piastre, y exercent une fâcheuse industrie. Un capitaine spécule dans un seul mois sur 10 000 piastres, et, comme on l'appelle pour le morigéner, il se disculpe en citant le nom d'un officier supérieur qui touche de très près au maréchal et qui en a pris pour 80 000 dans le même mois et a réalisé ainsi un bénéfice de 16 000 francs*. »

1. Six lettres du lieutenant-colonel de Galiffet à M. Pietri (*Papiers des Tuileries*).
2. *Ibid.*
3. *Ibid.*

* Lettre du général Douay à son frère, 29 janvier 1866 (*Papiers des Tuileries*). Cet officier supérieur, que l'auteur des lignes précédentes nomme en toutes lettres, remplissait les fonctions de chef de cabinet du maréchal Bazaine. Devenu général, il était à ses côtés à Metz, et c'est lui qu'il chargea de négocier avec les Prussiens.

non moins privée de sens politique que lui, et des parents de sa femme [1], laissait s'étendre un mal moral qu'il croyait favorable à ses projets. Si Maximilien, poète, homme d'imagination, s'était laissé séduire par la grandeur apparente du rôle qu'on lui proposait de jouer au Mexique, le maréchal Bazaine ne songe d'abord qu'à compléter sa fortune militaire et sa fortune privée ; sa femme et les parents de sa femme, deux ou trois officiers de son intime entourage, lui inspirèrent de plus hautes visées ; familier avec la langue espagnole, façonné aux manières des Mexicains, marié à une Mexicaine, ne lui était-il pas permis de rêver au Mexique la fortune d'un Bernadotte en Suède? Mais Bernadotte ne s'était pas présenté aux Suédois à la tête d'une armée chargée de renverser le gouvernement national. Le patriotisme parle encore assez haut, même chez les nations en pleine décadence, pour les empêcher de s'avilir au point où le maréchal Bazaine croyait que le Mexique pouvait tomber.

Maximilien et le commandant en chef de l'armée d'intervention, divisés par une perpétuelle rivalité, rendaient impossible l'établissement d'un ordre quelconque dans ce malheureux Mexique [2]. Le général Castelnau, convaincu que la partie la plus délicate de sa mission était remplie en voyant Maximilien s'éloigner de Mexico, songeait, conformément à ses instructions, à réunir un congrès, à surexciter l'ambition des différents chefs dissidents et à pousser à la présidence de la République celui d'entre eux qui lui paraîtrait devoir s'entendre le plus vite et le plus facilement avec Napoléon III, Juarez restant excepté du concours ; plan d'une exécution assez peu facile, surtout en présence des manœuvres du maréchal Bazaine, qui lui aussi cherchait à s'entendre avec les chefs dissidents.

Maximilien, retiré à la Jalapilla, hacienda des environs d'Orizaba, malade, fatigué, tiraillé entre son orgueil et son impuissance, entre le désir de revoir son pays vaincu et la crainte de paraître se dérober au danger, était en proie à la plus douloureuse incertitude. Convaincu qu'en acceptant la couronne du Mexique il était devenu un des principaux ressorts de la politique de Napoléon III, il se figurait longtemps que celui-ci ne l'abandonnerait jamais. Dépouillé par la lettre de M. Éloin d'une partie de ses

1. Le beau-frère de Bazaine disait au moment des combats livrés sous Metz à un ami de l'auteur : *Quiem sabe si este Bazaine non vendra a essor Emperador.*
2. Le maréchal Bazaine, tantôt désireux de prolonger l'occupation, tantôt cherchant à y mettre fin, selon qu'il le croyait utile à ses intérêts personnels, présentait sans cesse ce pays sous les couleurs les plus différentes. Le dernier rapport adressé par lui à l'Empereur au mois de juin respirait l'espoir et la confiance dans l'avenir de l'empire. Ce rapport, en contradiction complète avec tout ce que l'Empereur apprenait tous les jours, ne contribua pas peu à la mission du général Castelnau.

illusions, il aurait mis fin à la lutte qu'il soutenait avec lui-même par son irrévocable abdication; mais on éveilla sa susceptibilité; on lui fit croire qu'il était joué, et, encouragé par le Père Fisher, qui ne cessait de lui vanter les immenses ressources du parti clérical, il résolut de recourir à son appui pour le venger.

Marquez et Miramon, appelés par les chefs de ce parti, avaient quitté l'Europe, où ils étaient exilés depuis deux ans, et ils venaient de débarquer à la Vera-Cruz; accourus à la Jalapilla, ils offraient à Maximilien une armée, celle des vieux *pronunciamentos* du parti de l'Église. Cependant, au moment de rompre avec l'Empereur des Français, il hésitait.

Il avait commis, en refusant de recevoir le général Castelnau, une faute qui le privait de la possibilité de découvrir le fond de la pensée de Napoléon III. M. Lares, président du conseil, fut chargé de tenter l'expérience à sa place. Reçu par le général Castelnau en présence du maréchal Bazaine, M. Lares, comprenant après un assez long entretien que Maximilien n'avait plus rien à attendre de Napoléon III, demanda si, dans le cas où Maximilien se déciderait à rester sur le trône, on ferait entre ses mains la remise des arsenaux, de l'artillerie, des munitions de guerre et des places, ensuite si Napoléon III entendait prêter encore au gouvernement de Sa Majesté son appui pour assurer la pacification du pays et pour éviter l'anarchie jusqu'au départ de son armée. Le général Castelnau répondit à M. Lares que cette remise aurait lieu; que l'armée d'intervention, sans entreprendre de nouvelles expéditions, protégerait les fonctionnaires et les populations dans la zone de son occupation, et qu'en l'absence d'un gouvernement toutes les précautions seraient prises pour le maintien de l'ordre, le respect du vœu des populations et la sauvegarde des intérêts français. On put dès lors croire que tout était fini; mais Maximilien voulut cependant, on ne sait trop pourquoi, conférer encore une fois avec le maréchal Bazaine. Il lui écrivit, le 18 novembre, pour lui fixer un rendez-vous à Orizaba.

Le moment était critique pour le maréchal Bazaine. Les dépêches de M. de Montholon, l'arrivée d'un consul des États-Unis à Mexico, venaient de lui révéler l'entente de Napoléon III avec les États-Unis en vue de restaurer la république mexicaine. Rien n'étant prêt pour qu'il pût en être le chef, il voulut rendre cette restauration impossible, d'un côté en poussant Maximilien à garder la couronne, de l'autre en multipliant les candidatures à la présidence, et en affectant une vive préférence pour celle du général Ortega, le défenseur de Puebla. Le consul des États-Unis

Fig. 57. — « Après avoir restauré la papauté, je l'ai protégée contre les partis révolutionnaires.....

mettait en avant la candidature du général Porfirio Diaz, ajoutant qu'il avait déjà obtenu des banquiers mexicains des fonds pour assurer un mois de solde aux troupes de ce général, et que la prudence exigeait qu'on l'invitât à se rapprocher de Mexico. Le maréchal Bazaine, à qui la candidature d'aucun chef mexicain ne pouvait convenir, déclara que, tant que Maximilien n'aurait pas quitté le sol du Mexique, il serait le seul souverain à ses yeux.

Le ministère, le Conseil d'État et Miramon, arrivés pendant ce temps-là à Orizaba sous la protection d'une escorte française accordée par le maréchal Bazaine, qui, sur les ordres du général Castelnau déguisés en conseils, ne s'était pas rendu à l'invitation de Maximilien, se formèrent immédiatement en conseil, et, après trois jours de délibération, ils supplièrent Maximilien de garder la couronne, en lui offrant au nom du clergé, dont le Père Fisher se portait garant, 4 millions de piastres, une armée prête à entrer en campagne et trois généraux, Marquez, Miramon, Mejia, pour la commander. Maximilien accepta.

Le 1ᵉʳ décembre parut, dans le *Diario del imperio*, la note suivante :

« Les délibérations des conseils des ministres et d'État ont été closes. D'accord avec leur vote, S. M. l'Empereur a pris la résolution de conserver le pouvoir et de rentrer bientôt dans sa capitale.

« Cette noble et patriotique résolution, adoptée hier définitivement, a causé une impression ineffable de joie à Orizaba, où elle a été célébrée au son des cloches, de la musique, des pétards, et de toute espèce de démonstrations joyeuses. »

Cette note fut bientôt suivie du manifeste suivant :

« Mexicains,

« Les circonstances si graves qui touchent au bien-être de notre patrie, et qui disparaissent devant nos malheurs domestiques, ont provoqué dans notre esprit la conviction que nous devions vous rendre le pouvoir que vous nous aviez confié.

« Nos conseils des ministres et d'État ont été d'avis que le bien du Mexique exigeait que nous restassions au pouvoir. Nous avons cru de notre devoir d'acquiescer à leurs instances en vous annonçant, tout à la fois, l'intention de réunir un congrès national sur les bases les plus larges et les plus libérales, auxquelles participeront tous les partis. Ce congrès décidera si l'empire doit continuer, et, au cas affirmatif, concourra à la formation des lois vitales, pour la consolidation des institutions publiques du pays. Dans ce but, nos conseils se préoccupent de nous proposer toutes les mesures opportunes et, en même temps, font les démarches nécessaires pour que tous les partis se prêtent à un arrangement sur cette base.

« En conséquence, Mexicains, comptant sur vous tous, sans exclusion d'opinion politique, nous nous efforcerons de poursuivre avec courage et constance l'œuvre de régénération que vous aviez confiée à votre compatriote.

« Maximilien. »

Maximilien, après la réunion d'Orizaba, avait repris à petites journées le chemin de Mexico. Arrivé à Puebla, il s'établit dans la maison de campagne de l'évêque, où le ministre impérial Dano et le général Castelnau se rendirent le 22 décembre, pour lui faire comprendre les graves inconvénients que sa récente résolution pouvait avoir. Maximilien, conseillé par le Père Fisher, consentit cette fois à les recevoir, mais décidé à gagner du temps, il fut convenu que, dans cette première visite, on le traiterait en convalescent que les affaires sérieuses fatiguent, et que la conversation ne prendrait un caractère diplomatique que dans une audience dont on fixerait la date. Le soir même de cette audience, le général Castelnau reçut la visite du Père Fisher, qui lui parla de la répugnance extrême de l'empereur à traiter avec M. Dano ; Maximilien ne demandait pas mieux que de s'ouvrir au général, mais il fallait attendre et ne rien brusquer avant un mois. Le général Castelnau, ne voyant dans cette réponse qu'un prétexte pour gagner du temps, déclara que si Maximilien ne lui accordait pas une audience pour le surlendemain pour M. Dano et pour lui il partirait immédiatement. L'audience fut accordée. M. Dano avait exposé les dangers de la situation dans une note collective qui portait la signature du général Castelnau, du maréchal Bazaine et la sienne, et qui concluait à une abdication immédiate. Maximilien lut cette note avec un sourire. « Voilà, dit-il, en échange une dépêche télégraphique que j'ai reçue hier du maréchal Bazaine; vous voyez qu'on peut avoir deux avis en bien peu de temps. » Cette dépêche conseillait fortement à l'empereur de ne pas abandonner la partie.

Maximilien parla ensuite de ses projets dans une conversation familière où le maréchal Bazaine tint une grande place. « Il l'accusa hautement de versatilité, de cupidité et de vues personnelles qui l'auraient fait aspirer à s'emparer du gouvernement à son profit [1]. » Il ajouta : « Quant à moi, dans le cas où le congrès se prononcerait contre la continuation de l'empire, je reviendrais vivre en simple particulier en Europe, et je consacrerais mon temps à écrire l'histoire de mon règne; j'ai tous les matériaux nécessaires pour causer bien des surprises à beaucoup de personnes qui ne s'y attendent pas. »

C'était une menace à laquelle le général Castelnau, fatigué par le climat, par la lutte sourde qu'il soutenait contre le maréchal Bazaine, ne fit pas grande attention. Il tomba malade de la fièvre. Une dépêche

---

[1]. Lettres du général Douay (*Papiers des Tuileries*).

portant ces mots : « Castelnau malade, va mal, profitez, » en avertit tout de suite Maximilien. Cette dépêche lue par hasard par quelques officiers français fut attribuée sans hésitation au commandant en chef [1]. M. Dano voulait que le général Castelnau ordonnât l'embarquement du maréchal Bazaine; il s'y refusa. « Il n'est pas moins indigné de la félonie du maré-« chal, mais il éloigne tant qu'il peut l'échéance du scandale. Il hésite « à se rendre responsable de l'éclat que ferait en ce moment son départ « et réserve ses pleins pouvoirs pour n'en faire usage qu'à la dernière « extrémité [2]. »

Le maréchal Bazaine aurait dû comprendre que Napoléon III n'avait envoyé un de ses aides de camp au Mexique que pour y prendre une résolution suprême et muni des pouvoirs nécessaires pour l'exécuter. La modération dont le général Castelnau faisait preuve, le soin constant qu'il mettait à éviter tout air de supériorité, lui firent prendre le change sur son caractère; il essaya de l'intimider en invoquant sans cesse sa responsabilité : « Donnez votre démission, lui dit l'aide de camp de l'Empereur, si cette responsabilité vous effraye; » et, pour lui prouver que l'abandon du commandement par lui était chose prévue, il finit par lui montrer ses pouvoirs, qui allaient jusqu'à le destituer. « Pourquoi ne m'avoir pas dit cela plus tôt? demanda le maréchal. — J'espérais, répondit l'aide de camp, que vous ne m'obligeriez pas à vous faire cette confidence. »

Maximilien, empereur en quelque sorte destitué par Napoléon III, attendant de recevoir le sceptre des mains d'un congrès, ne sachant s'il régnait ou s'il ne régnait pas, redoutait les moqueries que ne lui épargnaient pas ces états-majors *blagueurs*, où des officiers désœuvrés passaient leur temps à aiguiser contre lui et contre le Mexique des couplets de vaudeville [3], se sentant sans défense contre ses officiers généraux et supérieurs, qui le traitaient tantôt avec une sévérité cruelle [4], tantôt avec

1. Lettre du lieutenant-colonel de Galiffet à M. Pietri (*Papiers des Tuileries*).
2. Lettres du général Douay.
3. « Ma grande ressource ici, c'est Massa, avec lequel, bien entendu, je passe ma vie. En pensée et en conversation, nous sommes toujours à Paris, et c'est une bien grande chance d'avoir rencontré quelqu'un de son monde avec qui l'on peut causer. Il travaille à une revue qu'il compte faire jouer à Mexico. Il m'en a lu quelques scènes qui sont vraiment fort drôles. C'est tout un voyage de bourgeois du Palais-Royal au Mexique avec toutes les péripéties d'une telle aventure. Maximilien et son gouvernement n'y sont point ménagés, et je doute qu'à cette occasion on lui décerne la croix de Guadalupe. » (Lettres de M. d'Espeuilles. — *Papiers des Tuileries.*)
4. « Quant à l'aveuglement de l'empereur Maximilien, il faut, pour s'en faire une idée, se représenter un des princes les plus idiots et les plus imbéciles qu'on bafoue pendant

une légèreté méprisante¹ dans leurs correspondances avec leurs amis, il s'était caché pour ainsi dire aux portes de Mexico, dans la hacienda de *la Teja*, où il attendait la réunion du congrès. Il ne devait quitter cette résidence que pour Queretaro.

---

les cinq actes et trente tableaux d'une féerie de la Porte-Saint-Martin. » (Lettres du général Douay à son frère. — *Papiers des Tuileries*.)

1. « L'empereur et l'empire restent ici ce qu'il y a de plus impopulaire, et que chacun ici s'attend à voir disparaître l'un et l'autre. Ne va pas croire que Maximilien en soit si affecté que cela, car sa grande préoccupation est d'aller continuellement à Cuernavaca voir une jeune Mexicaine dont il vient d'avoir un fils, ce qui l'enchante au delà de toute expression. Il est très fier d'avoir ainsi affirmé son aptitude à la paternité, point qui lui était fort contesté. » (Lettres du lieutenant-colonel de Galiffet. — *Papiers des Tuileries*.)

CHAPITRE XIV

LE CLERGÉ EN FRANCE (1863-1867)

Polémique entre M. Dupanloup et M. Edgar Quinet. — Le culte de la Vierge. — Publication de la *Vie de Jésus*. — Guerre acharnée contre les restes du gallicanisme. — Efforts des catholiques lyonnais pour conserver leur liturgie. — Le clergé de Lyon se résigne à l'obéissance. — Lutte des corporations contre les évêques. — Le gouvernement interdit le bref sur la liturgie lyonnaise. — Le congrès de Malines. — L'Encyclique et le *Syllabus*. — Le gouvernement interdit la publication de la première partie de l'Encyclique. — Lettre de l'évêque de Montpellier. — Tristesse des catholiques libéraux. — L'Encyclique commentée par l'évêque d'Orléans. — Bref du pape à l'évêque d'Orléans. — Manifestations légitimistes dans les églises. — L'Empereur accorde à M. Donnet la permission de réunir le synode provincial à Poitiers. — Changements dans l'Eglise protestante. — Le suffrage universel est appliqué à l'élection des consistoires. — Composition des Eglises protestantes. — Les protestants libéraux et les protestants orthodoxes. — Fondation de l'Union protestante libérale. — Le conseil presbytéral, présidé par M. Guizot, refuse de reconnaître M. Athanase Coquerel fils comme suffragant de M. Martin Paschoud. — Lutte entre le Conseil presbytéral et M. Martin Paschoud. — Elections de 1865. — M. Guizot n'est élu qu'au second tour à une faible majorité. — Les protestants libéraux demandent en vain la création d'un second Conseil presbytéral. — Le ministre des cultes prend parti contre les protestants libéraux.

L'année 1863 s'ouvrit par une polémique entre M. Dupanloup et Edgar Quinet au sujet de la Pologne. Edgar Quinet reprochait au clergé d'abandonner cette nation, dont les malheurs étaient en grande partie son ouvrage : « Prenez la croix, marchez en tête. Que votre tocsin résonne du haut de Saint-Pierre de Rome, et qu'il se propage de la Vistule au Niemen. » Mgr Dupanloup se hâta de répondre que l'Église était toujours du côté du faible contre le fort, que la papauté n'avait cessé de réclamer en faveur de la Pologne, et il ajouta : « C'est vous qui perdez les bonnes causes en vous y mêlant, vous qui rendez la liberté suspecte et la ruinez en la mariant de force à la révolution qui la tue. »

Edgar Quinet reprit la parole : « Vous aiderez la Pologne si je vous garantis qu'aucune révolution n'y pénétrera; vous déchaînerez les aigles si je retiens les vautours. Mais outre que les aigles sont, comme vous savez, de la même famille que les vautours, il s'ensuivrait que vous refusez d'aider jamais aucun peuple en péril. Car où est celui qu'on peut soustraire à toute chance de révolution? Demandez-moi plutôt de le soustraire à l'atmosphère de notre siècle. » La réplique de Mgr Dupanloup [1] contenait ce passage : « Parce que je ne suis pas de votre avis, vous concluez du désaccord de deux hommes au désaccord de deux grandes choses, l'Église et la liberté!... Je demande, comme vous, que l'iniquité de l'exécrable partage de la Pologne soit réparé... Quelles sont après Dieu les chances de la Pologne? Les sympathies actives des puissances; or qui peut les refroidir? La transformation d'un mouvement national et catholique en mouvement démagogique. »

La polémique continua presque jusqu'à la veille du jour où l'apparition de la *Vie de Jésus* par M. Renan allait diriger contre un livre toutes les forces et toutes les passions du clergé.

L'Église, en proclamant le dogme de l'Immaculée-Conception pour donner une idée de sa force, semblait avoir voulu en quelque sorte substituer le culte de la Mère du Sauveur à celui de son divin Père. La Vierge avait changé de physionomie; ce n'était plus l'austère Vierge du moyen âge ni la madone souriante de la Renaissance, mais la Reine du ciel et de la terre; son bras fait pour le sceptre abandonnait l'Enfant divin à saint Joseph, qui faisait un pas en avant sur la scène, où le Père et le Fils étaient comme rejetés au second plan. Les journaux annonçaient tous les matins l'érection de quelque nouvelle statue de la Vierge; chaque ville, chaque village aurait bientôt la sienne. La Vierge seule faisait des miracles. L'Église, en substituant le culte d'une femme à celui d'un homme, semblait constater que l'homme lui échappe, et que c'est sur la femme et par la femme qu'elle veut régner. Il semblait donc qu'un livre comme celui de M. Renan ne dût pas, dans les dispositions d'esprit où se trouvaient les docteurs de l'Église, provoquer une telle explosion de colère.

Jamais bruit pareil ne s'est fait autour d'un livre. L'Église lance contre lui ses foudres; dix-huit mandements, à partir du 14 juillet jusqu'au 11 décembre 1863, se succèdent contre lui; la chaire retentit d'imprécations et d'anathèmes à son adresse; l'évêque de Marseille va jusqu'à

---

[1] 10 avril.

Fig. 58. — Les cinq délégués du clergé de Lyon, reçus par le pape, essaient de lui remettre une pétition.

faire sonner le glas tous les vendredis en expiation de l'ouvrage de M. Renan. L'Église, un siècle et demi après Voltaire, après l'*Encyclopédie,* après les travaux de l'exégèse allemande, se couvre de cendres, comme si elle entendait nier la divinité de Jésus-Christ pour la première fois. Le pape lui-même s'en mêle et adresse des brefs d'éloge et d'encouragement à tous ceux qui réfutent la *Vie de Jésus.*

Les évêques, sans attendre cette invitation, avaient dès le premier jour mis la main à la plume; Mgr Parisis envoya sa réfutation à l'Empereur, qui lui répondit :

« Monsieur l'Evêque,

« Vous avez bien voulu m'envoyer l'écrit que vous avez composé pour combattre l'ouvrage récent qui tente d'élever des doutes sur l'un des principes fondamentaux de notre religion. J'ai vu avec plaisir quelle part énergique vous avez prise à la défense de la foi, et je vous en adresse mes félicitations sincères.

« Sur ce, monsieur l'Evêque, je prie Dieu qu'il vous ait en sa sainte et digne garde:
« Fait au palais de Compiègne, 14 novembre 1863. »

L'Empereur avait beau saisir avec empressement toutes les occasions de se poser en catholique fervent, en défenseur dévoué de l'orthodoxie, les prétentions ultramontaines l'obligeaient à se tenir sur ses gardes. La curie romaine travaillait depuis longtemps à supprimer en France les derniers vestiges du gallicanisme. Tout ce qui pouvait rappeler l'existence des Églises particulières était de sa part l'objet d'une poursuite acharnée; elle cherchait surtout à détruire leurs liturgies, et ses efforts avaient été presque partout couronnés de succès. La liturgie de l'Église de Lyon subsistait encore, défendue avec ardeur par le clergé du diocèse. La cour de Rome n'en parut que plus résolue à briser toutes les résistances. Quelques catholiques lyonnais prirent le parti de s'adresser à l'Empereur. « Les catholiques de Lyon, écrivirent-ils à Napoléon III, sont très « émus du bouleversement liturgique. Rome les menace; les curés et le « chapitre de Lyon demandent le maintien de leur rite. Une question « politique se cache sous cette question de liturgie. On veut absolument « anéantir l'Église gallicane, afin que désormais l'Église, en France, « reçoive le mot d'ordre de Rome dans sa discipline comme dans ses « dogmes. Le danger est pressant. Le cardinal-archevêque de Bonald « est, en ce moment, auprès du pape pour consommer ce sacrifice. Il a « lutté longtemps, mais à son âge l'énergie du caractère s'affaiblit. »

Le clergé de Lyon avait envoyé à Rome cinq de ses membres chargés de soutenir l'archevêque et de déposer aux pieds de Sa Sainteté une pétition signée par 1400 prêtres du diocèse pour demander le maintien de l'ancienne liturgie. Mgr de Bonald, cardinal-archevêque de Lyon, en recevant la visite de ses coopérateurs, commença par leur déclarer que leur pétition n'était bonne qu'à jeter au feu, et que, pour lui, il ne se croyait pas en droit de la présenter; ils furent d'autant plus surpris de ce langage, que Mgr de Bonald, après avoir défendu la liturgie dans un mandement spécial, avait fait réimprimer le bréviaire lyonnais en 1843. Les délégués lui firent remarquer que les évêques sont établis de droit divin juges et administrateurs dans leur diocèse : *Posuit episcopos regere Ecclesiam Dei*. Jamais on n'a enseigné que l'Église fût une monarchie pure, une absolue autocratie; que le pape lui tout seul eût le titre et la fonction de chef et d'administrateur; que les évêques n'eussent de droit doctrinal et administratif que par permission et délégation de Rome. « Oui, oui, leur répondit Mgr de Bonald, allez donc dire ces choses-ci au pape, vous verrez ce qui en sera. »

Les cinq délégués lyonnais, en sortant de chez l'archevêque, firent une visite au cardinal Antonelli, qui les reçut à merveille; mais chez le secrétaire de la congrégation des rites, Mgr Bartoloni, la scène changea. Le prélat, en les apercevant, lança loin de lui avec colère un volume qu'il tenait à la main, et non content de les traiter de « séditieux, factieux, schismatiques, » il finit par les renvoyer. Les pauvres prêtres s'en vont consternés. Avant de retourner à Lyon, ils veulent du moins avoir une audience du pape. L'archevêque de Lyon finit par l'obtenir pour eux, mais à ces conditions : Mgr de Bonald les présentera lui-même; ils se borneront à écouter le pape, et ils ne lui répondront qu'interrogés personnellement; la pétition des 1400 prêtres lyonnais restera dans leur poche, il ne sera pas question de liturgie. Les délégués, forcés d'accepter, sont admis en présence de Sa Sainteté; là, le désir de sauver leur liturgie l'emporte sur tout autre sentiment; ils oublient leurs promesses, et ils ne craignent pas d'enfreindre le programme. Quel embarras pour Mgr de Bonald, courant de l'un à l'autre, tantôt saisissant le bras de celui-ci, tantôt interposant sa main devant le visage de celui-là, cherchant à fermer la bouche à tous. L'essentiel après tout était que la pétition ne fût pas remise. Elle ne le fut pas, et Mgr de Bonald, de retour à Lyon, présenta le décret du pape à la signature de ses prêtres, qui, placés entre leur conscience et leurs moyens d'existence, se résignèrent à l'obéissance.

Voilà où en est le clergé, et la presse religieuse bat des mains en voyant le pape fouler aux pieds la conscience d'un diocèse! l'autorité épiscopale, si despotique à l'égard des simples prêtres, est menacée à son tour par certains ordres puissants à Rome. Les Jésuites de la rue de Sèvres à Paris refusent de recevoir la visite diocésaine, et ferment leurs maisons aux inspecteurs de l'archevêché. Il faut les menacer de recourir au préfet de police pour les amener à ouvrir leurs portes.

La centralisation religieuse se montre de jour en jour plus sévère et plus ridicule dans ses exigences; bientôt la centralisation d'État n'aura plus rien à lui envier. Rome entend décider souverainement de la longueur de la chaîne de l'encensoir et de la manière d'attacher le manipule au bras; sera-ce avec une épingle ou avec des cordons? La congrégation des rites se prononce pour l'épingle. Les susceptibilités de l'Eglise sur tous ces détails deviennent à chaque instant plus vives. Un décret impérial, contre-signé Baroche, avait déterminé [1] le costume des chanoines du deuxième ordre du chapitre impérial de Saint-Denis. « Les « chanoines de notre chapitre impérial de Saint-Denis porteront en « sautoir une croix de soixante-dix millimètres de diamètre, à huit pointes « d'or, émaillée de blanc et de violet, onglée de quatre abeilles d'or « ayant en écusson d'un côté l'image de saint Denis avec l'inscription : « *Vota pro imperatore, sepultura regum*, et au revers le clou de la « sainte croix en pal, accompagné de quatre abeilles d'or sur champ d'azur, « avec l'inscription : *Capitulum imperiale sancti Dionysii*, 1806. » Des plaintes s'élevèrent au Vatican contre ce décret, considéré comme un empiètement de l'Etat sur les droits de l'Eglise. La question de la liturgie lyonnaise donna lieu à un long échange de notes entre le gouvernement, l'archevêque de Lyon et le cardinal Antonelli, l'un s'opposant à la publication du bref du pape prescrivant l'introduction du bréviaire et du missel romains dans le diocèse de Lyon, les autres se plaignant de l'intervention de l'autorité civile, qui mettait en général un grand soin à éviter ces plaintes. Si le gouvernement se mêla des réclamations du clergé en faveur de la liturgie lyonnaise, c'est qu'elles étaient appuyées par des gens qu'il avait intérêt à ménager; il se crut donc obligé d'intervenir et de déclarer dans une note du *Moniteur* en date du 13 mai que, usant du droit que lui attribuent les articles organiques du Concordat (loi du 18 germinal an X, art. 1er), il n'autorisait pas la publication en France du bref donné à Rome pour l'introduction dans le diocèse de Lyon de la liturgie romaine. « Toute publication donnée

---

[1]. 6 juillet 1863.

à ce bref constituerait donc la violation d'une loi que le gouvernement a le devoir et la volonté de faire respecter. » Menace inutile; la note même du journal officiel n'équivalait-elle pas à la plus large des publications? Vainement encore fit-il saisir les exemplaires imprimés de ce bref. Le clergé n'en avait pas besoin pour obéir. L'évêque avait transmis l'ordre du pape à ses prêtres, et ils s'étaient inclinés.

Cet asservissement de l'Eglise gallicane à Rome effrayait le parti catholique libéral, composé des hommes qui depuis 1830 avaient le plus honoré l'Eglise par leur talent et par leur dévouement. Instruits des projets qui se tramaient à Rome contre les doctrines du catholicisme libéral et qui étaient à la veille d'éclater, ils crurent devoir avertir la papauté du danger de la voie dans laquelle elle allait s'engager, et ils résolurent de se réunir en congrès à Malines. Ce congrès se réunit le 9 août. Avant d'entamer ses travaux, il rédigea une adresse au Saint-Père : « Vous êtes roi, nous nous inclinons avec respect devant « votre royauté pontificale, aussi légitime qu'elle est antique. Nous aimons « à le répéter, avec l'épiscopat catholique tout entier : le patrimoine de « l'Eglise que Votre Sainteté défend avec une inébranlable fermeté est « providentiellement destiné à être la sauvegarde de l'indépendance « de la papauté et l'inviolable rempart de la liberté des âmes. »

Le Congrès de Malines, comme la plupart des Congrès, s'occupa un peu de tout, de l'assistance publique, de la charité privée, de la Pologne, de l'architecture, du nu dans l'art, de la presse, du denier de Saint-Pierre, de la fondation d'un journal catholique international, de la question de savoir si les journaux catholiques devaient publier des annonces de spectacles et un feuilleton dramatique. On y discuta beaucoup sur une question qui datait du temps de l'abbé Gaume : fallait-il proscrire des églises les œuvres d'art conçues dans le style et l'esprit de la Renaissance? La querelle recommençant entre les classiques et les gaumistes, les débats sur la liberté de tester ne suffisant pas, pour entretenir l'intérêt des séances du Congrès on agita le problème de savoir s'il convenait que les journaux catholiques racontassent les suicides et les accidents divers dont une ville est le théâtre. Le fait-divers rudement attaqué et chaudement défendu gagna son procès. Le Congrès, par une autre délibération, décréta la formation de cercles catholiques. Les membres du congrès de Malines ne pouvaient se séparer sans anathématiser la *Vie de Jésus*. M. de Montalembert traita donc M. Renan de « protégé de César, romancier sacrilège, érudit frelaté, défenseur de Judas. » Mais ce n'était pas uniquement pour protester une fois de plus en faveur du pouvoir temporel, ni pour se donner la satisfaction un peu usée d'injurier M. Renan, que les catholiques libéraux s'étaient réunis à Malines. M. de Montalembert clôture les séances du congrès par un discours qui en résumait la pensée : « Il n'y a plus de place pour la théocratie dans le monde. » On va voir comment Rome répondit à la fois à la déclaration de M. de Montalembert et à la convention du 15 septembre. L'orateur avait été mieux inspiré dans un passage de son discours sur l'Eglise libre dans l'Etat libre, dans lequel il déclarait qu'il n'y avait plus de place dans le monde pour la théocratie, assertion qui ne parut pas être du goût de la majorité de ses auditeurs.

L'encyclique *Quanta cura*, suivie du *Syllabus*, pour signaler et condamner « les principales erreurs de notre temps », était depuis quelque temps déposée comme une arme dans les archives du Vatican. Pie IX la fit publier le 8 décembre. Ce fut aussitôt dans le camp des libres penseurs une colère pareille à celle que la *Vie de Jésus* avait produite dans le camp opposé. Les journaux démocratiques et libéraux demandèrent aussitôt au gouvernement s'il ne repousserait pas cette attaque contre la société civile, ne fût-ce qu'avec les articles du Concordat. M. Baroche, garde des sceaux, était en général peu disposé à recourir à une intervention quelconque contre le clergé. Obligé cependant sinon d'agir, du moins d'en avoir l'air, il annonça par une circulaire, aux membres de l'épiscopat, que le Conseil d'État était saisi d'un projet de décret tendant à autoriser la publication dans l'Empire de la partie de l'Encyclique du 8 décembre accordant un jubilé pour 1865. Quant à la première partie, ajouta-t-il, comme elle contient des propositions contraires aux principes sur lesquels repose la Constitution de la France, elle ne peut être ni publiée ni imprimée dans les mandements du clergé. Défense ridicule, car l'*Encyclique*, insérée dans tous les journaux, lue en chaire par un grand nombre d'évêques, était connue de tout le monde. L'épiscopat protesta contre une circulaire qui ne pouvait, disait-il, se concilier avec la liberté de l'Église et avec le libre enseignement garanti au clergé par le Concordat et par la Constitution. Les gens de bon sens adressaient un autre reproche à la circulaire de M. Baroche, celui de ne contenir qu'une menace aussi illusoire et aussi puérile que la condamnation comme d'abus infligée par le Conseil d'État à l'archevêque de Besançon, à l'évêque de Moulins et à quelques autres prélats qui bravèrent la défense de M. le garde des sceaux.

La circulaire de M. Baroche avait cependant des précédents, et les réserves qu'elle contient se retrouvent dans le projet de loi de M. Lainé pour l'exécution de la convention de 1817 entre la France et le Saint-Siège, dans la circulaire de Mgr Feutrier du 30 juillet 1829, et enfin dans la circulaire de 1860 par laquelle le garde des sceaux interdisait la publication de la bulle d'excommunication contre Victor-Emmanuel. Le Concordat d'ailleurs est un contrat bi-latéral obligeant la papauté et le gouvernement; si, comme le prétend le garde des sceaux, la papauté le viole en attaquant le principe de la souveraineté nationale sur laquelle le gouvernement est fondé, que celui-ci le rompe et que chacun reprenne sa liberté. Une telle solution n'était du goût ni de l'État ni de l'Eglise. L'un s'en tint à la circulaire et à la déclaration comme d'abus; l'autre se contenta de protester par la plume des évêques, mais confidentiellement, dans des lettres intimes adressées au ministre des cultes.

Un seul prélat, Mgr Lecourtier, évêque de Montpellier, prit dans cette affaire une attitude opposée à celle de ses collègues. « Si tout rescrit ponti-
« fical, dit-il dans une lettre *très-confidentielle* au ministre des cultes,
« doit être accepté *avec une soumission absolue*, demain Rome peut nous
« envoyer la déposition de Napoléon III, comme Hildebrand priva Henri IV
« de l'empire et délia l'Allemagne du serment de fidélité, et il faudra que
« les Français catholiques se soumettent d'une manière absolue. C'est
« un système comme un autre, mais il est un peu étonnant en 1865. »
Mgr Lecourtier distingue entre la publication de l'Encyclique, faite par les journaux, et la publication solennelle adressée à la conscience catholique par ceux que « le Saint-Esprit a posés pour régir l'Eglise de Dieu »: Si l'on nie que l'Etat ait le droit de viser les bulles, brefs, rescrits, etc., c'est tout un système à établir, une législation à refondre, un nouveau droit public religieux à proclamer. « Plaignez-nous, monsieur le ministre,
« dit-il en terminant, nous élevés à la sainte et digne école de Saint
« Sulpice; plaignez surtout celui qui a, à sa gauche, la tirade hâtive de
« Carcassonne, et à sa droite les éruptions du Gard, et derrière lui le
« tranchant de Rodez. Cette lettre *doit rester* toute confidentielle; mais
« si le gouvernement ne réprime pas, quoique avec mesure, tous les
« timides vont parler, et l'on signalera une fois de plus à la haine des
« partis les quelques hommes sages qui savent allier avec une foi sincère
« l'honneur d'appartenir à l'Eglise de France. »

L'émotion causée dans le monde religieux et politique par la bulle *Quanta cura* et par le *Syllabus*, loin de se calmer, ne fit que s'accroître

pendant le reste de l'année. L'audacieuse condamnation portée par le pape contre la liberté de la presse, la séparation de l'Eglise et de l'Etat, le droit pour ce dernier de régler le mode de possession des biens de l'Eglise, irritait les libres penseurs et attristait les catholiques libéraux, qui, sans contester aucune des déclarations doctrinales du Souverain Pontife, regardaient la publication de l'Encyclique comme peu opportune, et qui trouvaient la rédaction du *Syllabus* très défectueuse, en ce sens qu'il semble condamner des choses dont l'Eglise ne blâme que les excès. Rome, ajoutaient-ils, ne peut condamner les libertés publiques, puisqu'elle a toujours autorisé les catholiques belges à prêter serment à leur Constitution, qui est pourtant une des constitutions les plus libérales du monde. L'école de l'*Univers* n'en mettait que plus d'acharnement à commenter l'Encyclique dans le sens restrictif des libertés et des idées modernes.

Mgr l'évêque d'Orléans crut devoir prendre la parole pour rassurer les esprits. La pensée de l'Encyclique avait été dénaturée, à l'en croire, par des journalistes dépourvus de toute notion de théologie et ne discutant du reste que sur un texte inexact, fourni par une agence bien connue. L'agence Havas avait-elle rédigé une fausse Encyclique? L'évêque d'Orléans ne le disait pas, mais il le laissait supposer. Revenant aux journalistes, ils ignorent, disait-il, non seulement l'italien et le latin, mais encore la logique ; ils confondent le *contraire* et le *contradictoire*, la *proposition universelle* avec la *proposition absolue;* ils ne savent pas même distinguer entre la *proposition absolue* et la *proposition relative;* l'ignorance des journalistes a créé des fantômes; le pape nier la raison! allons donc! il lui demande tout simplement de se soumettre à la foi; le pape condamner la liberté de conscience, quelle erreur! il s'élève uniquement contre la trop grande multiplication des sectes. Tout cela était-il habile? On peut en douter, mais à coup sûr ce n'était pas fier, et les adversaires même de l'Encyclique s'affligeaient de voir un prélat s'abaisser pour la défendre jusqu'à l'équivoque. Le Saint-Siège lui-même semblait, il est vrai, demander à l'équivoque un refuge peu honorable en approuvant la brochure de Mgr Dupanloup, qui se terminait par une violente critique de la convention du 15 septembre.

La cour de Rome, au lieu de se contenter de profiter silencieusement de l'effet des mandements de l'épiscopat français en faveur de l'Encyclique, se hâta d'en triompher publiquement. Le nonce du pape, Mgr Flavio Chigi, archevêque de Myra, non content d'adresser des félicitations à

Mgr Dupanloup sur « son magnifique travail », complimenta également par lettres rendues publiques Mgr Pie et d'autres évêques au sujet de leurs mandements ; le gouvernement s'en émut, et, se sentant pour ainsi dire poussé à bout, il fit insérer la note suivante dans le *Moniteur* du 9 février : « Le ministre des affaires étrangères, après avoir pris les « ordres de l'Empereur, a invité l'ambassadeur de Sa Majesté près le « Saint-Siège à se plaindre de deux lettres adressées par le nonce apos- « tolique aux évêques d'Orléans et de Poitiers, lettres qui ont été publiées « dans les journaux et qui constituent une infraction aux règles du droit « international. » La cour de Rome comprit que son représentant était allé un peu trop loin, et Mgr Chigi, dans une audience demandée à l'Empereur, exprima ses regrets de la publicité donnée à ses lettres ; il déclara qu'il avait parlé comme particulier et non comme nonce, et finit en assurant Sa Majesté que, « pénétré des devoirs de son caractère diplo- matique, « il n'avait jamais eu l'intention de s'écarter du respect des « règles du droit international. » Le *Moniteur* du 15 février constate que Sa Majesté avait accueilli avec bienveillance les explications et les excuses de Mgr Chigi.

Le mot d'ordre à Rome semblait être pour le moment d'atténuer autant que possible l'effet de l'Encyclique et du *Syllabus*. Le cardinal Anto- nelli, en écrivant à Mgr Dupanloup, au sujet de sa brochure, déclara que la condamnation des erreurs énumérées dans l'Encyclique ne devait troubler en rien la conscience des catholiques, ni les empêcher de remplir leurs devoirs de citoyens, de prêter et de tenir leurs serments à la cons titution de leur pays où se trouve garantie la liberté des cultes. Le pape adressa à son tour, le 5 février, à l'évêque d'Orléans, un bref où il lui dit :

« Nous avons été heureux de voir que non seulement vous aviez relevé et confondu les calomnies et les erreurs des journaux qui avaient si misérablement défiguré le sens de la doctrine proposée par nous, mais encore que vous vous étiez élevé avec force contre l'injuste interdiction par laquelle, toute liberté de déclamer contre nos paroles étant laissée à des écrivains incompétents et hostiles, la défense de publier et d'expliquer nos lettres avait été faite à ceux-là seulement qui en sont les légitimes interprètes. »

Les discussions auxquelles l'Encyclique donnait lieu n'étaient pas sans produire une certaine agitation religieuse parmi les catholiques du Midi. Les fidèles de Nîmes attendaient avec impatience le retour de Rome de leur évêque, Mgr Plantier, pour lui faire une ovation à la hauteur des circonstances. Le préfet reçut l'ordre de s'y opposer, le prélat se plaignit amèrement au ministre des cultes par une lettre datée du 23 février qu'on eût interdit à ses brebis d'aller l'attendre processionnellement à la gare. Le style du prélat se ressent un peu de l'emphase méridionale. « Ces grandes vagues populaires, écrit-il au ministre, restent maîtresses d'elles-mêmes ; le sentiment qui les soulève les contient, et l'émotion dont elles frémissent n'est point de celles qui supposent ou qui invoquent la tempête, elle n'est que celle d'un bonheur bruyant, peut-être, mais jamais orageux. Voilà ce que nous avons vu dans deux *triomphes* qui m'ont été décernés par ce peuple admirable. »

Le discours de M. Rouland dans la séance du 11 mars donna lieu aux protestations de l'épiscopat. L'évêque de Nîmes s'indigna contre « le réquisitoire où le gouverneur général de la Banque, à travers quelques formules déclamatoires de respect et de dévouement à la religion, inflige à l'Eglise entière l'ignominie des plus injustes outrages. » L'archevêque de Tours, Mgr Guibert [1], plus mesuré que son collègue, se contenta de faire à M. Rouland cette déclaration : « Il n'y a plus ni ultramontains ni gallicans, il n'y a que les doctrines romaines. »

L'année 1865 se termina au milieu des cérémonies religieuses et des manifestations légitimistes en l'honneur du général Lamoricière, Mgr Dupanloup prononça, comme on l'a vu, son oraison funèbre dans la cathédrale de Nantes. Son exemple fut suivi par l'évêque de Poitiers. Mgr Pie. Il n'y eut bientôt plus un seul évêque un peu en vue qui, sous prétexte d'honorer la mémoire du vaincu de Castelfidardo, ne décernât dans sa cathédrale une sorte d'ovation au pape et à Henri V.

L'entente qui depuis la convention du 15 septembre semblait régner entre Napoléon III et le roi d'Italie ne cessa pas, pendant l'année 1866, d'être l'objet des plus vives inquiétudes et des plus ardentes récriminations de la part de l'épiscopat français ; le gouvernement commençait à paraître las de ces attaques ; on en voit la preuve dans cette sèche réponse de l'Empereur à une lettre de plaintes du cardinal Donnet [2]. Cependant les

---

1. Depuis cardinal et archevêque de Paris.

2. « Palais de Compiègne, novembre 1866.

« Monsieur le cardinal,

« Après avoir restauré la papauté, je l'ai protégée contre les passions révolutionnaires pendant une longue période de temps. Il me restait le devoir de l'entourer de sérieuses garanties et de la rendre indépendante de nous-même. C'est ce que j'ai fait lorsque j'ai signé, avec le roi d'Italie, la Convention du 15 septembre, qui, loyalement exécutée, mettra la papauté à l'abri de toutes les agressions. Rien ne viendra désormais troubler l'œuvre divine qu'elle accomplit dans le monde. »

mandements épiscopaux redoublaient de violence. Aussi ce ne fut pas sans appréhension que le garde des sceaux reçut, dans le mois d'août 1867, du cardinal Donnet, la demande d'autorisation de réunir en janvier un synode provincial à Poitiers, à l'occasion du quinzième anniversaire centenaire de la mort de saint Hilaire. « Notre but, dit Son Éminence, en poursuivant la série de nos réunions synodales, est de nous concerter sur les besoins de nos diocèses, d'opposer de nouvelles affirmations aux négations de l'impiété, et de nous communiquer nos vœux sur les questions principalement disciplinaires susceptibles d'être traitées dans le Concile œcuménique déjà annoncé... La haute intelligence de l'Empereur a compris depuis longtemps qu'un acte de vitalité propre à l'Église ne peut être un danger pour l'État. N'avons-nous pas d'ailleurs gardé précieusement dans nos souvenirs ces paroles prononcées par Sa Majesté dans son discours aux grands corps de l'État, à l'ouverture de la session de 1858 : « Les conciles se tiennent librement et sans entraves. »

M. Baroche, ministre des cultes, lui répondit le 10 septembre que, si les choses n'avaient pas été si avancées au moment où cette communication lui était arrivée, il aurait eu bien des observations à présenter au cardinal, « bien des doutes à lui soumettre sur l'opportunité de la réunion, sur le lieu même qui a été choisi ; » malheureusement, ajouta-t-il, de pareilles questions ne peuvent être traitées par correspondance. C'était inviter le cardinal à se rendre à Paris ; Mgr Donnet se contenta de donner à M. Baroche l'assurance par lettre qu'on se bornerait dans le synode à examiner un certain nombre de questions pratiques et disciplinaires, et certaines modifications à la jurisprudence du concile de Trente et des congrégations romaines, rendues nécessaires par les changements survenus dans les conditions extérieures de la société ; qu'aucune espèce de question périlleuse ne pouvait y être introduite, et qu'au reste on ne se proposait pas de prolonger cette assemblée au delà de trois jours. M. Baroche, peu rassuré, déclara de nouveau qu'il regrettait cette réunion. « Je suis assuré, dit-il, qu'elle produira sur l'opinion publique un effet qui ne sera pas favorable au clergé ni même à la religion, et qu'elle ne réalisera pas le but si louable que poursuit Votre Éminence : chercher à se former un même sentiment sur les questions qui seraient abordées dans le concile romain. »

Le successeur de saint Hilaire, Mgr Pie, évêque de Poitiers, était un de ces légitimistes inflexibles qui refusaient de s'incliner devant l'usurpation ; ne pouvant la foudroyer de ses anathèmes, il se tenait à l'écart fier et dédaigneux. L'Empereur, à qui le cardinal Donnet avait fini par s'adresser directement, crut adoucir l'évêque de Poitiers en lui fournissant l'occasion de solenniser par un synode l'anniversaire de la mort du patron de son Église; mais Mgr Pie ne se montra pas le moins du monde sensible à cette concession; M. Tourangin, préfet de la Vienne, se vit même obligé d'écrire, au ministre de l'intérieur que, l'évêque de Poitiers n'ayant depuis un an rien publié qui modifiât sa situation politique, il était plus que jamais nécessaire de suivre la ligne de conduite adoptée à son égard et d'engager les autorités et les corps constitués à s'abstenir de lui faire des visites à l'occasion du jour de l'an.

Pendant que l'Église catholique opérait un mouvement de concentration en s'unissant plus étroitement à Rome, l'Église protestante suivait une impulsion en sens contraire. Le protestantisme, au lieu de resserrer son unité, cherchait un nouveau développement dans l'interprétation libre de l'Évangile.

Les protestants, dans l'espace qui sépare François Ier de Henri IV, composaient le tiers environ de la population de la France. Les massacres, les atteintes non interrompues à l'édit de Nantes, l'exil, les supplices, portèrent de tels coups aux réformés que, peu avant la Révocation, il n'en restait que deux millions. Un instant même, vers 1684, sur la foi des rapports mensongers des intendants de province, on crut au complet anéantissement de la Réforme, et l'édit de Nantes, « perpétuel et irrévocable, » fut solennellement révoqué. On a donc lieu d'être surpris qu'au lendemain de la proclamation de la liberté des cultes (1789), à la suite de cent années de persécutions continues, les protestants se soient encore trouvés en si grand nombre. Cela prouve au moins l'inutilité de la violence sur les idées et la vitalité du protestantisme.

La loi de germinal an X donna aux Églises protestantes une organisation qui reçut une modification importante par le décret du 26 mars 1852. Le suffrage universel fut substitué au suffrage restreint pour l'élection des consistoires; les Églises se trouvèrent par là soustraites à la domination héréditaire des familles les plus riches. Tout protestant âgé de trente ans et remplissant certaines formalités que la loi détermine eut le droit de voter dans son Église et de participer au gouvernement des affaires ecclésiastiques. Cette innovation ne fut pas accueillie de tous avec la même satisfaction, bien qu'elle soit conforme à l'esprit même du protestantisme et digne de ses meilleures traditions. Sans prétendre, comme les intendants de Louis XIV, que « les consistoires sont un gouvernement de républicains », on peut dire qu'ils s'en rapprochent. Aussi les conservateurs virent-ils avec douleur le suffrage universel introduit dans l'Église.

Les populations protestantes se rattachent à trois groupes, dont le plus considérable est celui des Églises réformées proprement dites : il comprend les deux tiers des protestants de France et compte 105 consistoires, 600 pasteurs et 1300 écoles; le second groupe, celui des Églises luthériennes ou de la confession d'Augsbourg, n'a que 300 pasteurs et environ 600 écoles; il domine dans les départements de l'Est; le troisième est celui des Églises indépendantes, ainsi nommées à cause de leur indépendance vis-à-vis de l'État; ces Églises, qui s'organisent et s'administrent elles-mêmes, comptent une centaine de pasteurs.

Les Églises protestantes, par le principe même qui a présidé à leur naissance, ont toujours été des foyers d'ardente discussion. Bossuet croyait les accabler sous le reproche de leurs variations; ces variations sont leur gloire, car, à moins de supposer que l'homme arrive du premier coup à la possession de la vérité, varier c'est chercher le vrai et s'en rapprocher sans cesse. Il est d'ailleurs deux principes sur lesquels les Églises protestantes ne varient pas : c'est que la vérité religieuse est contenue dans l'Évangile et qu'elle ne peut être appréciée que par la conscience individuelle.

Depuis une vingtaine d'années, la discussion religieuse avait pris une importance exceptionnelle dans le monde : les protestants, pas plus que les catholiques, n'étaient restés étrangers à ce mouvement des esprits. De même qu'il y a ou qu'il y avait un catholicisme libéral et un catholicisme ultramontain, un protestantisme libéral s'était formé à côté du protestantisme orthodoxe. Le parti libéral l'emporte au cœur des vieilles populations huguenotes du Midi, celles qui, au XVIIIe siècle, ont sauvé le protestantisme au *désert*, tandis que le parti orthodoxe domine dans le Nord, au milieu d'Églises relativement récentes.

A l'époque où le suffrage universel fut introduit dans les Églises protestantes de France, la critique religieuse venait de prendre un grand essor par la fondation de l'école de Strasbourg, qui avait pour organe la *Revue de théologie* et pour représentants des hommes d'un très haut mérite, MM. Colani, Schérer, Michel Nicolas, Reuss, Réville, etc. L'école de Strasbourg portait un coup mortel à la vieille théologie scolastique et au système despotique des confessions de foi ; elle ramenait l'étude des questions religieuses à celle de l'histoire et des origines du christianisme ; elle ne considérait plus les Écritures comme un recueil de livres infaillibles miraculeusement dictés par Dieu même à des secrétaires ; elle leur appliquait les règles de critique qu'on applique à toute espèce de livres et arrivait ainsi à mettre en doute l'authenticité de plusieurs des livres sacrés. Ce fut un grand scandale. En Allemagne, on était déjà habitué à ces procédés de la libre critique, mais non pas en France. L'école de Strasbourg eut donc ses détracteurs passionnés et ses partisans.

Les deux partis se dessinèrent de plus en plus, à la faveur de l'impulsion donnée à la science par la *Revue de théologie*. Le parti libéral voulait que la Réforme restât fidèle à son principe ; il croyait l'union religieuse possible dans la diversité des interprétations ; le parti orthodoxe demandait au contraire que chaque Église imposât à ses membres telles ou telles croyances fondamentales ; les orthodoxes, par une conséquence logique de leur système, réclamaient l'expulsion de quiconque refuserait de se plier à ces exigences. Telle fut désormais la grande question : Pouvait-on professer les idées de l'école de Strasbourg et rester dans l'Église établie ? Les libéraux dirent : oui ; les orthodoxes : non. Une lutte analogue s'engagea entre les Eglises luthériennes, mais les événements les plus mémorables de cette lutte se sont passés dans les Églises réformées et notamment à Paris. C'est dans l'histoire du protestantisme parisien qu'est contenue celle du protestantisme français.

Le parti libéral menacé, violemment repoussé de toute participation aux affaires de l'Église, avait fondé une association destinée à centraliser ses forces et à organiser la résistance. L'*Union protestante libérale* se proposait surtout de travailler à la lutte électorale et d'obtenir une représentation exacte de l'opinion au sein des conseils de l'Église. Le registre paroissial de 1852 à 1856 avait reçu en tout cinq noms nouveaux ! Il portait le chiffre des électeurs à 1086. L'*Union* vint heureusement troubler cette somnolence. En 1865, on comptait 3000 électeurs, dont 2630 se présentèrent au scrutin. L'orthodoxie parisienne, troublée par ces manifestations imposantes qui lui apparurent comme des avertissements, résolut de frapper de grands coups.

M. Renan lui en fournit involontairement l'occasion par sa *Vie de Jésus*. M. Athanase Coquerel, fils d'un pasteur illustre de l'Église de Paris et lui-même prédicateur et écrivain distingué, en rendant compte de cet ouvrage dans le journal *le Lien*, d'ailleurs pour en réfuter les vues principales, crut pouvoir donner à l'auteur le titre de « cher et savant ami ». Il n'en fallait pas davantage. Le conseil presbytéral refusa de renouveler les pouvoirs de M. Athanase Coquerel en qualité de suffragant de M. le pasteur titulaire Martin Paschoud. C'était le 26 février 1864. M. Athanase Coquerel fils exerçait le ministère à Paris depuis quatorze années, et une notable partie du troupeau se réclamait de lui. Le conseil, s'érigeant en concile sous la présidence de M. Guizot, allégua pour justifier sa décision que de profondes dissidences existaient entre les opinions du suffragant et les siennes, et il le déclara en quelque sorte hérétique.

La destitution de M. Athanase Coquerel fils jeta un grand trouble dans l'Église de Paris et eut un douloureux contre-coup dans toute la France protestante. Mais le conseil avait strictement usé de son droit. Des pétitions couvertes de milliers de signatures lui furent vainement présentées, à peine daigna-t-il les regarder.

M. Athanase Coquerel père, déjà vieux et fatigué par quarante années d'un ministère particulièrement remarquable, manifesta le désir d'avoir un suffragant et de le désigner lui-même, comme cela s'était toujours fait. Jamais conseil presbytéral n'avait eu la prétention d'imposer à un pasteur un suffragant qui n'eût pas son agrément, mais M. Athanase Coquerel père était libéral : le conseil presbytéral repoussa sa demande. Le vénérable pasteur continua ses fonctions malgré sa vieillesse et l'affaiblissement de sa santé. Il ne tarda pas à succomber à la peine.

Le conseil presbytéral n'était pas au bout de ses rigueurs. M. Martin Paschoud, privé de suffragant par la destitution de M. Athanase Coquerel fils, fut mis en demeure d'en proposer un nouveau. Il répondit qu'il n'en avait pas d'autre à présenter que celui dont la moitié de l'Église réclamait le ministère, et que, si le conseil ne voulait pas revenir sur sa décision, il reprendrait l'exercice de ses fonctions. Le conseil presbytéral donna deux mois à M. Martin Paschoud pour chercher un suffragant. Les deux mois s'écoulent. M. Martin Paschoud est inébranlable. Le conseil prétend l'empêcher de remonter en chaire, sous prétexte que sa santé trop affaiblie ne lui permet pas de remplir ses devoirs de pasteur. Comme ce philosophe ancien qui, pour prouver le mouvement, se contente de marcher, M. Martin Paschoud prêche. Le conseil le met alors à la *retraite*, chose inouïe depuis qu'il existe des Églises protestantes. Le ministre des cultes refuse d'accepter comme légale cette mesure étrange.

Le conseil prononce hardiment la destitution pure et simple du pasteur, coupable de lui résister. Cette sorte de coup d'État, soumis à l'approbation du ministre des cultes, ne reçut pas son approbation, et M. Martin Paschoud a pu, à la grande joie de la moitié de l'Église de Paris, exercer le ministère évangélique jusqu'à la fin de ses jours.

Les élections de 1865 pour le renouvellement partiel du conseil presbytéral apportèrent aux orthodoxes l'expression fidèle de l'opinion de l'Église de Paris. M. Guizot, l'âme du conseil, le chef de l'orthodoxie, n'obtint pas un nombre de voix suffisant pour être élu : il dut passer par les épreuves du ballottage. Il l'emporta enfin de 8 voix sur 3600 votants ! Le conseil avait acquis la conviction qu'il n'était pas le véritable représentant de l'Église de Paris, qu'il ne devait qu'à l'appoint des indigents assistés de ses deniers une majorité factice ; mais le pouvoir lui restait, et la leçon qu'il recevait du suffrage universel le jeta dans de nouvelles violences, au lieu de le ramener à la modération et à la justice.

Une occasion s'offrit cependant de ramener la paix entre les deux parties ; les protestants libéraux, complètement désabusés de leurs illusions sur la justice qu'ils pouvaient attendre du conseil, se tournèrent vers le gouvernement, leur dernier refuge. Il leur en coûtait beaucoup de recourir à l'intervention du pouvoir civil dans une question de ce genre, mais ils n'avaient pas d'autre ressource. Dans une pétition fortement motivée, ils demandèrent la division de l'Église de Paris en deux conseils presbytéraux qui se partageraient les temples de la ville et choisiraient des pasteurs à leur gré. Cette demande n'avait rien de contraire à la justice et à la raison, car il est inadmissible qu'un conseil presbytéral ou un consistoire puisse imposer son opinion à une Église dont la moitié la repousse. La division demandée existait d'ailleurs dans certaines villes, notamment à Strasbourg. Le conseil presbytéral jeta des cris d'alarme, travestit les intentions des pétitionnaires et crut découvrir une perfidie électorale dans des sentiments inspirés par le désir le plus sincère de la paix, et par la nécessité évidente de pourvoir à des besoins religieux qui ne trouvaient plus à se satisfaire dans l'Église d'où les pasteurs libéraux étaient systématiquement exclus. La pétition n'eut aucun résultat.

Ces événements amenèrent une scission dans les conférences pastorales de Paris, qui jusqu'alors étaient demeurées un champ librement ouvert aux discussions religieuses. Les orthodoxes ne voulurent plus se trouver en contact avec des hommes qui s'écartaient de leurs croyances sur certains points d'exégèse en s'accordant avec eux sur la religion elle-même et sur la portée de l'œuvre de Jésus. Ils ouvrirent des conférences particulières fermées au mauvais air du libéralisme. Ce n'est pas que ces *purs* fussent irrévocablement fixés sur la confession de foi qui portait avec elle les caractères du vrai et définitif christianisme. La conférence de Paris adopta une confession de foi rédigée par M. Guizot; celle de Valence adopta comme signe de ralliement le *Symbole des Apôtres;* celle d'Alais s'empressa de se rallier à la confession de foi dressée par M. Guizot. Tout ce qui sortait de sa plume était irréprochable aux yeux des orthodoxes, qui, dans leur empressement de se croiser contre les libéraux, oubliaient tout ce que le même M. Guizot avait dit en faveur du pouvoir temporel des papes et les nombreuses hérésies de ses écrits religieux. La grande affaire était de s'unir pour chasser les faux frères. Les orthodoxes, sans cette passion d'intolérance, ne se seraient pas même entendus sur le Symbole dit des Apôtres, au sujet duquel ils ont toujours été et sont encore en dissentiment. Mais si chacun d'eux l'explique à sa manière et le signe avec des réserves, tous en font une arme de proscription.

Le consistoire de Caen, enhardi par cette entente factice, résolut de donner des conséquences pratiques à l'adoption du Symbole dit des Apôtres. Il décida que, avant d'inscrire le nom d'un électeur sur le registre, il imposerait à cet électeur l'obligation de signer le Symbole. La tentative était audacieuse, tellement audacieuse qu'aucun autre consistoire n'osa marcher dans la carrière ouverte par l'orthodoxie du Calvados. Celle-ci eut la douleur de se voir désavouée par une circulaire ministérielle, et de s'entendre réprimander par ses propres électeurs.

Les orthodoxes poussaient évidemment les protestants libéraux au schisme, mais les libéraux résistaient à la réaction qui troublait les Églises; ils ne réclamaient que leur héritage dans la Réforme; ils protestaient qu'ils ne se le laisseraient pas enlever. Si l'un des partis doit quitter l'Église nationale, c'est, soutenaient-ils, celui qui a la prétention d'y introduire une tyrannie nouvelle. Le schisme lui coûterait beaucoup moins en effet, puisqu'il est d'origine récente et maître d'Églises relativement nouvelles, tandis que le parti libéral, ainsi que nous l'avons déjà dit, est enraciné au cœur des vieilles populations huguenotes de la France.

Si les orthodoxes méritaient le blâme pour la violence avec laquelle ils avaient abusé à Paris d'une majorité factice, ils n'étaient pas moins condamnables au nom des traditions de la Réforme. De quoi donc accusaient-ils leurs frères libéraux? De n'avoir plus les croyances protestantes? Mais où sont-elles consignées ces croyances? Dans la confession de foi de La Rochelle. Voilà le seul document officiel des Eglises réformées. Il est positif que les libéraux en ont rejeté certains dogmes; mais les orthodoxes en ont fait autant. Il n'y a qu'une différence du plus au moins.

Il n'y a pas lieu d'ailleurs de poser ici la question des croyances. L'électorat a une loi pour base et non une confession. Il suffit, pour devenir électeur dans l'Église protestante, de remplir certaines conditions spécifiées par la loi [1]. Les remplit-on? On a le droit de voter, on est protestant, membre de l'Église. D'où il résulte qu'un consistoire dépasse ses pouvoirs et oublie le sens de ses attributions toutes les fois qu'il empiète sur le domaine de la théologie et qu'il persécute un pasteur pour cause d'opinions. C'est par suite d'un abus de ce genre que le consistoire de Paris opprime la moitié de l'Église dont l'administration lui est confiée.

Les libéraux, en attendant le jour d'une réparation nécessaire, eurent, sous le coup de la destitution de M. Athanase Coquerel fils, la pensée d'ouvrir un lieu de culte provisoire, afin de satisfaire aux besoins religieux de la fraction violemment repoussée du sein de l'Église. C'était le moyen de grouper les forces du libéralisme et de les accroître pour une nouvelle lutte électorale. Ils reculèrent devant cette mesure, par suite de deux généreuses illusions. La première, c'est que le consistoire pourrait revenir sur ses regrettables décisions; que ce corps, issu du suffrage universel, tiendrait compte de la douloureuse émotion causée par son intolérance et finirait par céder en présence des imposantes manifestations de l'opinion publique, à laquelle un corps électif doit évidemment quelque déférence. Espoir chimérique. L'orthodoxie parisienne se montra résolue à se briser plutôt que de céder. L'autre illusion, c'est d'avoir compté sur le gouvernement. Le ministre des cultes, M. Rouland, mis en demeure de se prononcer, traîna les choses en longueur; il refusa, il est vrai, d'accepter comme régulière la mise à la retraite de M. le pasteur Martin Paschoud; il n'osa pas valider la destitution de ce pasteur,

---

1. Pour être inscrit au registre paroissial, il faut : 1º en faire la demande; 2º avoir trente ans révolus; 3º résider dans la paroisse depuis deux ans, ou depuis trois ans si l'on est étranger; 4º justifier de son admission dans l'Eglise par un certificat de première communion ou par une déclaration de communion signée d'un pasteur; 5º justifier qu'on participe aux exercices et aux obligations du culte par une simple déclaration; 6º en cas de mariage, avoir reçu la bénédiction nuptiale protestante.

malgré l'invitation pressante du consistoire, mais il ne se prononça pas sur la formation d'une nouvelle circonscription consistoriale à Paris, et, dans la séance où le Sénat repoussa la demande d'un synode formulée par les orthodoxes, il s'empressa de descendre dans l'arène théologique pour accabler de ses arguments *le Protestantisme libéral*, ouvrage d'un éminent pasteur.

Le gouvernement n'a pas cessé de garder dans les affaires du protestantisme une attitude embarrassée et indécise, n'osant ni approuver les orthodoxes ni condamner les libéraux, et montrant, par son refus d'établir la division de l'Église en deux paroisses, les tristes inconvénients de l'union de l'Église et de l'État.

Les protestants libéraux de Paris se contentèrent donc de réclamer l'autorisation de tenir des réunions religieuses dans trois quartiers de la ville. Non pas qu'ils voulussent cesser d'appartenir à l'Église nationale; loin de là, ils y étaient plus fermement attachés que jamais, mais, n'y trouvant pas les éléments de vie religieuse que leur conscience réclame, ils cherchaient ailleurs un supplément d'édification. Leur intention, du reste, était de ne célébrer dans ces nouveaux lieux de culte ni baptêmes, ni mariages, ni communions. L'autorisation sollicitée leur a été accordée.

Les protestants libéraux auraient pu user de représailles, dans les grands centres où ils l'emportent, mais ils aimèrent mieux rester fidèles à leurs principes. A Nîmes, par exemple, les orthodoxes, qui sont en très petit nombre, ont toujours obtenu des pasteurs de leur opinion. Ce respect pour toutes les opinions honore les libéraux, mais il n'est pas imité par leurs adversaires.

Ces agitations, ces luttes ardentes, supposent au sein des Eglises réformées un grand déploiement d'activité intellectuelle, de profondes études, des recherches incessantes. Qu'on dise, si l'on veut, que ces discussions continuelles sont un mal. On sait d'où part ce reproche. Les protestants, fils du libre examen, ne redoutent pas ces discussions et ces études; ils s'en font même un titre de gloire. L'obligation pour tout protestant de lire la Bible donne nécessairement un grand essor à l'instruction populaire. On n'a qu'à jeter les yeux sur une carte spéciale pour voir que les nations protestantes y tiennent le premier rang; si l'on se borne à la carte de France, quels sont les départements les plus avancés? Ceux de l'Est, où les protestants dominent [1].

---

1. Cet argument, hélas! ne peut plus être invoqué.

Le mauvais côté de ces luttes prolongées, c'est qu'elles risquent d'absorber toute l'attention des protestants et de les tenir à l'écart du mouvement général des idées. On ne parle pas ici des protestants orthodoxes conservateurs par principe et par tempérament; les conservateurs, quelle que soit leur croyance, se donnent la main pour refuser de marcher avec le temps; quant aux protestants libéraux, ils repoussent ces craintes en disant que, pour le moment, ils n'ont rien de plus pressant à faire que de résister aux prétentions de leurs coreligionnaires autoritaires; le jour où ils seront tranquilles de ce côté, ils s'occuperont plus résolument des questions politiques, sociales, économiques et littéraires, car tout se tient. Il est bon que le protestantisme sorte de cette espèce d'isolement où il s'est tenu jusqu'ici, par la force des choses, il est vrai. Les protestants, toujours persécutés, étrangers dans leur pays jusqu'à la fin du siècle dernier, n'ont guère joui de la tranquillité qu'exige l'étude; ils ont dû se faire leur place au soleil, et pour cela les premières questions à traiter étaient des questions religieuses. Leur cause est aujourd'hui gagnée; une cause qui peut donner un Channing n'a pas besoin d'être défendue. Il ne reste plus aux protestants libéraux qu'à faire cesser le reproche qu'on a toujours adressé au protestantisme : d'être hostile aux lettres, aux beaux-arts, d'attrister la vie par une austérité outrée et de ne vouloir autre chose que des prêches.

TABLE DES MATIÈRES

CHAPITRE PREMIER. — La session de 1864. — Ouverture de la session de 1864. — Discours de l'Empereur. — Discussion et vote de l'adresse du Sénat. — Pétition sur la publicité des séances des conseils municipaux. — Pétition relative aux écrits irréligieux. — M. Renan devant le Sénat. — La vérification des pouvoirs au Corps législatif. — Élection de M. Casimir Périer. — Discours de M. Thuillier. — Élection de M. Lavertujon. — Jusrisprudence de la majorité. — Emprunt de trois cents millions. — Discours de M. Berryer. — Discussion de l'adresse. Les amendements de la gauche et du centre gauche. — Discours de M. Thiers. — Réponse de M. Rouher. — Les libertés nécessaires. — Discours de M. Jules Favre. — Amendement contre les candidatures officielles. — Riposte de M. Thiers à M. Rouher. — Abrogation de la loi sur les coalitions. — M. Pelletan et le régime municipal de Paris et de Lyon. — Amendement des treize. — Discussion sur la politique étrangère. — Le Sleswig-Holstein. — Le Mexique. — Élection de M. Bravay. — Alliance de M. de Morny et de M. E. Ollivier. — M. E. Ollivier se sépare de l'opposition. — Amendement de M. Jules Simon. — M. Jules Favre et M. Émile Ollivier. — Discours de M. Thiers sur le budget. — Discours de M. Berryer. — Réponse de M. Rouher. — Discours de M. Ern. Picard. — Discours de M. Pelletan. 1

CHAPITRE II. — L'expédition du Mexique (1864-1865). — Bal donné par le général Bazaine en l'honneur de l'empereur et de l'impératrice. — Froideur des rapports entre Maximilien et les Français. — Maximilien est mal avec le clergé et n'est pas sûr de l'armée. — Maximilien cherche à se créer des ressources financières. — Les créances françaises. — Les bons Jecker. — Programme de Maximilien. — Formation du bureau de l'Esprit public. — Maximilien demande un personnel de police à Paris. — La situation militaire. — L'occupation française se borne à quelques points du territoire. — Exploits du colonel Dupin. — Maximilien entreprend un voyage à l'intérieur. — Hostilité du Saint-Siège. — Arrivée du nonce à Vera-Cruz. — Exigences de la cour de Rome. — Mission financière de deux banquiers mexicains à Paris. — M. de Germiny. — L'emprunt mexicain patronné par M. Rouher. — Lettre de Napoléon III au maréchal Bazaine. — Le maréchal Bazaine exerce une véritable dictature. — Maximilien adopte le petit-fils d'Iturbide. — Cruelle position de son gouvernement. — Mariage du maréchal Bazaine. — Juarez passe la frontière. — Lettre de Maximilien à Napoléon III. — Note de M. Seward sur l'empire mexicain et sur l'occupation française. . . . 36

CHAPITRE III. — L'année 1865. — Situation des esprits au début de l'année 1865. — Réceptions aux Tuileries. — Mort de Proudhon. — Interdiction des conférences de la salle Barthélemy. — Rapport de M. Duruy sur l'instruction primaire. — Il est désavoué. — Mort de M. de Morny. — Publication du premier volume de l'*Histoire de César*, par Napoléon III. — Mort de Cobden. — Mort de Lincoln. — Voyage de l'Empereur en Algérie. — Procès Montmorency. — L'affaire Sandon. — Discours du prince Napoléon à Ajaccio. — Émotion causée par ce discours dans le monde officiel. — Lettre de l'Empereur au prince Napoléon. — Le prince Napoléon donne sa démission de toutes ses fonctions. — La grève des cochers. — Élections municipales. — Le comité de Nancy. — Mort de Lamoricière. — Mort de Palmerston. — Le congrès de Berne. — Le congrès de Liège. — Mort de M. Dupin. — Mort de Léopold, roi des Belges 71

CHAPITRE IV. — L'ALGÉRIE (1830-1868). — Projet de voyage de l'Empereur en Algérie. — Coup d'œil rétrospectif sur l'histoire de l'Algérie. — État de cette colonie sous la monarchie de 1830, sous la République de 1848, sous la présidence du prince Louis Napoléon. — L'Algérie après le coup d'État. — Le général Randon est nommé gouverneur général. — Expédition contre la Kabylie du Djurjura. — Le prince Napoléon ministre de l'Algérie. — Le maréchal Pélissier gouverneur général de l'Algérie. Lettre impériale du 6 février 1863. — Sénatus-consulte du 2 avril de la même année. — Insurrection des tribus sahariennes. — Le pouvoir civil et le pouvoir militaire. — Décret du 7 juillet 1864. — L'Empereur part pour Alger. — Il visite les provinces. — Retour de l'Empereur en France. — Résultat de son voyage 113

CHAPITRE V. — SESSION DE 1865. — Ouverture de la session législative. — Le discours impérial.
SÉNAT. — L'adresse. — M. Troplong et M. de Boissy. — Les rapports entre l'Église et l'État. — Discours de M. Rouland, de Mgr de Bonnechose et de M. Bonjean. — Statistique des associations religieuses. — La convention du 15 septembre. — Discours de M. Rouher. — Question du Mexique. — Adoption de l'adresse. — Discussion des pétitions. — La translation des cendres de Charles X. — Le Sénat héréditaire. — La prostitution. — L'homœopathie. — Discours de M. Dupin. — Fin de la session du Sénat.
CORPS LÉGISLATIF. — Formation du bureau. — Vérification des pouvoirs. — Discussion générale de l'adresse. — M. Émile Ollivier fait un pas de plus vers le gouvernement. — M. Latour-Dumoulin. — Séance du 28 mars. — Discours de M. Thiers. — Diatribe de M. Thuillier en réponse à ce discours. — Élection de la 3e circonscription du Gard. — Discussion des articles de l'adresse. — L'amendement de l'opposition. — Discours de M. Jules Favre. — Il est forcé de renoncer à la parole. — M. E. Ollivier demande et obtient le renvoi de la discussion au lendemain. — L'opposition paraît décidée à ne plus prendre part aux débats. — Réunion tenue dans la soirée par la gauche, elle renonce à cette décision. — La loi sur les délits de presse. — La liberté électorale. — Les questions électorales. — Les questions de finances. — L'amendement sur le droit de tester. — L'élection des maires. — M. Ernest Picard et la ville de Paris. — Le Mexique. — L'Algérie. — La question italienne. — Clôture de la discussion de l'adresse. — Lecture de l'adresse à l'Empereur. — Sa réponse à la députation. — La mise en liberté provisoire. — L'enseignement secondaire. — Le contingent. — Le budget. 145

CHAPITRE VI. — LA POLITIQUE EXTÉRIEURE PENDANT L'ANNÉE 1865. — Coup d'œil rétrospectif sur les affaires extérieures. — Situation difficile de la Prusse. — Embarras de l'Autriche. — Note du *Moniteur du soir*. — Entrevue de Salzbourg. — Rupture de l'équilibre européen. — Convention de Gastein. — Inquiétudes de la Prusse. — Voyage de M. de Bismarck à Biarritz. — Le rêve de Napoléon III. — De quel prix Napoléon III fera-t-il payer sa neutralité entre la Prusse et l'Autriche? — Réception du 1er janvier 1866. — Révolution en Espagne. — Rétablissement de la tribune au Corps législatif. — Élection dans le Bas-Rhin. — Candidature de M. Laboulaye. — Le discours d'Auxerre. — Politique double de Napoléon III. — Mort de Flocon. — Fermentation des esprits. — Sénatus-consulte du 6 juillet 204

CHAPITRE VII. — SESSION DE 1866. — Ouverture de la session. — Discours de l'Empereur.
SÉNAT. — Discussion de l'adresse. — M. de Boissy et le président Troplong. — Le Mexique. — La convention du 15 septembre. — Déclaration de M. Rouher. — Discours de M. de Persigny. — Vote de l'adresse. — Réponse de l'Empereur à la députation du Sénat. — Discussion de diverses pétitions. — Le jardin du Luxembourg et le Sénat.
CORPS LÉGISLATIF. — Discours d'ouverture de la session par M. Walewski. — Discussion

au sujet de son élection. — Vérification des pouvoirs. — L'adresse. — Discours de MM. Thiers et Jules Favre. — Incident Glais-Bizoin. — L'amendement des 45. — Scission dans la majorité. — L'enquête agricole. Le Crédit foncier et M. Brame. — La question financière. — M. Berryer prend la parole. — Discussion du dernier paragraphe de l'adresse. — La gauche votera-t-elle l'amendement du tiers-parti? — Amendement de l'opposition. — MM. Ernest Picard, Granier de Cassagnac et la presse. — Discours de M. Buffet. — Réponse de M. Jérôme David. — M. Martel atténue la portée de l'amendement des 45. — M. Rouher prend la parole. — M. Émile Ollivier lui répond. — Il se rallie au tiers-parti. — Vote de l'adresse. — Réponse de l'Empereur à la députation chargée de la lui remettre. — Démission de M. de Bussière, député du Bas-Rhin. — Prorogation de la session. — La loi sur la marine marchande. — Le contingent militaire. — Discussion sur les affaires allemandes. — Discours de M. Thiers. — Enthousiasme de la majorité. — Discussion de la loi sur les conseils généraux. — Loi sur les délits commis à l'étranger. — Loi sur la propriété littéraire. — Lettre de l'Empereur à M. Drouyn de Lhuys. — Le Mexique. — La loi sur l'observation du Dimanche. — Les fonds secrets. — L'indépendance de la presse. — Protestation de MM. Guéroult et Havin. — Faute de tactique. — Tentative inutile de M. Thiers et de M. Larrabure pour revenir à la discussion des affaires étrangères. — M. Jules Simon et les travaux de Paris. — Discussion sur les finances de la ville de Paris. — Clôture de la session. — Situation nouvelle des partis. 223

CHAPITRE VIII. — L'ANNÉE 1866. — La Prusse et l'Autriche dans les premiers mois de 1866. — Dépêche menaçante de la Prusse à l'Autriche. — Conseil de guerre à Berlin. — Attitude de Napoléon III. — Découragement des amis de la paix. — Les petits États de l'Allemagne se prononcent indirectement pour l'Autriche. — M. de Bismarck s'efforce de faire expliquer Napoléon III sur ses intentions. — Difficultés suscitées à M. de Bismarck par le roi de Prusse. — M. de Bismarck redoute l'intervention de Napoléon III. — Propositions du cabinet de Vienne à celui de Berlin. — Mise sur le pied de guerre de l'armée prussienne. — L'armée prussienne entre en Saxe, en Hanovre et dans la Hesse-Électorale. — Guillaume Ier se range du côté de son ministre. — Conseil de guerre du 7 mars, à Vienne. — Préparatifs militaires de l'Autriche. — Les conférences de Bamberg. — L'Autriche croit à tort pouvoir compter sur les petits États. — La décision de la Bavière. — Convention militaire entre l'Autriche et les États confédérés. — M. de Bismarck lance son projet de réforme fédérale. — État de l'armée prussienne. — L'armée autrichienne et sa composition hétérogène. — Le Hanovre et la Hesse sont entre les mains de la Prusse. — Les fautes de Benedek. — Position des forces autrichiennes. — Combat de Munchengraetz. — Entrée en Bohême du Prince royal de Prusse. — Engagements dans la journée et jusque dans la nuit du 27 juin. — Clam-Gallaz abandonne la ligne de l'Iser. — Le Prince royal débouche sur le plateau de Nachod. — Effet moral du combat de Nachod. — Guillaume Ier et M. de Bismarck rejoignent l'armée. 294

CHAPITRE IX. — SADOVA. — Benedeck veut reprendre la ligne de l'Iser. — Clam Gallaz, avec le 1er corps et les Saxons, s'établit à Gitschin. — L'attaque de Gitschin. — Clam-Gallaz reçoit l'ordre de rejoindre l'armée principale. — Échec de l'armée de Silésie. — Situation critique des Prussiens. — Benedeck livre des combats partiels au lieu d'engager une action générale. — Il se replie sur Kœniggrätz. — Les armées du prince royal et du prince Frédéric-Charles font leur jonction. — Benedeck ramène son armée en arrière. — M. Benedetti vient rejoindre le roi de Prusse à l'armée. — Le quartier général de Prusse donne l'ordre d'attaquer. — Anxiétés du roi de Prusse. — Apparition de la garde royale. — Prise de Chlum par la garde. — Le mouvement général offensif de Benedeck échoue. — Le prince Frédéric-Charles se porte en avant et refoule l'armée autrichienne à Sadowa. — Retraite en désordre de Benedeck sur Kœniggrätz. — L'armée prussienne est obligée d'arrêter pendant un jour son mouvement en avant. — La bataille de Sadowa est une des plus meurtrières du siècle. 336

CHAPITRE X. — CUSTOZZA. — Rapports de la Prusse et du Piémont. — L'Italie se joint à la Prusse pour demander à Napoléon III de rester neutre. — Convention de Gastein. — La question de la Vénétie. — M. de Bismarck et l'Italie. — Rupture entre la Prusse et l'Autriche. — Grand conseil tenu à Berlin. — Mission du général Govone à Berlin. — Traité proposé par la Prusse. — Mission du comte Arèse à Paris. — Mécontentement de Napoléon III. — Proposition inutile d'un congrès. — Ouverture des hostilités. — Formation des deux armées. — L'archiduc Albert concentre son armée sur l'Adige. — Entrée de Victor-Emmanuel dans le quadrilatère. — Attaque subite des Autrichiens. — Le général La Marmora dirige ses renforts sur Custozza, où est le centre de la bataille. — Défaite des Italiens. — Retraite de l'armée italienne 365

CHAPITRE XI. — Le traité de Prague. — Benedeck se retire sur Olmütz. — François-Joseph accepte la médiation de Napoléon III. — La Prusse presse la marche de ses armées sur Vienne. — M. Benedetti au quartier général du roi de Prusse. — Les Prussiens sont à deux lieues de Vienne. — Trêve de cinq jours. — La Prusse et l'armée fédérale. — Mission du général Vogel de Falkenstein. — Combat de Kissingen. — Prise de Francfort. — Le général Manteuffel conclut une suspension d'armes avec les Etats secondaires. — Fin de la guerre. — M. de Bismarck se préoccupe des compensations que peut demander Napoléon III. — L'Autriche fait de la double intégrité de son territoire et de celui de la Saxe la condition *sine quâ non* de la paix. — Préliminaires de Nickolsburg. — Signature de la paix à Prague. — Résultats politiques de la guerre.   395

CHAPITRE XII. — Les suites de la bataille de Sadowa. — Note du *Moniteur* annonçant la médiation. — Enthousiasme de boursiers et de journalistes. — L'Empire n'est pas prêt pour la guerre. — Première ouverture au sujet de la Belgique. — Double jeu de Napoléon III. — M. Drouyn de Lhuys est remplacé par M. de Moustier. — Projet de traité dont M. Benedetti laisse imprudemment le brouillon entre les mains de M. de Bismarck. — M. de Bismarck se retourne du côté de la Russie. — Circulaire optimiste de M. de La Valette. — Napoléon III à Vichy. — La question du Luxembourg. Arrivée de l'impératrice du Mexique à Paris. — Ratification du traité entre l'Autriche et la France pour la cession de la Vénétie. — Le congrès de Genève. — La nouvelle organisation militaire. — Rapport de M. Fould sur la situation financière. — Manifeste du comte de Chambord. 408

CHAPITRE XIII. — Fin de l'expédition du Mexique. — Plaintes unanimes de la presse contre la prolongation de l'intervention. — Les Etats-Unis donnent à Napoléon III un an pour évacuer le Mexique. — Arrivée du baron Saillard à Mexico, porteur d'une lettre de M. Drouyn de Lhuys. — Maximilien refuse de le recevoir. — Fâcheuse situation de l'Empire mexicain et découragement de Maximilien. — Défaut d'entente entre Maximilien et le maréchal Bazaine, dont il demande le rappel. — Prise de Matamoros par les républicains.   Mission inutile d'Almonte auprès de Napoléon III. — Maximilien veut abdiquer; sa femme l'en empêche et part pour Paris. — Complot clérical découvert à Mexico.   Progrès des troupes républicaines. — Les Etats-Unis insistent pour la nécessité du départ de l'armée française.   Envoi du général Castelnau au Mexique. — Maximilien et le Père Fisher. — Conduite extraordinaire du maréchal Bazaine. — Rapport confidentiel de M. Fould. — Entrevue de Maximilien et du général Castelnau. — Double jeu du maréchal Bazaine dévoilé. 428

CHAPITRE XIV. — Le clergé en France (1863-1867). — Polémique entre M. Dupanloup et M. Edgar Quinet. — Le culte de la Vierge. — Publication de la *Vie de Jésus*. — Efforts des catholiques lyonnais pour conserver leur liturgie. — Le congrès de Malines. — L'Encyclique et le *Syllabus*. — Le gouvernement interdit la publication de la première partie de l'Encyclique. — Lettre de l'évêque de Montpellier. — Tristesse des catholiques libéraux. — L'Encyclique commentée par l'évêque d'Orléans. — L'Empereur accorde à M. Donnet la permission de réunir le synode provincial à Poitiers. — Changements dans l'Eglise protestante. — Le suffrage universel est appliqué à l'élection des consistoires. — Les protestants libéraux et les protestants orthodoxes. — Fondation de l'Union protestante libérale. — Lutte entre le Conseil presbytéral et M. Martin Paschoud. — Elections de 1863. — M. Guizot n'est élu qu'au second tour à une faible majorité. — Les protestants libéraux demandent en vain la création d'un second Conseil presbytéral. — Le ministre des cultes prend parti contre les protestants libéraux .   455

Coulommiers. — Typographie Paul BRODARD.

www.ingramcontent.com/pod-product-compliance
Lightning Source LLC
Chambersburg PA
CBHW060238230426
43664CB00011B/1694